"101 计划"核心教材
计算机领域

计算机组成与实现

高小鹏　万寒　编著

中国教育出版传媒集团

高等教育出版社·北京

内容提要

本书是计算机领域本科教育教学改革试点工作（"101 计划"）系列教材之一，以开发一个具有数十条指令规模且能够通过严格测试的功能型 CPU 为挑战性学习成果，培养学生掌握基于模型的 CPU 开发方法，进而具备分析、设计和开发计算机硬件系统的基本能力，为后续专业学习与职业发展奠定坚实基础。

本书根据设计一台计算机的教学要求，将传统意义上的汇编语言和计算机组成两门课程的相关知识进行重构，包括计算机概述、数据表示与运算方法、计算机指令、单周期 CPU、多周期 CPU、流水线 CPU、存储层次、输入输出和集成 MIPS 微系统等内容。同时，创新性地介绍"CPU 形式建模综合方法"，并以"系统设计详解"的形式讲解系统设计中的思考重点与权衡精要。为了满足读者对在线开放学习的需求，本书配套建设了重难点知识点视频、相关工具操作视频、教学课件、难度递进的实验体系和自动评测系统。上述所有教学资源均部署在希冀平台（具体操作参见附录 B.5），便于读者在线实践。

本书既可作为高校本科计算机类专业计算机组成课程教材，也可供相关技术人员参考。

计算机组成与实现

1. 计算机访问 https://abooks.hep.com.cn/1266249 或手机微信扫描下方二维码进入新形态教材网。
2. 注册并登录后,计算机端进入"个人中心",点击"绑定防伪码",输入图书封底防伪码(20位密码,刮开涂层可见),完成课程绑定;或手机端点击"扫码"按钮,使用"扫码绑图书"功能,完成课程绑定。
3. 在"个人中心"→"我的学习"或"我的图书"中选择本书,开始学习。

受硬件限制,部分内容可能无法在手机端显示,请按照提示通过计算机访问学习。如有使用问题,请直接在页面点击答疑图标进行咨询。

扫描二维码
访问新形态教材网
小程序

https://abooks.hep.com.cn/1266249

出版说明

为深入实施新时代人才强国战略,加快建设世界重要人才中心和创新高地,教育部在 2021 年底正式启动实施计算机领域本科教育教学改革试点工作(简称"101 计划")。"101 计划"以计算机类专业教育教学改革为突破口与试验区,从教育教学的基本规律和基础要素着手,充分借鉴国际先进资源和经验,首批改革试点工作以 33 所计算机类基础学科拔尖学生培养基地建设高校为主,探索建立核心课程体系和核心教材体系,提高课堂教学质量和水平,引领高校人才培养质量的整体提升。

核心教材体系建设是"101 计划"的重要组成部分。"101 计划"系列教材基于核心课程体系的建设成果,以计算概论(计算机科学导论)、数据结构、算法设计与分析、离散数学、计算机系统导论、操作系统、计算机组成与系统结构、编译原理、计算机网络、数据库系统、软件工程、人工智能引论等 12 门核心课程的知识点体系为基础,充分调研国际先进课程和教材建设经验,汇聚国内具有丰富教学经验与学术水平的教师,成立本土化"核心课程建设及教材写作团队",由 12 门核心课程负责人牵头,组织教材调研、确定教材编写方向以及把关教材内容,工作组成员高校教师协同分工,一体化建设教材内容、课程教学资源和实践教学内容,打造一批具有"中国特色、世界一流、101 风格"的精品教材。

在教材内容上,"101 计划"系列教材确立了如下的建设思路和特色:坚持思政元素的多元性,积极贯彻《习近平新时代中国特色社会主义思想进课程教材指南》,落实立德树人根本任务；坚持知识体系的系统性，构建核心课程的知识图谱，系统规划教学内容；坚持融合出版的创新性，规划"新形态教材＋网络资源＋实践平台＋案例库"等多种出版形态；坚持能力提升的导向性，借助"虚拟教研室"组织形式、"导教班"培训方式等多渠道开展师资培训，提升课堂教学水平，提高学生综合能力；坚持产学协同的实践性，遴选一批领军企业参与，为教材的实践环节及平台建设提供技术支持。总体而言，"101 计划"系列教材将探索适应专业知识快速更新的融合教材，在体现爱国精神、科学精神和创新精神的同时，推进教学理念、教学内容和教学手段方面的有效提升，为构建高质量教材体系提供建设经验。

本系列教材在教育部高等教育司的精心指导下，由高等教育出版社牵头，联合机械工业出版社、清华大学出版社、北京大学出版社等共同完成系列教材出版任务。"101 计划"工作组从项目启动实施至今，联合参与高校、教材编写组、参与出版社，经过多次协调研讨，确定了教材出版规划和出版方案。同时，为保障教材质量，工作组邀请 23 所高校的 33 位院士和资深专家完成了规划教材的编写方案评审工作，并由 21 位院士、专家组成了教材主审专家组，对每本教材的撰写质量进行把关。

感谢"101 计划"工作组 33 所成员高校的大力支持，感谢教育部高等教育司的悉心指导，感谢北京大学郝平书记、龚旗煌校长和学校教师教学发展中心、教务部等相关部门对"101 计划"从酝酿、启动到建设全过程给予的悉心指导和大力支持。感谢各参与出版社在教材申报、立项、评审、撰写、试用等出版环节的大力投入与支持。也特别感谢 12 位课程建设负责人和各位教材编写教师的辛勤付出。

"101 计划"是一个起点，其目标是探索适合中国本科教育教学的新理念、新体系和新方法。"101 计划"系列教材将作为计算机专业 12 门核心课程建设的一个里程碑，与"101 计划"建设中的课程体系、知识点教案、课堂提升、师资培训等环节相辅相成，有力推动我国计算机领域本科教育教学改革，全面促进课堂教学效果的进一步提升。

"101 计划"工作组

前言

一、本书写作背景

本书起因于我作为亲历者至今仍深度参与的一项教学研究工作。2006 年，北京航空航天大学计算机学院（以下简称"学院"）经历了首批工程教育专业认证试点工作。这项工作让我们认识到"学习知识≠具备能力"，明确了教学体系必须从"传授知识转向能力培养"，并思考一个问题：计算机专业学生的核心能力是什么？2007 年，学院启动了一项对计算机专业本科教育教学产生深远影响的改革工作：将计算机组成、操作系统、编译技术等计算机专业必修课程组建为课程群，并提出课程群建设目标是培养本科生自主开发功能型的"CPU[①]、操作系统、编译器"的能力。后来，教育部高等学校计算机类专业教学指导委员会将这种能力命名为"计算机系统能力"，在全国范围内开展并推动"系统能力培养"教育教学改革工作。这项工作从 2007 年至今持续近二十年，已经逐步成为当前计算机类专业的教学改革热点之一，有力地支撑了"能力培养"等核心理念在一大批计算机专业的有效实施。

计算机组成是课程群的首门课程，也是学院本科课程体系中变革最剧烈的课程，我提出了"大课重课"建设思路，即知识面宽、挑战度高、实验强度大。课程不仅要在一个学期内讲授大量的理论知识，还要求学生独立开发一个具有数十条指令规模且通过严格测试的功能型 CPU。目前，学院 2/3 以上本科生能够开发出具有 30 条指令以上规

---

① CPU，central processor unit，中央处理器。

模且充分转发的 5 级标准流水线，并通过高强度的自动化评测。

教学实践表明，对于正在学习计算机组成课程的本科生来说，开发如此复杂度的 CPU 是极具挑战的。显然，本项工作对教师也提出了挑战。教师不能仅仅给学生定义挑战性教学目标，更要探寻一条帮助学生直达顶峰的可行之路！于是，这催生了本书的核心内容——CPU 形式建模综合方法。

二、本书的特点

本书的第 1 个特点是精简教学内容。

经历了数十年的高速发展，计算机硬件技术的知识体系已经非常庞大，绝大多数计算机组成教材讲授的内容也随之越来越多。在规划本书内容时，我曾经一度非常纠结。

为了实现 CPU 开发这个教学目标，学院的计算机组成课程包含传统意义上的数字电路、汇编语言和计算机组成 3 门课程的知识体系。要在一门课程中容纳如此庞大的知识体量并且在一个学期内完成教学，就要采用颇为激进的方法。RISC[①]——计算机领域里程碑式的技术，也是本书讲授的内容，为我们指明了思路：围绕顶层教学目标剔除大量关联度极低甚至无关联的知识点，从而构建出必须讲授的核心知识。于是，这些在教学过程中形成的核心知识，就成为本书讲述的内容。考虑到很多高校仍设置了独立的数字电路相关课程，因此这部分内容未纳入本教材中。

本书的第 2 个特点是重视工程实践。

要想了解计算机的工作原理，最好的方式莫过于亲自动手设计一台计算机。为帮助学生完成这个任务，本书除介绍理论知识外，还包含大量工程实践相关的内容。本书还在最后一章给出了一个较为完整的功能型计算机的开发过程，有助于学生形成对计算机完整的、系统的认识。此外，本书以"系统设计详解"方式探讨了设计思想、思考要素、设计权衡以及软硬件协同等高层次内容，且这些内容具有广泛的适用性，不仅局限在计算机硬件方面。

在课程讲授和教材建设过程中，也同步自主开发了配套的实验体系与相应的自动评测系统。读者可以登录在线平台进行实验学习，并完成自动评测，以检验所学效果。具体操作请参见附录 B.5。另外，我们针对部分章节的重点内容还配套了微视频，以帮助读者更好地理解教学内容。

本书的第 3 个特点是讲授 CPU 开发方法。

迄今为止，CPU 始终处于计算机硬件技术体系的核心位置。因此，无论是教材、课程，还是实验，CPU 都是核心内容。我们希望学生开发的 CPU 能支持数十条指令而不仅是几条指令。这是因为：一是使学生对整个计算机系统理解得更全面、更深刻，二是为学生学习后续操作系统课程打下坚实的基础，三是使学生能够以 CPU 为例体会系

---

① RISC，reduced instruction set computer，精简指令集计算机。

统设计的思想精要。严格地说，缺乏规模的系统就不称其为系统！

一般认为，当指令集规模增长后需要更多的开发时间和大量的"技巧"来应对复杂度的非线性增长。本书介绍的"CPU 形式建模综合方法"可以高效地分解 CPU 开发任务，极大地降低开发复杂度。如果遵循这套方法并保持足够细心，学生就能在有限的时间内完成以前难以完成的任务。

现代计算机的底层硬件、核心软件以及关键算法的复杂度越来越高，因此其开发过程也越来越依赖于基于模型的开发方法。本书之所以要花费很大篇幅来讲授该方法的目的在于：通过 CPU 开发这一实例，帮助学生学习和实践了一种基于模型的开发方法。我始终认为，掌握一般性方法比掌握具体知识更重要。

本书的第 4 个特点是同时讲授 MIPS 和 LoongArch 两种计算机体系结构。

无须避讳，我国长期以来在 CPU、操作系统、编译器等计算机底层核心技术方面缺乏储备，从而导致计算机核心技术和产品高度依赖国外。随着国家政策的持续发力以及科研体系的不断完善，一大批具有完全知识产权的自主计算技术正在迅速发展并逐步成为市场不可或缺的力量。我认为在本科教学体系中非常有必要让学生同时学习多种技术。为此，本书同时讲授了 MIPS 和 LoongArch 两种 CPU 指令集，前者是源自国外的技术，后者则是我国具有完全自主知识产权的 CPU 核心技术。我希望通过对比分析式学习，能让学生扩大知识面并在一定程度上提升思辨能力。

本书的第 5 个特点是将内容分为基础与拓展两部分。

我国目前有 1 000 余个计算机相关专业。由于它们在人才培养方面存在显著的差异化和层次化，因此不能要求一本教材讲授的知识适用于所有专业，也很难要求每位学生学习并掌握教材中的全部内容。为此，本书将教学内容分为基础和拓展两部分。

基础部分侧重讲授核心知识，因此我个人认为基础部分应该作为绝大多数学生都应该学习的内容。拓展部分则主要侧重讲授 CPU 形式建模综合方法、LoongArch 体系结构以及少量前沿技术。对于拓展部分来说，教师和学生可以根据自己的实际情况选择学习内容。例如 CPU 形式建模综合方法涉及单周期、多周期和流水线三种架构，学生可以只做单周期 CPU，或者做完单周期再做多周期，再或者三者皆做。

三、本书主要内容及组织

本书主要内容按基础部分和拓展部分组织。其中基础部分包括如下主要内容：

1) 指令集是整个计算机硬件部分最重要的抽象技术之一，是计算机软硬件的接口。它向上提供给软件操作硬件的基本方法，并隐藏了硬件的实现细节，向下则为 CPU 硬件开发提供了设计需求。学习指令集就是学习计算机硬件语言，这是深入学习其他内容的前提。

2) 虽然汇编语言在现代软件开发中愈发不重要，但是掌握汇编语言是开发 CPU 的基础，也有助于理解计算机系统行为。

3）由于 CPU 是整个计算机硬件的核心，因此本书规划了 3 章来分别论述单周期 CPU、多周期 CPU 和流水线 CPU。

4）虽然不理解存储层次也能编写程序，但很难编写出高性能的程序。存储层次中有两个极为关键的技术：首先是 cache。cache 是计算机领域的里程碑式技术，它使得人们只花费少量投入，就形成了成本靠近廉价存储但以接近 CPU 性能的快速存储速度提供数据的大型存储池。其次是虚拟存储。类似于 cache，虚拟存储也是通过少量代价就使得 Windows、Linux 等现代操作系统几乎可以无限制地运行内存需求远超主存实际容量的任意多的软件。

5）没有鼠标、键盘等输入输出设备的计算机是没有实用价值的。总线以及点对点等互联方式使得设备与 CPU、存储器连接在一起，形成了完整的计算机系统。中断是计算机发展史上的又一重要概念，它使得 CPU 具有并发执行多个程序片段的能力，从而奠定了现代操作系统的基础。学习中断对于学生真正掌握软硬件协同机制具有重要意义。

6）基础部分最后要求综合运用前述的多项技术来构造一个功能相对完备的小型 MIPS 系统。通过完成这个任务，即可将前面各章知识真正地融会贯通。

拓展部分主要包含如下内容：

1）本书除了在基础部分讲解 MIPS 指令系统外，还讲解了 LoongArch 指令系统。考虑到学生在学习 LoongArch 前已经具有了 MIPS 的基础，因此这部分内容将以对比分析的方式讲授，进一步提高学习效果。

拓展部分资料

2）CPU 开发方法是拓展部分的另一主要内容。本书将分别讲授适用于单周期、多周期和流水线三种架构的开发方法，其中单周期 CPU 开发方法是后续两者的基础。这部分内容不仅着眼于让学生通过运用 CPU 开发方法驾驭复杂 CPU 的设计，更重要的是让学生通过这样的实际案例来逐步学习和理解现代工程为了降低开发复杂度、提高开发效率而广泛采用的开发方法——基于模型的开发方法。或者说，CPU 开发方法是现代开发方法在本领域的具体体现。

3）随着 CPU 技术的快速发展，市场上已经很难见到非多核的 CPU 计算机了。多核化、向量化是今天 CPU 的典型技术特征。此外，原本用于图形处理的图形处理单元（graphics processing unit，GPU）也因为其具有海量的小型核心、巨大的存储带宽以及日趋友善的编程能力，逐渐成为高性能计算的主角。特别的，GPU 强大的计算性能助推了深度学习等人工智能技术的高速发展。为此，拓展部分将适度介绍上述内容。

四、先修知识

考虑到国内绝大多数高等学校现行教学体系的特点，本书没有包含数字逻辑部分。为了能顺利地学习本书，读者需要先具备数字逻辑基础知识，并初步掌握 Verilog HDL

语言。

为了更好地理解本书中汇编程序的部分内容,建议读者具备初步的程序设计知识与编程能力,例如编写过 50~100 行的 C 程序代码,并使用过数组、函数等。

五、如何学习本书

本书内容均为在教学过程中形成的核心内容,虽然具有较强的先后关联性,但也并非必须从第 1 章开始学习到最后一章。其中第 7 章存储层次与第 8 章输入输出可以在流水线 CPU 之前学习。虽然最后一章是前面所学知识的综合运用,但也不妨先阅读或者在学习中途时翻阅,留下些许的印象,这将有助于建立对计算机的整体认识以及更好地理解前面各章节内容。

想完全学好本书必须辅以大量的实验。为了帮助学生完成 CPU 实验,本书还配套了在线实验平台,并部署在希冀公司的云平台上。该在线实验平台内容非常丰富,读者可以在该平台上找到为本书配套的实验内容。实验内容难度递进,包含汇编语言、CPU 的功能部件设计、单周期 CPU、流水线 CPU 等大量实验。此外,平台上还有多个模拟器、硬件开发软件、硬件设计技巧等相关学习资料。最重要的是,该在线实验平台提供了自动评测功能,可以让学生知道自己编写的代码是否正确。

在学习本书的过程中,读者会发现还有大量知识点未被包含在本书中。怎么办?我的回答是:利用互联网自学。互联网具有丰富的学习资源,并且保持着惊人的增长速度,这是任何一本教科书都无法匹敌的。

互联网资源很多但过于杂乱,该从何处着手学习呢? 不必担心。在学习本书的过程中,学生就会建立起一个关于计算机硬件知识的核心体系,这个体系会为学生通过互联网搜索与学习相关知识提供必要的线索。事实上,利用互联网进行学习是学生应该具备的一项重要能力,并且这个能力也只能是在不断实践中逐步形成的。

六、勘误

本书各章理论教学内容由高小鹏负责,涉及实践性教学内容由万寒负责。由于作者水平有限,书中难免有不当甚至错误之处。读者若发现任何问题,请通过 E-mail 及时给予反馈,以便再版或再次印刷时进行修正。反馈方式如下:

邮件地址:gxp@buaa.edu.cn

邮件标题:"计算机组成与实现"勘误

七、致谢

首先我要感谢马殿富老师。他是系统能力培养的倡导者,也是我编写本书的主要推动者。CPU 开发方法中相当多的内容是在与马老师的大量讨论中形成的。无论是担任计算机学院院长期间还是卸任后,马老师都始终高度重视本科教学。在北航新主楼 G 座 1117 房间,我们之间进行了难以计数的交流,有争执、有共识、有郁闷、有快乐、有成就、有意义。这些是我们对教育教学持续探究的具体体现,值得永远留念。同样,我要感谢清华大学郑纬民院士，他是本书的主审专家，细致入微地审阅全部书稿，提出了诸多建设性意见，使这本教材更具科学性和先进性。

在此我还要感谢计算机组成课程教学团队：刘旭东、肖利民、栾钟治、杨建磊、万寒。刘老师在曾任学院领导与课程的责任教师期间，不仅一直督促着整个团队持续改进教学内容，而且鼓励我们大胆实施教学改革。肖老师、栾老师和杨老师在教学过程中给予很多意见与建议，这些反馈对于本书的编写是极为宝贵的。另外，本书部分例题的思路与原型甚至就来自他们以往的试题。万老师是我在实践性教学资源建设方面的主要合作者，主导了硬件实验设备的在线化与硬件自动化评测系统的开发工作，带领团队建设了本课程全过程在线教学平台及一大批在线资源，有力贯彻并实现了在线实验的构想。她在各方面都尽心尽力尽责，并在重要时间节点上友情提醒我。

南京航空航天大学计算机学院的冯爱民老师是第一位应用 CPU 开发方法的外校教师，她阅读了本书部分章节初稿并提出很多好的建议，并多次邀请我给南航培优班学生讲授暑期短训课。曾宇祥是培优班的学生之一，他后来成为了我的研究生，为实验环境建设做了大量工作。他在香港科技大学取得博士学位后又入职学院，现在是我的同事，这令人特别开心。

感谢北航计算机学院上这门课程的学生们。我非常享受与他们的课堂互动，相当多的学生聪明勤奋、有独立思考精神且乐于实践，他们发现了授课内容的一些瑕疵，甚至给出了 CPU 开发方法的具体改进措施，其中部分已经直接体现在书中了。不仅如此，在他们当中每年都涌现出一批富有责任感与使命感的优秀成员，如刘乾、刘康旭等，直接深度参与课程建设并做出了重要贡献。

高等教育出版社的张龙和刘茜是必须要感谢的。尤其是张龙，因为一些工作的原因，我与他经常见面交流。我发现无论我们讨论什么问题，好像一定少不了他对写作进展的询问。刘茜的工作非常细致周密，而且总能在张龙缺位的时候适时地补位以继续询问写作进展，并以温和但持续的方式保持对写作进程的推动。

最后，我要感谢家人对我的关爱和支持，使我有更多的精力投入本书的写作。这里重点感谢我的父亲和我的女儿。作为一名拥有学术专著和畅销教材的老教授，父亲曾太多次地要求我加快本书的工作，"写完了没有？！"与"什么时候写完？！"就成为父亲生前关于本书与我交流最多的两句话。虽然本书再版一拖再拖，但我仍然希望本书能对父亲有所告慰。另一位是我的女儿，不知为什么貌似也有拖延症。当我批评她拖拖拉拉时，她就会用父亲的那两个问题来拷问我。现在是我火力全开的时候了！

作者
2023 年 7 月

目录

第 1 章　计算机概述　1

1.1　计算机的应用及其分类　3

1.2　计算机的基本硬件构成　4

  1.2.1　输入输出设备　5

  1.2.2　主存储器　5

  1.2.3　中央处理器　6

1.3　计算机的层次结构　8

1.4　本章小结　10

思考题　10

第 2 章　数据表示与运算方法　11

2.1　常见进制及其转换　13

  2.1.1　十进制　13

  2.1.2　二进制　13

  2.1.3　十六进制　14

2.2　字节、字等常用术语　15

2.3　二进制加法　16

2.4　整数的二进制表示方法　17

  2.4.1　原码　17

  2.4.2　补码　18

2.5　浮点数的二进制表示
  方法　19

2.6　补码的常见基本运算　22

  2.6.1　负数的二进制补码表示　22

  2.6.2　减法　23

  2.6.3　符号扩展　23

  2.6.4　比较　25

  2.6.5　乘法　26

  2.6.6　除法　27

2.7　本章小结　30

思考题　31

第 3 章　计算机指令　33

3.1　MIPS 指令集概述　35

3.2　CPU 执行程序的基本原理　35

  3.2.1　程序的全流程　36

  3.2.2　主存储器　38

  3.2.3　CPU　39

  3.2.4　指令与指令集　42

  3.2.5　示例程序执行过程解读　43

  3.2.6　CPU 执行程序的核心
    要点　48

3.3　计算器：一个综合案例　48

3.4　指令格式及其操作数　52

3.4.1 指令基本格式 52
3.4.2 第 1 类操作数：寄存器 53
3.4.3 第 2 类操作数：立即数 55
3.4.4 第 3 类操作数：主存
单元 55
3.5 指令集与汇编程序 57
3.5.1 汇编程序的基本结构 57
3.5.2 主存变量声明 57
3.5.3 读存储器 60
3.5.4 写存储器 63
3.5.5 寄存器加载立即数高位 64
3.5.6 算术运算 65
3.5.7 逻辑运算 69
3.5.8 分支指令与 if-else、switch
及循环结构 70
3.5.9 伪指令 77
3.5.10 移位指令 78
3.5.11 函数 80
3.5.12 空操作指令 86
3.6 指令编码 86
3.6.1 R 型指令 86
3.6.2 I 型指令 88
3.6.3 J 型指令 90
3.7 汇编与反汇编实战 92
3.7.1 汇编 92
3.7.2 反汇编 93
3.8 实验指引 96
3.8.1 MARS 的获取与安装 97
3.8.2 实验内容 97
3.9 本章小结 99
思考题 99

第 4 章 单周期 CPU 101

4.1 单周期 CPU 设计模型 103

4.1.1 MIPS-C0 指令集 103
4.1.2 单周期 CPU 的基本
结构 103
4.1.3 完整的数据通路模型 104
4.1.4 完整的单周期 CPU
模型 106
4.2 数据通路基础部件建模 106
4.2.1 程序计数器 107
4.2.2 次地址计算单元 108
4.2.3 指令存储器 109
4.2.4 寄存器堆 113
4.2.5 数据存储器 115
4.2.6 算术逻辑单元 116
4.3 构建单周期 CPU 的数据通路 127
4.3.1 从 addu 指令开始 128
4.3.2 支持 subu 指令 133
4.3.3 支持 ori 指令 133
4.3.4 支持 lw 指令 136
4.3.5 支持 sw 指令 138
4.3.6 支持 beq 指令 139
4.3.7 支持 jal 指令 141
4.3.8 支持 jr 指令 143
4.4 构建单周期 CPU 的控制器 145
4.4.1 addu 指令的执行过程及其
控制信号取值 145
4.4.2 ori 指令的执行过程及其控制
信号取值 147
4.4.3 lw 指令的执行过程及其控制
信号取值 147
4.4.4 beq 指令的执行过程及其控
制信号取值 148
4.4.5 生成控制信号表达式 149
4.5 集成数据通路与控制器 151
4.6 单周期 CPU 性能分析 152

4.6.1 数字电路时钟频率计算
方法 152
4.6.2 add 执行延迟分析 153
4.6.3 单周期 CPU 执行延迟
分析 154
4.7 实验指引 155
4.7.1 基于 Logisim 的数字系统设
计开发 156
4.7.2 基于 ISE 的数字系统设计
开发 157
4.7.3 面向单周期 CPU 的功能
测试 158
4.8 本章小结 160
思考题 160

第 5 章 多周期 CPU 165

5.1 破解关键路径的一般方法 167
5.2 改造单周期数据通路为多周期数据
通路 169
5.3 指令执行过程与控制信号取值
分析 172
5.3.1 分段的电路模型及时序
模型 172
5.3.2 多周期数据通路的控制
信号 173
5.3.3 lw 指令的执行过程及其控制
信号取值 174
5.3.4 add 和 sub 指令的执行过程
及其控制信号取值 183
5.3.5 ori 指令的执行过程及其控制
信号取值 185
5.3.6 beq 指令的执行过程及其控
制信号取值 186
5.3.7 lui 指令的执行过程及其控制

信号取值 187
5.3.8 jal 指令的执行过程及其控制
信号取值 188
5.3.9 分析方法小结 190
5.4 构建多周期控制器 190
5.4.1 构造控制信号的真
值表 190
5.4.2 构造控制信号的表
达式 191
5.4.3 构造状态机 192
5.4.4 构造时钟周期变量 194
5.5 多周期 CPU 性能分析 194
5.6 本章小结 196
思考题 196

第 6 章 流水线 CPU 199

6.1 简单的流水线电路 201
6.2 流水线概述 202
6.3 流水线数据通路 203
6.4 流水线控制 205
6.5 流水线冒险 208
6.5.1 结构冒险 208
6.5.2 数据冒险 209
6.5.3 控制冒险 216
6.5.4 冒险的成因与对策 219
6.6 性能分析 220
6.7 3 种 CPU 模型对比 220
6.8 实验指引 222
6.9 本章小结 222
思考题 223

第 7 章 存储层次 227

7.1 概述 229
7.1.1 存储器与 CPU 的性

能差 229
7.1.2 通过一个简单 C 程序理解存储墙 230
7.1.3 存储层次的动机 230
7.1.4 存储层次的常用概念 232
7.1.5 典型的存储层次 233
7.2 cache 235
7.2.1 直接映射 cache 236
7.2.2 组相联 cache 239
7.2.3 全相联 cache 242
7.2.4 cache 的读写细节 243
7.2.5 cache 块替换策略 244
7.2.6 多级 cache 及性能计算 245
7.2.7 实现直接映射 cache 247
7.3 虚拟存储 254
7.3.1 CPU 地址与存储器地址 255
7.3.2 基本原理 257
7.3.3 地址转换 258
7.3.4 页表 259
7.3.5 页表缓冲区 260
7.3.6 集成 TLB 与 cache 262
7.3.7 存储保护与共享 262
7.3.8 页面替换 263
7.4 硬盘 263
7.5 本章小结 266
思考题 267

第 8 章 输入输出 269
8.1 典型的输入输出系统 271
8.2 总线基础 272
8.3 I/O 接口基本功能与结构 275
8.4 程序访问设备 276

8.4.1 寄存器表示 276
8.4.2 寄存器的地址 276
8.4.3 硬件支持访问 278
8.4.4 设备判断当前地址 280
8.4.5 软硬件集成 280
8.5 PCI 总线概述 281
8.5.1 主设备与从设备 281
8.5.2 总线信号概述 282
8.5.3 总线传输时序分析 282
8.6 PCI 总线实现 P&P 的原理 284
8.6.1 自动配置技术方案 285
8.6.2 配置空间 287
8.6.3 PCI 设备译码方案 287
8.7 中断 288
8.7.1 为什么需要中断 288
8.7.2 中断处理的硬件机制 289
8.7.3 中断服务程序框架 291
8.7.4 防止中断重入 291
8.8 3 种数据传输方式 292
8.9 异常 294
8.10 本章小结 295
思考题 296

第 9 章 集成 MIPS 微系统 299
9.1 概述 301
9.1.1 动机 301
9.1.2 目标 302
9.1.3 实验环境 303
9.2 MIPS 体系结构 303
9.2.1 地址空间分配 304
9.2.2 控制状态寄存器 305
9.2.3 特权指令 306
9.3 定时概述 307
9.3.1 定时模式介绍 307

9.3.2 寄存器定义 308
9.4 串行通信概述 309
  9.4.1 波特率 309
  9.4.2 字符帧格式 309
  9.4.3 波特率与时钟 310
  9.4.4 数据发送与接收 311
  9.4.5 UART 控制器 312
  9.4.6 RS-232 接口标准 312
  9.4.7 微系统与 HOST 通信 313
  9.4.8 MiniUART 基本特性 313
9.5 完善 CPU 设计 315
  9.5.1 CP0 设计 316
  9.5.2 添加 CP0 318
  9.5.3 支持设备 319
9.6 通过系统桥连接设备 320
  9.6.1 连接方式概述 321
  9.6.2 系统桥设计 321
9.7 定时器设计 322
  9.7.1 接口信号分析 322
  9.7.2 计数功能设计 322
9.8 MiniUART 设计 324
  9.8.1 接口信号分析 324
  9.8.2 内部逻辑功能分析 325
  9.8.3 发送移位寄存器与接收移位寄存器 326
  9.8.4 发送控制器 327
  9.8.5 接收控制器 328
  9.8.6 线路状态寄存器设计 330
  9.8.7 中断控制单元设计 331
  9.8.8 总线接口单元设计 331
9.9 软件开发 332
  9.9.1 软件设计概述 333
  9.9.2 消除中断服务程序代码规模的限制 336
  9.9.3 代码生成的要点 336
9.10 软硬件协同分析 338
9.11 本章小结 339
思考题 339

附录 A MIPS-C 指令集 341
  A.1 MIPS-C 指令表 343
  A.2 MIPS-C 指令图 345
  A.3 指令分类 347
  A.4 MIPS-C 指令定义（按字母排序） 348

附录 B 开发工具及实验环境 373
  B.1 硬件实验 375
  B.2 FPGA 实验设备 376
  B.3 MIPS 模拟器 376
  B.4 图形化的数字电路模拟器 377

参考文献 380

第 1 章

计算机概述

教学课件：计算机概述

技术是推动人类社会变革的重要力量。蒸汽机推动人类从农业社会步入工业社会，计算机推动人类从工业社会进入信息社会。自 20 世纪 40 年代以来，计算机已经广泛渗透到人类社会的各个角落，对人类社会发展发挥了难以估量的作用。今天，无论是工作、生活，还是娱乐，任何人都无法离开计算机了。

计算机的重要性还体现在另一层面，即人类探索新知识的方法。有别于人类历史上的任何一项技术发明，计算机领域始终保持着惊人的创新速度，各种新技术层出不穷。高速的技术更新，使得计算机的计算能力、存储能力和通信能力始终保持着惊人的增长速度。这种能力飞速增长的结果是，以计算机为基础的计算已经成为继理论和实验后的第三大科学方法。计算机科学家正在与理论和实验科学家合作，共同探索物理学、化学、生命科学、天文学等前沿科学领域。可以说，计算机大大增强了人类的智慧力量，并且正在改变人类探索新知识的方式。

从目前来看，计算机的发展速度仍然保持着强劲势头。例如，本书第一稿主体内容成文前夕，以深度学习为代表的人工智能出现了首次跨越式发展，其代表作就是谷歌的 AlphaGo 击败了人类最顶尖的围棋高手。这不禁引发了全社会的思考：计算机未来还能做什么？！当本书第二稿的主体内容还在构造过程中，基于大模型的 ChatGPT 以令人惊叹的效果横空出世，其知识的广博、表达的流畅有效、逻辑的严谨程度、用户意图理解的准确性等多方面的表现震撼了整个人类社会。与上一次不同的是，ChatGPT 的出现让我们不得不开始思考一个问题：以人工智能为代表的计算机，未来是不是真的会取代人类？！

1.1 计算机的应用及其分类

人们普遍认为第一台计算机是 1946 年的 ENIAC（electronic numerical integrator and computer）[①]。在经历了 70 多年发展后，计算机的应用范围已经非常广泛了。计算机可以大体上根据其用途分为三大类。

1. 个人计算机（personal computer，PC）

PC 是应用最为广泛的计算机，如台式机、笔记本电脑都是 PC 范畴。PC 的定位是以较小代价为个人用户提供较高的性能。PC 上运行的软件多为办公软件、开发软件、娱乐软件、游戏软件等。在过去 30 年里，PC 始终是最大的计算机市场之一。

2. 服务器（server）

相对于 PC，服务器具有更加强大的计算能力、存储能力和通信能力。服务器通常部署在机房中，并且只能通过网络访问。服务器的定位是承载大负载的任务，例如科学计算、Web 访问等。服务器上运行的软件多为 Web 服务、数据库、科学计算软件、模拟系统等。由于服务器往往承载着重要应用，因此一旦崩溃，就会在经济、时间、社会影响等方面造成巨大损失。相对于 PC，可靠性往往是服务器的重要设计指标之一。

单台服务器的能力终归有限。因此，服务器的一个重要应用方式是将多台服务器聚合在一起形成服务器集群。例如人们访问的任何一个大型门户网站，如淘宝、新浪等，其提供服务的服务器都是数百台甚至数千台。服务器集群中还有一个更为极端的用途就是超级计算机（super computer，SC）。今天，一台超级计算机聚合的处理器数量大约在 10 万个，总造价上千万至上亿元人民币。SC 主要被用于大规模科学和工程计算，如天气预报、地质勘探、核爆模拟、蛋白质结构分析等。尽管 SC 的数量很少，用途也较为单一，但它却代表了一个国家在计算机方面的综合技术实力。

3. 嵌入式计算机（embedded computer）

讨论嵌入式计算机，就必须从系统的角度来认识计算机。以洗衣机为例，其内部就包含一台能让用户设置洗衣模式并控制电机运转的计算机。这台计算机不是独立存在的，而是被设计为整个系统（洗衣机）的一部分。这样的计算机就是嵌入式计算机。

嵌入式计算机是规模庞大、应用广泛的计算机。冰箱、洗衣机、微波炉、数字电

---

① ENIAC 使用 18 800 个真空管，占地面积近 100 m^2，重量 30 t，功耗为 150 kW。它的计算性能是每秒钟可以完成 5 000 次加法运算，主要用于计算炮弹弹道。

视、汽车、高铁、飞机、轮船、卫星以及上网所必须依赖的 5G 网络和 WiFi，都包含了嵌入式技术。可以说，嵌入式计算机无处不在。

嵌入式计算机在设计上通常不把性能作为首要指标，而是更加看重成本、功耗和可靠性。至于具体哪个指标更重要，则往往取决于具体需求。以手机为例，大多数消费者的常用应用包括电话、短信、上网和如微信等在内的社交网络应用。绝大多数手机用户对价格和功耗是高度敏感的。而汽车刹车控制系统的需求是截然不同的，它需要极高的可靠性。它的嵌入式计算机只要每秒钟能完成 100 次左右的包括轮速在内的相关汽车姿态分析及控制就足够了。但是，一旦这台嵌入式计算机出现故障，后果是可想而知的。

虽然计算机可以根据应用范围被分为上述三大类，其内部构成及实现方式也有所不同，并且这种差异随着时间仍在不断变化，但是计算机系统的基本原理与大量概念却没有发生实质性改变。总体来说，所有的计算机的硬件和软件都是相似的，它们都以相同的原理执行着相似的功能。

1.2 计算机的基本硬件构成

众所周知，计算机系统包含计算机硬件和计算机软件两大部分。本书主要定位于计算机硬件部分。图 1-1 描述了一台典型计算机的硬件组成。这台计算机的硬件分为三大部分：输入输出设备、主存储器和中央处理器。

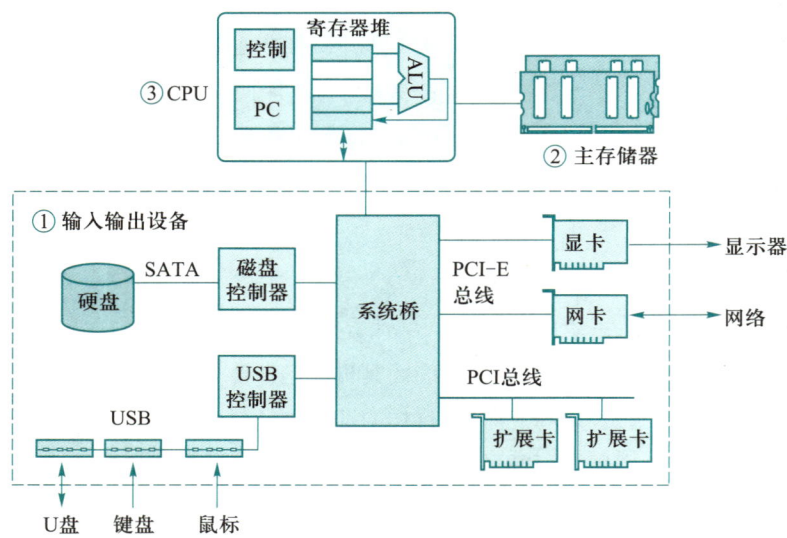

图 1-1 典型计算机的硬件组成

1.2.1 输入输出设备

用户最熟悉的计算机组成部分是各类输入输出设备，如鼠标、键盘、显示器等。输入输出设备是计算机与外部世界交换信息的通道。其中，输入设备向计算机提供数据，而输出设备则将计算机的计算结果返回给用户。某些设备是单纯的输入设备，某些设备是单纯的输出设备，但也有些设备兼具输入输出功能。例如，鼠标、键盘是典型的输入设备，显示器是典型的输出设备，而硬盘、U 盘、无线网卡则兼具两者功能。

输入输出设备是计算机中最为庞大的部分，其所包含的设备种类繁多，功能各异。为了降低 CPU 的设计复杂度并确保 CPU 运行性能不受设备干扰，现代计算机通常不会直接将各种设备与 CPU 连接在一起。对于计算机硬件设计师来说，把大量不同的设备连接到一起，需要借助总线（bus）技术。现代计算机内部通常包含了多种类型的总线，如 PCI-E 总线、USB 总线、SATA 总线等。不同类型总线的连接特性和数据传输性能是不同的。例如 PCI-E 总线的传输性能非常高，可以用来连接显卡和千兆以太网卡等数据传输性能非常高的设备。USB 总线主要用于连接各类可热拔插设备，如移动硬盘、U 盘、USB 无线网卡等。SATA 已经成为连接硬盘和光盘等的主流方式。

一台计算机中包含多种总线，为了确保 CPU 设计的简洁，计算机硬件设计师通常会通过系统桥（bridge）将 CPU 与各总线连接在一起。在这种设计结构中，系统桥承载了 CPU 与其他各类总线间的传输转换与性能匹配工作。系统桥的外部形态很像一条章鱼，一端连接 CPU，其余各端连接各类设备总线。当然对于很多嵌入式系统来说，为了减少体积和降低功耗只好牺牲部分性能，于是将 CPU、系统桥、总线等功能全部集成在一颗芯片中。这种技术称为片上系统（system-on-chip，SoC）。

1.2.2 主存储器

主存储器（main memory 或 memory，简称主存）是用来存储程序以及程序运行过程中产生及需要处理的各种数据。例如，微软的 Excel.exe 就是一个程序，平时是存储在硬盘中的。双击鼠标运行 Excel.exe 时，它就会被 Windows 操作系统加载到主存中。在 Excel 中打开的某个 excel 文件就是 Excel.exe 运行所需要的数据。

主存很多时候也被称为内存。顾名思义，既然有主存和内存的概念，那么就有辅存和外存的概念。辅存或外存通常是指硬盘、光盘等设备。从图 1-1 可以看出，它们也是输入输出设备。

早期计算机主存只有几千字节的容量。更有甚者，某些计算机只有容量极小的主存，而没有硬盘。目前，一台普通 PC 的主存容量通常会达到 4 GB，而配置的硬盘动辄都是以 TB 为单位。巨大的容量使得计算机可以运行种类繁多的程序并存储规模庞大的数据，极大地扩展了计算机的应用面。可以说，计算机技术的成功在一定程度上源自存储技术的进步。

1.2.3 中央处理器

CPU 是计算机最核心的部件，由数据通路和控制器两部分组成。数据通路至少包含程序计数器（program counter，PC）、算术逻辑单元（arithmetic and logic unit，ALU）和寄存器堆三部分。PC 的用途就像 C 程序中的指针，它保存要执行指令的索引信息。ALU 完成各类运算，如加、减、乘、除等。寄存器堆是一个临时性的高性能存储机构，虽然参与运算的数据以及运算的结果通常都存储在主存中，但现代 CPU 为了提高性能普遍都设置了寄存器堆来暂存这些数据。

从教学角度出发，图 1-1 中的 CPU 过于简单。现代 CPU 通常还包含两个部分，一个是高速缓存（cache），另一个是存储管理单元（memory management unit，MMU）。为了提高性能，当前主流 CPU 基本上已经是多核（multi-core）结构的，其每个核（core）大体就相当于过去的一个完整的 CPU。图 1-2 描述了一个现代 CPU 的基本结构。

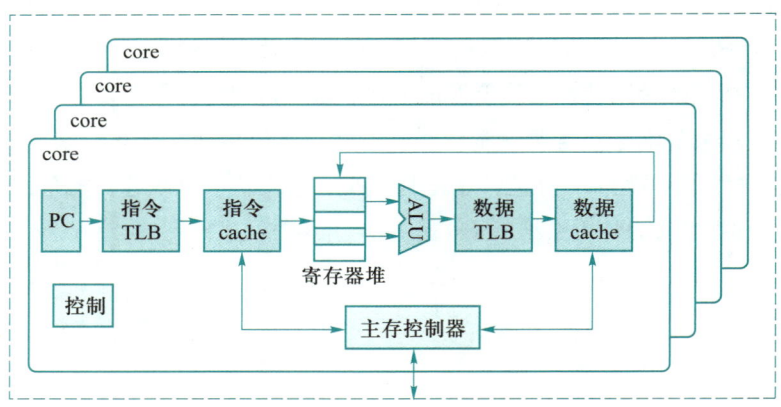

图 1-2　多核 CPU 基本结构

下面简述 cache 和 MMU 的背景。现代 CPU 由于采用了流水线（pipeline）等多种技术，其性能已远远高于主存的性能。CPU 和主存之间的性能差距被称为存储墙（memory-wall）。木桶原理告诉我们，如果不能有效地消除两者的性能差距，那么 CPU 再快也会因为主存的低性能而无法发挥作用。cache 被设计出来就是为了弥合 CPU 和主存之间的性能差距。cache 是内置在 CPU 中的容量非常小的特殊存储器（本书第 7 章将详述它的基本原理）。cache 在计算机硬件发展历史上占据了重要地位，其价值不仅在于更好地发挥 CPU 的性能，更为重要的是：它折射出一些重要的系统设计思想。

早期的计算机一次只能运行一个程序。现在的计算机在操作系统支持下可以同时运行多个任务。启动 Windows 的任务管理器，可以看到类似于图 1-3 显示的内容，这表明这台计算机上运行了包括 Microsoft Word、Microsoft PowerPoint、Google Chrome 等多个程序。

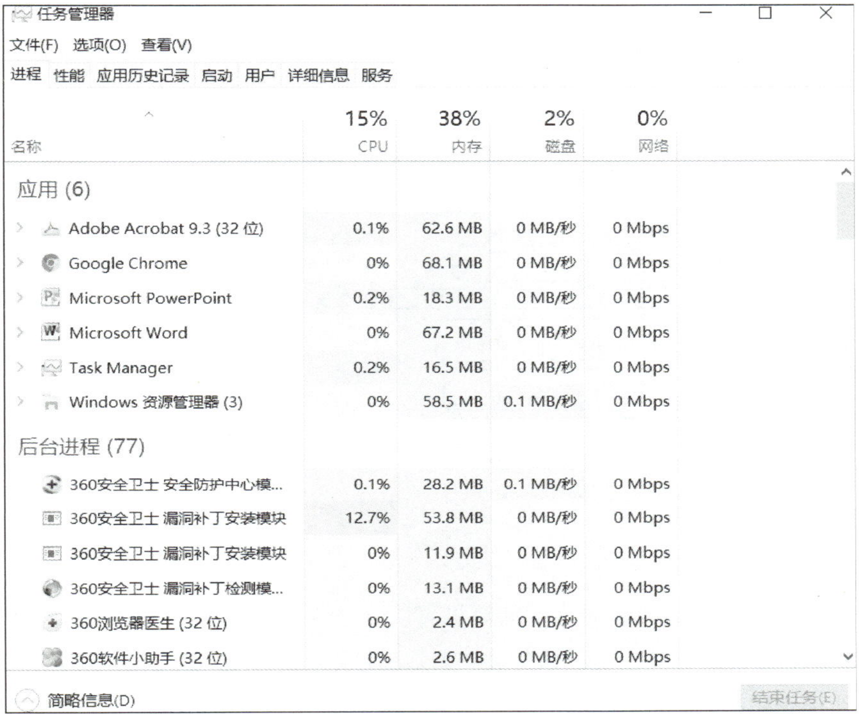

图 1-3 Windows 任务管理器中显示的多个程序

在一台计算机上同时运行多个程序需要解决大量的技术问题，其中有两个问题最重要。首先，为防止信息在程序间泄露以及防止一个程序崩溃而导致其他程序甚至整个系统崩溃，必须有效地隔离两个程序。其次，在一台计算机上同时运行多个程序，意味着这些程序运行时所需的存储器总容量很可能会超出主存的实际容量。现代操作系统利用虚拟存储（virtual memory）技术有效地解决了上述问题，而 MMU 正是为了实现这一功能被设计出来的。

计算机性能的飞速提升主要源于 CPU 技术的进步。但随着构造芯片的最小单位晶体管的技术进步日益艰难，人们发现越来越难以提高 CPU 性能了。于是在 2000 年左右，CPU 的设计重心逐步转向通过在一个 CPU 里集成多个核（core）的方式来继续提高 CPU 性能。这种技术就是多核（multi-core）。由于多核技术已经超出本书的教学内容，因此本书后续章节均假设一个 CPU 只包含一个核心。

1.3 计算机的层次结构

计算机是一个内涵非常丰富的词汇，其在不同场合所表达的含义有很大不同。为了便于理解和后续内容的展开，此处将计算机这个词汇可能涉及的相关内容用一个层次结构表示出来，如图 1-4 所示。

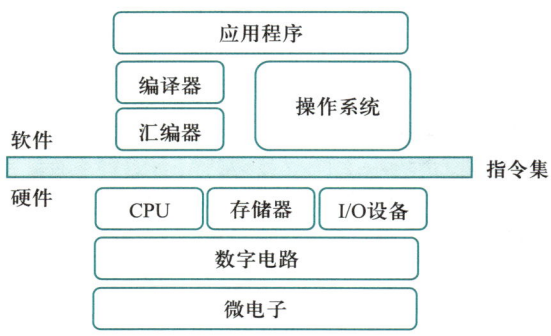

图 1-4 计算机的层次结构

1. 指令集

从图 1-4 中可以看出，计算机可以分为软件和硬件两大部分，而指令集就是软硬件间的界面。硬件功能被抽象成一组基础性操作，例如加法运算、减法运算等，这些基础操作被称为指令（instruction），其集合就是指令集（instruction set）。任何一个程序最终都必须转换为由各类指令构成的指令序列。这类似于文章与单词之间的关系。当前主流的指令集包括 x86、ARM、PowerPC、MIPS、LoongArch 等。虽然不同的指令集有较大的差异，但它们在本质上是高度相似的。

2. 操作系统

为了有效地管理和运行大量的应用程序，每台计算机上都需要安装操作系统。例如 PC 上大量采用 Windows 作为操作系统，iOS 和 Android 是目前手机领域的两大操作系统，Linux 则占据了服务器操作系统的绝大多数份额。

3. 编译器和汇编器

编译器和汇编器用于把用高级程序设计语言编写的程序转换为相应的指令序列及相应的数据。

4. 应用程序

人们最熟悉的计算机软件就是各类应用程序。在 PC 上，应用程序包括各类办公软件、游戏、浏览器等软件；在服务器端，应用程序包含各类 Web 服务软件、科学与工程计算软件等；在手机这类嵌入式计算机中，应用程序还包含如微信等网络社交软件。

5. CPU

它是计算机中最核心的部件，也是本书的讲授重点。CPU 执行程序的过程就是不断地重复如下过程：从存储器中读取指令；分析指令的具体要求并完成相应的操作；计算出下一条指令在主存的位置。一般来说，一个 CPU 只能执行某个特定的指令集。例如 Intel 公司生产的 CPU 就只能执行 x86 指令集，ARM 公司生产的 CPU 就只能执行 ARM 指令集。

6. 存储器

存储器是计算机硬件中第二重要的组成部分。确切地说，目前的绝大多数计算机应该称为存储程序计算机[①]，其原因在于构成程序的指令和数据都以二进制数字的形式存储在存储器中。现代计算机系统设计者通常会把一台计算机的存储器构造为若干个层次，不同层次的存储器在容量和速度上具有数量级差距。距离 CPU 最近的存储层次，其容量最小但速度最快；反之，距离 CPU 越远的存储层次，其容量越大但同时性能也越低。程序局部性原理是设计师采用这种方式构造计算机存储层次的本质原因。

7. 输入输出设备

只能计算而无信息输入输出的计算机没有实用价值。为了能让计算机完成用户的计算任务，计算机就必须连接一定种类和数量的输入输出设备，如鼠标、键盘和无线网卡等。

8. 数字电路

数字电路的工作电压被离散化以对应二进制的 0 和 1，这使得人们可以利用数字电路来实现二进制计算。如果 CPU 是一座大厦，那么数字电路就是这座大厦的砖、水泥和钢筋。当深入到 CPU、存储器这些芯片内部，就会发现这些芯片的内部是无数的与门、或门、非门等基础性数字电路。

9. 微电子

如果再进一步深入到数字电路内部，例如一个非门，它的内部可能是两个 CMOS

---

① 因为这种计算机体系结构最早是由数学家冯·诺依曼等人于 1946 年提出的，所以又被称为冯·诺依曼计算机。

晶体管。晶体管具有很好的开关特性，即在电路特性上表现为或者通或者断。这种开关特性对应了数字电路的 0 和 1。一般来说，这一层次基本上不再属于本课程关注的范围了，而是属于微电子领域。

本书将围绕指令集、汇编语言、CPU、存储器、输入输出设备等计算机的主要组成部分展开讲授。虽然数字电路不是本书的主要内容，但在介绍 CPU、存储器、输入输出设备等内容时会适度讲解如何运用数字电路知识构造它们。

1.4 本章小结

计算机已经被广泛应用于社会各个领域。根据其用途不同，计算机大致可以分为个人计算机、服务器、嵌入式计算机三大类。但无论哪类计算机都必须包含 CPU、主存储器、输入输出设备等部分。总体来看，它们的基本结构与基本功能是高度相似的。由于现代计算机具有高度的复杂性，因此，通常需要将整个计算机系统分解为若干个层次。层次化是降低系统复杂度的常用方法，它有助于人们了解、认识和构造计算机系统。

思考题

1. 请从信息交互的角度说明没有输入输出设备的计算机就没有实用价值。
2. 针对某个生活中常见的实体或组织，请用层次化方法对其进行分解并加以描述。
3. 请用诸如主频等在内的几个主要技术指标来描述自己的手机处理器。
4. 现代先进驱逐舰都安装有舰载雷达，请用计算机来完成搜索敌机与敌舰的计算任务。作为这台舰载计算机的设计师，请对性能、成本、功耗、可靠性和体积这 5 个指标按重要性从高到低排序，并说明理由。

第 2 章

数据表示与运算方法

教学课件：数据表示与运算方法

计算机，顾名思义是用于计算的。既然谈到计算，就首先必须回答数据在计算机中是如何表示的。对于一个数据，人们习惯于用十进制（decimal）表示，但计算机则使用二进制（binary）表示。本章将首先介绍最常见和最重要的数据表示方法，然后介绍若干基本的数据计算方法。

2.1 常见进制及其转换

2.1.1 十进制

人们为什么采用十进制来表示数字？一个普遍的看法是因为人有 10 个手指头。当人们用十进制去表示一个数时，其每一个数位都隐含了基（base, B）和权（weight, W）两部分。对于十进制而言，基就是 10，它允许使用的数有 10 个，即 0~9。权代表该数位上的数所表示的单位数值的大小。权与数位的位置有关。对于一个 N 位十进制整数来说，其最低位的权是基的 0 次幂（即 $10^0=1$），其最高位的权是基的 $N-1$ 次幂（即 10^{N-1}）。例如 1 234（$N=4$）实际值的计算方法如图 2-1 所示。

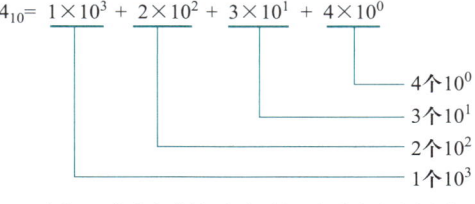

角标 10 代表十进制。很多时候人们会省略这个角标，没有角标的数均为十进制数。

图 2-1　十进制数的表示

根据上例推论可知，一个 N 位十进制数[①] 的表示范围为 $0 \sim 10^N - 1$。例如对于 4 位十进制来说，其表示范围为 0~9 999。

2.1.2 二进制

计算机为什么采用二进制来表示数字呢？计算机中的芯片是由以晶体管这样的开关电路为基础构成的，而每个开关电路能够表示的信息只有开和关这两种状态，即对应 0 和 1。这就是为什么计算机普遍采用二进制表示数字的原因。

二进制数的每位也被称为比特（bit）。例如 11001_2 是一个 5 位二进制数。与十进制类似，二进制同样也可以表示为基和权。二进制的基能够表示的数字范围只有两个数，即 0 和 1。对于一个 N 位二进制数而言，其各位的权从最低位到最高位分别为 2^0，2^1，$\cdots$，2^{N-1}。那么如何将一个二进制数转换为十进制数呢？图 2-2 描述了将二进制数换算为十进制的方法：首先将二进制数各位的值用基和权的方式表示，然后累加各位的值。

如何把一个十进制数转换为二进制数呢？转换方法是用十进制数除以 2，得到的余数就是相应二进制数的最低位。将得到的商继续除以 2，得到的余数就是次低位。重复上述过程直至商为 0。仍然以 27 为例，表 2-1 描述了如何将其转换为二进制数的计算过程。

---

① 不考虑负数。

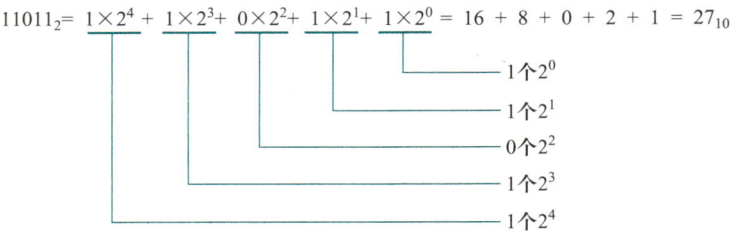

图 2-2 二进制数转换为十进制数

表 2-1 十进制数 27 转换为二进制数的计算过程

步骤	被除数	商	余数	备注
1	27	13	1	最低位
2	13	6	1	↓
3	6	3	0	
4	3	1	1	
5	1	0	1	最高位

所以,$27_{10} = 11011_2$。

2.1.3 十六进制

二进制表示法的最大缺点在于:表示一个很大的二进制数时,要写很多的 0 和 1,冗长、不直观且易出错。为此,人们常用十六进制方式去表示一个二进制数。十六进制用数字 0~9 和字母 A~F 来表示 0~15。

由于每 4 位二进制数对应 1 位十六进制数,因此十六进制数与二进制数之间的转换非常简单。例如将 $D3C_{16}$ 转换为二进制数时,将每个十六进制数转换为 4 位二进制数,就得到 110100111100_2。当将二进制数转换为十六进制数时,将二进制数依据从最低位向最高位的顺序,每 4 位做一次十六进制数转换。表 2-2 展示了如何将 1101100010110112 转换为十六进制数 $6C5B_{16}$ 的过程。

表 2-2 二进制数 1101100010110112 转换为十六进制数的计算过程

二进制	110	1100	0101	1011
十六进制	6	C	5	B

除了上面用角标的方式外,下面几种方式也是常见表示十六进制数的方法。例如,在数字前增加前导"0x",在数字后面增加"h"等,如 $6C5B_{16}$、0x6C5B 与 6C5Bh 是完全等价的。

2.2 字节、字等常用术语

虽然比特是计算机的最小存储单位，但考虑到实用性，计算机中的数据习惯以字节（byte，简记 B）为单位。1 个 byte 由 8 个 bit 构成。显然，1 个 byte 的表示范围是从 0x00 至 0xFF，即总共有 256 个数字。

CPU 单条指令能处理的最大数据位数称为字长。不同 CPU 计算能力不同，因此其字长也不同。以本书讲述的 MIPS 体系为例，CPU 单条指令能计算的数据位数为 32 位，故其字长为 32 位。目前的计算机，如 PC、服务器或手机的 CPU 字长已经发展到 64 位了。在一些专用领域，CPU 的字长甚至达到 128 位。当然，也有很多应用领域的计算机的字长就小于 32 位。例如，嵌入式领域中的某些 CPU 字长就可能只有 16 位甚至 8 位。

无论人们书写十进制、二进制还是十六进制数，均采用从左至右的顺序。为了与人们书写和阅读的习惯保持一致，最左位被规定其权最大，称为最高有效位（most significant bit，MSB）。类似的，最右边位被规定其权最小，称为最低有效位（low significant bit，LSB）。同理，对于一个由字节构成的数据来说，最左边的字节被称为最高字节（most significant byte，MSB），最右边的字节被称为最低字节（least significant byte，LSB）。图 2-3 分别给出了最高位/最低位与最高字节/最低字节的例子。

图 2-3 最高位/最低位和最高字节/最低字节

字节除了作为计算机计算能力的基本单位外，还可作为计算机存储容量的基本单位。例如，一台计算机的主存容量是 1 GB，就是指这台计算机的主存容量有 1 G 个字节。但 1 G 是一个多大的数值呢？这就牵扯出计算机世界中最常见的数量级，即 K、M 和 G。

K 取自 kilo 的首字母，其值为 $2^{10} = 1\,024 \approx 10^3 = 1$ 千。类似的，M 取自 mega，其值为 $2^{20} = 1\,048\,576 \approx 10^6 = 1$ 百万。G 取自 giga，其值为 $2^{30} = 1\,073\,741\,824 \approx 10^9 = 10$ 亿。为了方便记忆，人们把 2^{10}、2^{20} 和 2^{30} 又分别简称为 1 K、1 M 和 1 G。K、M 和 G 是计算机领域中常用的数量级，熟记它们对于快速估算系统参数非常重要。另外，K、M 和 G 对应的中文简称为千、兆、吉。例如 GB 被称为吉字节。

例 2-1 快速估算 2^{25} 和 2^{29}。

解 估算的一般方法是将指数分成 10 的倍数和余数，其中 10 的倍数部分选择的依据应该以利于选择 {10，20，30} 中的最大者为基本原则。

对于 2^{25}，按这个原则，25 分解为 20 和 5 较为合理，因此：
$$2^{25} = 2^{20} \times 2^5 \approx 1 \text{ M} \times 32 = 32 \text{ M}$$

对于 2^{29}，除了可以分解为 20 和 9，还有一种方法是分解为 30 和 -1。对于后者来说，其计算方法如下：

$$2^{29} = 2^{30} \div 2^1 \approx 1G \div 2 = 0.5\ G$$

对于 0.5 G 这样带小数的数字,一般会用 500 M 来表示,即降低一个数量级单位而使得数字表示为整数。

2.3 二进制加法

加法是最基础的计算。在两个十进制数的加法运算过程中,若同一数位上的数相加,其和大于或等于 10,那么就向左边的高位进位。在计算原理上,二进制加法与十进制加法类似。由于二进制的每个数位上的数非 0 即 1,若同一数位上的数相加为 2,即 10_2,就应该进位了。例如,1011_2 与 0011_2 的计算过程如下:

```
      b3  b2  b1  b0
       1   0   1   1
       0   0   1   1
+              1
─────────────────────
       1   1   1   0
```

这两个二进制数的最低位均为 1,其和是 10_2,因此需要向 b1 位进位。对于 b1 位来说,两个本位及低位进位这 3 位共同累加,结果是 11_2,故应该向 b2 位进位且本位为 1。通过类似方法,可以计算出最终结果为 1110_2。

人们在进行十进制运算时有一个隐含前提,即可以通过书写任意长度的数串来表示任意大的数值。但是,计算机做不到这样。如同前面讲到的 32 位或 64 位计算机,意味着计算机可以表示的二进制数据位数最大是 32 位或 64 位,也就是说,在计算机可以计算的数值范围是有限的。假设计算机的字长只有 4 位,考察 1111_2 和 0001_2 的加法。根据前面介绍的计算方法,这两个数的计算过程如下:

```
      b4  b3  b2  b1  b0
           1   1   1   1
           0   0   0   1
+      1   1   1   1
─────────────────────────
       1   0   0   0   0
```

如果人工完成上述计算,得到 10000_2 是很自然的事情。但如果考虑计算机的字长只有 4 位,那么 b4 位在计算机中是不存在的,因此计算机得出的计算结果就是 0000_2,即 0。这种情况在计算机中被称为溢出(overflow)。由于有字长的限制,溢出就是一件必然会发生的事情。溢出发生意味着计算结果出现了错误。有很多 CPU 在溢出发生时,会通过一种被称为异常(exception)的机制来报告这个错误。

2.4 整数的二进制表示方法

到目前为止,前面介绍二进制表示方法回避了负数。下面看一个 32 位数的表示范围有多大:

$00000000000000000000000000000000_2 = 0$
$00000000000000000000000000000001_2 = 1$
$00000000000000000000000000000010_2 = 2$
…
$01111111111111111111111111111111_2 = 2,147,483,645$
$10000000000000000000000000000000_2 = 2,147,483,646$
$10000000000000000000000000000001_2 = 2,147,483,647$
$10000000000000000000000000000010_2 = 2,147,483,648$
…
$11111111111111111111111111111111_2 = 4,294,967,295$

2.4.1 原码

如果想表示负数,一种符合人们书写习惯的方法就是再添加 1 个二进制位来描述符号位。这种方法被称为原码表示方法。但原码表示方法有很多局限。

首先,原码在编码方面存在一个非常奇怪的现象。以 4 位二进制数为例,假设最高位是符号位,符号位为 0 表示正数,符号位为 1 表示负数,其余 3 位用于表示编码的绝对值,则 16 个编码组合与相应的十进制数之间的对应关系如下:

$0000_2 = 0_{10}$ $1000_2 = -0_{10}$
$0001_2 = 1_{10}$ $1001_2 = -1_{10}$
$0010_2 = 2_{10}$ $1010_2 = -2_{10}$
$0011_2 = 3_{10}$ $1011_2 = -3_{10}$
$0100_2 = 4_{10}$ $1100_2 = -4_{10}$
$0101_2 = 5_{10}$ $1101_2 = -5_{10}$
$0110_2 = 6_{10}$ $1110_2 = -6_{10}$
$0111_2 = 7_{10}$ $1111_2 = -7_{10}$

不难发现,原码表示中有正 0(0000_2)和负 0(1000_2)的区别。显然这不是一种合理的编码体系。虽然可以强行指定任意一个编码代表 0,但这会带来一个新问题:另一个编码代表的数值是多少呢?最简单的方法就是放弃另一个编码。但如果是这样,就意味着原码的有效表示空间的大小从 2^N 变为 2^N-1 了。

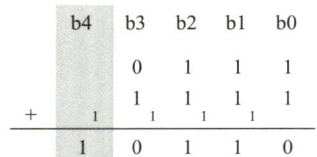

图 2-4 原码 +7 与原码 -7 的二进制加法

原码在进行加法时不能简单地使用 2.3 节介绍的方法。如果原码表示的 +7（即 0111_2）和 -7（1111_2）做加法运算，那么按照 2.3 节介绍的方法计算出来的结果是 10110_2，如图 2-4 所示。显然这一计算结果是无法接受的。

2.4.2 补码

为了解决上述问题，计算机科学家经过长期研究提出了二进制补码编码体系。图 2-5 描述的例子同时给出了 4 位二进制原码和二进制补码。

从图 2-5 中可以看出，在二进制补码编码体系中最高位仍然被作为符号位。该位为 0 代表正数，为 1 则代表负数。若符号位为 0，即正数，补码编码与原码编码所对应的数值是完全一样的。补码与原码的本质区别在于负数的编码上。对于 N 位二进制补码，$10\ldots000_2$ 对应 -2^{N-1}，$11\ldots111_2$ 对应 -1。对于一个记为 $x_{N-1}x_{N-2}\cdots x_1x_0$ 的 N 位二进制补码，仍然可以用基和权来计算其值：

$$(x_{N-1} \times -2^{N-1}) + (x_{N-2} \times 2^{N-2}) + \cdots + (x_1 \times 2^1) + (x_0 \times 2^0)$$

$0000_2 = 0_{10}$			$0000_2 = 0_{10}$	
$0001_2 = 1_{10}$			$0001_2 = 1_{10}$	
$0010_2 = 2_{10}$			$0010_2 = 2_{10}$	
$0011_2 = 3_{10}$			$0011_2 = 3_{10}$	
$0100_2 = 4_{10}$			$0100_2 = 4_{10}$	
$0101_2 = 5_{10}$			$0101_2 = 5_{10}$	
$0110_2 = 6_{10}$			$0110_2 = 6_{10}$	
$0111_2 = 7_{10}$			$0111_2 = 7_{10}$	
$1000_2 = -0_{10}$			$1000_2 = -8_{10}$	
$1001_2 = -1_{10}$			$1001_2 = -7_{10}$	
$1010_2 = -2_{10}$			$1010_2 = -6_{10}$	
$1011_2 = -3_{10}$			$1011_2 = -5_{10}$	
$1100_2 = -4_{10}$			$1100_2 = -4_{10}$	
$1101_2 = -5_{10}$			$1101_2 = -3_{10}$	
$1110_2 = -6_{10}$			$1110_2 = -2_{10}$	
$1111_2 = -7_{10}$			$1111_2 = -1_{10}$	

(a) 二进制原码　(b) 二进制补码

图 2-5　4 位二进制原码和 4 位二进制补码

相对于原码，补码有如下特点。首先，二进制补码编码体系中只有 1 个 0。其次，补码运算可以使用普通的加法运算。仍然以前面 +7 和 -7 相加为例，图 2-6 展示了二进制补码加法的计算过程。虽然图 2-6 的计算结果为 10000_2，但如果考虑到字长只有 4 位，则实际结果是 0000_2。这样的计算结果显然是正确的。

补码的第 3 个特点是如果以 0 为分界点，$10\cdots000_2$ 是没有与之绝对值对应的正数。因此，补码的负数个数比正数个数多 1 个，即对于 N 位

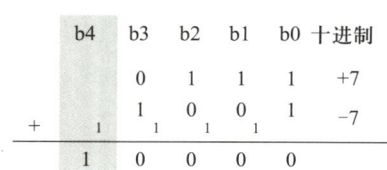

图 2-6　4 位二进制补码加法

二进制补码而言，其表示范围为 $\{-2^{N-1}, -2^{N-1}-1, \cdots, -1, 0, 1, \cdots, 2^{N-1}-1\}$。计算机设计师们普遍认为可以忽略这一点不足。经过长期演化，二进制补码被现今所有计算机所采用。

2.5 浮点数的二进制表示方法

计算机除了处理整数外，很多时候也需要处理浮点数，例如工程计算。计算机表示浮点数的方法与科学记数法非常相似。利用有限的 32 位可以表示一个非常大或非常小的数。例如 5230 可以用科学记数法表示为 5.23×10^3，其尾数（mantissa，M）为 5.23，基数（base，B）为 10，指数（exponent，E）为 3。

与科学记数法相同，二进制浮点数由符号（sign，S）、尾数、基数和指数构成，可以表示为：

$$\pm M \times B^E$$

32 位二进制浮点数由 1 位符号、8 位指数和 23 位尾数组成。其中指数用于表示范围，尾数用于表示精度。由于基数固定为 2，因此不需要再占位来表示基数。

31	30	29	28	27	26	25	24	23	22	21	20	19	18	17	16	15	14	13	12	11	10	9	8	7	6	5	4	3	2	1	0
S	指数								尾数																						

在固定的 32 位中，指数和尾数加起来的总位数为 31 位，增加任何一方的位数都会导致另一方的位数减少。目前的设计方案是在精度与表示范围之间反复权衡后的结果。

例 2-2 用二进制浮点数格式表示 5.23×10^3。

解 $5.23 \times 10^3 = 5230_{10} = 1010001101110 = 1.01000110111 \times 2^{12}$。因此 S 为 0，指数为 12，尾数为 1.01000110111。如图 2-7 所示。

31	30	29	28	27	26	25	24	23	22	21	20	19	18	17	16	15	14	13	12	11	10	9	8	7	6	5	4	3	2	1	0
S	指数								尾数																						
0	0	0	0	0	1	1	0	0	1	0	1	0	0	0	1	1	0	1	1	1	0	0	0	0	0	0	0	0	0	0	0

图 2-7　5.23×10^3 的二进制浮点数表示（原始方案）

在科学记数法中，人们通常不会让 0 出现在尾数的第 1 位（即小数点左边那位）。类似的，在浮点数表示方法中同样不会让 0 出现在尾数的第 1 位。如果尾数的第 1 位只能为 1，那么这位就没有必要再占用实际的存储位了（当然，在计算过程中还需要将该位自动补回）。这样就使得尾数多了 1 位有效存储位。采用改良方案表示的 5.23×10^3 如图 2-8 所示。

31	30	29	28	27	26	25	24	23	22	21	20	19	18	17	16	15	14	13	12	11	10	9	8	7	6	5	4	3	2	1	0
S	指数								尾数																						
0	0	0	0	0	1	1	0	0	0	1	0	0	0	1	1	0	1	1	1	0	0	0	0	0	0	0	0	0	0	0	0

图 2-8　5.23×10^3 的二进制浮点数表示（改良方案）

上例中的指数是正数，即浮点数绝对值是大于或等于0。但如果浮点数的绝对值小于0，那么指数必须是负值。例如0.5和0.25，其对应的就是1.0×2^{-1}与1.0×2^{-2}，它们的指数就是负数。一种方法是8位指数采用二进制补码方式表示。这种方式有一个缺点，就是一个具有负指数的浮点数本身是个较小的数，但却由于负指数的编码中高位具有大量的1而导致从二进制角度看好像是个较大的数。例如1.0×2^{-1}和$1.0\times 2^{+1}$，其分别对应0.5和2.0，但是相应的二进制浮点数却看起来前者大而后者小，如图2-9、图2-10所示。

31	30	29	28	27	26	25	24	23	22	21	20	19	18	17	16	15	14	13	12	11	10	9	8	7	6	5	4	3	2	1	0
S	指数								尾数																						
0	1	1	1	1	1	1	1	1	0	0	0	0	0	0	0	0	0	0	0	0	0	0	0	0	0	0	0	0	0	0	0

图2-9　1.0×2^{-1}的二进制浮点数表示（已经隐含前导1）

31	30	29	28	27	26	25	24	23	22	21	20	19	18	17	16	15	14	13	12	11	10	9	8	7	6	5	4	3	2	1	0
S	指数								尾数																						
0	0	0	0	0	0	0	0	1	0	0	0	0	0	0	0	0	0	0	0	0	0	0	0	0	0	0	0	0	0	0	0

图2-10　$1.0\times 2^{+1}$的二进制浮点数表示（已经隐含前导1）

为此，人们希望00000000_2对应最小的负指数，而11111111_2对应最大的正指数。为了解决这个问题，就必须将真实指数加上127得到编码用的指数。反之，将编码指数减去127才能得到真实指数。这种表示方法被称为偏阶记数法（biased notation）。IEEE浮点运算标准（IEEE 754: 2008）就采用了这种表示方法，表示的1.0×2^{-1}和$1.0\times 2^{+1}$分别如图2-11和图2-12所示。

31	30	29	28	27	26	25	24	23	22	21	20	19	18	17	16	15	14	13	12	11	10	9	8	7	6	5	4	3	2	1	0
S	指数								尾数																						
0	0	1	1	1	1	1	1	0	0	0	0	0	0	0	0	0	0	0	0	0	0	0	0	0	0	0	0	0	0	0	0

图2-11　1.0×2^{-1}的IEEE浮点运算标准表示

31	30	29	28	27	26	25	24	23	22	21	20	19	18	17	16	15	14	13	12	11	10	9	8	7	6	5	4	3	2	1	0
S	指数								尾数																						
0	0	1	0	0	0	0	0	0	0	0	0	0	0	0	0	0	0	0	0	0	0	0	0	0	0	0	0	0	0	0	0

图2-12　$1.0\times 2^{+1}$的IEEE浮点运算标准表示

1. 单精度浮点和双精度浮点

前面讨论的是如何利用32位二进制数来表示浮点数，这种格式被称为单精度浮点（single-precision floating-point）。为了提供更大的取值范围和更高的精度，IEEE浮点运算标准还定义了双精度浮点（double-precision floating-point）。两者的格式见表2-3。

2.5 浮点数的二进制表示方法

表 2-3　IEEE 浮点运算标准的单精度浮点和双精度浮点

格式	总位数	符号位	指数位	尾数位
单精度浮点	32	1	8	23
双精度浮点	64	1	11	52

单精度浮点取值范围是 $\pm 1.175\,494 \times 10^{-38}$ 至 $\pm 3.402\,824 \times 10^{38}$。由于单精度浮点的实际有效尾数为 24 位，因此转换为十进制后其尾数有 7 位（因为 $2^{-24} = 10^{-7}$），即精度为 7 位十进制有效数字。类似的，双精度浮点取值范围是 $\pm 2.225\,073\,858\,507\,20 \times 10^{-308}$ 至 $\pm 1.797\,693\,134\,862\,32 \times 10^{308}$，精度为 15 位十进制有效数字。

2. 特殊情况：0，±∞，NaN

IEEE 浮点运算标准的另一特点是用指数和尾数的特殊编码来表示 0、±∞ 以及非法数（或者不存在的数，如 $\sqrt{-1}$）。表 2-4 给出了 IEEE 浮点运算标准关于浮点数的基本编码表示。

表 2-4　IEEE 浮点数的编码表示

表示的数	单精度浮点数			双精度浮点数		
	符号	指数	尾数	符号	指数	尾数
0	X	0	0	X	0	0
+∞	0	255	0	0	2 047	0
−∞	1	255	0	1	2 047	0
NaN（非法数）	X	255	非 0	X	2 047	非 0
正的浮点数	0	1~254	任意	0	1~2 046	任意
正的浮点数	1	1~254	任意	1	1~2 046	任意

3. 舍入与溢出

无论单精度浮点数还是双精度浮点数，其尾数位数都是固定的，因此计算结果超出有效精度外的数字必须被舍去。舍入有 4 种方式：向上舍入；向下舍入；向 0 舍；向最近端舍。IEEE 浮点运算标准默认采用向最近端舍。但在向最近端舍时，如果与两端的距离相同，则选择小数部分最低有效位为 0 的那个数。

虽然浮点数，特别是双精度浮点数具有很大的表示范围，但毕竟还是会出现某些数无法表示的情况。当计算结果的绝对值太大或太小以至于指数域无法表示时，就分别对应上溢和下溢。上溢发生后，该数被向上舍入到 ±∞；下溢发生后，则该数被向下舍入为 0。

2.6 补码的常见基本运算

补码已经成为计算机中定点数的基本表示方法，为此本节介绍若干与补码相关的基础运算。

2.6.1 负数的二进制补码表示

对于正数，人们很容易得到它的二进制补码。首先从十进制转换二进制得到相应的二进制编码，然后人为添加一个符号位且值为 0 即可。那么如何表示一个负数的二进制补码呢？这里要用到一个数学概念：相反数。

所谓相反数，是指绝对值相同但符号相反的两个数，表示方式如下：

若 a、b 互为相反数，则 $a+b=0$。反之若 $a+b=0$，则 a、b 互为相反数。

由上述定义可知，$-a=b$。如 $+2$ 与 -2 就互为相反数。

对于 N 位二进制数补码表示的任意数 x 来说，将 x 各位取反后与它自己相加，结果恒为全 1（即 $111...111_2$），即 $x+\bar{x}=111...111_2$。在二进制补码中，$111...111_2$ 代表 -1，因此

$$x+\bar{x}=-1$$

将上式变形得到：

$$-x=\bar{x}+1$$

可见，$-x$ 与 $\bar{x}+1$ 就是相反数。由此可知，对于二进制补码的 x 而言，其相反数的计算方法是：将 x 的各位取反，然后再加 1。那么，如果 x 大于零，$-x$ 就是负数。

例 2-3 用 8 位二进制补码表示 -14。

解 根据前面介绍的十进制数转换为二进制数方法，可以计算出 14 的二进制补码为 00001110_2。将该数各位取反可得 11110001_2，再计算 $11110001_2+1=11110010_2$。

可以反过来，从 -14（即 11110010_2）计算其相反数 $+14$ 的二进制补码来进一步验证相反数的计算方法。

例 2-4 计算二进制补码 11001100_2 的十进制值。

解 11001100_2 的最高位为 1，因此这是一个负数。为此先计算其对应的相反数。将 11001100_2 各位取反后得到 00110011_2，然后再加 1 得到 00110100_2。根据二进制数转换为十进制数的方法计算得到：

$$00110100_2=2^5+2^4+2^2=32+16+4=52$$

由此可知，11001100_2 的绝对值就是 52，因此其值为 -52。

2.6.2 减法

为了计算 $x-y$，可以通过数学变形改为计算 $x+(-y)$。即可利用上述方法能得到 y 的相反数，那么减法运算就转换为加法运算了。由此可见，二进制补码减法的运算方法如下：首先计算减数（即第二个操作数）的相反数，然后再与被减数（即第一个操作数）相加即可。

例 2-5 计算 8 位二进制补码 $00011100_2 - 11111100_2$ 的结果。

解 首先计算 11111100_2 的相反数。将 11111100_2 各位取反后得到 00000011_2，然后再加 1 得到 00000100_2。计算 $00011100_2 + 00000100_2 = 00100000_2 = 2^5 = 32$。

补码体系的一个优势是只需要设计加法运算的硬件，而减法可以转换为加法运算，因此不需要再专门为减法设计相应的硬件。

2.6.3 符号扩展

计算机中经常面临符号扩展的需求，如代码 2-1 中第 6 行和第 7 行代码。

代码 2-1 C 程序中的数据扩展需求

```
1    char         c8;
2    int          i32;
3    unsigned int ui32;
4
5    c8    =-1;
6    i32   =c8;
7    ui32  =(unsigned char)c8;
```

根据 1~3 行代码可知，c8、i32 和 ui32 分别需要 8 位、32 位和 32 位来存储。根据变量类型定义，计算机知道 c8 和 i32 均为有符号数，因此应该按二进制补码表示和解读，而 ui32 则是无符号数，因此按标准二进制编码表示和解读即可。第 5 行代码执行结束后，c8 对应的二进制数是 11111111_2。第 6 行和第 7 行代码执行完后，i32 和 ui32 的二进制数分别是什么？由于 c8 是 8 位编码，而 i32 和 ui32 均为 32 位，因此就必然涉及通过符号扩展（sign extension）将 11111111_2 正确转换为相应的 32 位二进制数。由于 i32 是有符号数，因此把 11111111_2 扩展为 32 位就被称为符号扩展。而 ui32 是无符号数，则对应的扩展方式就被称为无符号扩展。

对于符号扩展来说，只需将扩展后多出来的那些位全部用被扩展数的最高位（即符号位）填充即可。图 2-13 展示了如何将 8 位二进制补码的 11111111_2 扩展为 32 位二进制补码，即 i32 为 $\underline{111111111111111111111111}11111111_2$（下画线标记出的是扩展的 24 位）。

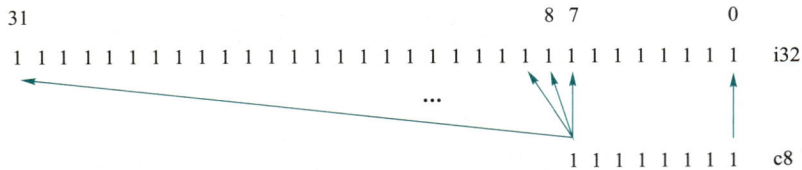

图 2-13　11111111_2 符号扩展至 32 位

对于无符号扩展来说，扩展后多出来的位用 0 来填充即可，因此 ui32 为 $00000000000000000000000011111111_2$，如图 2-14 所示。

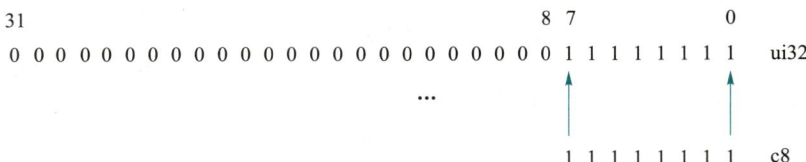

图 2-14　11111111_2 无符号扩展至 32 位

系统设计详解 2-1　二进制补码符号扩展的正确性

无符号扩展的正确性是非常直观的。下面简单分析二进制补码符号扩展的正确性。对于表示为 $x_{N-1}x_{N-2}\cdots x_1x_0$ 的 N 位二进制补码，在 2.4.2 中曾给出了如何利用基和权来计算其值的表达式，即：

$$(x_{N-1}\times -2^{N-1})+(x_{N-2}\times 2^{N-2})+\cdots+(x_1\times 2^1)+(x_0\times 2^0)$$

现在只需要分析清楚扩展 1 位的正确性，扩展更多位的正确性自然就得出了。因此，不妨假设 y_N 代表上面的表达式，则现在只需要证明扩展 1 位符号位后的 y_{N+1} 与 y_N 相同即可。

根据前面介绍的符号扩展的方法可知：

$$y_{N+1}=(x_{N-1}\times -2^N)+(x_{N-1}\times 2^{N-1})+(x_{N-2}\times 2^{N-2})+\cdots+(x_1\times 2^1)+(x_0\times 2^0)$$

将 $(x_{N-1}\times -2^N)$ 分解为 $(x_{N-1}\times -2^{N-1})+(x_{N-1}\times -2^{N-1})$ 后，代入上式后则 y_{N+1} 变换为：

$$y_{N+1}=(x_{N-1}\times -2^{N-1})+(x_{N-1}\times -2^{N-1})+(x_{N-1}\times 2^{N-1})+(x_{N-2}\times 2^{N-2})+\cdots+(x_1\times 2^1)+(x_0\times 2^0)$$

上式等号右侧的第 2 和第 3 项相加后为 0，因此可知

$$y_{N+1}=(x_{N-1}\times -2^{N-1})+(x_{N-2}\times 2^{N-2})+\cdots+(x_1\times 2^1)+(x_0\times 2^0)=y_N$$

2.6.4 比较

所有的高级程序设计语言都有分支语句（如 C 语言的 if 语句），为此计算机必须支持比较运算。比较运算的结果为 1 位的逻辑值，即当比较条件成立时结果为真，否则为假（一般规定 1 代表真，0 代表假）。

从操作角度出发，比较运算分为大于、等于、小于、大于或等于、小于或等于共计 5 种操作。C 语言提供这么多种比较操作，目的在于方便程序员编写软件。其实只需要提供两种比较操作就足够了，例如等于和小于，其余操作均可以通过组合这两种比较操作以及适当的变形来实现。

从参与比较的两个数据的类型角度出发，比较运算又可以分为有符号数比较和无符号数比较。下面首先分析有符号数的小于运算和等于运算。

1. 小于运算

假设 A 和 B 是两个有符号数，那么判断 $A<B$ 可以转换为判断 $A-B<0$。这样，就可以先利用减法运算得到 $A-B$ 的结果，然后再根据结果的符号位得出结论了。

例 2-6 比较 8 位二进制补码 10011100_2 和 10111100_2 的大小。

解 令 $C=10011100_2-10111100_2$。根据补码减法运算可知 $C=11100000_2$。C 的符号位为 1，故 C 为负数，即 $10011100_2 - 10111100_2<0$，因此 10011100_2 小于 10111100_2。

需要注意的是，在进行二进制补码减法时，需要人为地增加 1 位符号位，否则某些情况下可能会出错，下面通过例子予以说明。

例 2-7 比较 4 位二进制补码 0000_2 和 1000_2 的大小。

解 根据二进制补码可知：0000_2 是 0，而 1000_2 是 -8，因此 0000_2 大于 1000_2。参照上例同样计算 $C=0000_2-1000_2=1000_2$。根据 C 的符号位可知 C 为负数，因此结论是 0000_2 小于 1000_2，即 0 小于 -8。这显然不是正确的计算结果。

根据前述计算方法，$0-(-8)$ 的结果为 $+8$。但遗憾的是 $+8$ 超出了 4 位二进制补码的正数表示范围，而落到了其负数表示范围，因此导致了计算错误。从本质上说，这就是因为溢出导致的符号位出错。

为了解决这一问题，对于 N 位二进制补码的减法运算来说，实际需要执行的是 $N+1$ 位运算，即将表示范围扩大 1 倍，从而确保运算结果不会出现溢出。为此，首先将参与运算的两个操作数扩展为 $N+1$ 位，再做减法运算，然后计算结果的符号位（也就是扩展出来的符号位）才能被用于判断结果。

系统设计详解 2-2　减法运算与小于运算的符号位处理区别

为了借助减法运算，小于运算必须先扩展符号位，其根本原因在于可能会出现减法运算结果溢出。但仔细分析减法运算，其实也存在溢出的可能。

例如，对于 4 位二进制补码来说，最小的负数是 1000_2（即 -8）减任何一个正数都会导致结果溢出。那么是否也需要先扩展符号位，然后再计算呢？

如果单纯从计算正确性角度思考，需要采用上述处理方法。这样意味着对于两个 32 位有符号数来说，其结果应该用 33 位有符号数来表示。以 C 语言为例，int 通常用于表示 32 位有符号数，那么就需要再定义一个数据类型来存储 33 位的有符号数。显然，这是一个令人很恼火的设计方法。

仍以 32 位计算为例，为了简化设计，减法运算的结果仍然保持为 32 位，但同时减法运算的执行机构能报告溢出错误。至于软件（即程序员）是否使用这个溢出错误，则完全取决于编译器是否提供相应的机制。对于 C 语言而言，它是忽略溢出错误的。因此，如果 C 语言程序员希望能开发出 100% 正确的程序，他必须非常清楚计算结果不会导致溢出，或者在计算之前先判断两个运算数的取值范围以便预先做处理。

无符号的小于运算与有符号数的小于运算的思路是一致的。只是因为减法是针对二进制补码编码体系的，因此必须人为地添加 1 位符号位。由于无符号数均为正数，因此添加的符号位必须为 0。

由此可见，无论是有符号小于运算，还是无符号小于运算，因为均借助二进制补码减法运算，故都必须扩展出 1 位符号位。两者的区别在于前者扩展的符号位源自两个操作数的符号位（即最高位），而后者扩展的符号位则恒为 0。

2. 等于运算

判断 A 和 B 相等有多种方法。一种方法是先执行 A 异或 B 的运算，然后再把结果的各位都进行或操作，得到的 1 位二进制值就是最终的比较结果。另一种方法是依然借用减法运算，然后把减法结果各位进行或操作，再把得到的 1 位二进制值取反，就得到了最终的比较结果。

2.6.5 乘法

乘法分为无符号乘法和有符号乘法两种，这里首先介绍无符号二进制数乘法运算。无符号二进制数乘法的计算过程与十进制数乘法高度相似，区别仅仅是它只有 1 和 0 而已。图 2-15 分别展示了十进制数乘法与二进制数乘法的计算过程。

在二进制数乘法中，同样用乘数的每位去乘以被乘数的每位来得到对应的部分积，然后再将部分积移位并累加就得到最后的乘积。由于二进制只有 0 或 1 两个数字，因此在二进制数乘法计算过程中，每个部分积或者是被乘数或者是全 0。需要注意的是，

2.6 补码的常见基本运算

对于 $N \times N$ 的乘法运算，乘积需要 $2N$ 位才能正确表示计算结果。

为了能借助无符号二进制数乘法运算，有符号二进制数乘法在进行乘法计算前需要将负数转换为正数，然后进行乘法计算，之后根据乘数与被乘数的符号判断最终结果的正负，再决定是否需要将乘法

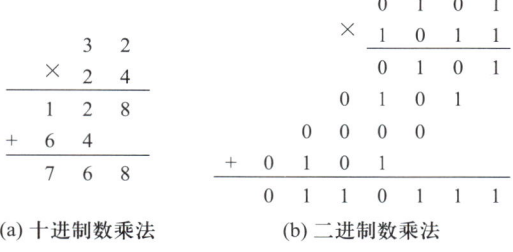

(a) 十进制数乘法　　(b) 二进制数乘法

图 2-15　十进制数乘法与二进制数乘法

计算结果转换为负数。假设 A 和 B 均为 32 位有符号数，其乘法计算详细流程如下：

（1）如果 A_{31} 为 1，表明 A 为正数，因此取 $A_{30..0}$ 为被乘数；而如果 A_{31} 为 0，则 A 为负数，就需要利用前面介绍的方法计算 $-A$ 的值并取 $A_{30..0}$ 为被乘数。B 采用相同的处理方法。

（2）将上一步骤得到的两个 31 位二进制数分别在高位补 1 位 0，从而得到两个 32 位无符号二进制数[①]。

（3）按照前述无符号二进制数乘法的计算方法计算 64 位乘积。

（4）判断 A_{31} 和 B_{31} 计算结果的正负。如果结果为正，则 64 位乘积就是最终的计算结果，否则取 64 位乘积[②] 的相反数为最终计算结果。

表 2-5 是根据乘数与被乘数的符号位来判断乘积符号位的真值表。需要注意的是，由于符号位不参与部分积及其累加过程，因此实际参与乘法的计算位数要少 1 位。但考虑到数据格式的统一，对于两个 32 位有符号二进制数的乘法来说，仍然用 64 位数来表示结果。

表 2-5　乘积符号位的真值表

被乘数符号位	乘数符号位	结果符号位	备注
0	0	0	结果为正
0	1	1	结果为负
1	0	1	结果为负
1	1	1	结果为正

2.6.6　除法

相对于乘法，除法在实际软件中应用较少。根据小学数学知识就知道除法比乘法复杂，这种复杂同样体现在计算机中，另外，由于数学上不允许除数为 0，因此当除数为 0

---

① 该步骤并非必须。补 0 的目的仅仅在于借用 32 位的无符号乘法的计算方法而已。
② 虽然乘法是按照无符号数计算的，但此时乘积应被视为二进制补码。

```
位序         5 4 3 2 1 0
                  7 0 8      商
除数   4 8 0 ) 3 4 0 0 1 9    被除数
              - 3 3 6 0
                  4 0 1 9
                - 3 8 4 0
                    1 7 9    余数
```
图 2-16 十进制除法案例

时，计算机会产生错误报告[①]。

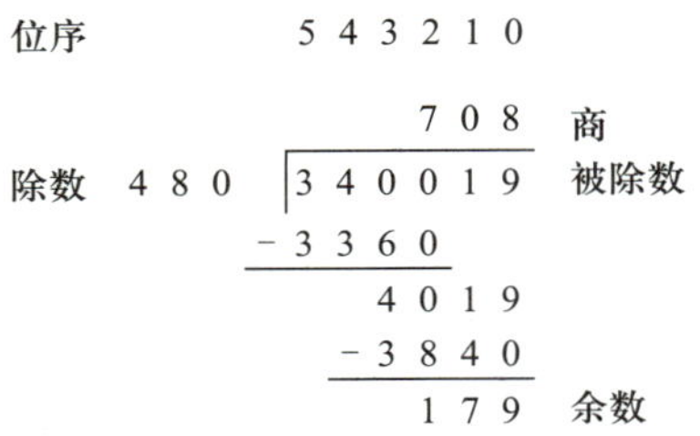

首先用 340 019 除以 480 来回忆十进制数除法运算的过程并总结其基本特点，计算过程如图 2-16 所示。

通过分析上述过程，可以发现除法运算过程的几个特点：

(1) 参与减法运算的被减数并非被除数整体，而是上一次减法的差值再连接上若干位被减数所形成的。这个被减数被称为中间余数。例如，中间余数在第 1 次减法中是 3 400，第 2 次则变为差值 40 与 19 的组合，即 4 019。

(2) 商的每位是通过在减法运算中所尝试的除数的最大倍数得到的。如果中间余数小于除数，即减法结果为负（也就是俗称的"不够减"），则商的相应位为 0。

① 例如，商的位 2 为 7，是因为 3 360 是 7 倍的 480，并且 3 360 是最大的减数。

② 例如，商的位 1 为 0，是因为中间余数 401 小于除数 480，因此减法结果为负。

(3) 当被除数的最后一位添加到中间余数后，如果中间余数仍然小于除数则停止运算。此时的中间余数就是最终的余数。

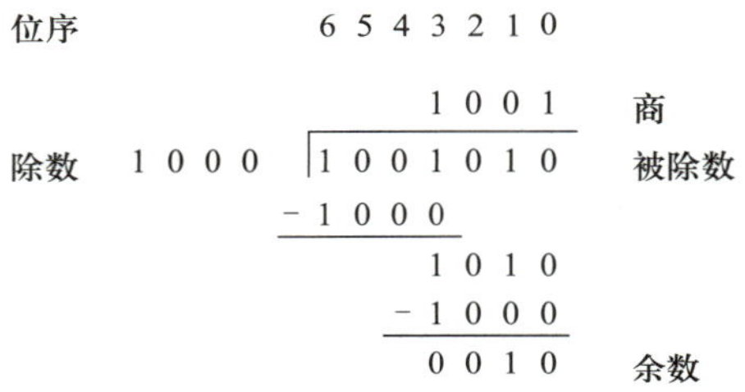

```
位序         6 5 4 3 2 1 0
                    1 0 0 1      商
除数   1 0 0 0 ) 1 0 0 1 0 1 0    被除数
                - 1 0 0 0
                    1 0 1 0
                  - 1 0 0 0
                    0 0 1 0    余数
```
图 2-17 二进制除法案例

下面仿照十进制除法，再构造一个二进制的除法案例。图 2-17 描述了 1001010_2 除以 1000_2 的过程。与十进制除法相比，二进制除法中，商的各位选取极为简单，非 0 即 1。这大大简化了运算的复杂度。

再仔细观察上述计算过程，会进一步发现如下两点：

(1) 商的位 6 至位 4 被省略了。这几位之所以被省略是因为对应的中间余数分别为 1_2、10_2 及 100_2，并且均小于除数。如果严格书写，位 6 至位 4 均应该补上 0。

(2) 商的位 2 和位 1 被省略了。这两位被省略的原因同上。

显然，上述计算过程的书写方式是最简的。但是，计算机只能机械且显式地重复某个计算过程。因此，如果希望从上面的计算过程分析总结出能让计算机执行的方法，就必须把省略掉的步骤都补全。由于除数是 4 位，因此需要在被除数前面补 4 个零。一个完整的二进制除法计算过程如图 2-18 所示。为了便于读者理解，图中每一步都给出了解释。

---

① 除零时的报告机制与加法溢出时的报告机制相同，两者的区别在于报告的具体内容。

2.6 补码的常见基本运算

```
位序              6 5 4 3 2 1 0
                  0 0 0 1 0 0 1         商
除数  1 0 0 0  │0 0 0 0 1 0 0 1 0 1 0    被除数。初始中间余数为0001₂
             -  0 1 0 0 0
                  0 0 0 1 0             差值<0；商位6为0；中间余数 = 中间余数左移1位‖被除数位5
             -  0 1 0 0 0
                  0 0 1 0 0             差值<0；商位5为0；中间余数 = 中间余数左移1位‖被除数位4
             -  0 1 0 0 0
                  0 1 0 0 1             差值<0；商位4为0；中间余数 = 中间余数左移1位‖被除数位3
             -  0 1 0 0 0
                  0 0 0 1 0             差值≥0；商位3为1；中间余数 = 差值左移1位    ‖被除数位2
             -  0 1 0 0 0
                  0 0 1 0 1             差值<0；商位2为0；中间余数 = 中间余数左移1位‖被除数位1
             -  0 1 0 0 0
                  0 1 0 1 0             差值<0；商位1为0；中间余数 = 中间余数左移1位‖被除数位0
             -  0 1 0 0 0
                  0 0 0 1 0             差值≥0：商位0为1；计算到最后一位，停止计算；中间余数=差值
```
‖：代表连接的意思。例如4‖5的结果是45

图 2-18 完整的二进制除法计算过程

结合上述计算过程的分析，可以总结出以两个 32 位数为对象的除法计算流程如下：其中，A 与 B 分别代表 32 位的被除数与除数，Q 代表商，R 代表中间余数，D 代表差值。由于是二进制补码减法的结果，因此 D 的位宽也是 33 位。

代码 2-2 两个 32 位数的除法计算流程

```
1    R = 0                              // 初始化中间余数
2    for i=31 to 0
3        R = {R[30:0],A[i]}             // 取出 A[i]
4        D = {1'b0,R}-{1'b0,B}          // 差值 = 中间余数 - 除数
5        if(D[32] == 0)                 // 如果差值为正，则：
6            Q[i] = 1                   // 商为 1，且
7            R = D[31:0]                // 中间余数 = 差值
8        else                           // 如果差值为负（即"不够减"），则：
9            Q[i] = 0                   // 商为 0，且
10           R = R[31:0]                // 保留中间余数
```

算法首先将中间余数初始化为 0，之后按照从高位到低位的顺序连续循环 32 次，每次循环都会计算出商的一位，即 Q[i]。第 3 行拼接的本质是移位，即每次循环都移出被除数的一位去做减法运算。为了按二进制补码计算减法，第 4 行中通过拼接 1 位 0 实现了符号位扩展。

例 2-8 给出 1001_2 除以 0010_2 的全部迭代过程中各变量的值。

解 1001_2(9) 除以 0010_2(2) 的商为 0100_2(4) 且余数为 0001_2(1)。为了验证前述算法的正确性，构造计算过程如表 2-6 所示。由于是 4 位除法，因此算法需要迭代 4 次，每行计算商的一位。为了方便观察，R 值在表中被分为两部分，前者代表循

环开始时的 R 值（即算法第 3 行），后者代表循环结束后的 R 值（即算法第 10 行）。另外，通过判断 D 的符号位即可知道 D 值的正负。

表 2-6　迭代过程中各变量的值

迭代	R（减法前）	A[i]	B	D	D值正负	Q[i]	R（减法后）	步骤说明
初始	0000	—	0010	—	—	—	—	
3	0001	1	0010	11111	负	0	0001	不够减：商为 0，余数保留
2	0010	0	0010	00000	正	1	0000	够减：商为 1，余数替换为差值
1	0000	0	0010	11110	负	0	0000	不够减：商为 0，余数保留
0	0001	1	0010	11111	负	0	0001	不够减：商为 0，余数保留

以上讨论的除法是无符号除法。下面讨论有符号除法，即被除数和除数可正可负。由于被除数和除数有正负，因此商和余数也有正负。商的符号容易确定，被除数和除数符号相同则商为正，否则为负。但余数的符号呢？关于被除数、除数、商和余数，它们满足如下数学公式：

$$被除数 = 除数 \times 商 + 余数$$

下面以 "-7 除以 2" 为案例分析其中的问题。如果仅仅以满足上述数学公式为目标，那么可以构造如下两组备选答案。其中第 1 组商为 -3，余数为 -1；第 2 组商为 -4，余数为 1。显然，这两组备选答案均满足上述公式。根据数学知识可以得出第 1 组为正确答案。数学执行有符号除法的基本思路是：

（1）如果被除数和除数有负数，则均先用绝对值（即取其相反数）做除法。
（2）商的符号由被除数与除数的符号决定，即同号为正，异号为负。
（3）余数的符号则与被除数的符号相同。

结合上述分析和无符号除法，可以得出计算机执行有符号除法的基本方法：统一将二进制补码表示的被除数和除数都转换为其绝对值（例如 -2 的二进制补码为 1110_2，其绝对值是 0010_2）；然后执行无符号除法；再根据被除数、除数的符号将商和余数变换为相应的二进制补码。

2.7　本章小结

本章首先介绍了十进制、二进制、十六进制三种进制及相互转换方法，然后重点介绍了如何用二进制补码表示整数（包括负数）的方式，也给出了浮点数在计算机中的表示方法。

计算方法是一个非常庞大和艰深的领域。今天 CPU 所实现的大量计算方法（特别是浮点运算等）的核心目标是性能，没有丰富的电路知识是难以学习和理解这些算法的。考虑到本书定位，本章仅围绕二进制补码介绍最常见的若干种整数运算方法，如加、减、乘、除等。

思考题

1. 计算 222_3，222_4，222_5 对应的十进制值。
2. 分别计算 0b1011101 与 0xB23 的十进制值（均按无符号数处理）。
3. 用十六进制方式表示无符号数 1001111110_2。
4. 本章 2.1.2 中介绍了如何将十进制数转换为二进制数的方法。表 2-7 和表 2-8 给出将十进制数转换为五进制数和九进制数的具体案例。根据案例总结出从十进制转换为 N 进制的一般性方法。

表 2-7 十进制数 2007 转换为五进制数的计算过程

步骤	被除数	商	余数	位序	备注
1	2007	401	2	0	2007 除以 5
2	401	80	1	1	401 除以 5
3	80	16	0	2	80 除以 5
4	16	3	1	3	16 除以 5
5	3	0	3	4	被除数小于除数 5，计算结束

43210 位序
$2007_{10} = 31012_5$

表 2-8 十进制数 2018 转换为九进制数的计算过程

步骤	被除数	商	余数	位序	备注
1	2018	224	2	0	2018 除以 9
2	224	24	8	1	224 除以 9
3	24	2	6	2	24 除以 9
4	2	0	2	3	被除数小于除数 9，计算结束

3210 位序
$2018_{10} = 2682_9$

5. 给出快速估算 2^{28} 的方法。
6. 给出 6 位二进制补码的表示范围。

7. 将下列十进制数转换为 6 位二进制补码并完成计算，同时指出结果是否存在溢出。

① 16+15　　② 16+18　　③ 16-8　　④ -16-16　　⑤ -24-13

8. 下列代码执行结束后，请用 32 位二进制补码方式分别表示 c、s 与 us 的值。

```
1    char           c;
2    short          s;
3    unsigned short us;
4
5    c=-1;
6    s=c;
7    us=(unsigned short)c;
```

9. 在介绍图 2-18 的二进制除法过程时，本书正文强调"由于除数是 4 位，因此我们需要人为地在被除数前面补 4 个零"。请回答：

(1) 为什么除数是 4 位，要补的零位数也是 4 个？

(2) 给出具有一般化的结论。

第 3 章

计算机指令

教学课件：计算机指令

简单地说，一台计算机大体可以分为硬件和软件两大部分。硬件与软件之间的界面是指令集。指令集由几十条至几百条功能各异的指令组成。每条指令都定义了一个独立功能，如加法运算等。从软件的角度分析，无论多复杂的软件都是由这些指令组成的集合。从硬件的角度分析，每条指令定义的具体功能由硬件负责执行完成。

- 同学们都用过计算器，它的主体部分是一组按键，每个按键都对应一个功能，例如乘号按键对应乘法运算。无论多复杂的四则运算，都能通过运算的组合而计算出最终结果。

- 所有这些按键的功能都对应为计算机的指令集，而计算器能计算的任意复杂的四则运算表达式就对应为任意的计算机程序。

历史上曾经出现过多种指令集，但经过长期演化，x86[1]、ARM[2]、RISC-V[3] 是目前应用最为广泛的指令集。MIPS[4] CPU 曾经一度成为风靡一时的主流 CPU 之一，这使得 MIPS 指令集也同样在指令集发展历史上占据了举足轻重的地位，其设计思想极大地影响了

---

[1] x86 是美国 Intel 公司开发的指令集。x86 指令集除了能被 Intel 公司的 CPU 支持外，AMD 公司与 Intel 公司通过专利合作也可以让其开发的 CPU 执行 x86 指令集。

[2] ARM 是英国 ARM 公司开发的指令集。ARM 指令集目前被广泛应用在各种嵌入式计算机中，特别是手机上的 CPU，已经被 ARM 所垄断。

[3] RISC-V 主要是由美国加州大学伯克利分校最初为了学术研究而发明的。由于采用了开源思想，RISC-V 近年来受到了来自学术界、工业界和政府的高度关注，已经成为当前最重要的指令集之一。

[4] MIPS 是美国 MIPS 公司开发的指令集。MIPS 指令集曾被广泛使用在工作站、超级计算机、网络设备、个人娱乐设备与商业设备上。Wave Computing 公司于 2018 年收购了 MIPS 公司，在 2021 年加入 RISC-V 阵营，并宣布停止 MIPS 指令集的开发。

后续多种指令集的设计。

- 目前绝大多数的指令集都是隶属于某个特定公司的。例如，x86 指令集就属于美国 Intel 公司所有，ARM 指令集就属于英国 ARM 公司所有。一般来说，某个 CPU 只能运行特定的指令集。为此，我们有时把运行某种指令集的 CPU 称为某某 CPU。例如，称运行 x86 指令集的 CPU 为 x86 CPU（或 x86 处理器）。

长期以来，我国在 CPU 的技术、产业以及生态方面都缺乏话语权。这一局面的成因是非常复杂的，但不可否认的是，缺乏完全自主知识产权的指令集是重要原因之一。令人欣慰的是，我国近年来在 CPU 关键技术方面取得了长足进步，也在指令集方面取得了重大突破，其中 LoongArch[①] 和 SW-64[②] 是我国目前完全自主研发的指令集典型代表。相对于 MIPS，LoongArch 具有大量的独特设计，支持更大规模的指令集，也相对复杂一些。虽然不同的指令集有很多细节差异，但一旦掌握了一个指令集，再学习另外一个指令集就会很简单。由于 MIPS 指令系统实用且简洁，因此本章以 MIPS 指令为对象讲解计算机的指令集、指令格式、汇编语言等内容。本书在拓展部分中以对比分析的方式讲解 LoongArch 指令集。

如何高效地学习指令呢？指令就像自然语言的单词，学习单词最好的方法就是在语句中使用单词。类似的，当你具有 C 程序设计基础后，运用指令编写汇编程序是学习指令的最好方法。为此，本章绝大多数案例均先给出 C 程序样例，然后用类比的方法讲解对应汇编程序需要用到的典型指令，同时介绍相应的汇编程序结构及存储视图等相关知识，剩下的就是需要多阅读和编写汇编程序而已。在练习的过程中，如果有这样思考：能否有一条指令实现这样一个功能呢？此时查阅本书附录的指令集即可。

---

① LoongArch 是我国龙芯中科开发的指令集，于 2021 年正式发布。LoongArch 指令集包括一个精简 32 位版（LA32R）、一个标准 32 位版（LA32S）和一个 64 位版（LA64）。
② SW-64 是我国江南计算技术研究所开发的指令集，其中 SW 是申威一词的汉语拼音首字母。申威 CPU 主要应用于国防军事、超级计算等领域。

3.1 MIPS 指令集概述

从诞生之初至今，MIPS 指令集并非一成不变，从最早的单一指令集逐步发展成为指令集族。早期的 MIPS 指令集只支持 32 位操作，后来逐步扩展到 64 位，某些指令集还支持多处理器。针对嵌入式领域，MIPS 还开发了 16 位的指令集。本书中涉及的 MIPS 指令以 MIPS 32 指令集为基准进行了裁剪。附录 A 收录了本书使用的指令，并给出了每条指令的详细描述。关于 MIPS 32 指令集的更多信息，有兴趣的读者可以进一步查找相关资料学习。

为了有效支持高级程序设计语言，MIPS 定义了加载和存储指令、算术运算指令、逻辑运算指令、比较指令、分支指令、跳转指令等。除上述常规指令外，MIPS 还定义了一些与特定体系结构相关的指令，如协处理器、cache、MMU 管理等指令。本章将集中介绍前述的常规指令。协处理器指令将在第 9 章中介绍。至于 cache 和 MMU 指令，它们涉及过多 CPU 体系结构细节，已超出了本书范围，本书就不予以介绍。

3.2 CPU 执行程序的基本原理

微视频：CPU 执行程序的基本原理

从代码 3-1 所示的 C 程序片段开始讲解一些基本概念与知识。这段 C 代码的功能是字符串复制。假设指针 p 的初值指向 "Hello world！" 字符串，则当循环结束后，q 所指的区域也被复制为 "Hello world!"。

代码 3-1 字符串复制的 C 代码片段

```
1   while(1){
2       tmp = *p;              // 复制 1 个字符
3       q*= tmp;
4       p++;                   //p 执向下一个单元
5       q++;                   //q 指向下一个单元
6       if(tmp==NULL)          // 如果是空字符则退出循环
7           break;
8   }
```

理解这段代码并不困难。但问题是：从编写这段 C 代码到其最终能被 CPU 运行，都涉及哪些环节呢？

3.2.1 程序的全流程

为使得 C 程序能在计算机上运行，必须将 C 程序转换为可以被计算机理解和执行的二进制机器码。这一转换过程包含编译、汇编、存储、加载和运行 5 个环节。图 3-1 描述了这几者之间的关系以及每个环节内部所包含的基本内容。

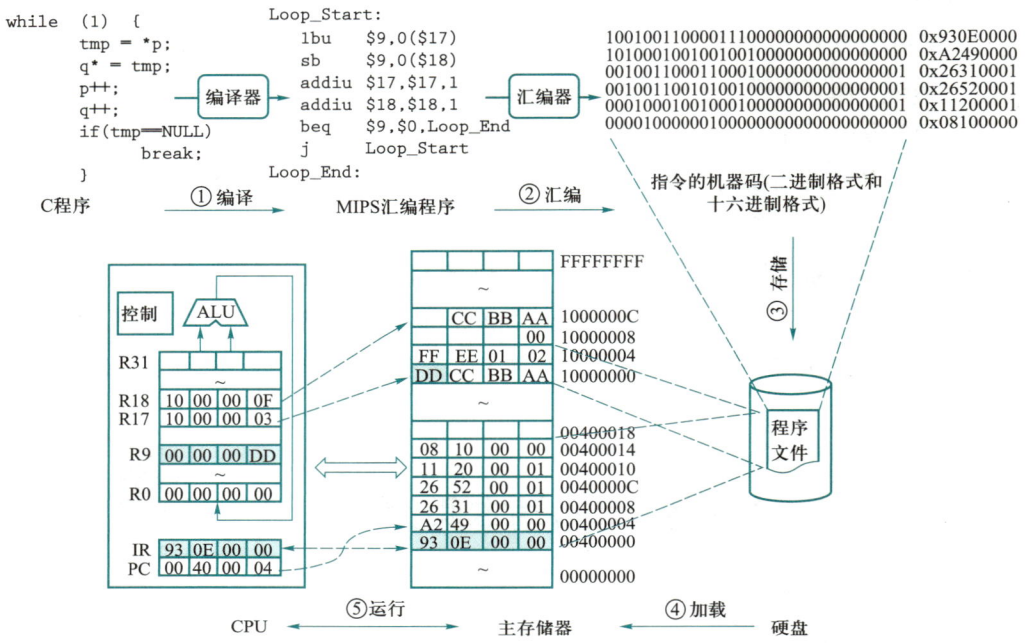

图 3-1　程序的全流程

这段 C 代码首先被 C 语言编译器转换为由 6 条指令构成的 MIPS 汇编程序。由于 MIPS 汇编程序也无法被计算机直接理解和执行，因此这 6 条指令还需要被汇编器转换为二进制机器码（每条指令都对应一个相应的二进制机器码）。为了便于表示及阅读，通常采用十六进制方式表示机器码。计算机或者说 CPU，真正能够理解的是每条指令的二进制机器码。

- 计算机的硬件电路无论多复杂，其基本构成单位都是与非门等门电路。由于门电路的输入输出均为逻辑 0 或 1，这就解释了为什么 CPU 理解和执行的只能是二进制机器码了。
- 本章后续部分会进一步讲解指令及其二进制机器码。

系统设计详解 3-1　从二进制机器码到高级程序设计语言

上述①和②两个环节展示了如何把 C 程序转换为二进制机器码。这里简单描述该转换过程的历史发展背景。

CPU 能完成的各种工作分别都有各种指令来对应。例如，加法指令、减法指令、比较指令等。从本质上说，任何一个程序都是各种指令的集合。关于指令的语义、书写格式以及二进制编码方式等内容，本章后续将继续介绍。

在 20 世纪 40~50 年代初期，程序员为了编写一个程序，只能直接书写指令的二进制机器码。显然，以此方式开发程序对程序员来说是无比烦琐的事情。为提高开发效率，人们发明了汇编语言和汇编器。汇编语言用一系列符号来帮助人们更好地理解和记忆 CPU 的各种操作。例如第 1 条指令中的 lbu 是 "load byte unsigned" 的缩写，其含义是 "从存储器读入一个无符号字节"。至此，人们摆脱了直接面对一大堆难以理解的 0、1 串的困境。

由于汇编语言抽象层次仍然较低，这迫使程序员必须以机器的方式去思考。随着编译理论及技术取得巨大突破，程序员逐渐可以用高级程序设计语言开发程序。高级程序设计语言的建模抽象层次更高，并且编译器的编译效率和优化能力不断提升，这使得在编写大型应用程序时，手工编写的汇编程序在代码密度和运行性能等方面不再具有优势，因此，今天的绝大多数程序员都不再使用汇编语言开发软件了。

但请注意，这并非意味着汇编语言再也没有用途了！例如在现代操作系统中，为了实现控制硬件、中断响应、任务切换等功能，还必须依赖程序员手工编写汇编程序。另外，一些关键算法的核心代码如果采用汇编语言编写能获得更高的性能。

当 C 程序被转换为对应的可执行文件后，该文件就被存储在硬盘等存储介质中。在文件存储方面，可执行文件与 .doc、.xls、.ppt 文件没有任何不同，即在计算机看来都是一堆二进制数字而已。当然，这些二进制字符在被实际解读时会被赋予不同的含义。例如，对于 0x0810_0000 这个 32 位二进制数来说，如果出现在某个 Excel 文件中，它会被解读为某单位年产值；但如果出现在可执行文件中，也许会被 CPU 解读为 1 条指令。

- 举一个生活中的例子来说明同样的数据被解读为不同的含义。100083 在邮递员眼里是邮政编码，而银行出纳可能认为是存款数额。

当要执行这段代码时，首先需要通过操作系统将对应的可执行文件加载到主存储器（简称主存）中。一个可执行文件除了包含大量指令外，还包含大量数据（例如在 C 程序中定义的数值常量、字符串常量等）。在加载程序时，操作系统会把程序中的指令和数据存放在主存中没有交叠的两个区域。

当程序加载后，CPU 就从主存中读取指令、解释指令并完成指令要求的各种操作。这一环节就是程序的运行。与程序运行相关的主体是 CPU 和主存。

当然，在程序运行过程中，程序还需要读取键盘数据（例如用户敲击了某个按键）、网卡数据（例如从 Web 服务器发来了一个网络报文）以及向显卡写入数据（例如在显示器显示一个交互式菜单）。这些信息交互过程涉及另外一个概念，即输入输出（input/output，I/O）。计算机中完成输入输出操作的功能部件被称为设备。本书第 8 章将具体讲述 I/O 部分。另外，程序的存储、加载等过程属于操作系统的范畴，已经超出了本书的范围，有兴趣的读者可以进一步学习操作系统相关知识。

3.2.2 主存储器

主存储器（简称为主存）是现代计算机的核心部件。无论主存采用什么工艺（例如静态存储器、动态存储器），从模型的角度看，主存都可以被抽象为一个数组。假设现在有一个容量为 4GB 的存储器，可以有如下两种常用的描述方式，如图 3-2 所示。

1. 以字节为单位

假设数组单元大小为字节，则数组包含 4G 个单元，数组下标为 32 位无符号数。显然，字节 0 下标为 0x0000_0000，字节 1 下标为 0x0000_0001，依次类推，字节 4G-1 的下标为 0xFFFF_FFFF，即数组下标的取值范围为 {0x0000_0000, 0xFFFF_FFFF}。

- 在讨论存储器时，一般不再使用"下标"这一术语，而是采用"地址"这个术语。除非特别声明，地址对应的单位为字节。

2. 以字为单位

因为一个字包含 4 个字节，所以从字的角度出发，数组包含 1G 个字，数组下标为 30 位无符号数即可。其中，字 0 的字地址为 0x0000_0000（对应的字节地址为 0x0000_0000）；字 1 的字地址为 0x0000_0001（对应的字节地址为 0x0000_0004）；字 2 的字地址为 0x0000_0002（对应的字节地址为 0x0000_0008），依次类推，字 1G-1 的字地址为 0x3FFF_FFFF（对应的字节地址为 0xFFFF_FFFC），即数组下标的取值范围为 {0x0000_0000, 0x3FFF_FFFF}。

- "对应的字节地址"的含义是：字内偏移为 0 的那个字节的字节地址。显然，字地址乘以 4 就是对应的字节地址。由于讨论存储器时通常是以字节为单元，因此常用字内偏移为 0 的那个字节的字节地址来代表字地址。

虽然一个字包含 4 个字节，但到底包含哪几个字节呢？例如，0x0040_0000～0x0040_0003 的 4 个字节可以构成 1 个字，也可以将 0x0040_0002～0x0040_0005 的 4 个字节构成 1 个字。仔细观察图 3-2（b），可以看出所有字的字节地址均为 4 的倍数。这种模式被称为"字对齐"。除非特别说明，本书在描述字时均以字对齐为前提。

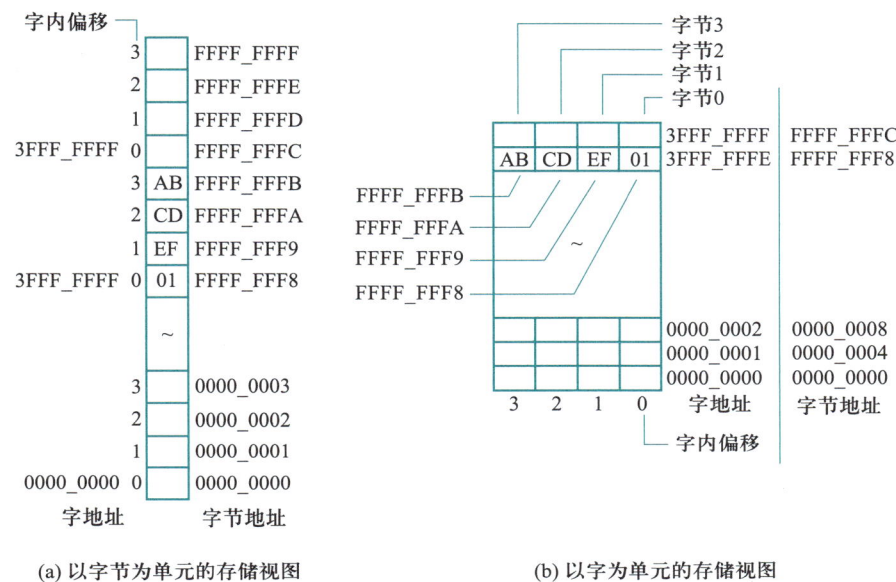

(a) 以字节为单元的存储视图　　(b) 以字为单元的存储视图

图 3-2　存储器的抽象视图

由于 32 位字节地址与 30 位字地址之间是 4 倍的关系，因此只需要将某个字节的 32 位字节地址的最低两位去除，就得到了该字节所在的 30 位字地址。换个角度，这最低两位地址就是该字节在字内的偏移。图 3-3 描述了上述两者的转换关系以及最低两位地址在字内的用途。

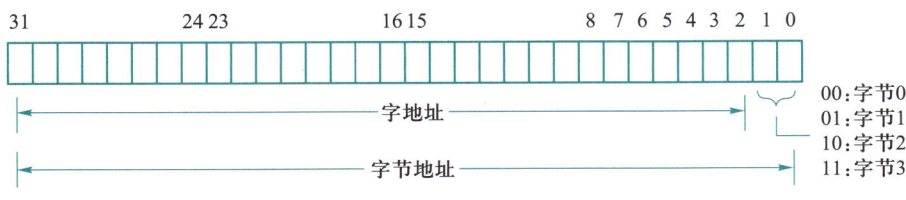

图 3-3　32 位字节地址与 30 位字地址的转换关系

3.2.3　CPU

CPU 是计算机最重要的部件，其核心功能就是执行指令。简单地说，CPU 包含程序计数器（program counter，PC）、指令寄存器（instruction register，IR）、寄存器堆

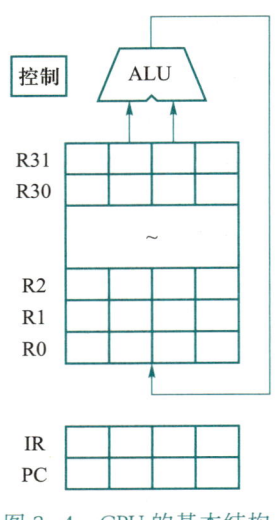

图 3-4　CPU 的基本结构

（register file，RF）、算术逻辑单元（arithmetic and logic unit，ALU）、控制器（controller）等部分，具体如图 3-4 所示。

无论一个程序包含多少条指令，CPU 执行每条指令的一般性过程都包括以下 3 个步骤：① 首先根据 PC 从主存读取指令；② 分析指令的功能并执行相应的操作；③ 修改 PC 使之定位至下一条指令。其中第 2 个环节会涉及从 RF 读取或写入数据以及 ALU 执行各种运算功能。

1. 程序计数器（program counter，PC）

从主存读取指令就必须首先知道指令在主存中的地址。PC 是一个 32 位寄存器，其存储的 32 位值就是指令在主存中的地址。从程序员角度看，PC 就是一个 C 程序中的指针变量。有了 PC 这个基本概念后，CPU 执行指令的过程就更容易理解了。

假设 CPU 正在执行某条指令，此时 PC 中保存的就是该指令对应的主存地址。如果该指令的语义是要求 CPU 在其执行结束后继续顺序执行下一条指令，那么 CPU 内部的控制机构（见后面部分）只需在前述步骤②中将 PC+4 的值写入 PC 即可。如此，CPU 就会在执行完当前指令后，从下一个地址顺序读取指令。MIPS 中绝大部分指令（如运算类指令）都是这样顺序执行的。

显然，由于程序中存在 if-else 语句块、循环、函数调用等，因此程序不可能总是单调地顺序执行。为了支持这些语言特性，MIPS 设置了分支类指令、函数调用等与程序控制流相关的指令。在执行控制流相关指令时，CPU 会在其执行结束后将某个特定地址（不再是 PC+4）写入 PC。这样 CPU 就不再顺序执行指令了，而是跳转到一个新的地址并从那里开始继续执行指令。

2. 指令寄存器（instruction register，IR）

CPU 需要在内部设置一个区域存储当前正在执行的指令。IR 是一个 32 位寄存器，它保存着 CPU 当前正在执行的指令。

3. 寄存器堆（register file，RF）

由于主存的存取速度通常比处理器的工作速度慢很多（至少慢 1 个数量级），因此现代 CPU 内部均会设置几十个性能远高于主存的寄存器。这样的寄存器被称为通用寄存器（general purpose register，GPR）。MIPS 定义了 32 个 32 位通用寄存器，其编号从

0 到 31。这 32 个寄存器组成了一个完整数据结构，称之为寄存器堆[①]。

MIPS 约定在使用寄存器时，用一个"$"符后面跟上数字来代表一个寄存器。例如 $0 和 $27 分别代表 0 号寄存器和 27 号寄存器。MIPS 的 0 号寄存器读出值永远为 0，本书后续部分会讲解 MIPS 为什么设置一个 0 号寄存器。

> **系统设计详解 3-2　MIPS 为什么只设置 32 个寄存器？**
>
> 既然寄存器对于发挥 CPU 的性能非常重要，MIPS 为什么只设置 32 个寄存器，而不设置更多的寄存器呢，如 64 个？该问题隐含了极为复杂的设计权衡，这里简单论述一二。
>
> 设计原则：小则快。根据数字逻辑知识可知，所有数字电路都可以归结为门电路，其关键路径门电路延迟就决定了整个门电路的最大延迟。一个电路功能越复杂，其关键路径就越长，电路的最大延迟也就更大，性能自然就更低。
>
> 寄存器数量过少，会导致编译器可以利用的寄存器就非常有限，不利于性能提升。但如果寄存器数量过多，则因延迟变大会使得寄存器读写操作数的性能变差，从而可能导致系统整体工作频率下降。
>
> MIPS 设置 32 个寄存器的另一原因是：追求指令编码格式的简洁和统一。这种简洁和统一对于性能同样非常重要，将使得译码电路更小更快。
>
> 总的来说，对于 CPU 设计而言，寄存器数量的设置是一个需要反复实验并进行综合权衡的结果。

4. **算术逻辑单元**（arithmetic and logic unit，ALU）

ALU 的主要用途是完成指令中的算术运算和逻辑运算。其中算术运算包括加、减、乘、除等，逻辑运算包括与、或、非、异或等。绝大多数 CPU 的 ALU 都是双目运算，即参与运算的数据源不能多于两个。除了完成上述运算外，ALU 有时还包含其他一些功能，如判断运算结果是否为 0。

5. **控制器**（controller）

当指令被存入 IR 后，控制器就对指令进行分析（这一过程被称为译码），并通过控制 PC、RF 与 ALU 来完成指令的执行。

[①] 有的中文书籍或文章将 register file 翻译为"寄存器文件"。

3.2.4 指令与指令集

每条指令都有两种表现形式：汇编指令和机器码。汇编指令方便了人们编写汇编程序。一条汇编指令由多个相对易于理解的符号构成。以图 3-1 中 MIPS 汇编程序的第 1 条指令为例，lbu 是指令的操作符，表明这是一条字节加载指令。除操作符外，指令中的 \$9，0 以及 \$17 都被称为操作数。其中 \$9 和 \$17 代表了 9 号寄存器和 17 号寄存器，0 代表值为 0 的立即数（后面会介绍寄存器和立即数的相关概念）。操作符与操作数之间用空格分隔开，操作数之间则用逗号分隔开。

由于计算机硬件只能理解二进制信息，因此每条汇编指令最终必须翻译为 CPU 能理解的二进制数。这样的二进制数就是指令的第二种形式，即机器码。第 1 条指令的机器码为 0x903E0000。

为了较好地支持高级程序设计语言，每个处理器都定义了几十至上百条指令，这些指令的集合被称为指令集。那么一个指令集应该定义哪些类别的指令呢？因为指令集最终是为高级程序设计语言服务的，所以从高级程序设计语言的视角分析如下。

（1）算术逻辑类指令。由于计算是程序的核心功能，因此指令集必须能提供加、减、乘、除等算术运算功能以及与、或、非等逻辑运算功能。

（2）数据传输指令。由于高级程序设计语言都是基于变量的，而变量又是存储在主存中的，因此必须有指令能读写主存，以便在寄存器和主存之间完成数据交换。

（3）分支类指令。指令集必须提供比较功能和转移功能以支持 if-else、for 等分支类语句及循环类语句。

（4）函数调用类指令。高级程序设计语言均具有函数机制，因此指令集必须支持函数调用和返回。

（5）系统级指令。现代计算机普遍都需要运行操作系统。而操作系统是一种承担着管理其他软件功能的特殊软件，因此除了前述常规指令外，指令集还需要为操作系统提供一些专用指令，如同步、cache 管理、MMU 管理等。

目前，大致分为复杂指令集计算机 (complex instruction set computer, CISC) 和精简指令集计算机 (reduced instruction set computer, RISC) 两个阵营。一般来说，CISC 的指令数量规模大，指令的分类和格式庞杂多变。RISC 则针锋相对，其指令规模小很多，指令格式分类少且固定。通过结构性变革，RISC 处理器更易于采用流水线等提高性能的实现方式。

MIPS 作为一个被广泛使用的真实 CPU，其指令系统乃至内部结构非常简明，初学者能够比较容易地借助它来学习计算机知识。从教学的角度来看，这点尤为可贵。这就是本书选择以 MIPS 为代表介绍指令系统的理由。

3.2.5 示例程序执行过程解读

图 3-1 的示例程序实现了字符串复制的功能，实现如代码 3-2 所示。不妨假设源字符串的存储区域为 0x1000_0000 至 0x1000_0008，目的字符串的存储区域为 0x1000_000C 至 0x1000_0014。为了便于讲解，首先给出该程序对应的每条汇编指令的操作说明。其中 Loop_Start 和 Loop_End 是标号，其作用与 C 语言中 goto 语句的标号作用完全一致。

代码 3-2 指令的操作说明

	Loop_Start:		// Loop_Start 为循环开始的标号
1	lbu	$9,0($17)	// 从以 17 号寄存器为基地址且偏移为 0 的主存单元读取 1 个字节，并保存在 9 号寄存器的最低字节
2	sb	$9,0($18)	// 将 9 号寄存器的最低字节存储到以 18 号寄存器为基地址且偏移为 0 的主存单元
3	addiu	$17,$17,1	// 17 号寄存器自增
4	addiu	$18,$18,1	// 18 号寄存器自增
5	beq	$9,$0,Loop_End	// 比较 9 号、0 号寄存器，相等则循环结束
6	j	Loop_Start	// 无条件跳转至循环开始
	Loop_End:		// Loop_End 为循环结束的标号

理解上述代码的关键在于搞清楚 CPU 内部各寄存器的用途。在上述代码中，$17 和 $18 分别对应 C 代码的 p 和 q 这两个指针。假设 $17 和 $18 的初值分别是 0x1000_0000 和 0x1000_000C。$9 用于存储从源字符串中读出的当前字符。PC 虽然没有出现在上述代码中，但 PC 的取值直接决定了要执行哪条指令，所以，理解了 PC 的变化就抓住了程序执行路径这一最核心要素。为了更易理解 PC 的变化特性，用"PC(执行前)"代表 PC 在指令开始执行（包括从主存读取指令）之前的取值，再用"PC(执行后)"代表 PC 在指令执行完成后的取值。同理，IR 虽然也没有出现在上述代码中，但 IR 存储了当前正在执行的指令的机器码，其与 PC 之间强相关。

本书采用表格方式来表示每条指令的执行过程。表格中只记录了与这 6 条指令相关的寄存器和主存单元中的信息。表 3-1 至表 3-7 描述了第 1 次循环中各条指令执行后的系统状态。其中，表 3-1 描述了 CPU 和主存的初始状态。此时，PC 当前值为 0x0040_0000，指向了第 1 条指令即 lbu。

表 3-1　CPU 和主存的初始状态

序号	指令	指令地址	机器码	寄存器	寄存器值	数据地址	B3	B2	B1	B0
1	**lbu $9, 0($17)**	**00400000**	**930E0000**	PC(执行前)	**00400000**	10000000	DD	CC	BB	AA
2	sb $9, 0($18)	00400004	A2490000	PC(执行后)	–	10000004	FF	EE	01	02
3	addiu $17, $17, 1	00400008	26310001	IR	–	10000008				00
4	addiu $18, $18, 1	0040000C	26520001	$0	00000000	1000000C				
5	beq $9, $0, Loop_End	00400010	11200001	$17	10000000	10000010				
6	j Loop_Start	00400014	08100000	$18	1000000C	10000014				
		00400018		$9	—					

表 3-2 描述了第 1 条指令 lbu 的执行情况。该指令的相关信息、指令执行导致发生变化的寄存器以及主存都采用粗体并阴影方式表示。第 1 条 lbu 的作用等价于读取 p 所指的字符。这涉及两个问题。

第 1 个问题是从哪个地址读取数据。lbu 中的 0($17) 是 MIPS 中表示主存单元地址的方法，其含义为：基地址由 $17 给出，偏移为 0。由于 $17 为 0x1000_0000，而偏移为 0，因此实际地址就是 0x1000_0000。从表 3-2 可以看出，该地址存放的数据为 0xAA。类似的，2($17) 就代表了字符 CC 的地址。请读者自行验算。

第 2 个问题是读出的数据存放在哪里。lbu 读出的数据是 1 个字符，而 MIPS 的寄存器都是 4 字节的，因此这个字符存入 $9 的最低字节并且高 3 个字节都被清除为 0。

以上是对 lbu 执行过程的基本分析。每条指令执行后，事实上还会伴随一个问题，即 CPU 将从哪里读取下一条指令。因为 lbu 指令是顺序执行的指令，所以控制器在指令执行后会自动将 PC+4 的值写入 PC。这样 CPU 在执行完 lbu 后，继续从 0x0040_0004 读取第 2 条指令，即 sb 指令。

表 3-2　lbu 指令执行后的系统状态

序号	指令	指令地址	机器码	寄存器	寄存器值	数据地址	B3	B2	B1	B0
1	**lbu $9, 0($17)**	**00400000**	**930E0000**	PC(执行前)	**00400000**	10000000	DD	CC	BB	AA
2	sb $9, 0($18)	00400004	A2490000	PC(执行后)	**00400004**	10000004	FF	EE	01	02
3	addiu $17, $17, 1	00400008	26310001	IR	930E0000	10000008				00
4	addiu $18, $18, 1	0040000C	26520001	$0	00000000	1000000C				
5	beq $9, $0, Loop_End	00400010	11200001	$17	10000000	10000010				
6	j Loop_Start	00400014	08100000	$18	1000000C	10000014				
		00400018		$9	**000000AA**					

表 3-3 记录了第 2 条指令 sb 的执行情况。sb 的用途是将保存在 $9 中的字符写入 q 指向的主存单元。在地址表示方法上，sb 与 lbu 是一致的，区别在于 sb 用 $18 作为目的地址基地址。可以看出，当 sb 执行结束后，0x1000_000C 就存储了 0xAA。类似于 lbu，sb 指令同样也是属于顺序执行的指令，因此执行中也将 PC+4 写入 PC。这样当 sb 执行结束后，PC 值更新为 0x0040_0008，于是 PC 就指向了第 3 条指令 addiu。

表 3-3 sb 指令执行后的系统状态

序号	指令	指令地址	机器码	寄存器	寄存器值	数据地址	B3	B2	B1	B0
1	lbu $9, 0($17)	00400000	930E0000	PC(执行前)	**00400004**	10000000	DD	CC	BB	AA
2	**sb $9, 0($18)**	00400004	A2490000	PC(执行后)	**00400008**	10000004	FF	EE	01	02
3	addiu $17, $17, 1	00400008	26310001	IR	A2490000	10000008				00
4	addiu $18, $18, 1	0040000C	26520001	$0	00000000	1000000C				**AA**
5	beq $9, $0, Loop_End	00400010	11200001	$17	10000000	10000010				
6	j Loop_Start	00400014	08100000	$18	1000000C	10000014				
		00400018		$9	000000AA					

表 3-4 记录了 addiu 指令的执行情况，将 $17 与 1 相加并将结果再次写入 $17，其功能等价于 p++。$17 值的变化可以通过对比表 3-3 和表 3-4 来看。与 lbu、sb 类似，addiu 指令也是顺序执行的指令，因此 addiu 指令执行结束后，PC 值更新为 0x0040_000C，从而指向第 2 条 addiu。

表 3-4 第 1 条 addiu 指令执行后的系统状态

序号	指令	指令地址	机器码	寄存器	寄存器值	数据地址	B3	B2	B1	B0
1	lbu $9, 0($17)	00400000	930E0000	PC(执行前)	**00400008**	10000000	DD	CC	BB	AA
2	sb $9, 0($18)	00400004	A2490000	PC(执行后)	**0040000C**	10000004	FF	EE	01	02
3	**addiu $17, $17, 1**	00400008	**26310001**	IR	26520001	10000008				00
4	addiu $18, $18, 1	0040000C	26520001	$0	00000000	1000000C				AA
5	beq $9, $0, Loop_End	00400010	11200001	$17	**10000001**	10000010				
6	j Loop_Start	00400014	08100000	$18	1000000C	10000014				
		00400018		$9	000000AA					

表 3-5 记录了第 2 条 addiu 的执行情况。类似于前一条 addiu，第 2 条 addiu 对 $18 进行加 1 操作，即等价于 q++。addiu 执行结束后，PC 就执行到第 5 条指令 beq。

至此，实现了 1 个字符的复制，其中 lbu 和 sb 分别完成了从源地址读出字符与将其写入目的地址的需求，而两条 addiu 分别调整了源地址指针和目的地址指针。

表 3-5 第 2 条 addiu 指令执行后的系统状态

序号	指令	指令地址	机器码	寄存器	寄存器值	数据地址	B3	B2	B1	B0
1	lbu $9, 0($17)	00400000	930E0000	PC(执行前)	**0040000C**	10000000	DD	CC	BB	AA
2	sb $9, 0($18)	00400004	A2490000	PC(执行后)	**00400010**	10000004	FF	EE	01	02
3	addiu $17, $17, 1	00400008	26310001	IR	26520001	10000008				00
4	**addiu $18, $18, 1**	**0040000C**	**26520001**	$0	00000000	1000000C				AA
5	beq $9, $0, Loop_End	00400010	11200001	$17	10000001	10000010				
6	j Loop_Start	00400014	08100000	$18	1000000D	10000014				
		00400018		$9	000000AA					

一个字符复制完成后，需要通过比较当前字符是否为 0 来判断是否到达字符串尾。如果当前字符是 0 则循环结束，否则继续执行。表 3-6 记录的 beq 和表 3-7 记录的 j 就是实现这个需求的。

beq 会比较 $9 和 $0，如果相等，则将 PC 调整为 Loop_End 对应的指令的地址，否则 PC 被写入 PC+4。考虑到 $0 恒为 0，因此这条指令就是测试当前字符是否为 0，如果为 0 则跳出循环，否则继续执行下一条指令。因为第 1 次循环时 $9 不为 0，不相等，所以 PC+4 被写入 PC，于是 CPU 将继续顺序执行第 6 条指令 j。

- Loop_End 对应的指令在哪里呢？这里先明确结论：就是 0x0040_0018 处的指令（表格中的空白位置）。至于为什么是这条指令，待你学习了 3.5 节中 beq 的指令编码后就明白了。

表 3-6 beq 指令执行后的系统状态

序号	指令	指令地址	机器码	寄存器	寄存器值	数据地址	B3	B2	B1	B0
1	lbu $9, 0($17)	00400000	930E0000	PC(执行前)	**00400010**	10000000	DD	CC	BB	AA
2	sb $9, 0($18)	00400004	A2490000	PC(执行后)	**00400014**	10000004	FF	EE	01	02
3	addiu $17, $17, 1	00400008	26310001	IR	11200001	10000008				00
4	addiu $18, $18, 1	0040000C	26520001	$0	00000000	1000000C				AA
5	**beq $9, $0, Loop_End**	**00400010**	**11200001**	$17	10000001	10000010				
6	j Loop_Start	00400014	08100000	$18	1000000D	10000014				
		00400018		$9	000000AA					

3.2 CPU 执行程序的基本原理

与 beq 有条件地修改 PC 不同，j 是无条件修改 PC，其用途类似于 C 语言的 goto 语句[①]。j 直接将 PC 修改为 Loop_Start 标号后面的第一条指令，即第 1 条指令 lbu。j 执行后 PC 再次被修改为 0x0040_0000，于是 CPU 开始执行第 2 次循环。

表 3-7　j 指令执行后的系统状态

序号	指令	指令地址	机器码	寄存器	寄存器值	数据地址	B3	B2	B1	B0
1	lbu $9, 0($17)	00400000	930E0000	PC(执行前)	**00400014**	10000000	DD	CC	BB	AA
2	sb $9, 0($18)	00400004	A2490000	PC(执行后)	**00400000**	10000004	FF	EE	01	02
3	addiu $17, $17, 1	00400008	26310001	IR	08100000	10000008				00
4	addiu $18, $18, 1	0040000C	26520001	$0	00000000	1000000C				AA
5	beq $9, $0, Loop_End	00400010	11200001	$17	10000001	10000010				
6	**j Loop_Start**	**00400014**	**08100000**	$18	1000000D	10000014				
		00400018		$9	000000AA					

假设 CPU 重复了多次循环后，正在执行第 9 次循环的 beq，此时，$9 中存储着字符串的结束符，即 0。根据前述介绍可知，此时 beq 的比较条件成立了，于是控制器修改 PC 为 Loop_End 标号后指令的地址，即 0x0040_0018。这样，当 CPU 再次从主存读取指令时，取到的就是 0x0040_0018 处的指令然后跳出循环，循环执行结束，如表 3-8 所示。

- 本书给出了各指令在第 1 次循环的执行状态。虽然后续循环的指令执行状态变化不大，但建议你还是能参照该方式推演几次循环。这非常有助于你更好地理解系统的运行轨迹，不仅能帮助你建立感性认识，而且可以学习如何高效地对问题建模，从而快速进入抽象思维。我们相信这对于后续知识学习具有重要的基础意义。

表 3-8　第 9 次循环的 beq 指令执行后的系统状态

序号	指令	指令地址	机器码	寄存器	寄存器值	数据地址	B3	B2	B1	B0
1	lbu $9, 0($17)	00400000	930E0000	PC(执行前)	**00400008**	10000000	DD	CC	BB	AA
2	sb $9, 0($18)	00400004	A2490000	PC(执行后)	**00400018**	10000004	FF	EE	01	02
3	addiu $17, $17, 1	00400008	26310001	IR	11200001	10000008				00

[①] 从本质上说，C 语言 goto 语句将被编译器翻译为 j 指令。

续表

序号	指令	指令地址	机器码	寄存器	寄存器值	数据地址	B3	B2	B1	B0
4	addiu $18, $18, 1	0040000C	26520001	$0	00000000	1000000C	DD	CC	BB	AA
5	beq $9, $0, Loop_End	00400010	11200001	$17	10000009	10000010	FF	EE	01	02
6	j Loop_Start	00400014	08100000	$18	10000015	10000014				00
		00400018		$9	00000000					

3.2.6 CPU 执行程序的核心要点

本节对 CPU 执行程序进行了一次总貌介绍。总的来说，CPU 执行程序的基本原理并不是特别复杂，核心要点如下：

（1）高级程序设计语言编写的程序被编译器编译后转换为 CPU 可以执行的指令序列。

（2）可执行文件被加载到主存后，代码区域与数据区域是不交叠的。

（3）CPU 通过 PC 读取存储器中的指令，分析并执行相应的功能。

（4）对于绝大多数指令，指令执行完毕后，PC 自动加 4 以指向下一条指令，从而实现了程序的顺序执行；但对于如 beq 等分支指令，PC 有可能被修改为其他地址，从而实现程序的转移执行。

（5）为了提高代码运行性能，CPU 中设置了若干寄存器以存储临时变量。RISC 在存储器的使用上更加严格，规定除了专用存储器读写指令（本节里为 lbu 和 sb）实现寄存器与主存单元之间的数据传输，其他指令均只能读取寄存器并将计算结果写回寄存器。

本节大量采用表格式的描述方式。这属于形式建模方式之一。一方面，形式建模方法表达简洁、准确且高效，不会（或甚少）产生二义性；另一方面，表格形式也使得所表述内容具有了被程序自动化处理的可能。更进一步，经常这样思考问题能帮助你更好地抽取问题的本质并形成模型，从而可以通过抽象思维和模型化方法来更好地认识问题和解决问题。

3.3 计算器：一个综合案例

本书前一节通过一个小例子概貌式地介绍了 CPU 运行指令的相关概念和机制。在详细介绍计算机指令前，本节先给出一个综合案例程序——计算器。该案例程序不仅包含了 C 代码，还包含了实现同样功能的汇编代码以及必要的解释，具体内容见代码 3-3。计算器的基本程序功能是从一个字符串中提取 2 个操作数和 1 个运算符，然后调用相应的函数完成相应的运算。该样例包含了如下要素：

（1）在主存中定义及定位全局变量。

（2）将程序变量和语句中间临时变量分配给寄存器。

（3）用于构造顺序语句的部分常规指令，如存储器读写指令以及基本的运算指令。

（4）分支指令以及如何用分支指令构造分支语句。

（5）比较置位、跳转指令以及组合分支指令、比较置位指令和跳转指令等构造 while、for 和 switch 结构。

（6）函数机制。

（7）伪指令。

通过分析样例中 C 程序和汇编程序的对应关系，可以从全局的高度来认识指令系统和汇编程序中的绝大部分要素。在认真阅读这个简单的综合样例时，不必死记硬背，而是应该关注 C 与汇编之间的对应关系。需要说明的是，无论是从 C 还是汇编程序的角度，该样例均非最优代码。

为了帮助理解汇编程序，汇编程序中使用的寄存器及其用途如表 3-9 所示。

表 3-9　寄存器及其用途

C 程序变量	寄存器	用途
str	$s7	字符串指针
length	$s0	字符串长度
char	$t0	读入的字符
v1	$a0	第 1 个操作数，也是函数的第 1 个参数
v2	$a1	第 2 个操作数，也是函数的第 2 个参数
op	$a2	运算符
result	$v0	函数的运算结果
is_snd	$s2	是否是第 2 个操作数
i	$s1	循环变量

代码 3-3 计算器的 C 代码及汇编代码

`char str[]="1234+4321";`	1	`.data`	
	2	`  str:.asciiz "1234+4321"`	
`void main()`	3		
`{`	4		
`  int    length;`	5		
`  int    v1,v2;`	6		
`  char   op;`	7		
`  int    result;`	8		
`  int    is_2nd;`	9		
`  int    i;`	10		
	11	`.text`	
`  if(str[0]== 0)`	12	`  lui   $s7,0x1001`	$s7 指向 str
	13	`  ori   $s7,$s7,0x0`	
	14	`  lb    $t0,0($s7)`	
`    return;`	15	`  beq   $t0,$0,SwitchEnd`	if 语句
	16		
`  length=0;`	17	`  addi  $s0,$0,-1`	$s0=-1
`  while(str[length]!=0)`	18	`While:`	
`    length=length+1;`	19	`  lb    $t0,0($s7)`	读入字符
	20	`  beq   $t0,$0,WhileEnd`	判断字符是否为 0
	21	`  addiu $s7,$s7,1`	指向下个字符
	22	`  addiu $s0,$s0,1`	计数器 +1
	23	`  j     While`	继续循环
	24		
	25	`WhileEnd:`	
`  v1=0;`	26	`  li    $a0,0`	
`  v2=0;`	27	`  li    $a1,0`	2 个操作数清 0
`  is_2nd=0;`	28	`  li    $s2,0`	第 2 个操作数标志清 0
	29	`  la    $s7,str`	$s7 指向 str
	30	`  li    $s1,0`	初始化循环变量 $s1
`  for(int i=0;i<length;i++){`	31	`For:`	
	32	`  slt   $t8,$s1,$s0`	判断是否退出 for
	33	`  beq   $t8,$0,ForEnd`	
	34	`  addiu $s1,$s1,1`	循环变量 ++
	35	`  lb    $t0,0($s7)`	读入字符
	36	`  addiu $s7,$s7,1`	$s7 指向下个字符

3.3 计算器：一个综合案例

C 代码	行号	汇编指令	注释
`if(str[i]>='0'&& str[i]<='9'){`	37	`slti $t8,$t0,0x30`	如果小于'0'，则跳转至运算符
	38	`bnez $t8,Operator`	
	39	`slti $t8,$t0,0x40`	若大于'9'，则跳转至运算符
	40	`beqz $t8,Operator`	
`if(!is_2nd)`	41	`bnez $s2, Operand2`	若非0，则跳转至第2个操作数
`    v1=v1*10+(str[i]-48);`	42	`li    $t8, 10`	
	43	`mult $a0, $t8`	计算 v1*10
	44	`mflo  $t1`	$t1 = v1*10
	45	`addi $t2, $t0, -48`	$t2=char-48
	46	`add   $a0, $t1, $t2`	$v1=$v1*10+(char-48)
	47	`j     For`	退出 if，并且继续循环
`else`	48	`Operand2 :`	
`    v2 = v2*10 + (str[i]-48);`	49	`li    $t8, 10`	同上，计算 v2
`}`	50	`mult $a1, $t8`	
	51	`mflo  $t1`	
	52	`addi $t2, $t0, -48`	
	53	`add   $a1, $t1, $t2`	
	54	`j     For`	退出 else，并且继续循环
`else {`	55	`Operator:`	
`    op = str[i];`	56	`move $a2, $t0`	$a2= 运算符
`    is_2nd = 1;`	57	`li    $s2, 1`	
`}`	58	`j     For`	继续循环
`}`	59		
	60	`ForEnd:`	
`switch (op) {`	61	`li    $t9, 43`	加载比较对象1
`  case('+'):`	62	`beq $a2,$t9,CaseAdd`	若条件1成立，则跳转至处理1
`    result=f_add(v1,v2);`	63	`li    $t9, 45`	加载比较对象2
`    break;`	64	`beq $a2,$t9, CaseSub`	若条件2成立，则跳转至处理2
`  case('-'):`	65	`j     SwitchEnd`	
`    result=f_sub(v1,v2);`	66	`CaseAdd:`	
`    break;`	67	`jal    f_add`	处理1: 调用 f_add()
`  //...`	68	`j     SwitchEnd`	case 结束，离开 switch
`}`	69	`CaseSub:`	
`}`	70	`jal    f_sub`	处理2: 调用 f_sub()
	71	`j     SwitchEnd`	case 结束，离开 switch
	72		
	73	`SwitchEnd:`	空操作
	74	`nop`	

int f_add(int a,int b){	75	
	76 f_add:	调整栈指针，预留空间
return a+b;	77 addiu $sp, $sp, -4	保存 $s0
}	78 sw $s0, 0($sp)	
	79	
	80 move $s0, $a0	$s0= 第 1 个参数
// 其他函数 …	81 move $t0, $a1	$t0= 第 2 个参数
	82	
	83 addu $v0, $s0, $t0	$v0= 计算结果
	84	
	85 lw $s0, 0($sp)	恢复 $s0
	86 addiu $sp, $sp, 4	恢复栈指针，清除预留空间
	87 jr $ra	函数返回

3.4 指令格式及其操作数

微视频：指令格式及其操作数

如同 C 语言有语法规定一样，MIPS 规定使用指令编写汇编程序时，必须遵循相应的表达形式，也就是指令的格式。操作数是参与运算等操作的具体对象。MIPS 中操作数分为寄存器、存储器和立即数三类。

3.4.1 指令基本格式

MIPS 指令格式的种类非常有限，其最常见的指令格式如下：

```
op dst,src1,src2
```

op 是指令功能的缩写。例如符号加法指令和无符号加法指令的缩写分别为 add 和 addu。src1 和 src2 是参与运算的两个源操作数，dst 表示运算结果的目的操作数。上述指令解释为：src1 和 src2 执行 op 定义的运算，运算结果存储在 dst 中。

MIPS 大多数指令包含 3 个操作数，例如绝大多数算术逻辑类指令里的加法、减法、与、或等指令；少部分指令包含两个操作数，如乘法、除法指令等；只有 1 个操作数的指令比较少，例如跳转类指令里的 j 等；没有操作数的指令极少，例如与操作系统相关指令里的 break。

基于指令编写的程序，其可读性非常差。为此，编写汇编程序时应格外重视注释

3.4 指令格式及其操作数

的作用。注释由字符"#"开始,每次只能一行,例如:

```
op dst,src1,src2        # 要多写注释!要多写注释!要多写注释!
```

3.4.2 第 1 类操作数:寄存器

寄存器是最常见的操作数。下面是一条加法指令,其功能是将 $2 和 $3 相加,然后计算结果赋值给 $1。在这个例子中,$1、$2 和 $3 都是 add 指令的操作数。

```
add     $1,$2,$3
```

想象一下,如果汇编程序中所有指令均采用数字编号形式来表示寄存器,那么经过一段时间,当再次阅读所编写的汇编程序时,估计已经很难快速并准确地理解那些曾经精妙构思的语句了。为了提高可读性,MIPS 给每个寄存器分配了一个名称,并通过分配名称在很大程度上规范了寄存器的用法。表 3-10 给出了所有寄存器的编号、名称及其约定用途之间的对应关系。

表 3-10 MIPS 寄存器

编号	名称	用途	编号	名称	用途
0	$0	常数 0	24~25	$t8~$t9	临时变量
1	$at	汇编器保留变量	26~27	$k0~$k1	操作系统临时变量
2~3	$v0~$v1	函数返回值	28	$gp	全局指针
4~7	$a0~$a3	函数参数	29	$sp	堆栈指针
8~15	$t0~$t7	临时变量	30	$fp	帧框架指针
16~23	$s0~$s7	程序员变量	31	$ra	函数返回地址

这里先介绍几类最常用的寄存器的约定用途,本章后续部分将进一步介绍其余寄存器的约定用途。

1. $0: 0 值

在 32 个寄存器中,$0 最为特殊,其值恒为 0。由于常数 0 在程序中经常出现,例如给变量初始化、比较结果等,因此 MIPS 设计师在经过设计权衡后决定将 $0 固定为 0 值。这为程序设计增加了一些便利性。对 $0 的写入是没有意义的,例如 CPU 执行下面这条指令时不会对 $0 产生任何实质性改变。

```
add $0,$1,$2
```

2. $s0~$s7：程序员变量（programmer variable）

下面的代码 3-4 介绍程序员变量。左侧 C 程序包含 3 个变量：a、b 和 x。这 3 个变量由程序员定义并显式地出现在表达式中。这样的变量就是程序员变量。如果用汇编语言实现这个功能，就可以选择 $s0、$s1 和 $s2 分别对应 x、a 和 b 这 3 个变量，并用前面介绍的那条 add 指令完成第 3 行 C 语句的功能。

代码 3-4 假设：x↔$s0, a↔$s1, b↔$s2

```
1    int a,b,x;              add $s0,$s1,$s2
2
3    x=a+b;
```

3. $t0~$t9：临时变量（temporary variable）

本例将代码 3-4 中的变量扩展到 5 个，并分别用 $s3 和 $s4 对应 c 和 d，如代码 3-5 所示。此时出现了一个问题：C 程序要计算 4 个变量的累加，但 add 指令一次只能完成两个变量的加法运算。

代码 3-5 假设：x↔$s0, a↔$s1, b↔$s2, c↔$s3, d↔$s4

```
1    int a,b,c,d,x;
2
3    x=a+b+c+d;
```

为了解决上述问题，就必须用 3 条 add 才能完成这条 C 语句的功能。例如第 1 条 add 计算 a+b，第 2 条 add 计算 c+d，然后再用第 3 条 add 把两次计算产生的中间结果再做加法。此时需要两个变量来保存这两个中间结果。然而，这两个变量并非是程序员定义的，其用途仅仅是为了保存表达式计算过程中产生的临时性结果。当表达式计算完成后，这两个变量的值就没有意义了。一般将这样的变量称为临时变量。对应到代码 3-6，$t0 和 $t1 就是两个临时寄存器，其中 $t0 保存 a+b 的结果，$t1 保存 c+d 的结果。

代码 3-6 假设：x↔$s0, a↔$s1, b↔$s2, c↔$s3, d↔$s4

```
1    int a,b,c,d,x;          add $t0,$s1,$s2    # $t0=a+b
2                            add $t1,$s3,$s4    # $t1=c+d
3    x=a+b+c+d;              add $s0,$t0,$t1    # $s0=$t0+$t1
```

3.4.3 第 2 类操作数：立即数

C 程序设计中经常需要将变量与某个常量进行运算。在代码 3-7 中，编译器只产生了 1 条 addi 指令完成相应的运算。

代码 3-7　假设：a↔$s4, x↔$s3

1	`int a,x;`	`addi $s3, $s4, `**`8`**
2		
3	`x = a + 8;`	

虽然 addi 与 add 同样都是完成了两个操作数的运算，但区别在于其中一个操作数是以数字形式直接出现在指令中的。凡是直接出现在指令中的数，就被称为立即数。由于每条指令都占有固定的 32 位，因此立即数的范围不能很大。对于绝大多数包含立即数的 MIPS 指令，其立即数占据 16 位。有些指令规定其立即数是无符号数，还有一些指令规定其立即数是符号数。本章 3.6 节会详细讲解如何在指令中表示立即数。

为了能让用户方便地知晓指令的操作数是否含有立即数，MIPS 指令系统在给指令命名时，通常会在指令的最后增加一个字母"i"，取义为 immediate 的首字母。例如 or 的表示方法与 add 类似，其完成两个寄存器的"OR"运算；而 ori 则类似于 addi，完成寄存器与立计数的"OR"运算。

3.4.4 第 3 类操作数：主存单元

为了支持程序读写变量的需求，CPU 必须具备读写主存储单元的功能。这意味着主存单元毫无疑问必然也是一类操作数。读写主存单元的首要问题是寻址模式，即如何在指令中表示主存单元的地址。MIPS 采用了一种非常简单且有效的表示方式：基地址（base address，简记 base）与偏移量（offset）相结合的方式。在 MIPS 系统中，base 和 offset 的单位都是字节。

那么，为什么 MIPS 会采用这种方式呢？从抽象模型的角度看，存储器可以被视作一个一维数组，存储器的地址就等同于数组的下标。显然，每个数组单元的下标就是以首个单元为起点坐标的相对位移量。对于容量为 N 个字的数组而言，如果令 base1 是首个字的地址（即 base1 为数组的基地址或首地址），则字 0 的地址为 base1 + 0，字 1 的地址为 base1 + 4。以此类推，可知 base + $(N-1)\times 4$ 是字 $N-1$ 的地址，base1 + $i\times 4$ 就是字 i 的地址。图 3-5 的地址（方式 1）就描述了以首单元为基地址计算各单元地址的方法。

在讨论数组单元的地址时，通常首个单元的地址被默认为起点坐标。但事实上，也可以数组中任意某个单元为起点坐标，同样也能采用 base + i 的方式得到每个单元的地址。图 3-5 的地址（方式 2）就给出了以字 3 为基地址计算其他各单元地址的方法。

下标	数据	地址(方式1)	地址(方式2)
N−1	FFEE55AA	base1+(N−1)×4	base2+(N−1−3)×4
...	~		
7	CCDDEEFF	base1+28	base2+16
6	5678CDEF	base1+24	base2+12
5	ABCDEF12	base1+20	base2+8
4	98765432	base1+16	base2+4
3	87654321	base1+12	base2+0
2	12345678	base1+8	base2−4
1	AABBCCDD	base1+4	base2−8
0	55AA1234	base1+0	base2−12

- 对于字，其地址必须是 4 的整数倍，即 (base + offset) 能被 4 整除。这种限制被称为地址对齐。
- 类似的，对于半字，则要求其 (base + offset) 能被 2 整除。

从以上分析不难看出，任意一个主存单元的地址都可以用 base + offset 的表示方式。这种方式的最大好处是兼具灵活与简洁，即通过选取不同的 base 和 offset，均能够定位到同一个主存单元。

图 3-5 存储单元与地址的关系

与如 x86 等 CISC 指令集不同的是，在 MIPS 这类 RISC 指令集中，除了专用的读存储器类指令和写存储器类指令能够实现主存单元与寄存器间的数据交换外，主存单元是不能直接参与运算的。例如，lw 是读存储器类指令中的一条，其功能是读取主存中的一个字然后写入寄存器。下面是一条 lw 语句：

```
lw $t0, 32($s2)
```

在这条语句中，32($s2) 代表了一个主存单元，其地址描述方法就采用了 base + offset 的方式。其中，$s2 存储的是 base，32 是 offset。与 lw 类似，sw 是将寄存器写入主存。下面的 sw 语句实现了前述 lw 语句的反向传输：

```
sw $t0, 32($s2)
```

下面通过代码 3-8 进一步介绍主存单元的一般性操作流程：读入、运算和写回。假设指针 p 已经被初始化为 base1，即指向图 3-5 的字 0。这段 C 代码执行完后，a 被赋值为字 2 的 0x1234_5678，b 被赋值为字 3 的 0x8765_4321，字 4 则被修改为 0x9999_9999。在对应的汇编程序中，假设 $s7 对应着指针 p。由于内存单元不能直接参与运算，因此两条 lw 语句分别将字 2 和字 3 加载至 $s0 和 $s1 这两个寄存器中。addu 也是加法指令中的一种，完成加法运算并将结果保存在 $v0 中。最后，sw 将计算结果写回至字 4。

代码 3-8 假设：p↔$s7=base1；a↔$s0，b↔$s1

1	`unsigned int *p,a,b,x;`	`lw $s0,8($s7)`	`# $s0 = a`
2		`lw $s1,12($s7)`	`# $s1 = b`
3	`a = *(p+2);`	`addu $t0,$s0,$s1`	`# $t0 = a + b`
4	`b = *(p+3);`	`sw $t0,16($s7)`	`# x = $t0`
5	`*(p+4) = a + b;`		

请思考：为什么第 3 行汇编语句中使用了 $t0 这样的临时变量型寄存器？

3.5 指令集与汇编程序

微视频：指令集与汇编程序

本节将围绕综合案例介绍 MIPS 指令集的最常用指令。这些指令均为定点指令，即所有参与运算的操作数以及运算结果均为整数。此外，本节还将介绍汇编程序的若干常见设计要素，如寄存器分配、if-else 语句块、循环语句块、函数调用等。

3.5.1 汇编程序的基本结构

除了代码部分，几乎所有程序都会包含数据部分，如各种全局变量等。当要运行一个程序时，它的数据部分和代码部分会被同时加载到主存中。为了避免相互干扰，两者必须位于不同的主存区域。数据所在区域被称为数据段，代码所在区域被称为代码段。

与之相对应，MIPS 规定编写汇编程序时要用".data"和".text"这两个关键字来分别区分程序的数据部分和代码部分。例如，综合案例汇编程序（代码 3-3）的第 1 行".data"后面的语句定义了一个字符串型的全局性变量，而从第 11 行".text"之后就都是由指令构成的代码了。

汇编器在将汇编程序转换为二进制文件前，会先分析汇编程序，计算出该汇编程序的数据存储容量需求和指令存储容量需求。在生成二进制文件时，汇编器会将该程序中的数据和指令机器码分别存储在文件的不同区域中，并同时存储相应的地址标记信息。这样，当该二进制执行文件被加载到主存时，加载软件就将数据和指令分别存储在主存中指定的数据段和代码段。

3.5.2 主存变量声明

由于 MIPS 只有 32 个寄存器，因此大量的变量必须存储在主存中。待需要使用时，再将其值加载到某个寄存器。那么编写 MIPS 汇编程序，如何声明一个存储在主存中的全局变量呢？与 C 语言变量声明考虑的出发点不同，MIPS 汇编中变量类型声明是从变量占据多少内存单元角度考虑的。MIPS 汇编程序声明一个全局变量需要包含三部分信息：变量名字、存储类型和初值。下面以综合案例 C 程序（代码 3-3）str 变量为例，介绍如何在汇编程序中声明该变量。该变量声明在汇编程序第 2 行，具体方式如下：

```
str : .asciiz "1234+4321"
```

第一个要素是变量名，即 str。变量名后必须跟随一个 ":"。".asciiz" 是一个关键字，它告诉汇编器 str 是一个以字节为单位的字符串变量，随后的 "1234+4321" 则是 str 的初值。与 ".asciiz" 类似，另外一个用于声明字符串的关键字是 ".ascii"。这两者的区别在于汇编器会自动在前者定义的字符串后面放置一个终止字符，即 "\0"。

在 MIPS 汇编中，还可以声明存储容量为字节、半字、字以及不定长等多种类型的变量，相应的变量关键字与用途见表 3-11。为使读者易于理解，代码 3-9 针对部分种类变量声明，同时给出了 C 程序的变量声明方式以及汇编程序的变量声明方式。

表 3-11　MIPS 汇编变量类型关键字及其用途

关键字	基本用途	对应的常见 C 程序变量
.byte	声明 8 位变量	char 或 unsigned char
.half	声明 16 位变量	short 或 unsigned short
.word	声明 32 位变量	int 或 unsigned int
.ascii	声明字符串，字符串结尾没有 "\0"	
.asciiz	声明字符串，字符串结尾有 "\0"	
.space	为一个变量预留指定的字节数	数组

代码 3-9　更多全局变量定义及其对应的 C 语句

```
1    .data
2        str    : .asciiz "1234+4321"      char   str[]="1234+432";
3        half   : .space   2               short  half;
4        i      : .word    0xAABBCCDD      int    i=0xAABBCCDD;
5        array  : .space   100             char   array[100];
6
7    .text                                 void main(void)
8        ...                               ...
```

3.5 指令集与汇编程序

那么汇编程序中编写的指令及数据与主存之间是怎样的对应关系呢？下面做更进一步的介绍。

对于 32 位 CPU 来说，它可以访问的有效空间是从 0x0000_0000 至 0xFFFF_FFFF 的 4GB（即 2^{32} 个字节）。那么如何分配这 4GB 内存空间呢？不同的计算机具有不同的分配方式，图 3-6 给出了一个由 MARS 模拟器[①] 定义的配置方式以及代码 3-9 的存储分配。在该配置中，0x1001_0000 为数据段的起始地址，0x0400_0000 为代码段的起始地址。

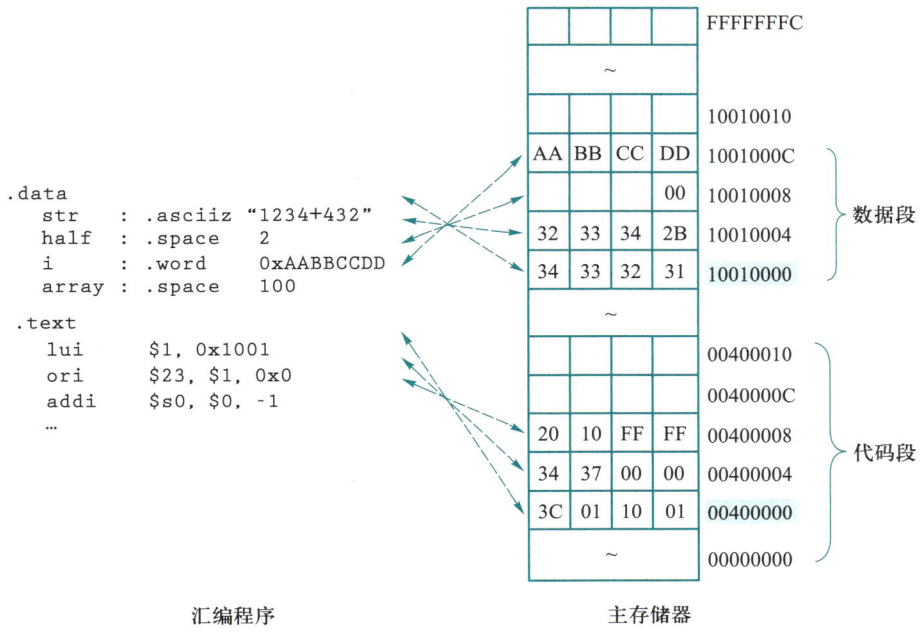

图 3-6　汇编程序与存储器分配

首先介绍汇编程序中的 4 个全局变量与主存储器的对应关系。

（1）由于 str 是第一个全局变量，因此汇编器会将其分配在 0x1001_0000 起始的连续 9 个字节（前 8 个字节为字符串，最后 1 个字节为汇编器自动增加数值为 0 的字节）。

（2）half 变量需要占据两字节，于是汇编器将 str 后面的 0x1001_0009 和 0x1001_000A 这两个地址单元分配给 half。

（3）第 3 个变量 i 占据了 0x1001_000C 至 0x1001_000F 这 4 个字节。为什么汇编器会空置 0x1001_000B 这个存储单元呢？其原因在于：除非特别声明，汇编器会倾

---

① MARS 模拟器是一种 MIPS 系统的软件模拟器。本书读者可以在 MARS 中学习 MIPS 指令系统和练习汇编程序设计等。

向于按对齐方式为变量分配存储单元。

（4）array 需要占据 100 字节，其起始地址为 0x1001_0010。

由于指令机器码都是 4 字节的，因此汇编器会将所有指令机器码按字对齐方式存放在代码段中。于是，第 1 条指令机器码位于 0x0040_0000，第 2 条指令机器码位于 0x0040_0004，其余指令机器码的地址依次类推。

3.5.3 读存储器

在 MIPS 体系中，由于主存单元不能直接参与运算，因此 MIPS 设置了存储器读指令，将主存单元的值传输至某个寄存器。本小节共介绍 5 条存储器读指令，并以 lb（load byte）为例详述指令功能。

1. 读字节指令：lb（load byte）与 lbu（load byte unsigned）

顾名思义，lb 的功能是从主存中读取一个字节并将该字节写入指定的寄存器。lb 是整个指令系统中使用频度最高的指令之一。为确保指令描述没有二义性，本书借鉴了 MIPS 指令手册的方法来描述指令。该方法的核心要点是采用寄存器传输语言（register transfer language，RTL）以形式化方式描述指令功能。本书后续部分以及附录 A 收录的指令均采用该方法描述。

下面以附录 A 中 lb 的部分内容为例，介绍如何阅读和理解指令操作，如表 3-12 所示。其中，格式部分给出了编写汇编程序时一般性的指令格式，描述部分用 RTL 描述了指令的操作语义，操作部分则用 RTL 进一步描述了微操作。

表 3-12　读字节指令：lb

格式	lb rt, offset(base)
描述	R[rt] ← M[R[base]+offset]
操作	Addr ← R[base] + sign_ext(offset) memword ← M[Addr] byte ← $Addr_{1..0}$ R[rt] ← sign_ext($memword_{7+8*byte..8*byte}$)
示例	lb $v1, 3($s0)

各个符号的含义如下：

　　　　rt, base　　寄存器编号，由于 MIPS 有 32 个寄存器，因此其位数为 5 位
　　　　offset　　立即数，表示偏移量
　　　　　　R　　寄存器堆，R[i] 的含义是编号为 i 的寄存器，与 C 语言数组

	单元访问形式相同
M	主存，每个主存单元都是 32 位
←	表示赋值
+	即数学意义上的加法
Addr、memword、byte	临时变量，用于精细刻画指令操作行为
sign_ext()	符号扩展，即该功能输出值是经过符号位扩展后的 32 位符号数
$Addr_{x..y}$	表示 Addr 的第 x 位至第 y 位

从指令描述不难了解 lb 的基本功能为：首先把 base 寄存器值与 offset 相加得到主存单元的地址，然后读取该地址单元的数据，最后再将读出的数据写入 rt 寄存器。指令描述部分虽然简洁，但由于过于粗糙而无法精确刻画操作的细节信息。这就需要通过微操作进一步定义指令执行过程中的各个环节及其逻辑关系。下面重点解读这部分内容。

（1）第 1 个微操作：计算主存单元的地址。访问主存单元的前提是知其地址。但为什么在计算主存地址之前需要对 offset 做符号扩展呢？首先，虽然 base 是 32 位的，但受指令长度限制，立即数 offset 必然小于 32 位，故计算之前需先对 offset 做扩展。其次，如果 offset 是符号数，则程序员就能通过设置正偏移或负偏移，从而以 base 为基准灵活地访问其附近的任意存储单元。

（2）第 2 个微操作：读取主存单元。该微操作的含义是从主存中读取完整的 1 个字。为什么不只读取需要的那个字节呢？因为任何一个字节以及半字都必然属于某个字，CPU 只需用读 32 位的方式从主存中读取数据，待数据进入 CPU 后，再决定选择哪个字节。这样就简化了 CPU 与主存之间的数据交换。

（3）第 3 个微操作：计算正确的字节偏移。由于前一个微操作读入的是 4 个字节，因此这一步就需要根据地址的最低两位计算出字节在字中的偏移。

（4）第 4 个微操作：把字节写入 rt 寄存器。被写入的 rt 寄存器是 32 位，可是 lb 要写入的是 8 位。据补码知识，为使得写入后的 32 位符号数与 8 位符号数取指相同，则需对该 8 位符号数进行符号扩展，即 rt 的高 24 位全部填充为符号位。表达式 "$memword_{7+8*byte..8*byte}$" 从字中提取出所需要的那个字节，然后再将这个字节做符号扩展，扩展后的 32 值写入 rt 寄存器。

结合上述内容，不难解读综合案例汇编程序（代码 3-3）第 19 行 "lb $t0, 0($s7)" 的具体含义如下：

（1）$s7 保存的是基地址，偏移量为 0，因此主存单元地址就是 $s7 的值。

（2）假设此时 $s7 指向 str 的首字符 "1"，那么从主存单元中就应读出 "1" 所在的字符串 "1234"。注意，在这 4 个字符中，字符 "4" 的地址最高，字符 "1" 的地址最低，因此由这 4 个字符构成的 32 位数为 0x3433_3231[①]。

（3）由于地址的最低两位为 0，因此 CPU 会保留最低字节 0x31，其余 3 个字节被舍弃。

（4）由于符号位为 0，因此 0x31 被扩展为 0x0000_0031，然后写入 $t0 寄存器。

以上介绍了指令功能的形式化描述方法。这种方式描述简洁，能够精确刻画指令功能，消除了因自然语言缺乏严谨而易产生的二义性。

为什么 MIPS 会定义带符号扩展的 lb 呢？这是因为大量的 C 程序具有 char 型的变量且其值可正可负。为了能读取 char 类型的变量，MIPS 需要 lb 指令。

MIPS 还定义了读无符号字节的指令，即 lbu。类似于 lb 对应 char 型变量，lbu 对应 unsigned char 型变量。既然读的是无符号数，那么 lbu 将被写入的寄存器的高 24 位全部填充为 0。表 3-13 详细描述了 lbu。与 lb 不同的是，lbu 使用了 zero_ext() 这个符号，其含义是将被扩展数以无符号方式扩展为 32 位。

表 3-13 读无符号字节指令：lbu

格式	lbu rt, offset(base)
描述	R[rt] ← M[R[base]+offset]
操作	Addr ← R[base] + sign_ext(offset) memword ← M[Addr] byte ← $Addr_{1..0}$ R[rt] ← zero_ext($memword_{7+8*byte..8*byte}$)
示例	lbu $v1, 3($s0)

2. 读半字指令：lh（load halfword）与 lhu（load halfword unsigned）

在 C 语言中，比字节粒度更大的数据类型是 short 型和 unsigned short 型。这两个数据类型的宽度是 16 位。与此相对应，MIPS 定义了 lh 和 lhu 与之对应，如表 3-14 所示。

对于 lh 和 lhu 来说，MIPS 规定 offset 必须是 2 的倍数，因此 lh 和 lhu 能够读高半字（字节 3 和 2），也可以读低半字（字节 1 和 0）。与字对齐类似的这种方式被称为半字对齐。

[①] 0x31 至 0x34 是字符 "1" 至字符 "4" 对应的 ASCII 编码。

表 3-14　读半字、读无符号半字指令：lh、lhu

格式	lh rt, offset(base)	格式	lhu rt, offset(base)
描述	R[rt] ← M[R[base]+offset]	描述	R[rt] ← M[R[base]+offset]
操作	Addr ← R[base] + sign_ext(offset) memword ← M[Addr] byte ← Addr$_1$ R[rt] ← **sign ext**(memword$_{15+8*byte..8*byte}$)	操作	Addr ← R[base] + sign_ext(offset) memword ← M[Addr] byte ← Addr$_1$ R[rt] ← **zero ext**(memword$_{15+8*byte..8*byte}$)
示例	lh $v1, −2($s0)	示例	lhu $v1, 4($s0)

3. 读字指令：lw（load word）

C 语言 32 位的数据类型有 int 和 unsigned int。根据前面的知识，你也许会推理出应该有 lw 和 lwu（load word unsigned）。实际上 MIPS 只有 lw，如表 3-15。与 lh 和 lhu 类似，由于一个字是 4 字节，因此 lw 的 offset 必须是 4 的倍数。

表 3-15　读字指令：lw

格式	lw rt, offset(base)
描述	R[rt] ← M[R[base]+offset]
操作	Addr ← R[base] + sign_ext(offset) memword ← M[Addr] R[rt] ← memword
示例	lw $v1, 32($s0)

为什么 MIPS 没有定义 lwu？原因在于从主存读出的数据是 32 位的，而要写入的寄存器的宽度也是 32 位的。如此，就不存在符号扩展的需求了。

3.5.4　写存储器

为了计算主存单元中的数据，需要用存储器读指令把数据从主存单元中加载至寄存器。显然，也需要反向操作，即将寄存器中的数据写入主存单元。完成反向操作的指令被称为存储器写指令，共包含 sb（store byte）、sh（store half）和 sw（store word）。这里仅给出 sb 的操作定义，如表 3-16，其他两条指令请参阅附录。

表 3-16　sb 指令

格式	sb rt, offset(base)
描述	M[R[base]+offset] ← RF[rt]
操作	Addr ← R[base] + sign_ext(offset) byte ← Addr$_{1..0}$ M[Addr]$_{7+8*byte..8*byte}$ ← R[rt]$_{7:0}$
示例	sb $v1, 32($s0)

相对于 lb，除了数据传输方向相反外，sb 在写入数据时不存在符号问题。其原因与 lw 没有符号问题相同，因为要写入的数据位数与被写入主存单元的位数是相同的。

3.5.5 寄存器加载立即数高位

汇编程序中经常需要给寄存器赋予一个特定的数值，例如指针和循环变量的赋初值操作等。lui（load upper immediate）是另一种给寄存器加载值的指令，如表 3-17。与前述 lb 等指令不同，lui 加载给寄存器的数值不是来自内存单元，而是源自指令自身携带的立即数。MIPS 规定立即数（immediate）为 16 位无符号数。

表 3-17 加载立即数高位指令：lui

格式	lui rt, immediate
描述	lui rt, immediate ‖ 0^{16}
操作	lui rt, immediate ‖ 0^{16}
示例	lui $s1, 0x55AA

各个符号的含义如下：
  ‖ 连接的意思，例如 0xABCD ‖ 0x1234，结果为 0xABCD_1234
  0^{16} 表示 16 个 0，即 0x0000

lui 执行结束后，指令的 16 位立即数被复制到 rt 寄存器的高 16 位中，rt 寄存器的低 16 位则为 0。例如，表 3-17 中的示例代码执行结束后，$s1 为 55AA_0000h。

由于 lui 只能初始化寄存器的高 16 位，因此 lui 很少单独使用，往往与 ori[①] 配对使用，从而实现向寄存器加载一个 32 位数。例如下面代码执行后，$s7 值为 55AA_1234h。

```
lui    $s7,0x55AA
ori    $s7,$s7,0x1234
```

由于 lui 和 ori 配合能给一个寄存器赋 32 位值，因此将 32 位地址赋予寄存器的功能就借助这两条指令实现。现在回到综合案例汇编程序（代码 3-3）看下 lui 的用途和用法。为了读取 str 中的字符，需要一个指向 str 字符串的指针，即 $s7。由于假设综合案例汇编程序的数据段和代码段采用了图 3-6 的地址布局，因此必须让 $s7 的初值为 1001_0000h。综合

---

① ori 的一般用法为：ori rt, rs, imm16，即 rs 寄存器"OR"立即数 imm16，结果写入 rt 寄存器。ori 具体内容可以参考本章逻辑运算部分。

案例汇编程序第 12—13 行就是完成这一初始化功能。这两行代码摘抄如下：

```
12    lui    $s7,0x1001
13    ori    $s7,$s7,0x0
```

lui 执行后，$s7 为 1001_0000h。由于 $s7 与 0 作 "OR" 运算，因此 ori 执行后 $s7 保持不变。之所以 ori 要 "OR" 0，是因为程序中只有 str 一个全局变量，这使得 str 的起始地址与数据段的起始地址恰好相同，从而其低 16 位为 0。

- 你也许会产生疑问：既然综合汇编第 13 行的 ori 是冗余的，为什么要保留？诚然，本例的 ori 是可被优化的，但这一冗余完全是因为巧合。出于对 32 位地址赋值的完整性考虑，我们选择保留了 ori。

3.5.6 算术运算

计算机最重要的功能就是完成加、减、乘及除这 4 类算术运算。为了支持这些算术运算，MIPS 设置了若干条相应指令。

1. 加法和减法指令：add、sub、addu、subu、addi

代码 3-10 左侧的 C 代码完成加法运算和减法运算。针对这两个运算，MIPS 定义了加法指令 add 和减法指令 sub，如表 3-18[①] 所示。

表 3-18　add 和 sub（有符号加减法指令）

指令	功能	格式	描述	示例
add	加法（检测溢出）	add rd, rs, rt	R[rd] ← R[rs] + R[rt]	add $s1, $s2, $s3
sub	减法（检测溢出）	sub rd, rs, rt	R[rd] ← R[rs] − R[rt]	sub $s1, $s2, $s3

这里先假设 C 代码中的 3 个变量 x、y 和 z 分别对应 3 个寄存器 $2、$3 和 $1，并且 x 和 y 已经存储在 $2 和 $3 中了。右侧汇编代码的第 1 行就是用 add 指令将 $2 与 $3 相加并把结果赋予 $1，相信你能用类比方法推测出第 2 条汇编语句的含义。

代码 3-10　add 指令和 sub 指令　　　　假设：x↔$2, y↔$3, z↔$1

1	z = x + y;	add $1,$2,$3
2	z = x − y;	sub $1,$2,$3

对于有符号数，溢出会导致数的性质发生变化，即结果的正负号颠倒。由于加减法均会导致溢出，因此 CPU 执行 add 和 sub 时，如果计算结果发生了溢出，则 MIPS

[①] 除非特别需要，为了节省篇幅起见，本章自此将不再给出指令的操作部分。具体内容请自行查阅附录。

系统会产生算术溢出异常[①]。除了上述两条指令外，MIPS 还提供了 addu 和 subu 这两条不检测溢出的加减法指令，如表 3-19 所示。

表 3-19　addu 和 subu（无符号加减法指令）

指令	功能	格式	描述	示例
addu	加法（不检测溢出）	addu rd, rs, rt	R[rd] ← R[rs] + R[rt]	addu $s1, $s2, $s3
subu	减法（不检测溢出）	subu rd, rs, rt	R[rd] ← R[rs] − R[rt]	subu $s1, $s2, $s3

下面用代码 3-11 说明两类指令的区别。假设 $1 和 $2 的值均为 8000_0000h，那么将 $1 和 $2 相加，计算结果为 1_0000_0000h。add 由于计算结果溢出而无法正确执行，但 addu 由于忽略溢出而可以正常执行，且 $3 为 0000_0000h。

代码 3-11　add 指令和 addu 指令的区别　　　假设：$1=8000_0000h, $2=8000_0000h

1	addu $3,$1,$2	$3 的计算结果为 0
2	add $3,$1,$2	溢出，产生异常

当 C 程序中的变量为有符号数时，编译器在产生加减法指令时会使用 add 或 sub；如果变量为无符号数，则编译器会选择 addu 或 subu[②]。在代码 3-12 中，假设变量 a~f 分别对应 $1~$6，那么编译器会为第 3 行 C 语句选择 add，而为第 4 行 C 语句选择 addu。

代码 3-12　C 语言和汇编语言的有符号与无符号加法

1	int a,b,c;	# 假设 a=$1,b=$2,c=$3
2	unsigned int e,d,f;	# 假设 e=$4,d=$5,f=$6
3	c=a+b;	add $3,$1,$2
4	f=e+d;	addu $6,$4,$5

除了变量与变量的运算外，C 程序中还会存在一个变量与一个数的运算，例如指针加某个偏移、循环变量加 1 等操作。为了对应此类操作，MIPS 设置了立即数加法指令，即 addi（add immediate word）。addi 的操作语义是将一个寄存器与一个有符号立即数相加，并将计算结果赋予一个寄存器。代码 3-13 用 C 指针操作展示了 addi 的用途之一。

代码 3-13　addi 的用法示例

1	void *p;	# 假设 p↔$s7
2		
3	p--;	addi $s7,$s7,-1 #$s7=$s7-1

[①] 本书将在后续章节讲述异常与中断。
[②] 由于 C 语言通常是忽略异常的，因此大多数 C 语言编译器在生成 MIPS 指令时会选择无符号算术指令。

受 MIPS 指令机器码长度的限制，MIPS 规定 addi 的立即数是 16 位符号数。这意味着在编写汇编程序时，addi 的立即数取值范围为 [−32 768，32 767]。但由于 MIPS 的寄存器均为 32 位，在执行这条指令时，CPU 必须首先将 16 位立即数通过符号扩展方式扩展为 32 位。与 add 类似，当计算结果溢出后，MIPS 会产生异常。与 addu 类似，MIPS 还提供了不检测溢出的立即数加指令，即 addiu。addi 和 addiu 的准确描述如表 3-20。其中，imm16 代表 16 位立即数，sign_ext 代表符号扩展。

表 3-20 addi 与 addiu

指令	功能	格式	描述	示例
addi	立即数加（检测溢出）	addi rt, rs, imm16	R[rt] ← R[rs]+sign_ext(imm16)	addi $s1, $s2, −3
addiu	立即数加（不检测溢出）	addiu rt, rs, imm16	R[rt] ← R[rs]+sign_ext(imm16)	addiu $s1, $s2, 3

2. 乘法和除法指令：mult、multu、div、divu、mfhi、mflo、mthi、mtlo

MIPS 定义 mult 和 div 为有符号的乘法和除法指令，multu 和 divu 为无符号的乘法和除法指令，表 3-21 给出了这 4 条指令的详细描述。MIPS 的乘除法指令使用了 hi 和 lo 两个寄存器来存储计算结果。对于 mult 和 multu，hi 保存乘积的高 32 位，lo 保存乘积的低 32 位；对于 div 和 divu，hi 保存余数，lo 保存商。

表 3-21 mult/multu 与 div/divu

指令	功能	格式	描述	示例
mult	乘	mult rs, rt	(hi, lo) ← RF[rs] × RF[rt]	mult $s0, $s1
multu	无符号乘	multu rs, rt	(hi, lo) ← RF[rs] × RF[rt]	multu $s0, $s1
div	除	div rs, rt	(hi, lo) ← RF[rs] / RF[rt]	div $s0, $s1
divu	无符号除	divu rs, rt	(hi, lo) ← RF[rs] / RF[rt]	divu $s0, $s1

由于 hi 和 lo 不属于 32 个通用寄存器，因此 MIPS 定义了 mfhi 和 mflo 指令，作为将 hi 和 lo 寄存器传输到某个通用寄存器的指令。MIPS 还定义了两条传输方向完全相反的指令：mthi 和 mtlo，即分别将某个通用寄存器值复制到 hi 和 lo。虽然这两条指令在本书中不会被使用，但如果要开发一个操作系统，那么在任务调度等需要保存 CPU 上下文时需要用到这两条指令。这 4 条指令的详细描述见表 3-22。

表 3-22 mfhi/mflo 与 mthi/mtlo

指令	功能	格式	描述	示例
mfhi	读 hi	mfhi rd	RF[rd] ← hi	mfhi $t0
mflo	读 lo	mflo rd	RF[rd] ← lo	mflo $t1
mthi	写 hi	mthi rd	hi ← RF[rd]	mthi $s0
mtlo	写 lo	mtlo rd	lo ← RF[rd]	mtlo $s1

代码 3-14 给出了 mult、mfhi 和 mflo 的使用方式。类似的，可以使用 div 执行除法。由于 lo 存储的是余数，因此可以将 lo 读入某个通用寄存器后，如果其值为 0，则表明被除数可以被整除。

代码 3-14　mult、mfhi 及 mflo 的用法示例

```
1    int x32,y32;              # 假设 $s2=x32,$s3=y32
2    long long z64;            # 假设 $s0= 乘积高 32 位,$s1= 乘积低 32 位
3                              mult $s2,$s3
4    z64=x32*y32;              mfhi $s0
5                              mflo $s1
```

系统设计详解 3-3　MIPS 乘除法设计思路的分析

我们首先从完成乘除法计算的功能角度分析。两个 32 位数进行乘法运算时，由于计算结果的最大绝对值需要 64 位才能表示，故需要两个 32 位寄存器拼在一起才能准确表示计算结果。我们知道除法运算的结果分别由商和余数表示，因此商和余数各需要一个 32 位寄存器。综上可知，为了达到准确保存乘除法计算结果的目的，就必须使用两个 32 位寄存器。

那么为什么 MIPS 要定义 hi 和 lo，而不用两个通用寄存器来存储计算结果呢？

相对于加法运算来说，乘除法运算非常复杂。如果采用性能优先策略，即希望乘除法运算与加减法运算执行延迟相当，那么就必须耗用非常多的门电路。但如果采用面积优先策略，即采用尽可能少的门电路，那么乘除法执行延迟就远大于加减法。对于前者，要求芯片上的晶体管数量足够多；对于后者，如果将乘除法与其他运算指令都放置在 ALU 中实现的话，那么乘除法就将成为 ALU 的关键路径了，这会导致其他运算指令的运算环节性能降低。

在 MIPS 早期阶段，芯片的晶体管集成度低，芯片上的可用晶体管远没有现在芯片的丰富，因此 MIPS 设计师必须在功能、性能、成本等多方面之间寻求设计平衡。通过对大量程序指令频度的统计分析，不难发现乘除

3.5 指令集与汇编程序

法频度要远低于加减法频度。因此，MIPS 设计师采用了一个体现灵活性的架构：单独实现乘除法运算单元，并且内部设置 hi 与 lo 两个寄存器。

该架构带来一个编译优化潜能：由于乘除法单元与 ALU 单元同时执行，因此编译器可以根据乘除法单元的执行延迟，在乘除法指令后面安排若干与乘除法运算无关且必然会执行的指令。这样，乘除法指令与其他指令可以并行执行，CPU 就无需空等乘除法运算结果了。等需要的时候，通过 mfhi 与 mflo 指令来获取乘除法的计算结果。

随着微电子技术的进步，现代芯片可以集成海量晶体管，因此设计师完全可以通过堆积大量的门电路来实现高性能乘除法运算，从而使之不再成为运算器的关键路径。但由于指令集兼容性的原因，hi 和 lo 被保留了下来。

事实上，MIPS 还定义了只使用通用寄存器的 mul，其指令格式类似于 add，即 mul rd, rs, rt。但是由于 rd 寄存器只有 32 位，因此 rd 寄存器只能存储乘法结果的低 32 位。

上述架构会引发一个新问题：如果 CPU 在执行 mfhi 和 mflo 前，由于中断被调度去执行其他任务，并且该任务恰好也有 mult 或 div 指令，则当 CPU 再次回到被打断的位置恢复执行 mfhi 或 mflo 时，得到的计算结果很可能就是错误的！

mthi 和 mtlo 就是为了解决这个问题而产生的。当 CPU 在被调度后就用 mfhi 与 mflo 将 hi 和 lo 保存在一个特殊区域，并在 CPU 被再次调度回来之前使用 mthi 和 mtlo 将保存的 hi 和 lo 再恢复回去。这样就确保了程序的正确性。

3.5.7 逻辑运算

为了支持 C 语言的逻辑运算，MIPS 设置了包括与、或、异或、或非等基本逻辑运算，如表 3-23 所示。

表 3-23 基本逻辑运算指令

指令	功能	格式	描述	示例
and	与	and rd, rs, rt	R[rd] ← R[rs] & R[rt]	and $t0, $s0, $s1
andi	与立即数	andi rt, rs, imm16	R[rd] ← R[rs] & zero_ext(imm16)	andi $t0, $s0, 0x5A
or	或	or rd, rs, rt	R[rd] ← R[rs]	R[rt]	or $t0, $s0, $s1
ori	或立即数	ori rt, rs, imm16	R[rd] ← R[rs]	zero_ext(imm16)	ori $t0, $s0, 0xAA

续表

指令	功能	格式	描述	示例
xor	异或	xor rd, rs, rt	R[rd] ← R[rs] ^ R[rt]	xor $t0, $s0, $s1
xori	异或立即数	xori rt, rs, imm16	R[rd] ← R[rs] ^ zero_ext(imm16)	xori $t0, $s0, 0x5A
nor	或非	nor rd, rs, rt	R[rd] ← ~(R[rs] | R[rt])	nor $t0, $s0, $s1

and/andi、or/ori 和 xor/xori 是 3 对运算性质完全相同的指令，其区别在于第 2 个运算数来自寄存器还是立即数。如果第 2 个运算数是立即数，则把 16 位立即数按 0 扩展方式补全为 32 位立即数。操作语义中的函数 zero_ext() 代表执行 0 扩展。

> **系统设计详解 3-4　为什么没有"非"指令以及与 nor 对应的 nori 指令呢？**
>
> 逻辑运算通常还应该有一条"非"指令。但是 MIPS 并没有这样一条指令，取而代之的是 nor 指令，即"或非"。从 nor 的操作语义中可以看出，nor 先将两个寄存器做或运算，然后再对计算结果取反。显然，如果令 rs 寄存器或 rt 寄存器为 0 号寄存器，那么 nor 指令的计算结果就相当于"非"运算了，即：
>
> nor $t0, $s0, $0　# 等价于 $t0 ← ~$s0
>
> 从这点上可以看出 MIPS 设计师的设计思考方法。

3.5.8　分支指令与 if-else、switch 及循环结构

除了如赋值等顺序执行的语句外，C 程序中还有 if-else、for、while、switch 和 goto 等语句。这些语句的特点是：当程序执行到这些语句时，不会总是严格顺序执行，而是要根据某个条件或者无条件地转移执行。为了构造对应的汇编程序，MIPS 定义了一组分支指令。

1. 最基本的分支指令

所有分支类指令都包含一个标号（label）。label 由一个字符串和冒号构成，其用途是用于直观表示其后的指令位置。例如，综合案例汇编程序（代码 3-3）第 18 行 while 就是一个 label，使得在编写汇编 23 行的跳转指令时，可以很方便表达要跳转到的实际指令。

这里先介绍 beq、bne 和 j 这 3 条最常用的分支指令，其用法如下：

```
beq rs, rt, label
bne rs, rt, label
j label
```

beq 指令比较 rs 与 rt 这两个寄存器的值。如果相等，CPU 执行 label 处的语句，否则继续顺序执行 beq 下面的语句。综合案例汇编程序第 15 行就是 beq 的常见用法，其作用是判断 \$t0 是否为 0，如果为 0，则程序不再执行汇编程序第 17 行，而是执行 SwitchEnd 标号后的 nop 语句，也就是程序的最后一条语句。与 beq 相反，bne 执行转向的条件是 rs 与 rt 不相等。

beq 和 bne 都是根据条件的真假值决定是否跳转。这样的分支指令也被称为条件分支指令（或 b 类指令）。j 则是无条件地跳转至 label 处的语句。类似于 j 的分支指令也被称为无条件分支指令（或 j 类指令）。

2. 相等条件的 if-else 构造方法

代码 3-15 展示了分别用 beq 与 j 组合以及 bne 与 j 组合构造 if-else 语句。

代码 3-15 用 beq、bne 和 j 构造 if-else（假设：i↔\$s0, i↔\$s1）

1 if(i==j){	beq \$s0,\$s1,THEN	bne \$s0,\$s1,ELSE
2 THEN 对应的语句块	ELSE 对应的语句块	THEN 对应的语句块
3 }else{	j END	j END
4 ELSE 对应的语句块	THEN:	ELSE:
5 }	THEN 对应的语句块	ELSE 对应的语句块
6	END:	END:

以 beq 与 j 组合为例，解释下这两段汇编代码的两个要点。首先，由于 beq 是相等时转移，因此在 beq 下面的语句必须是 ELSE 相关的语句块。其次，为了防止 THEN 相关的语句块在条件不成立时也被执行，必须在 ELSE 相关的语句块后面放置一条 j 指令。对于 bne 与 j 组合，请自行分析为何其标号用法恰好相反。

当具有 beq 和 bne 指令的使用基础后，以表 3-24 的 beq 为例，可以看出 beq 指令的核心功能是计算即将执行的下一条指令的地址。当 rs 与 rt 寄存器值相同时，指令的地址是当前指令直接后继指令的地址（即 PC + 4）为基地址，加上由 offset 扩展的偏移；否则就是 beq 直接后继指令。

表 3-24 beq：相等时转移

格式	beq rs, rt, offset
描述	if (R[rs] == R[rt]) then branch

操作	if (R[rs] == R[rt])
	    PC ← PC + 4 + sign_ext(offset||0^2)
	else
	    PC ← PC + 4

示例	beq \$s1, \$s2, −2

分支指令的 offset 均为 16 位符号数

对于要转移到的目的指令来说，在介绍 beq 用法时使用了字符串型的 label，而在介绍 beq 的 RTL 描述中使用了符号数的 offset。这其实是对同一个对象的两种不同表述。

人们在编写汇编程序时，希望能以一种抽象的、易于理解的且与具体实现无关的方式来表示指令的相对位置。通过使用 label，程序员不再需要关注目标指令的具体位置信息。更重要的是，程序员可以用接近自然语言的方式来命名 label，这可以使得代码结构更易于组织、理解与管理。

与 label 的抽象表示不同，offset 是从具体实现角度来表达指令的相对位置。无论要跳转到的目的指令在哪里，总是能够以 beq 的位置为基准（实际是以 beq 后面那条指令为基准，即对应到 RTL 的 PC + 4），并再叠加上正偏移或者负偏移来定位它。因为偏移是以指令为单位的，且每条指令占据 4 字节，所以将其乘以 4，就得到了以字节为单位的偏移（这就是为什么 beq 的 RTL 中要在 offset 后面补两个 0 的道理）。这样，将基准与偏移相加，即可得到指令内存地址。下面以两段代码为例介绍如何根据 label 得到相应的 offset。

地址	偏移	指令	地址	偏移	代码
		Label_1:	PC →		beq $x, $y, Label_2
PC−12	−4	instr1	PC+4	基准	instr1
PC−8	−3	instr2	PC+8	+1	instr2
PC−4	−2	instr3	PC+12	+2	instr3
PC →	−1	beq $x, $y, Label_1			Label_2:
PC+4	基准	instr4	PC+16	+3	instr4

在左侧代码中，假设当前正在执行 beq，即 PC 指向 beq，那么 beq 的下一条指令为 instr4，故 instr4 就是基准。因为指令执行顺序与书写程序的顺序是一致的，按照以指令为单位自上而下执行，则 beq 相对于 instr4 的偏移就是 −1。类似的，Label_1 所对应的 instr1 的偏移就是 −4。由此可知，如果用 RTL 方式表示这条 beq 的话，其 offset 应为 −4。在右侧代码中，基准是 beq 下面的 instr1。结合指令执行顺序可知，Label_2 所指的 instr4 的偏移为 +3。

3. 与 0 值比较的条件分支指令

除了为相等和不等这两个程序中最主要的比较条件设置了 beq 和 bne 指令外，MIPS 还围绕 0 值设置了若干条件转移指令，包括 blez（小于或等于 0 转移）、bgtz（大于 0 转移）、bltz（小于 0 转移）、bgez（大于或等于 0 转移）。由于 $0 的值固定为 0，因此这些指令就不再把 $0 明确地写出来了。它们的格式均如下：

```
bXXX rs,label
```

4. 两个非零值的不等条件的 if-else 构造方法

在写 if-else 时,往往会比较两个非零变量的大小,再来决定执行哪个语句块。MIPS 没有构造所谓"通用"的比较指令,而是设计了一组小于置位指令。本书介绍 slt 和 slti,其余相关指令请参考附录。slt 和 slti 的指令描述如表 3-25。

表 3-25 slt 和 slti

	格式	slt rd, rs, rt
slt	描述	R[rd] ← (R[rs] < R[rt])
	操作	R[rd] ← (R[rs] < R[rt]) ? $0^{31}\|\|1 : 0^{32}$
	示例	slt $s1, $s2, $s3
slti	格式	slti rt, rs, immediate
	描述	R[rt] ← (R[rs] < immediate)
	操作	R[rt] ← (R[rs] < sign_ext(immediate)) ? $0^{31}\|\|1 : 0^{32}$
	示例	slti $s1, $s2, 0x55AA

对于 slt 来说,当 rs 小于 rt 时,rd 被写入 1(也称置位),否则 rd 被写入 0。slti 类似于 slt,只是将寄存器换成了 16 位立即数而已。

除了相等外,比较关系还包括"<"">""<="">=" 4 种情况。由于 slt 类指令只能判断第 1 个操作数是否小于第 2 个操作数,因此需要一些处理技巧。表 3-26 详细描述了如何运用 slt 实现对 <、>、<= 和 >= 这 4 种条件的判决方式。

(1) a<b:直接运用 slt 指令即可。

(2) a>b:由于 a>b 与 b<a 完全是相同的,因此可以改为用 slt 判断 b<a。

(3) a<=b:不难知道 a<=b 与 $\overline{b<a}$ 是等价的,因此将 slt 判断 b<a 的结果反过来使用即可,即"slt 结果,b,a"执行结果为 0,则原条件为真;反之亦然。

(4) a>=b:方法同上。

表 3-26 用 slt 实现判断 <、>、<= 和 >=

原条件	等价条件	指令用法	结果寄存器的 0/1 值含义
a<b		slt 结果寄存器,a,b	0:原条件为假 1:原条件为真
a>b	b<a	slt 结果寄存器,b,a	0:原条件为假 1:原条件为真
a<=b	$\overline{b<a}$	slt 结果寄存器,b,a	0:原条件为真 1:原条件为假
a>=b	$\overline{a<b}$	slt 结果寄存器,a,b	0:原条件为真 1:原条件为假

slt 将判断条件最终转换为结果寄存器的 0/1 值，再运用 beq 或 bne 指令并结合 $0，就可以很容易实现相应的条件转移。代码 3-16 展示了如何用 slt 分别与 beq 和 bne 组合构造 a<=b 的 if-else 语句。读者可以参考这个代码构造其他的判断条件。

代码 3-16 用 slt 与 beq 和 bne 构造 if-else（假设：i↔$s0, i↔$s1）

1	if(i<=j){	slt $t0,$s1,$s0	slt $t0,$s1,$s0
2	THEN 对应的语句块	beq $t0,$0,then	bne $t0,$0,else
3	}else{	ELSE 对应的语句块	THEN 对应的语句块
4	ELSE 对应的语句块	j end	j end
5	}	then:	else:
6		THEN 对应的语句块	ELSE 对应的语句块
7		end:	end:

系统设计详解 3-5　为什么 MIPS 不设置"小于转移"指令呢？

MIPS 不设置该指令会导致某些情况下必须使用两条指令。MIPS 如此设计系统主要是出于性能方面的考虑。与 0 比较是非常简单的。对于一个符号数来说，如果符号位为 1，则小于 0；符号位为 0，则只要把各位都"或"起来就很容易判断是等于 0 还是大于 0。根据数字逻辑的知识可知，实现上述功能的门电路非常简单。逻辑电路简单，自然延迟就短，相应的时序电路频率就越快，系统性能自然就越高。

相对于与 0 相关的各种比较操作，"小于"运算要复杂很多。虽然这个运算必须要实现（slt 指令就实现了），但是需要仔细思考这个运算电路的部署位置。一旦位置不合理，就有可能导致相应环节的延迟增加而使其成为瓶颈。

在本书流水线一章，读者会发现为了减少 b 类指令所带来的流水线延迟，MIPS 把 b 类指令的判决条件前置到读操作数阶段。这样做的合理性在于如果仅把实现与 0 相关的比较电路部署在该阶段，那么由于该部分电路延迟很小而不会导致该阶段延迟增加过大。而如果把"小于"电路部署在该阶段，则很可能使该阶段延迟提高，从而导致全系统的时钟频率下降。

如何评估这个风险呢？增加这条指令后，程序在指令总数方面有少量的收益。但是，一旦时钟频率下降，则所有指令的执行性能均遭受影响。于是，MIPS 没有采用实现慢速"小于转移"指令的方案，而是采用现在的两条指令的方案。更为重要的是，slt 与 b 类指令均因此可以实现为快速指令。放弃慢速的"小于转移"指令，转而实现 slt 并采用双指令应对小概率情况，是系统设计权衡的典型代表之一。

5. while 循环构造方法

综合案例汇编程序（代码 3-3）18 至 23 行就是一个 while 循环，其功能是通过判断连续读入的字符是否为 0 来统计字符串长度。代码 3-17 给出了 while 循环的一般性框架。首尾两行定义了 while 的边界。第 2 行通过组合 b 类指令及 slt 类指令[①]实现当循环条件不满足时跳出循环。

代码 3-17 while 循环的框架结构

1	while（条件）	WhileLoop：
2	循环体	组合 b 类指令和 slt（可选）实现跳转 WhileEnd
3		循环体
4		j WhileLoop
5		WhileEnd：

下面代码 3-18 实现一个条件更复杂的 while 循环。第 2—3 行对应 i≤j，第 4—5 行对应 i>k。对于前者，需要选用 slt 判断 j<i，并当 slt 结果为 1 时表明需要跳出循环。类似的，虽然对于后者依然用 slt 判断 k<i，但需要当 slt 结果为 0 时跳出循环。

代码 3-18 while 循环的框架结构（假设：i↔$s0, j↔$s1, k↔$s2）

1	while (i<=j or i>k)	WhileLoop:
2	循环体	slt $t0,$s1,$s0
3		bne $t0,$0,WhileEnd
4		slt $t0,$s2,$s0
5		beq $t0,$0,WhileEnd
6		循环体
7		j WhileLoop
8		WhileEnd:

本小节把构造 do-while 循环留给读者自行完成。

6. 构造 for 语句结构

综合案例 C 部分的 for 循环写法是最为常见的组织方式。当把 for 转换为汇编结构时，首先需要在循环外面先初始化循环变量。for 类似于 while，需要在循环体被执行前测试条件，因此 b 类指令必须在循环体之前。另外，循环体后面的 j 使得循环可以重复。针对循环条件为循环变量小于终值变量这种 for 循环，代码 3-19 给出了相应的框架结构。

代码 3-19 是 for 循环的构造示例。一般来说，首先需要在 for 循环外面初始化循

[①] 是否需要 slt 指令，取决于具体的判断条件，具体内容请参考前一小节。

环变量。与 while 相同，由于需要在循环体被执行前测试条件，因此 b 类指令必须部署在循环体之前。循环体后面通常会放置循环变量赋值语句。

代码 3-19 for 循环示例（假设：i↔$s0）

1	for(i=0;i<100;i++)	addi $s0,$s0,0
2	循环体	ForLoop:
3		slti $t0,$s0,100
4		beq $t0,$0,ForEnd
5		循环体
6		addi $s0,$s0,1
7		j ForLoop
8		ForEnd:

7. 构造 switch-case 语句结构

综合案例 C 主程序最后部分是一个 switch-case 语句。代码 3-20 给出了如何用 b 类指令与 j 指令相互配合构造 switch-case 语句架构。首先使用一组 b 类指令来实现根据不同的条件转移到不同的处理标号。为了避免所有条件都不成立时程序误入处理代码，在这组 beq 指令后面必须放置一条 j 指令。之后是对应各个条件的处理代码。同样，为了避免 CPU 执行完某个处理代码后误入下一个处理代码，每个处理代码后面均需要部署一条 j 指令。

代码 3-20 switch-case 的框架结构

1	switch()	b 类,$条件1,Case1
2	case 条件1	b 类,$条件2,Case2
3	语句块1	…
4	case 条件2	b 类,$条件N,CaseN
5	语句块2	j SwitchEnd
6	…	Case1:
7	case 条件N	语句块1
8	语句块N	j SwitchEnd
9		Case2:
10		语句块2
11		j SwitchEnd
12		…
13		CaseN:
14		语句块N
15		j SwitchEnd
16		
17		SwitchEnd:

关于 switch-case 构造方法，需要注意以下 3 点：

（1）从代码优化的角度看，无需在最后那个条件后面再部署 j 指令了。

（2）switch-case 往往是将某个变量与多个不同的数值进行比较。此时，需先借助 addi（或 addiu）计算出变量与数值的差值，然后再用 beq 将差值与 0 进行比较来实现条件的判断。

（3）上面这个 switch-case 框架并没有考虑 default 的情况。请读者自行构思如何解决这一问题。

3.5.9 伪指令

顾名思义，伪指令不是真正的指令。设置伪指令的目的是提高汇编程序的可读性，使其更易于理解。MIPS 定义了多条伪指令，本书只介绍 move、la 和 li 这 3 条最常用的伪指令。

1. move——寄存器间赋值

move 用于将 src 寄存器赋值给 dst 寄存器，其用法如下：

```
move $dst,$src
```

代码 3-21 给出了 move 的用法示例以及该伪指令被汇编器转换后所对应的真实指令。由于 move 不是真正的指令，因此汇编器在检测到 move 后，会将其转换为相应的 addi 语句。

代码 3-21 伪指令 move 用法示例及其对应的真实指令

1	# 伪指令	# 对应的真实指令
2	move $t1,$s1	addi $t1,$s1,0

从上例可以看出，虽然使用 addi 也能实现寄存器赋值，但显然伪指令 move 使得汇编程序更易于理解。

2. li——加载立即数到寄存器

代码 3-22 展示了如何用 li 加载 16 位立即数。汇编器会将左侧的 li 语句自动替换为右侧的 addiu 语句。

代码 3-22 伪指令 li 用法示例

1	# 伪指令	# 对应的真实指令
2	li $t0,-100	addiu $t0,$0,0xFF9C

如果用 li 加载 32 位立即数，那么汇编器会采用两条指令来实现。为此，汇编器会使

用 \$at(即 \$1) 作为两条指令之间的信息传递。在代码 3-23 中，由于 0xABCD12 超出了 16 位，因此汇编器将 li 拆分为 lui 和 ori 两条汇编指令，并借助 \$at 完成 32 位立即数的赋值。

代码 3-23 伪指令 li 用法示例——加载 32 位立即数

1	# 伪指令	# 对应的真实指令
2	li \$t0,0xABCD12	lui \$at,0x00AB
3		ori \$t0,\$at,0xCD12

3. la——加载地址到寄存器

使用 lw 或 sw 读写汇编程序中定义的内存变量时，首先需要获取该变量的内存地址。伪指令 la 的作用是将内存变量的地址赋值给寄存器，其用法如下：

la　　寄存器,内存变量名

综合案例汇编程序第 29 行 la 的作用就是将 str 变量的首地址加载到 \$s7 中。由于 MIPS 的地址是 32 位的，因此与 li 类似，汇编器会自动将 la 转换为 lui 和 ori 这两条汇编指令，并根据类似于如图 3-6 所描述的配置方式自动计算出 lui 和 ori 所需的立即数。

为了帮助读者理解，综合案例汇编程序第 12—13 行这两行的作用与第 29 行是完全等价的。至于这两行汇编语句中的立即数的取值，请读者结合图 3-6 自行分析。

3.5.10 移位指令

C 语言有左移和右移操作。为此，MIPS 也定义了多条移位指令。移位指令可以从 3 个维度来分析，即方向、性质和移位量。

（1）方向：是指向左移位，还是向右移位。

（2）性质：是指逻辑移位，还是算术移位。对于向左移位来说，低位永远是补 0。只有向右移位，才存在高位是补 0，还是符号位的选择问题。如果补 0，那就是逻辑移位，如果是补符号位，则为算术移位。

（3）移位量：对于 32 位寄存器而言，无论左移还是右移，合理的移动位数最大取值为 31，即 0x1F。如何在指令中表示这个移位量呢？一种方式是由一个 5 位的立即数来表示移位量，另一种方式则是用某寄存器的值来表示移位量。如果用寄存器来表示移位量，则只有该寄存器的最低 5 位被 CPU 识别为移位量，而高 27 位无论取何值均无意义。

通过对上述 3 个维度进行组合，MIPS 共定义了 6 条移位指令，具体如表 3-27 所示。

表 3-27　逻辑运算指令

指令	功能	格式	操作语义	示例
sll	逻辑左移	sll rd, rt, sa	RF[rd] ← RF[rt]<<sa	sll $t0, $s0, 16
srl	逻辑右移	srl rd, rt, sa	RF[rd] ← RF[rt]>>sa	srl $t0, $s0, 16
sra	算术右移	sra rd, rt, sa	RF[rd] ← RF[rt]>>sa	sra $t0, $s0, 16
sllv	逻辑可变左移	sllv rd, rt, rs	RF[rd] ← RF[rt]<<rs	sllv $t0, $s0, $s1
srlv	逻辑可变右移	srlv rd, rt, rs	RF[rd] ← RF[rt]>>rs	srlv $t0, $s0, $s1
srav	算术可变右移	srav rd, rt, rs	RF[rd] ← RF[rt]>>rs	srav $t0, $s0, $s1

代码 3-24 既展示了 C 编译器选择移位指令的依据，又展示了算术右移和逻辑右移的区别。对于 C 语句 5，由于 a 是无符号数，C 编译器选择了逻辑右移指令 srl，因此高 4 位补了 4 个 0。对于 C 语句 6 而言，C 编译器检测到 b 是符号数，故选择算术右移指令 sra，于是高 4 位补了 4 个符号位（在本例中，符号位为 1）。

代码 3-24　srl 与 sra 的用法示例

```
1  unsigned int a;              # 假设 $s2=a=0x8000_0000
2  int b;                       # 假设 $s3=b=0x8000_0000
3  int y;                       # 假设 $s0=y
4
5  y = a>>4;      srl $s0,$s2,4    # $s0 = 0x0800_0000
6  y = b>>4;      sra $s0,$s3,4    # $s0 = 0xF800_0000
```

早期的 CPU，包括现在很多低端 CPU，移位运算比乘除运算要快。这意味着，有时可以用移位运算来替代部分乘除运算。例如，当需要计算某个整数乘以或除以 2^n（n 为正整数，$1 \leqslant n \leqslant 31$）时，可以用左移指令或右移指令来替代。

代码 3-25 展示了移位指令在数学运算中的基本用法。第 1 行把 $t0 初始化为 −256。第 2 行正确地实现 −256×8。关键在第 3—4 行。假设都是要实现 −256/256 的运算，第 3 行使用了 sra 得到了正确结果，但第 4 行使用了 srl 就会导致计算错误。

代码 3-25　移位指令实现乘除法

```
1  addi $t0,$0,-256      # $t0=0xFFFFFF00
2  sll  $s0,$t0,3        # $s0=0xFFFFF800 ($s1 = $t0*8)
3  sra  $s2,$t0,8        # $s2=0xFFFFFFFF($s1 = $t0/256)
4  srl  $s1,$t0,8        # $s1=0x00FFFFFF（错误用法）
```

移位指令和逻辑运算指令也经常被组合起来完成字节操作。代码 3-26 展示了如何使用 srl 与 andi 提取位 9 至位 2 这 8 位。

代码 3-26 移位指令提取特定位

```
1   srl  $s1,$s1,2            # 右移两位
2   andi $s1,$s1,0xFF         # 屏蔽其他位
```

3.5.11 函数

从工程实施的角度出发，如果没有函数机制，就无法编写软件。本小节结合案例介绍 MIPS 中与函数机制相关的主要内容。

1. 调用函数和从函数返回

MIPS 用 jal 指令实现调用函数，并在被调用函数的最后用 jr 指令返回调用点。jal 和 jr 指令的用法分别如下。其中 label 是一个标号，src 是一个寄存器编号，如 $ra（即 $31）。

```
jal label
jr src
```

在综合案例（代码 3-3）中，汇编 76 行至 87 行是 f_add() 函数。汇编 67 行使用 jal 指令调用 f_add()，其中 f_add 就是 jal 的 label。另外，可以看到 f_add() 的最后为 jr 指令。

jal 指令具有两个功能。第一个功能是将 label 标号处的地址传递给 PC，这样 CPU 在执行完 jal 后就会从标号处取指令，就实现了跳转到函数首条指令的目的。第二个功能是将 jal 下一条指令的地址（即 PC + 4[①]）保存至 31 号寄存器（即 $ra）。

jr 的功能是将 src 寄存器写入 PC。虽然 src 可以是任意一个寄存器，但由于 jal 将返回地址保存在 $ra 中，因此一般用 $ra（或 $31）作为函数 jr 的 src，故函数的结尾一般都是：

```
jr $ra(或 jr $31)
```

2. 参数与返回值

函数往往涉及参数和返回值。MIPS 系统约定 $a0 至 $a3 这 4 个寄存器用于传递参数。其中，$a0 对应函数的第 1 个参数，$a1 对应函数的第 2 个参数，依次类推。MIPS 约定 $v0 和 $v1 用于传递返回值。

对应到综合案例（代码 3-3），汇编 33 行和 40 行分别完成了将 C 中的 v1 和 v2 这两个参数保存在 $a0 和 $a1 中。由于 f_add() 的返回值是 32 位的，因此只需要 $v0 即可。汇编 73 行将计算结果保存在 $v0 中。调用者在调用函数后读取 $v0 来获得返回值。

[①] 注意，这里的 PC 是指 jal 指令对应的 PC 值。

3. 寄存器保护

考虑到几乎所有的函数都会使用寄存器，但同时寄存器数量又是有限的，因此就必须设计一种寄存器保护机制来确保：任何一个函数对寄存器的修改都不会影响其他函数的正确性。下面结合 MIPS 事先给寄存器规划的用途，逐一分析寄存器保护机制的具体细节。

（1）$s0~$s7（程序员变量）。因为所有的函数都可能使用它们作为程序员变量，所以最简单的办法就是在函数进入后就保存会用到的寄存器并在返回前恢复。

（2）$ra（函数返回地址）。对于需要继续调用子函数的函数，为了确保自己能正确返回，最简单的办法就是在函数进入后就先保存 $ra 并在返回前恢复。

（3）$t0~$t9（临时变量）。在通常情况下，函数可以任意使用这些寄存器，而无须担心其值被破坏后给其他函数带来的副作用。但是，存在一种例外情况，假设函数在调用子函数前使用了这些寄存器，并且还会在调用子函数后继续使用这些寄存器，那么为了防止子函数破坏其值，函数就必须在调用子函数前先保存需保护的寄存器，然后在子函数返回后立即恢复。

（4）$a0~$a3（函数参数）。因为 $a0~$a3 的作用是传递参数的，因此，只需要在调用子函数前设置好正确的参数值即可。这也就意味着函数可以自由使用它们。其例外情况及其处理策略与 $t0~$t9 类似。

（5）$v0~$v1（函数返回值）。$v0 和 $v1 会因为子函数设置返回值而被破坏，因此函数对其保护是没有意义的，故而函数可以自由使用这些寄存器。其例外情况及其处理策略与 $t0~$t9 类似。

（6）$at（汇编器保留）。$at 主要是汇编器用来实现伪指令的，普通汇编程序员一般不应使用，故无需保护。

（7）$sp（栈指针）。$sp 的用法将在后续栈部分中进一步介绍。$sp 保护一般发生在操作系统中的栈切换，其内容已超出本书范围，故普通汇编程序员无须考虑这一问题。

（8）$k0~$k1、$fp 和 $gp：一般来说，这 4 个寄存器属于操作系统和编译器的使用范畴，普通汇编程序员不应使用。

根据上述分析可知，$s0~$s7 和 $ra 是必须通过保护措施来确保其一致性的，而 $t0~$t9、$a0~$a3 和 $v0~$v1，则只要函数不要求这些寄存器值在调用其他子函数前后是一致的，就可以自由使用它们而无需采取保护措施。一般将这两大类寄存器分别称为强保护寄存器和弱保护寄存器[①]，其保护约定汇总如表 3-28 所示。

---

① 在《计算机组成与设计～硬件/软件接口》原文中，$s0~$s7 等寄存器和 $t0~$t9 等寄存器在分类上使用的英文术语分别是 preserved 和 nonpreserved。一些中文书籍将其译为"保留"和"非保留"，还有一些中文书籍则译为"受保护"和"不受保护"。需要指出的是，如 nonpreserved 寄存器并非完全不需要保护，它们也会在某些情况下面临保护的问题。相对于 preserved 寄存器而言，nonpreserved 寄存器的保护条件要宽松很多。为此，本书使用了"强保护"和"弱保护"两个中文术语。

表 3-28 MIPS 寄存器保存约定

序号	名称	MIPS 汇编约定的用途	分类	保护的前提条件	何时保护与恢复
16~23	$s0~$s7	程序员变量	强保护	如果函数需要使用	进入函数立刻保存，退出函数前恢复
31	$ra	函数返回地址	强保护	如果函数调用子函数	
2~3	$v0~$v1	函数返回值	弱保护	如果要求其值在调用子函数前后必须保持一致	调用子函数前保存，子函数返回后恢复
4~7	$a0~$a3	函数参数	弱保护		
8~15,24~25	$t0~$t9	临时变量	弱保护		

上述内容讨论了寄存器保护的基本分类规则、保护的前提以及何时保护与恢复等重要问题，但并未涉及应将寄存器值保存在何处。在回答该问题前，先考虑下面两个要点：

（1）无论一个程序包含多少个函数，从函数调用的角度出发，程序的执行过程就是函数不断地层层调用并层层返回的动态过程。

（2）对于任意一个函数，其寄存器保护和恢复都必须是成对出现的。

为了满足以上两点，计算机系统的设计师就必须构造这样一种数据结构：随着函数的调用，该数据结构就动态增长一块空间以容纳所需保护的寄存器；而随着函数的返回，该数据结构就动态缩减以释放相应空间。这种数据结构就是下面要介绍的栈。

4. 栈

几乎所有的计算机都采用栈来实现寄存器保护。图 3-7 给出了一种内存分配的基本方案。在 3.5.1 介绍的代码段和数据段通常位于整个内存地址空间的低区。堆①也是一种用于动态内存分配的机制，例如 C 语言的 malloc 就是利用堆来分配空间的。堆通常位于数据段的上方。由于堆和栈都具有动态增长和动态减小的特性，因此为了使得自由空间尽可能的连续和完整，栈和堆一般是对向部署。

在一个函数中，栈空间的分配与回收通常成对出现，这两个操作是通过调整栈指针实现的。在 32 个寄存器中，MIPS 约定 $sp 的作用是栈指针。当函数希望获取若干空间来保存寄存器等数据时，函数需要将 $sp 向低位地址方向调整从而得到相应的空间。这一新分配的空间被称为栈帧（stack frame）。在函数返回前，它只需把 $sp 调整回原位置就完成了栈帧的回收。

图 3-8 描述了栈在某个函数执行前、执行中和执行后的变化情况。不妨假设函数需要保护的寄存器为 $s0、$t0 和 $t1，即栈帧容量为 12 个字节。$sp 在该函数执行前指向 0x3FFC。为了分配 12 个字节的栈帧，进入函数后函数将 $sp 减去 12（$sp 指向 0x3FF0）就创建了栈帧。在用 3 条 sw 指令将 3 个寄存器保存到栈帧后，函数就可以任

---

① 堆的管理涉及大量算法并且通常属于操作系统层面，已经超出本书范围。

意使用这 3 个寄存器了。在函数返回前，函数需要先用 3 条 lw 指令把保存在栈帧中的 3 个寄存器值恢复至 3 个寄存器。之后，函数将 $sp 加上 12 使之重新指向 0x3FFC。至此，栈帧回收就完成了。

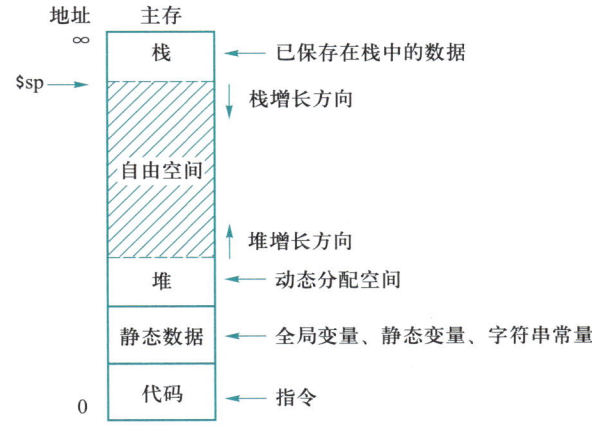

图 3-7　存储空间中的栈

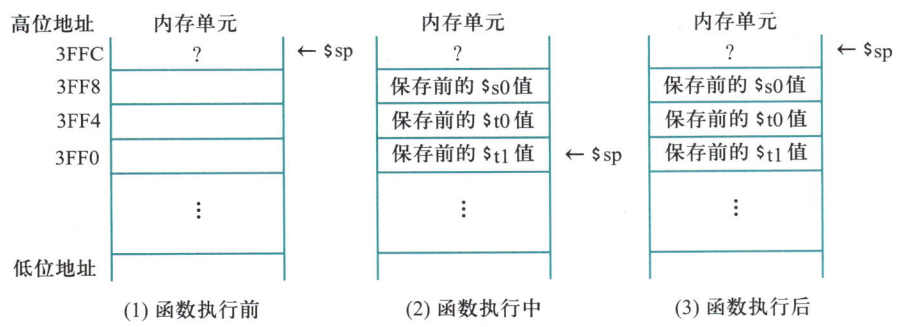

图 3-8　栈在函数中的应用与变化

- 从图 3-8 可以观察到一个有趣现象：当栈帧回收后，之前保存在栈中的寄存器值并未被擦除。

对于如 $s0~$s7 等强保护寄存器，代码 3-27 给出了相应的参考代码架构，其基本特征是：进入函数后，立刻调整栈并保存强保护寄存器，并在返回前才恢复强保护寄存器并释放栈。framesize 是一个整数值，其值为要保存寄存器个数 ×4。另外保护的原则是"用到谁保护谁"，因此并非所有的强保护寄存器都需要保存在栈中（例如，假设函数不再继续调用其他子函数，那么就没有必要保护 $ra）。

代码 3-27　强保护寄存器保护机制的代码基础架构

1	函数_lable :	
2	addiu $sp,$sp,-framesize	分配栈帧

3	sw $ra,[framesize-4]($sp)	保存 $ra
4	sw $s0,[framesize-8]($sp)	保存 $s0~$s7 中后续要使用的寄存器
5	sw $s1,[framesize-12]($sp)	
6	#…	
7	sw $s7,0($sp)	
8		
9	# 使用 $s0~$s7	
10	# 调用其他子函数	
11		
12	lw $s7,0($sp)	恢复函数保护的寄存器
13	#…	
14	lw $s1,[framesize-12]($sp)	
15	lw $s0,[framesize-8]($sp)	
16	lw $ra,[framesize-4]($sp)	
17	addiu $sp,$sp,framesize	回收栈帧
18	jr $ra	

对于如 $t0~$t9 等弱保护寄存器，其参考代码架构如代码 3-28 所示，其基本特征是：在调用其他子函数前分配新的栈帧并保存寄存器，并在子函数返回后立即恢复所保存的寄存器并回收栈帧。类似于前一代码架构中的 framesize，tmpsize 也是一个整数值，其值同样等于要保存寄存器个数 ×4。

代码 3-28 弱保护寄存器保护机制的代码基础架构

1	函数_lable:	
2	# 其他函数代码	
3		
4	addiu $sp,$sp,-tmpsize	在调用子函数前分配栈帧
5	sw $t[i],[tmpsize-4]($sp)	保存寄存器
6	sw $t[i+1],[tmpsize-8]($sp)	
7	# 其他需保存的寄存器	
8	sw $t7,0($sp)	
9		
10	jal 子函数	调用子函数
11		
12	lw $t7,0($sp)	恢复寄存器
13	# …	
14	lw $t[i+1],[framesize-8]($sp)	
15	lw $t[i],[framesize-4]($sp)	
16	addiu $sp,$sp,tmpsize	回收栈帧
17		
18	# 其他函数代码	

对比两个代码架构，其本质区别在于：强保护寄存器的保存与恢复分别在函数进入和返回处进行，并且保存和恢复各仅需 1 次即可；而弱保护寄存器的保存与恢复则是与子函数调用紧密相伴的，故保存与恢复次数均是不确定的。

现在回到综合案例的 f_add()。对比表 3-28 可知，f_add() 只使用 $s0 且不再调用其他函数，因此 f_add() 只需要保护 $s0 这个寄存器，故综合案例汇编 77 行调整 $sp 以获得 4 个字节的栈帧。78 行、85 行和 86 行分别对应前述的保护寄存器、恢复寄存器和回收栈帧 3 个环节。

5. 局部变量与更多的参数

如果函数需要大量局部变量（如数组），MIPS 的几十个寄存器是无法满足需求的。这必须借助主存来实现更多的局部变量。由于局部变量只在函数内部有效，其生命周期与函数的生命周期相同，因此不难发现栈同样适用于存放局部变量。

除了保护寄存器和存储局部变量外，栈还有一个比较特殊的用途，即传递参数。对于大多数函数来说，用 $a0~$a3 这 4 个寄存器来传递参数足够了。但如果函数的参数多于 4 个，那么就需要借助栈来传递参数了。在这种情况下，调用者仍然利用 $a0~$a3 传递前 4 个参数，并将额外的参数保存在栈中。为此，调用者应该在保存参数前先扩大自己的栈帧，在函数返回后再缩小自己的栈帧。图 3-9 展示了强保护寄存器、弱保护寄存器、局部变量、额外参数等的使用方法。

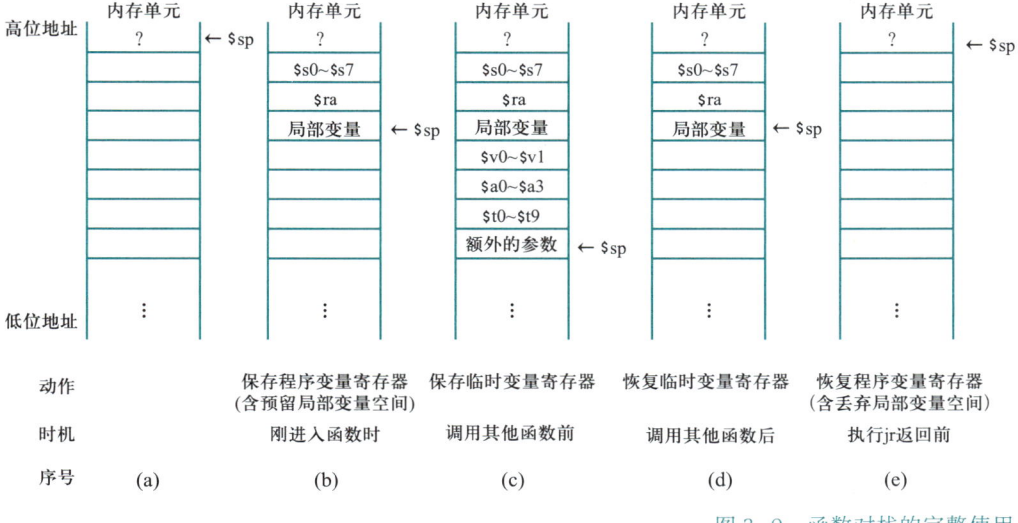

图 3-9 函数对栈的完整使用

一般来说，在函数进入时分配的栈帧就包含了局部变量所需的空间。图 3-9（a）表示函数还未被执行。图 3-9（b）对应函数进入后在栈帧中保存了强保护寄存器并预留了局部变量。随后，函数要调用其他子函数。为了保存弱保护寄存器以及超出 4 个参数以外的额外参数，函数继续扩大栈帧如图 3-9（c）所示。图 3-9（d）对应函数调用的子函数返回后释放了刚刚扩大的部分栈帧。如图 3-9（e）所示，在函数返回前，函数释放了全部栈帧。

3.5.12 空操作指令

综合案例汇编程序 74 行的 nop 就是空操作指令。CPU 检测到这条指令后，不执行任何具体操作，然后继续执行下一条指令。在 MIPS 中是否真的存在这么一条指令呢？当学完指令格式一节后，就会发现 nop 等价于：

```
sll $0,$0,0
```

3.6 指令编码

为了便于人们阅读和理解，通常会采用文本格式来编写汇编程序。但是 CPU 真正能解读和执行的程序是二进制格式的，为此需要利用图 3-1 中的汇编器将汇编程序中的每条指令转变为相应的二进制机器码。

MIPS 规定每条指令的机器码均为 4 个字节，即每条指令的机器码均为 32 位，并将 32 位被划分为若干具有不同含义的域（field）。从机器码格式的角度来说，MIPS 指令可以分为 R 型指令、I 型指令和 J 型指令三大类。

3.6.1 R 型指令

R 型指令主要用于表示包含 3 个寄存器操作数的指令，其中两个寄存器作为源操作数，一个寄存器存放运算结果。R 型指令编码格式见表 3-29 所示。

表 3-29 R 型指令编码格式

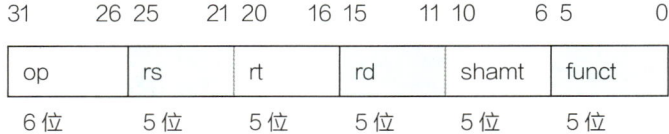

其中，各字段的含义如下：

- op：指令操作码（opcode），代表指令的基本操作。

3.6 指令编码

- rs：第 1 个源操作数寄存器的编码值。
- rt：第 2 个源操作数寄存器的编码值。
- rd：存放运算结果的寄存器的编码值。
- shamt：移位量。
- funct：功能。

R 型指令具有如下特点：

（1）op 字段为 0。这意味着凡是 op 字段为 0 的指令，一定是 R 型指令。

（2）shamt 字段只在移位指令中才有意义，非移位指令忽略。

（3）由于 op 字段为 0，因此必须依靠 funct 字段来区分各条 R 型指令。

add 和 sub 就是典型的 R 型指令，其指令格式定义见表 3-30 所示。

表 3-30 add 和 sub 的编码格式

	31　　　26	25　　　21	20　　　16	15　　　11	10　　　6	5　　　0
	op	rs	rt	rd	shamt	funct
add	000000	rs	rt	rd	00000	100000
sub	000000	rs	rt	rd	00000	100010

注意：各字段均为二进制表示

在学习了一条指令的机器码格式后，就能将该指令的汇编语句转换为相应的机器码。下面用 add 和 sub 来讲解这一过程。考虑如下两条汇编语句：

```
add $s1,$s2,$s3
sub $s4,$s5,$s6
```

对于 add 指令，rs 对应的是 $s2。由于 $s2 的寄存器编号为 18，因此 $rs=18=10010_2$。类似的，rt 对应 $s3，故 $rt=19=10011_2$；rd 对应 $s1，故 $rd=17=10001_2$。对于 sub 指令运用同样的方法，可以得到：$rs=21=10101_2$，$rt=22=10110_2$，$rd=20=10100_2$。将上述值代入 add 和 sub 的机器编码中，可以得到这两条指令的机器编码，如表 3-31 所示。

表 3-31 add 和 sub 指令的二进制编码

	31　　　26	25　　　21	20　　　16	15　　　11	10　　　6	5　　　0
	op	rs	rt	rd	shamt	funct
add $s1, $s2, $s3	000000	10010	10011	10001	00000	100000
sub $s4, $s5, $s6	000000	10101	10110	10100	00000	100010

然后再将上述各字段的二进制编码值拼接在一起构成完整的二进制编码值，于是可

以得到 add 指令的二进制编码值为 000000 10010 10011 10001 00000 100000$_2$。类似的，可以得到 sub 指令的二进制编码值为 00000010101101101010000000100010$_2$。为了描述简洁，机器码一般用十六进制方式表示，如表 3-32 所示。

表 3-32　add 和 sub 指令的二进制编码和十六进制编码

	31　　26	25　　21	20　　16	15　　11	10　　6	5　　0	
	op	rs	rt	rd	shamt	funct	
add \$s1, \$s2, \$s3	000000	10010	10011	10001	00000	100000	0x02538820
sub \$s4, \$s5, \$s6	000000	10101	10110	10100	00000	100010	0x02B6A022

3.6.2　I 型指令

I 型指令的字母 I 是单词 immediate 的首字母。这表明 I 型指令主要用于编码包含了立即数的指令，如 lw、ori 等。I 型指令编码格式如表 3-33 所示。

表 3-33　I 型编码格式

31　　26	25　　21	20　　16	15　　　　　　0
op	rs	rt	imm (或 offset)
6 位	5 位	5 位	16 位

op、rs 和 rt 在 I 型指令中的含义与 R 型指令的含义完全相同。imm（或 offset）[①] 是一个 16 位立即数。视指令不同，imm 可以是无符号数，也可以是符号数。例如，ori 的 imm 是 16 位无符号数，而 lw 的 offset 就是 16 位符号数。

例 3-1　根据如表 3-34 所示的指令编码格式，将下列汇编语句转换为相应指令机器码。

表 3-34　addi 和 lb 的编码格式

	31　　　　　26	25　　21	20　　16	15　　　　　0
addi	001000	rs	rt	imm
lb	100000	base	rt	offset

```
addi $s5,$s6,-50
lb $t1,-4($s0)
```

[①] I 型指令的最低 16 位有 imm 和 offset 两种符号表示，是为了更好地表达该域在不同指令中的不同含义。运算类指令一般选用 imm 表示方式，而对于有地址含义的指令，如 lw、sw、beq 等，则用 offset 表示方式。

3.6 指令编码

解

（1）addi $s5, $s6, −50

① rs 为 $s6，故 rs=22=10110$_2$。rt 为 $s5，故 rt=21=10101$_2$。

② 由于 imm 为 −50，这表明 imm 为符号数。根据本书 2.4.2 讲述的二进制补码转换规则，−50 对应的 16 位二进制补码为 1111111111001110$_2$。

③ 将上述各值分别代入后，则该汇编语句的机器码为 0x22D5FFCE。

	31 26	25 21	20 16	15 0	
	op	rs	rt	imm	
addi $s5, $s6, −50	001000	10110	10101	1111111111001110	0x22D5FFCE

（2）lb $t1, −4($s0)

① 类似的，base=16=10000$_2$，rt=9=01001$_2$，imm=1111111111111100$_2$。

② 将上述各值分别代入后，则该汇编语句的机器码为 0x8209FFFC。

	31 26	25 21	20 16	15 0	
	op	base	rt	offset	
lb $t1, −4($s0)	100000	10000	01001	1111111111111100	0x8209FFFC

分支指令也属于 I 型指令。由于分支指令是以当前指令的地址为基准向上（或向下）跳转若干条指令，因此其本质上也是基地址 + 偏移量的寻址方式。因为它是以 PC 为基地址，故这种寻址方式有时也被称为 PC 相对寻址。分支指令的 offset 是 16 位符号数，其编码范围为 [−32768, +32767]。对于分支指令来说，由于 PC 调整的单位是指令，因此 MIPS 规定 offset 的量纲为字（即 4 个字节）。采用字作为量纲的好处是分支指令的跳转范围变成了正负 32K 条指令。而如果 offset 量纲为字节，那么跳转范围则变成了正负 8K 条指令。显然，采用前者方案会使得分支指令能够覆盖更大的跳转范围。下面用 beq 作为案例来介绍如何构造 b 类指令的机器码。

例 3-2 表 3-35 给出了 beq 的字段定义。请将汇编中的 beq 语句转换为相应指令机器码。

表 3-35 beq 的字段定义

	31 26	25 21	20 16	15 0
beq	000100	rs	rt	imm

```
L1:
    beq $t0,$t1,L2
```

```
    addu  $s0,$s1,$s2
    lb    $t1,-4($s0)
L2:
    or    $t3,$t3,$t4
    beq   $t3,$t2,L1
    sub   $t0,$t1,$t2
```

解

（1）第 1 条 beq

① rs 为 \$t0，故 rs=8=01000_2。rt 为 \$t1，故 rt=9=01001_2。

② b 类指令是以 PC+4 为基地址，因此基准指令就是 addu。L2 对应的 or 距离 addu 为两条指令，因此 imm 为 2，相应的补码为 0000000000000010_2。

③ 将上述各值分别代入后，则该汇编语句的机器码为 0x11090002。

	31 26	25 21	20 16	15 0	
	op	rs	rt	imm	
beq \$t0, \$t1, L2	000100	01000	01001	0000000000000010	0x11090002

（2）第 2 条 beq

① 类似的，rs=11=01011_2，rt=10=01010_2。

② 第 2 条 beq 的下条指令为 sub，那么 L1 对应的第 1 条 beq 相对于 sub 而言距离为 5。但由于第 1 条 beq 的地址是小于第 2 条 beq 的地址的，因此 offset 就应该是负数，即 −5，其应得补码为 1111111111111011_2。

③ 将上述各值分别代入后，则该汇编语句的机器码为 0x116AFFFB。

	31 26	25 21	20 16	15 0	
	op	base	rt	offset	
beq \$t3, \$t2, L1	000100	01011	01010	1111111111111011	0x116AFFFB

3.6.3　J 型指令

J 型指令格式最为简单，属于 J 型指令格式的指令数量也最少。在 MIPS-C 指令集中，总共有 4 条指令是以字母 j 开头的，包括 j、jal、jalr 和 jr。这 4 条指令中只有 j 和 jal 是真正的 J 型指令格式，而 jr 和 jalr 这两条指令则被编码为 R 型指令了。J 型指令格式由 6 位操作码和 26 位立即数组成，具体格式见表 3-36 所示。

3.6 指令编码

表 3-36　J 型指令格式

31	26	25	0
op		instr_index	
6 位		26 位	

在将汇编语句转换为机器码时，关键在于 J 型指令的立即数部分。与 b 类指令相同的是，J 型指令立即数的量纲也是字。不同的是，该立即数不是相对偏移而是绝对地址的一部分。以 j 为例，其 PC 的计算方法如下：

$$PC \leftarrow PC_{31..28} \| instr\_index \| 0^2$$

例 3-3　表 3-37 给出了 j 的字段定义。假设正文段基地址为 0x3000_0000，且下列汇编语句是从基地址开始的。请将 j 语句转换为相应指令机器码。

表 3-37　j 的字段定义

	31　　26	25　　　　　　　　　　　　0
j	000010	instr_index

```
      lui   $s0,0x0040
L1:
      lb    $t1,0($s0)
      beq   $t1,$0,End
      j     L1
End:
```

解

① 已知正文段从 0x3000_0000 开始，故 j 要跳转的 lb 的地址就为 0x3000_0004。该地址就是 j 指令要转移至的地址。

② 去除该地址的高 4 位和最低 2 位，得到 $00000000000000000000000001_2$。这就是 instr_index 的二进制值。

③ 将上述各值分别代入后，则该汇编语句的机器码为 0x0800_0001。

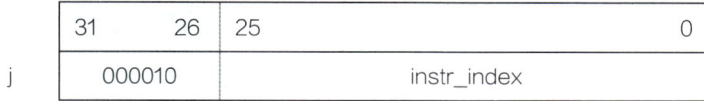

　　j L1　| 000010 | 00000000000000000000000001 | 0x08000001

3.7 汇编与反汇编实战

在学习了指令系统后，本节通过两个综合案例来帮助读者更好地理解和掌握汇编和反汇编的基本方法。

3.7.1 汇编

根据前面学习的内容，总结汇编的基本方法和要点如下：
（1）将汇编语句中指令各要素对应到指令各字段。
（2）将各字段值以十进制方式表示。
（3）将各字段值转换为二进制（可能涉及补码运算）。
（4）以十六进制方式给出指令的机器码。

例 3-4 请将以下汇编程序转换为相应的机器码。假设正文段基地址为 0x0040_0000。

```
While:
    lb      $t0,0($s7)
    sb      $t0,0($s6)
    beq     $t0,$0,End
    addi    $s7,$s7,-2
    sll     $s6,$t1,2
    j While
End:
```

解

（1）把各指令要素与相应指令各字段对应。j 指令的立即数用十六进制表示比十进制更方便，因此本例题中保留了十六进制表示。要注意的是，最高位 0 实际上只有两位。

lb $t0, 0($s7)	100000			base		rt	offset		
	base=$s7=23, rt=$t0=8, offset=0								
sb $t0, 0($s6)	101000			base		rt	offset		
	base=$s6=22, rt=$t0=8, offset=0								
beq $t0, $0, End	000100			rs		rt	offset		
	rs=$t0=8, rt=$0=0, offset=3								
addi $s7, $s7, -2	001000			rs		rt	imm16		

3.7 汇编与反汇编实战

	rs=$s7=23，rt=$7=23，imm16=−2					
sll $s6, $t1, 2	000000	00000	rt	rd	sa	000000
	rd=$s6=22，rt=$t1=9，sa=2					
j While	000010	imm26				
	imm26=0100000₁₆（只有 26 位）					

（2）将各字段值代入指令格式表。

lb $t0, 0($s7)	100000	23	8	0		
sb $t0, 0($s6)	101000	22	8	0		
beq $t0, $0, End	000100	8	0	3		
addi $s7, $s7, −2	001000	23	23	−2		
sll $s6, $t1, 2	000000	00000	9	22	2	000000
j While	000010	0100000₁₆（只有 26 位）				

（3）将各字段值转换为二进制。

lb $t0, 0($s7)	100000	10111	01000	0000000000000000		
sb $t0, 0($s6)	101000	10110	01000	0000000000000000		
beq $t0, $0, End	000100	01000	00000	0000000000000011		
addi $s7, $s7, −2	001000	10111	10111	1111111111111110		
sll $s6, $t1, 2	000000	00000	01001	10110	00010	000000
j While	000010	00000100000000000000000000				

（4）用十六进制表示机器码。

lb $t0, 0($s7)	100000	10111	01000	0000000000000000			0x82E80000
sb $t0, 0($s6)	101000	10110	01000	0000000000000000			0xA2C80000
beq $t0, $0, End	000100	01000	00000	0000000000000011			0x11000003
addi $s7, $s7, −2	001000	10111	10111	1111111111111110			0x22F7FFFE
sll $s6, $t1, 2	000000	00000	01001	10110	00010	000000	0x0009B080
j While	000010	00000100000000000000000000					0x08100000

3.7.2 反汇编

反汇编是将指令机器码转换为汇编语言。反汇编的初衷在于理解该段程序的设计，因此在反汇编后，希望能将反汇编出来的汇编程序进一步转换为用高级语言表达的程序。反汇编的基本方法和要点如下：

（1）先将指令从十六进制格式转为二进制格式。

（2）根据每条指令的 6 位 op 字段来确定指令类型。

① 对于 R 型指令，则用最后 6 位 funct 确定具体是哪条 R 型指令。

② 对于 I 和 J 型指令，根据 op 就能确定是哪条指令了。

（3）根据指令字段定义切分指令。

（4）将各字段的二进制码转为十进制。

（5）用汇编语言表述各个字段（为了增加可读性）。

（6）争取用高级语言表述该段汇编语言。

例 3-5 请将以下汇编程序转换为相应的机器码。假设正文段基地址为 0x0040_0000。

```
0000_3000: 20100000
0000_3004: 20110010
0000_3008: 82080000
0000_300C: a2280000
0000_3010: 11000003
0000_3014: 26100001
0000_3018: 26310002
0000_301C: 08000c02
```

解

（1）把各指令的十六进制编码改为二进制编码。

```
0000_3000    00100000000100000000000000000000
0000_3004    00100000000100010000000000010000
0000_3008    10000010000010000000000000000000
0000_300C    10100010001010000000000000000000
0000_3010    00010001000000000000000000000011
0000_3014    00100110000100000000000000000001
0000_3018    00100110001100010000000000000010
0000_301C    00001000000000000000110000000010
```

（2）由于各指令的 6 位 op 均不为 0，因此各指令均不是 R 型指令。通过检索指令图（参见附录 B）可知各指令分别为 addi、lb、sb 等。再根据指令字段定义将各指令机器码切分如下：

```
0000_3000    addi              00000100000000000000000000
```

3.7 汇编与反汇编实战

0000_3004	addi	00000100010000000000010000
0000_3008	lb	10000100000000000000000000
0000_300C	sb	10001010000000000000000000
0000_3010	beq	01000000000000000000000011
0000_3014	addiu	10001000000000000000000001
0000_3018	addiu	10001100000000000000000010
0000_301C	j	00000000000000110000000010

（3）将各字段的二进制值转换为十进制值。注意，对于 j 而言，建议转换为十六进制。

0000_3000	addi	0	16	0
0000_3004	addi	0	17	16
0000_3008	lb	16	8	0
0000_300C	sb	17	8	0
0000_3010	beq	8	0	3
0000_3014	addiu	16	16	1
0000_3018	addiu	17	16	2
0000_301C	j	0x000C02		

（4）转换为 MIPS 汇编指令。对于 j 来说，为了获得 0x000C02 对应的指令，需要将该值乘以 4，结果为 0x0003008。由于 j 的地址高 4 位必然为 0，因此补全高 4 位后得到地址为 0x0000_3008，即对应的指令为 lb。

```
0000_3000: addi      $0,$16,0
0000_3004: addi      $0,$17,16
0000_3008: lb        $8,0($16)
0000_300C: sb        $8,0($17)
0000_3010: beq       $8,$0,3
0000_3014: addiu     $16,$16,1
0000_3018: addiu     $17,$16,2
0000_301C: j 0x000C02
```

（5）为了更易读，建议用寄存器名替换寄存器编号。

```
0000_3000: addi      $0,$s0,0
0000_3004: addi      $0,$s1,16
0000_3008: lb        $t0,0($s0)
0000_300C: sb        $t0,0($s1)
0000_3010: beq       $t0,$0,3
0000_3014: addiu     $s0,$s0,1
0000_3018: addiu     $s1,$s1,2
0000_301C: j         0x000C02
```

(6) 将 beq 与 j 中的立即数替换为标号。

```
0000_3000:         addi      $0,$s0,0
0000_3004:         addi      $0,$s1,16
0000_3008: Loop:lb           $t0,0($s0)
0000_300C:         sb        $t0,0($s1)
0000_3010:         beq       $t0,$0,End
0000_3014:         addiu     $s0,$s0,1
0000_3018:         addiu     $s1,$s1,2
0000_301C:         j         0x000C02
0000_3020: End:
```

(7) 从汇编可以看出，$s0 和 $s7 分别为两个指针，前者用来读字符，后者用来写字符。在初始化阶段，也就是循环外部时，$s0 指向地址 0x0000_0000，$s1 指向地址 0x0000_0010。进入循环后，$s0 在每读完一个字符后会被加 1，从而指向下一个字符）；而 $s1 在写完该字符后会被加 2，从而每次隔一个单元写一个字符。beq 用来判断当字符为 0 时退出循环。根据上述分析，可以构造出如下 C 代码。

```
char *p,*q,tmp;
p = (char*)0;
q = (char*)16;
do {
    tmp = *p
    *q = tmp;
    p = p + 1;
    q = q + 2;
} while(tmp!=NULL);
```

3.8 实验指引

本章实验推荐使用 MARS（MIPS assembler and runtime simulator）进行 MIPS 汇编语言的学习、汇编程序的编写和运行。MARS 是一个轻量级的、用于教学的 MIPS 汇编语言集成开发环境（IDE）。它由密苏里州立大学开发，基于 Java 环境运行，绿色且免费。MARS 的帮助文档中，对指令、伪指令、系统调用等各种功能和使用样例有详细的介绍，便于查阅辅助学习。更重要的是，在后续进行 CPU 设计时，MARS 可以作为设计的校验模型。

3.8.1 MARS 的获取与安装

可以在密苏里州立大学网站上下载 MARS。如果本机已经配置好了 Java 环境，MARS 下载完成后可以直接双击运行。若本地需要配置 Java 环境，参见如下步骤。

（1）配置 Java 运行环境

可以在甲骨文公司网站下载 Java 的 jdk 文件。

（2）配置环境变量

打开"控制面板"，选择"系统"，再点击左侧的"高级系统设置"，然后点击"环境变量"，在"系统变量"栏中新建一个系统变量，变量名 JAVA_HOME，变量值为本地的 JDK 安装路径。

修改"系统变量"中的变量 path 的值，在最前方添加："%JAVA_HOME%\bin；%JAVA_HOME%\jre\bin；"

在"系统变量"中新建变量 classpath，变量值为"%JAVA_HOME%\lib；%JAVA_HOME%\lib\tools.jar"

上述几个变量设置在系统变量或用户变量里均可。

（3）检查 Java 环境是否搭建成功

在命令提示符（cmd）中键入"java-version"，若出现 Java 版本信息，则说明 Java 环境搭建成功。

3.8.2 实验内容

本章的在线实验围绕以及几个方面进行训练：

（1）在 MARS 中进行 MIPS 汇编程序的编写、运行与调试。
（2）从 MARS 中导出机器码，用于测试后续设计的 CPU。
（3）在汇编程序中如何进行变量声明与定义，学习宏、系统调用的使用方法。
（4）如何进行程序控制流的设计，能够进行函数调用。

在线实验平台将进行自动评测，请按照平台要求提交汇编程序。

1. 实验内容 1：闰年判断

- 输入一个年份 n，判断 n 是否为闰年。
- 输入格式：输入一个整数。
- 输出格式：输出 0 或者 1。输出 0 代表不是闰年，输出 1 代表是闰年。

2. 实验内容 2：矩阵转化

- 输入一个 $n\times m$ 的稀疏矩阵 A（矩阵每个元素为占一个字的整数），将 A 转化为三元组列表（该列表的排列顺序为：行号小的在前，如果行号相同则列号小的在前），并将三元组列表逆序输出。
- 输入格式：第一行是一个整数 n，第二行是一个整数 m。接下来的 $n\times m$ 行每行一个整数，矩阵 A 的第 a 行，第 b 列的元素，为上述输入的第 $(a-1)*m+b$ 个整数（即一行一行地输入矩阵 A 的每一个元素）。
- 输出格式：x 行，按照输入顺序的逆序输出 x 个非 0 元素的信息：每行输出 3 个整数，依次为矩阵非 0 元素对应的行数、列数和数值，中间以空格隔开。

3. 实验内容 3：方阵乘

使用 MIPS 汇编语言编写一个具有矩阵相乘功能的汇编程序。输入方阵的阶数 n，之后依次读取第一个矩阵（n 行 n 列）和第二个矩阵（n 行 n 列）中的元素。两个矩阵的阶数相同，提供的测试数据 $0<n\leq8$，每个矩阵元素是小于 10 的整数。最终将计算出的结果输出，每行 n 个数据，数据间用空格分隔。

4. 实验内容 4：矩阵卷积

使用 MIPS 汇编语言编写一个进行卷积运算的汇编程序。

读取待卷积矩阵的行数 m_1 和列数 n_1，之后读取卷积核的行数 m_2 和列数 n_2。依次读取待卷积矩阵（m_1 行 n_1 列）和卷积核（m_2 行 n_2 列）中的元素（卷积核的行列数分别严格小于待卷积矩阵的行列数，$0<m_1,n_1,m_2,n_2<11$，输入矩阵中每个元素的绝对值不超过 2^{10}）。输出卷积后的结果，共 m_1-m_2+1 行，每行有 n_1-n_2+1 个数据，每个数据用空格分隔。

5. 实验内容 5：回文串判断

判断输入的字符串 s 是不是回文串，若是回文串则输出 1，否则输出 0。

输入格式：第一行为一个整数 n，代表字符串的长度。之后输入 n（$0<n\leq20$）行形成字符串 s。

输出格式：1 行，若字符串 s 是回文串输出 1，否则输出 0。

6. 实验内容 6：生成全排列序列

使用 MIPS 实现全排列生成算法。以 0x00000000 为数据段起始地址，输入一个小于等于 6 的正整数 n，生成 n 的全排列，并按照字典序进行输出。

3.9 本章小结

本章介绍了计算机执行程序的基本原理，并通过一个综合案例以问题导向方式介绍了 MIPS 的基本指令系统，然后介绍了如何编写 if-else、循环、函数等高级语句结构。这些内容都是读者编写汇编程序的基础。

由于 MIPS 的指令条数较少，而且与 C 语言要素之间具有较好的对应关系，因此读者没有必要去记忆指令系统。学习指令系统的最好方法就是多阅读好的范例和多编写汇编程序。除了掌握指令系统必要的知识外，能够熟练查阅指令手册也非常重要。

本章还介绍了 3 类指令格式，并通过两个案例讲述了汇编和反汇编。无论是汇编还是反汇编，过程均较为机械，其关键要点在于处理好 b 类指令和 j 指令的地址部分以及负数的二进制表示方法。为了快速完成反汇编，读者需要记忆一些基本规则，主要包括：指令 op 字段固定为 6 位，3 类指令的基本格式等。汇编和反汇编均有严格、明确的规范，技术难度并不是很大，更多的是工程工作量。

把汇编程序转换为 C 程序是难度极大的工作，这是因为：在 C 程序转换为汇编程序的过程中，不仅大量重要信息丢失了（如可读性非常好的数据结构被转换为可读性极差的内存地址），而且编译器的种种优化算法会导致很难在 C 语句与指令序列之间建立对应关系。因此，通常难以将反汇编得到的汇编程序再转换成具有良好可读性的 C 程序。

思考题

1. 从指令编码格式的角度分析 MIPS 寄存器个数为 32 个的合理性。提示：主要分析如果寄存器个数多于 32 时，对于指令编码会带来哪些负面影响。

2. 以指令为单位，分析 jal 的被调用函数的入口地址的范围。

3. 结合 C 语言的特点，分析 beq 指令格式中 imm 域的合理性。

4. 把下列 C 代码翻译为汇编代码。假设 $s0 存储着变量 i，可用的寄存器只有 $s0 ~ $s3。

```
do{
    循环体;
while(0 < i && i < 100);
```

5. 用 beq 和 bne 以及与分支无关的指令来完成下面这条语句的功能。提示：要防止溢出。

```
slt $s0,$s1,$s2
```

6. 程序员编写了如下汇编程序来完成 1 000 个字节的复制任务。假设循环开始前，$s0 和 $s1 分别指向源字符串首地址和目的字符串首地址，且两个字符串首地址的最低 2 位均为 0600。

```
LOOP:       lb $t0,0($s0)
            beq $t0,$0,TAIL
            sb $t0,0($s1)
            addi $s0,$s0,1
            addi $s1,$s1,1
            j LOOP
TAIL:
```

（1）计算上述代码执行的指令总数。

（2）最大化优化上述代码。优化代码只能使用本章讲授的指令。优化后代码仍然采用循环结构，且每次循环只能有 1 次复制操作。

（3）计算优化后代码执行的指令总数。

7. 编写一个名为 fib(n) 的递归函数来计算第 n 个斐波那契数。斐波那契数列的计算公式为：$f(n+2) = f(n+1) + f(n)$，$f(1) = f(2) = 1$。

（1）用 MARS 模拟器测试程序是否正确。

（2）如果栈空间容量为 4KB，请估算递归调用次数的极限。

8. 利用 MARS 将本章部分思考题的汇编代码翻译为机器码，并与 MARS 翻译的机器码进行对比。同时，将 MARS 产生的机器码反汇编为代码，与自己编写的汇编代码进行比对。

第 4 章

单周期 CPU

教学课件：单周期 CPU

　　自本章开始，本书将连续 3 章介绍 3 类 CPU 实现方式：单周期、多周期和流水线。由于单周期 CPU 是后两种 CPU 的基础，因此先介绍单周期 CPU。正如本书前言所述，学习 CPU 最好的方法就是设计一个 CPU。

　　因此，本章主要讲授如下内容：如何开发单周期 CPU 所需要的功能部件，如何以功能部件为基础构造数据通路，如何通过分析指令在数据通路中的执行过程推演出控制信号取值并最终构造出控制器，如何将数据通路与控制器合成为完整的 CPU。

　　除了上述内容，本章还对单周期 CPU 执行程序的性能进行了初步分析。这个性能分析结果将是为什么需要多周期 CPU 和流水线 CPU 的动因。

4.1 单周期 CPU 设计模型

虽然在 3.1 节介绍了 CPU 内部基本结构以及 CPU 执行指令的基本原理，但是这些内容尚无法构成一个能够有效指导我们开发 CPU 的模型。需要进一步完善 CPU 内部的基本部件并结合指令的执行分析，总结出一个能够指导开发的 CPU 模型。

4.1.1 MIPS-C0 指令集

在本章中，将用 8 条如下 MIPS 指令来讲述如何实现一个单周期的 CPU。
算术逻辑指令：addu, subu, sltu
存储访问指令：lw, sw
跳转指令：beq
转移指令：jal, jr
虽然仅仅选择了 8 条指令，但已经足够讲述 CPU 的数据通路和控制器设计中的基本原理和设计思路。

> **系统设计详解 4-1　指令选择的考虑**
>
> 也许你会问为什么选择这 8 条指令？答案是这几条指令代表了主要指令类别，并且在执行时分别有各自的特点。
>
> lw 和 sw 是存储访问指令的典型代表，并且从指令格式看，还是 I 型指令的典型代表。
>
> addu 和 subu 是 R 型指令的典型代表。之所以没有选择 add 和 sub，是因为这两条指令都涉及溢出运算，而 C 语言中不涉及溢出运算。此外，从实现角度来说，支持 add 和 sub 要比支持 addu 和 sub 复杂一点。
>
> beq 是分支类指令的典型代表。
>
> jal 指令和 jr 指令用于支持函数。

4.1.2 单周期 CPU 的基本结构

根据前面知识可知，指令与数据均存储在主存中。但为了提高性能，现代 CPU 内部均包含两个特殊存储器[①]，其中一个用于缓存指令，另一个用于缓存数据，存储指

---

① 这类特殊存储器被称为高速缓存（cache）。具体内容请参见第 7 章。

令的称为指令存储器（instruction memory, IM），存储数据的称为数据存储器（data memory, DM）。

在 CPU 中，PC 指向存储在 IM 中当前要执行的那条指令。为了让 CPU 执行不同指令，CPU 内部还必须有一个计算下一条指令的地址的部件，即次地址计算单元（next PC, NPC）。

由于 IM 直接可以输出指令，因此 3.1 节的 CPU 内部结构中的 IR 在本章里暂时不需要了。PC、RF、ALU 等被继续保留。

经过上述分析，可以总结出一个 CPU 内部所需的主要组成部件了。图 4-1 分别给出了第 3 章的 CPU 抽象模型和新的 CPU 抽象模型[①]。注意：除了寄存器堆与 ALU 之间有连接关系[②]，新的抽象模型的连接关系仍是不完整的。

图 4-1（b）中没有包含图 4-1（a）中的控制部分，而只有 PC、IM、RF、ALU 和 DM 等功能部件以及之间的连接关系。把图 4-1(b) 中的要素定义为一个集合，并将其命名为数据通路（data path）。下面将以这个不完整的数据通路模型为基础，通过对指令执行过程的基本分析，逐步梳理出一个较为完整的数据通路模型。

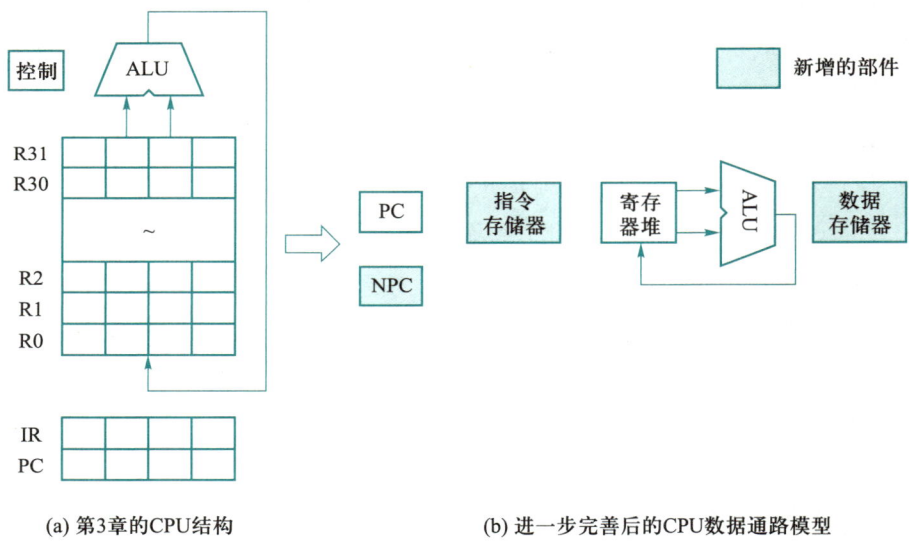

(a) 第3章的CPU结构　　　　　　　(b) 进一步完善后的CPU数据通路模型

图 4-1　单周期 CPU 数据通路模型（尚不完整）

4.1.3　完整的数据通路模型

在构建数据通路模型中，需要关注部件间的基本连接关系，即哪两个部件之间应

---

① 为了便于绘图，本书中按照指令信息从左向右传递的方式构图。
② 连接关系是指在部件之间用于传递信息的通路。

该有信息传递关系。至于信息的位数、来自不同部件的多个输入如何汇聚成一路输入信息等问题,留待以后进一步分析。

由于指令都存放在 IM 中,因此 CPU 执行指令的第 1 步必然是先从 IM 中读出指令。为了完成该步骤,就必须把 PC 保存的值(即指令在 IM 中的地址)传送给 IM。这意味着在 PC 和 IM 之间应该存在一个连接。由于 PC 与 IM 分别是信息的输出者与输入者,因此也可以说 PC 是 IM 的驱动者,即 PC 的输出应连接至 IM 的输入。

从前面关于指令系统的介绍可以知道,大部分指令都是围绕着寄存器进行各种计算的,这说明指令执行的第 2 个步骤是从 RF 中读出参与运算的寄存器值。由于 MIPS 指令格式显式地定义了各个寄存器编号,因此 IM 的输出(即指令)就是 RF 的驱动者。

大部分指令都包含运算,因此 RF 输出的源操作数需要输入 ALU 以参加与运算。ALU 的运算结果视指令种类不同而用途不同。例如,对于 add 等运算类指令而言,运算结果就直接写回到寄存器堆中的目的寄存器;对于 lw 或 sw 等存储访问指令而言,运算结果是 DM 的地址。因此,ALU 既可以驱动 RF,也可以驱动 DM。

对于 lw 等指令来说,从 DM 中读出的数据需要写入 RF,因此 RF 的回写数据还包括从 DM 读出的数据。

对于大部分顺序执行的指令来说,NPC 只需要计算 PC + 4 即可。但是对于分支指令、函数调用指令来说,NPC 需要根据 PC 值和来自指令的立即数才能计算出正确的地址。由此可见,NPC 的输入分别来自 PC 和 IM。同时,PC 的输入则来自 NPC。

以上简要地分析了指令的基本执行过程。通过上述分析,可以构造出相对完整的数据通路了,具体如图 4-2 所示。

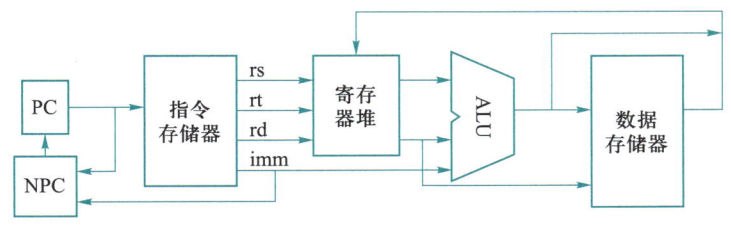

图 4-2 单周期 CPU 数据通路模型

需要说明的是,上述数据通路模型仍然是不完整的。例如,对于 ori,由于 ALU 需要将寄存器值与立即数运算,因此就很容易推论出需要将 ori 指令中的 16 位立即数扩展为 32 位数。不难发现,该数据通路模型不能支持该需求。之所以在本小节没有进行全面分析从而总结出一个非常完善的模型,主要是考虑了如下因素:

(1)如果需要总结出非常完善的模型,则必须穷尽指令才可以。
(2)现阶段只需要有一个相对比较完整的模型能够指导设计即可。
(3)后续讲述的方法中包含了当遇到现有设计不支持的设计需求时所应该遵循的

4.1.4 完整的单周期 CPU 模型

前面已经构造了 CPU 的数据通路部分，下面讨论控制部分。为什么需要控制呢？用一个例子简要分析指令与数据通路的功能部件之间的关系就可以很容易回答这个问题。

在数据通路中，ALU 是负责完成计算的功能部件，它可以完成加、减、乘、除、与、或、非等各种运算。如果 CPU 要执行 add 指令，那么 ALU 就应该完成加运算；如果 CPU 要执行 sub 指令，那么 ALU 就应该完成减运算。显然，CPU 里需要有一个功能部件用于分析指令并根据分析结果决定 ALU 具体执行何种运算，这个功能部件就是控制器（controller）。

控制器的输入来自 IM 的指令。控制器完成指令分析后，即可知道为完成该指令，数据通路各个功能部件应该分别完成何种任务。据此，控制器为相应的功能部件产生正确的控制信号，从而使得各功能部件能够执行相应的功能。在这个过程中，数据通路中的某些功能部件的执行状态还需要反馈给控制器，因此在两者之间还需要传递状态信息。

根据上述分析，将数据通路和控制器合成在一起，就可以构造出如图 4-3 所示的单周期 CPU 基本模型。从这个模型可以看出，数据通路是指令执行的主通道，控制器的作用是对指令进行分析并控制数据通路的各功能部件正确执行。

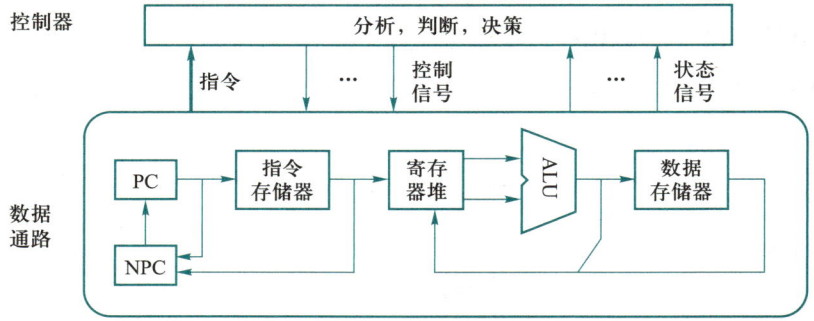

图 4-3　单周期 CPU 模型

至此，单周期 CPU 的基本模型构造完毕。虽然这个模型还有不完善之处，但其目前的基本架构已经可以成为设计开发单周期 CPU 的基础了。

4.2　数据通路基础部件建模

上节在描述基本的 CPU 架构模型时，并未涉及各功能部件的内部具体细节及其外部接口。本节将讨论如何设计与实现主要的功能部件。功能部件开发工作大致包含如下环节[①]。首先定义每个功能部件的功能，其次定义每个功能部件的输入输出信号，然后用 HDL 描述内部实现。考虑到很多读者对底层细节不了解，故本书会给出部分 Verilog 代码或相关提示。

4.2.1 程序计数器

程序计数器（program counter，PC）是 CPU 中最重要但又是最简单的功能部件。说其重要，是因为 PC 保存着指令在主存的地址，程序员可以通过观察 PC 的变化，大致把握程序的基本执行轨迹。说其简单，是因为 PC 本质上就是一个具有置位功能的 32 位寄存器。

为什么 PC 是 32 位宽度？那是因为 MIPS 的地址空间是 32 位的，为了使得 CPU 能够从主存任意一个地址读取指令，所以 PC 就必须是 32 位[②]的。

置位功能又起什么作用呢？这涉及系统上电或复位后，CPU 应该从主存什么地址读取第一条指令的问题。虽然大多数寄存器的内部电路会在上电时，将寄存器所存储的值初始化为 0，但在 MIPS 系统中，第一条指令却并不一定安排在 0x0000_0000 处。置位功能是为了当系统复位信号有效时，寄存器能加载一个特殊的值，从而使得 CPU 从某个特定地址开始执行指令[③]。为了简单起见，这里先假设初始值为 0x0000_0000。

下面分析 PC 的输入输出接口。首先作为寄存器电路，PC 必须有时钟信号。其次，为了复位后从特定地址开始读取指令，PC 还需要有复位信号。为了能够驱动 IM 读取指令，PC 应该有 32 位输出信号。次地址计算单元（NPC）的计算结果要保存在 PC 中，因此 PC 应该有 32 位输入信号。综合以上分析，总结 PC 的功能与接口信号如表 4-1 所示。

表 4-1　PC 的功能与接口信号

功能描述		32 位可复位寄存器 Reset 有效，寄存器置初值 0x0000_0000
信号名	方向	描述
Clk	I	MIPS-C 处理器时钟
Reset	I	复位信号
DI[31:0]	I	32 位输入
DO[31:0]	O	32 位输出

---

① 完整的开发工作肯定还包含其他环节，例如测试。但考虑到本书的定位，其他环节就不予以介绍了。
② 由于 MIPS 指令均为 4 字节，因此地址最低两位在访问 IM 时并没有实际用处。
③ MIPS 的第一条指令的地址随着处理器的工作模式不同而不同。

VerilogHDL 代码 4-1 描述了 PC 的行为建模。

代码 4-1 PC 的行为建模
```verilog
module PC( Clk,Reset,DI,DO);
    input    Clk, Reset;
    input    [31:0]  DI;
    output   [31:0]  DO;
    reg      [31:0]  DO;

    always @(posedge Clk or posedge Reset)
        if Reset
            DO<=32'h0;                       //第 1 条指令地址
        else
            DO<=DI;
endmodule
```

4.2.2 次地址计算单元

次地址计算单元（next PC，NPC）的功能是计算下一条指令的地址。目前假设 CPU 都是顺序取下一条指令，因此 PC 只有计算 PC+4 的功能。由于 NPC 计算出来的地址会保存在 PC 中，因此 NPC 就不需要具有存储数据的功能了。NPC 的功能与接口信号如表 4-2 所示。

表 4-2 NPC 的功能与接口信号

功能描述	执行 +4 运算	
信号名	方向	描述
PC[31:0]	I	32 位输入
NPC[31:0]	O	32 位输出

NPC 的行为建模样例代码见 VerilogHDL 代码 4-2。

代码 4-2 NPC 的行为建模
```verilog
module NPC(PC,NPC);
    input    [31:0]  PC;
    output   [31:0]  NPC;

    assign NPC = PC + 4;
endmodule
```

4.2.3 指令存储器

虽然第 2 章对存储器做了一些介绍，但内容相对薄弱尚不足以用来指导设计并构造指令存储器（instruction memory，IM）。为此在构造指令存储器前，需进一步补充一些相关基本知识。

1. 存储器基本概念

图 4-4 示意了一个存储器的内部结构图和外视图。存储器的地址线 (address bus，简记为 A) 来定位存储单元，数据线 (data bus，简记为 D) 用来读出或写入存储单元数据。图 4-4 中存储器地址线宽度为 20 位，因此共有 1M(2^{20}) 个存储单元。存储单元宽度是 16 位，即 2 字节，因此容量是 2MB(2B/ 单元 ×1M 单元)。注意，由于不同存储器的存储单元宽度及数量不同，计算出的存储器容量有可能是相同的。

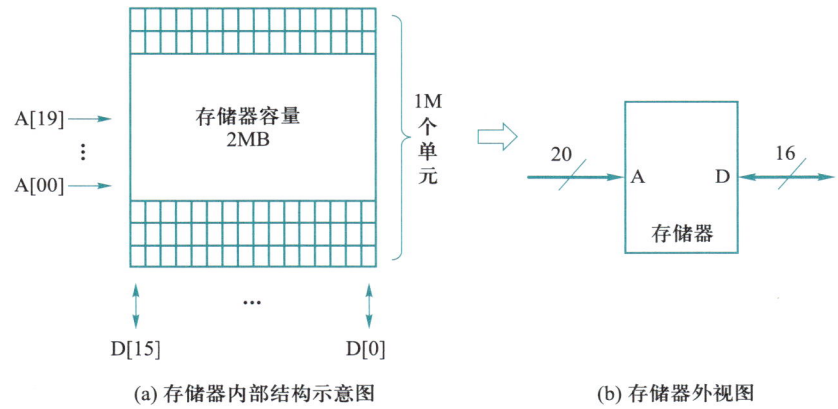

(a) 存储器内部结构示意图　　(b) 存储器外视图

图 4-4　一个 2MB 存储器的抽象视图

对于一个存储器来说，其内部存储单元的地址总是从全 0 开始编码。假设一个存储器的地址线位数为 N，那么其内部存储单元的地址范围是 $0 \sim 2^N-1$。例如，图 4-4 中存储器的地址范围是 0x0_0000 至 0xF_FFFF。假设地址分别为 0x0_0000 与 0x0_0004，则意味着要访问的分别为第 0 个存储单元和第 4 个存储单元。

> **系统设计详解 4-2　存储器相关的术语、短语或缩略语**
> 下列术语、短语或缩略语通常具有相同的含义。
> - 地址线、地址信号、地址总线
> - 数据线、数据信号、数据总线
> - 地址宽度、地址位数、地址线位数
> - 数据宽度、数据位数、存储单元宽度、存储宽度

- 线宽、位数、宽度
- 地址范围、地址空间

2. 存储器控制信号

如果一个存储器能够同时支持读出与写入功能，则除了地址和数据外，还需要配置写使能信号 (write enable, WE)。只有当 WE 信号有效[①]时，数据才能被写入存储器。WE 信号无效，则视为读存储器操作。

若一个存储器的数据线超过 8 位，则可以同时读写多个字节。为了提高使用的灵活性和适用面，大多数存储器设计师会考虑为每 8 位数据线设置 1 个 1 位的写使能信号 (byte enable, BE)。只有 WE 有效且 BE 也有效，BE 对应的 8 位数据才能被写入相应的存储单元。例如对于数据宽度为 32 位的存储器，需要 4 位 BE 信号，其中 BE[3] 对应最高 8 位，BE[0] 对应最低 8 位。

由于现代 CPU 时钟频率很高，存储器的读写延迟就显得过大了。工程师采用了大量的办法来改善存储器的性能，其中一项技术就是将存储器的工作模式从异步模式变为同步模式。同步存储器的一个关键性特征是各种信号必须与时钟同步。为了写入数据，地址信号、数据信号、WE、BE 都必须在时钟沿到来之前有效。

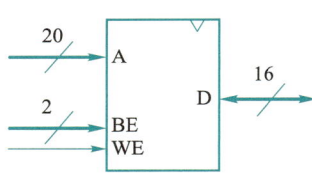

图 4-5 增加了 WE、BE 和时钟的存储器外视图

图 4-5 是在图 4-4 基础上增加两位字节写使能、写使能信号和时钟信号。时钟信号在本书中都用如图 4-5 中方框右上的小三角（如 △ 或 ▽）表示。

图 4-6 描述了如图 4-5 存储器的读写时序。图中灰色表示在这个时刻信号可以是任意值。第 1 个时钟上升沿后，某个要读写存储器的部件 (通常是 CPU) 为了将数据 0xABCD 写入 0x0_0004 单元，使得 WE 为 1 并且 BE 为 0b11(表明高低两个字节都要写入)。数据在第 2 个时钟上升沿后被写入存储单元。CPU 完成写入操作后，立刻使 WE 无效，这时存储器处于读出状态。之前写入 0x0_0004 单元的数据经过存储内部延迟后输出。在第 3 个上升沿后，存储器仍然处于读出状态。因为之前没有对 0x0_0000 单元的写入，所以 0x0_0000 单元输出的数据用灰色表示。第 4 个上升沿后，CPU 再次对 0x0_0004 单元写入数据 0x1234。虽然 16 位数据均有效，但此时 BE[1:0] 为 0b10，因此存储器只将高字节 0x12 写入而低字节 0x34 不会被写入。于是在第 5 个时钟上升

[①] 在本书中，为了统一描述起见，有效均用逻辑 1 表示。在真实存储器中，WE 信号的有效可以为逻辑 1，也可以为逻辑 0，这取决于存储器芯片厂商的具体设计。很多存储器手册在编写时，对于低电平有效的信号，通常会在信号名前面或后面增加特殊字符，例如 /WE，WE#，WE*。

沿后，0x0_0004 单元读出的数据为 0x12CD。注意：为了容易理解存储器的读写时序，上面的时序是经过了大量简化的。实际的存储器芯片的工作时序会比本书给出的时序复杂得多。

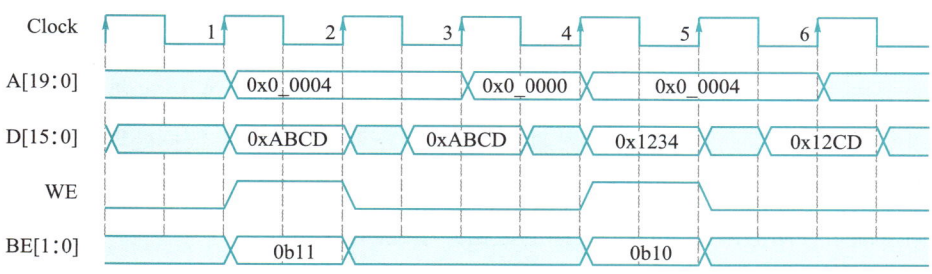

图 4-6　存储器访问时序

3. 多端口存储器

存储器端口指的是一个存储器具有的数据通道的个数。图 4-7 (a) 是单端口存储器，也是最常见的存储器类型。单端口存储器同一时刻只能满足一个读或写请求，性能相对低。单端口存储器还有一个缺点，就是它以及与它连接的另外一个部件（例如 CPU）都有可能驱动数据总线：在写入操作时，CPU 驱动数据总线；而在读出操作时，存储器驱动数据总线。由于存在 CPU 与存储器同时驱动数据总线的可能，为了避免冲突，CPU 在完成写入操作后会空闲 1 个时钟周期再启动读操作，这个空闲周期增加了存储器读写延迟，降低了存储器读写带宽。

共享地址的单向双端口存储器如图 4-7(b) 所示，它克服了前述两个部件同时驱动数据总线的弊端。但是，单向双端口存储器只有 1 个地址，因此同样无法满足同时读写存储器的需求。为了解决该问题，地址分离型单向双端口存储器做了进一步改进，使

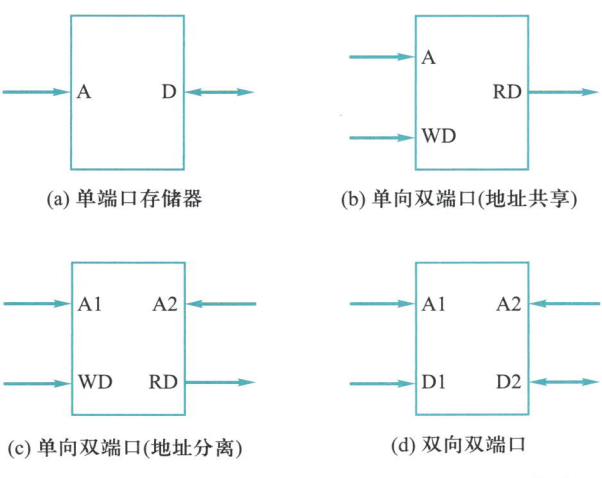

图 4-7　多端口存储器

得存储器能同时满足读写两个请求，如图 4-7（c）所示。双向双端口存储器向前再发展了一步，两个端口完全对称，可以同时满足两个端口的任意读写请求，如图 4-7（d）所示。

从单端口到双向双端口，存储器的功能越来越强大，内部结构越复杂，成本大幅度上升。单端口存储器由于成本最低，因此是应用最为普遍的存储器。当前市场上销售的主流存储器，如 DDR 系列 SDRAM，均是单端口存储器。单向双端口存储器应用相对要窄一些。双向双端口存储器通常会被应用于两个同时具有数据处理能力的部件之间的协同。例如在很多嵌入式系统中，如果需要两个以上的 CPU 协同计算，则可采用双向双端口存储器来实现 CPU 之间的数据共享或同步机制。

4. 指令存储器

在本书的模型机中，指令和数据是独立存储且指令是不会被修改的。这意味着指令存储器只需要具有读出功能就足够了，因此选择图 4-7 中的单端口存储器作为指令存储器。指令存储器的外部视图如图 4-8 所示，双向数据信号改为单向数据信号，并且用 RD(read data) 明确表示该信号的用途是读出数据。

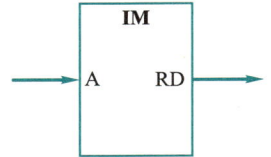

图 4-8 IM 抽象视图

考虑到 MIPS 指令都是 32 位的，因此 RD 也应该是 32 位。地址线的位数取决于设计师希望指令存储器能存储的指令条数。目前不妨假设为 X 位。如果把指令存储器看成是一个数组，那么指令存储器的功能非常简单，就是用地址线的值作为内部阵列的下标，读出相应的存储单元。指令存储器的功能及接口定义见表 4-3。

表 4-3 IM 的功能及接口定义

功能描述		根据输入地址，输出数据
信号名	方向	描述
A[X-1:0]	I	32 位输入
D[31:0]	O	32 位输出

在实际存储器设计中，其内部结构非常复杂，且设计过程与微电子工艺结合极其紧密。对于学习计算机的基本原理来说，完成简单的建模 IM 即可。VerilogHDL 代码 4-3 展示了一个具有 1 024 个字宽为 32 位的指令存储器。

代码 4-3 IM 的行为建模
```
module IM(A,D);
    input     [9:0]    A;
    output    [31:0]   D;
```

4.2 数据通路基础部件建模

```
    reg         [31:0]  mem[1023:0];

    assign D=mem[A];
endmodule
```

4.2.4 寄存器堆

寄存器堆（register file，RF）内部核心是 32 个寄存器。在 MIPS 指令系统中，运算都是围绕寄存器进行的。两者的差别仅仅在于某些指令的两个操作数全部来源于寄存器，某些指令则 1 个操作数来自寄存器，另 1 个操作数可能来自立即数。下面以运算类指令中最具代表的 add 为案例，分析并总结寄存器堆的设计需求。

add 需要读取 rs 和 rt 两个寄存器，为了提高性能，寄存器堆最好能够同时输出两个寄存器值。这两个 32 位数据输出分别被命名为 RD1 和 RD2。能否同时读取两个寄存器，还取决于能否同时将两个要读取的寄存器编号传输给寄存器堆。回顾 R 型指令的编码格式，不难发现 rs 和 rt 的编号（甚至包括 rd 的编号）是被同时显式定义在指令编码中。因此只要 add 被取入 CPU，CPU 就能同时得到这两个寄存器编号，也就具备可以从寄存器堆同时读取两个寄存器值的可行性了。对于 add 来说，ALU 计算的加法结果要写入寄存器堆，要求寄存器堆有一个 32 位输入 WD3。

为了读取两个寄存器和写回 ALU 结果至目的寄存器，寄存器堆需要用 3 个寄存器编号输入信号。现在把与读取有关的两个寄存器编号命名为 A1 和 A2，把与写回有关的寄存器编号命名为 A3。由于 MIPS 的寄存器个数是 32 个，故 A1、A2 和 A3 的信号宽度均为 5 位。通过以上分析，基本总结出了寄存器堆的功能需求。寄存器堆接口定义如表 4-4 所示。但有个问题被忽略了，即并非所有指令都要写寄存器堆，例如 beq、j 等。为此，寄存器堆需要写入使能信号 Wr，即只有当 Wr 有效时，WD3 才能写入 A3 指示的寄存器。寄存器堆的功能描述如表 4-5 所示，寄存器堆外视图如图 4-9 所示。

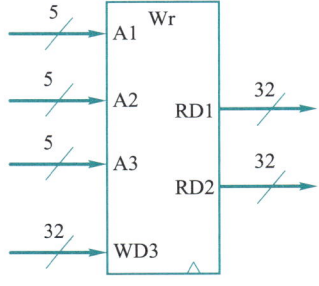

图 4-9 寄存器堆外视图

表 4-4 寄存器堆接口定义

信号名称	方向	功能
A1[4:0]	输入	第 1 个读出寄存器的编号
A2[4:0]	输入	第 2 个读出寄存器的编号
A3[4:0]	输入	回写寄存器的编号
RD1[31:0]	输出	第 1 个寄存器编号读出的寄存器值

续表

信号名称	方向	功能
RD2[31:0]	输出	第 2 个寄存器编号读出的寄存器值
WD3[31:0]	输入	回写寄存器的值
Wr	输入	写入使能 Wr=1：WD3 输入数据在 CLK 上升沿写入 A3 号寄存器 Wr=0：写入无效
CLK	输入	时钟

表 4-5 寄存器堆的功能描述

功能	描述
读出寄存器	A1 和 A2 对应的 32 位寄存器值分别通过 RD1 和 RD2 输出
写入寄存器	当 Wr 有效时，WD3 输入写入 A3 寄存器

图 4-10 给出了 RF 的一种设计方案。该方案的中间是 31 个具有写使能的 32 位寄存器[①]。在寄存器的左侧是写入逻辑。WD 与每个寄存器的 32 位输入端相连接。5 位 A3 通过 5-32 译码器 (也称为 DEMUX，demultiplexer) 产生 31 个译码信号，然后再分别与 Wr 做 AND 操作从而产生每个寄存器的写使能信号。在寄存器的右侧是输出逻辑，其核心是两个 32 位的 32 选 1 的 MUX(multiplexer，多路选择器)。这两个 MUX 分别受 A1 和 A2 控制。为了输出 0 号寄存器，两个 MUX 的 0 号输入端均直接接地。

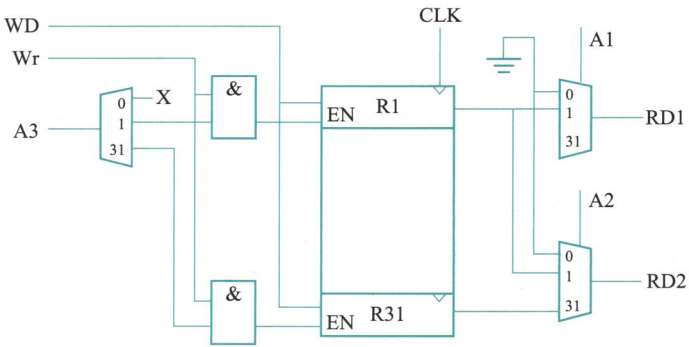

图 4-10 寄存器堆内部结构

代码 4-4 实际只定义了 31 个寄存器。在 assign 语句中，当 A1 或 A2 为 0 时，要读取的寄存器为 0 号寄存器，直接输出全 0，否则输出对应寄存器值。

---

① 由于 0 号寄存器恒定为 0 值，因此没有必要再为 0 号寄存器设置相应的寄存器了。

代码 4-4 RF 的行为建模

```
module RF( A1,A2,A3,RD1,RD2,WD,Wr,Clk);
    input       [4:0]       A1,A2,A3;
    output      [31:0]      RD1,RD2;
    input       [31:0]      WD;
    input                   Wr;
    input                   Clk;

    reg         [31:0]      rf[31:1];       // 31 registers

    always @(posedge Clk)
        if(Wr)
            rf[A3]<=WD;

    assign      RD1=(A1==0)?32'b0:rf[A1];
    assign      RD2=(A2==0)?32'b0:rf[A2];

endmodule
```

4.2.5 数据存储器

在 MIPS 指令系统中，只有读存储器类指令和写存储器类指令需要读写数据存储器 (data memory, DM)。在单周期 CPU 中，一个时钟周期内只能执行一条指令，因此不存在两条存储类指令同时读写数据存储器的可能。为了便于设计，选择图 4-7(b) 所示的地址共享型单向双端口存储器来实现数据存储器。

与寄存器堆类似，为了防止误写，数据存储器同样需要写能信号 Wr。无论是读存储器还是写存储器，数据都是 32 位的，因此数据存储器的输出数据端口 RD(read data) 与写入数据端口 WD(write data) 均为 32 位。对于地址来说，这里假设其位数为 Y。为了提高写入的性能，数据存储器采用了前述的同步模式。图 4-11 是数据存储器的外视图。

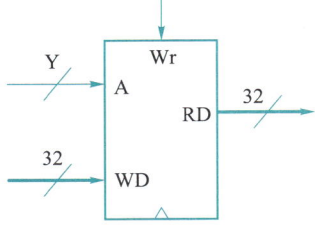

图 4-11 数据存储器外视图

数据存储器的读出功能与指令存储器的读出功能完全相同，即读出数据 RD 直接输出地址 A 所指示的存储器单元。为了能够正确写入存储器，地址 A、写入数据 WD 以及 Wr 信号必须同时在时钟上升沿前保持有效。表 4-6 描述了数据存储器的基本功能及接口信号定义。读者可以参考指令存储器和寄存器堆的设计，自行设计数据存储器的 Verilog 代码。

表 4-6 数据存储器的功能及接口定义

功能描述	读出存储器	RD 输出 A 存储单元数据
	写入存储器	当 Wr 有效时，WD 输入数据在 CLK 上升沿时写入 A 存储单元
信号名	方向	信号描述
A[Y-1:0]	I	地址输入
RD[31:0]	O	读出数据
WD[31:0]	I	写入数据
Wr	输入	写入使能 Wr=1：WD 输入数据在 CLK 上升沿写入 A 地址单元 Wr=0：写入无效
CLK	输入	时钟

4.2.6 算术逻辑单元

算术逻辑单元（arithmetic and logic unit，ALU）是本章详细介绍的最后一个复杂功能部件。ALU 是 CPU 中主要完成计算的功能部件，如加、减、与、或等。不仅如 add、sub、or 等指令的计算需求由 ALU 完成，而且如 lw、sw 等指令的主存地址计算也由 ALU 完成。

从建模的角度出发，ALU 是一个非常好的建模案例。首先，其内部包含了较多的模块。其次，ALU 通过围绕加法器实现了多种计算，会用到 MUX 来实现多路数据的选择。此外，由于 ALU 具有多种功能，必然对外提供控制信号以选择执行何种功能，而内部也就必须涉及对控制信号的译码等。总的来说，ALU 是一个较为复杂的功能部件，无论是从设计思路、电路结构以及控制方法等方面，都值得详细研究。

在构造 ALU 之前，先归纳下 MIPS-C0 指令集的计算需求。MIPS-C0 指令集为 {addu, subu, beq, sltu, lw, sw, jal, jr}。由于 jal 和 jr 不涉及计算，因此 MIPS-C0 指令集的计算需求归纳如表 4-7 所示。为了支持 MIPS-C0 指令集，ALU 总共需要实现加法、减法、符号数小于比较、符号数相等比较共计 4 种运算。

表 4-7 MIPS-C0 指令集的 ALU 计算需求

MIPS-C0 指令	addu	subu	beq	sltu	lw	sw
计算需求	加法	减法	相等比较	无符号 小于比较	加法	加法

在后续内容中，将首先逐一介绍这些计算所对应的硬件实现方法，然后再将这些硬件实现集成在一起构成完整的 ALU。

1. 加法运算

本小节先讲述加法有 3 个原因。首先，加法是程序中出现频度最高的运算之一。其次，减法、比较等运算可以借助加法来实现，从而降低硬件的整体复杂度。最后，在真实系统设计中，设计师往往需要在多个设计要素之间做取舍。加法是展示性能与复杂度关系的经典案例。下面先介绍如何通过 1 位加法器实现性能低但资源少的串行加法器，然后再介绍性能高但资源多的并行进位加法器。

（1）1 位全加器

1 位全加器至少应该包含两个 1 位输入信号 A 和 B、1 位的本位和 S，以及 1 位进位输出 C_{out}。如果考虑用 1 位全加器来构造多位加法器，那么 1 位全加器还应该包含 1 位的低位进位输入 C_{in}。表 4-8 用真值表方式刻画了 1 位全加器的功能。

表 4-8　1 位全加器真值表

C_{in}	A	B	C_{out}	S
0	0	0	0	0
0	0	1	0	1
0	1	0	0	1
0	1	1	1	0
1	0	0	0	1
1	0	1	1	0
1	1	0	1	0
1	1	1	1	1

根据离散数学中真值表推导布尔表达式的知识，可以得到 C_{out} 和 S 的表达式为：

$$S = \overline{A}\,\overline{B}C_{in} + \overline{A}B\overline{C_{in}} + A\overline{B}\,\overline{C_{in}} + ABC_{in}$$

$$C_{out} = \overline{A}BC_{in} + A\overline{B}C_{in} + AB\overline{C_{in}} + ABC_{in} = AB + (A + B)\,C_{in}$$

1 位全加器外视图如图 4-12 所示。

（2）串行进位加法器

将 N 个 1 位全加器串接起来，就构成了 N 位加法器。由于各位进位计算是串行完成的，因此这种加法器被称为串行加法器。图 4-13（a）、（b）分别是 N 位串行进位加法器的电路结构及其外视图。在 N 位加法器的实际应用中，要注意应该按照图 4-13（c）的方式令其 C_{in} 为 0，即将 C_{in} 接地。

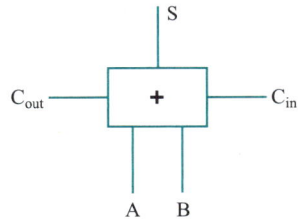

图 4-12　1 位全加器外视图

在 N 位串行进位加法器内部，进位是逐级传递的，只有进位信号从最低位传递至最高位后，最高位加法器才能完成本位加法计算。加法器内部的进位传递与水波的扩散传播现象相似，故这种串行进行加法器也被称为行波进位加法器(carry ripple adder)。

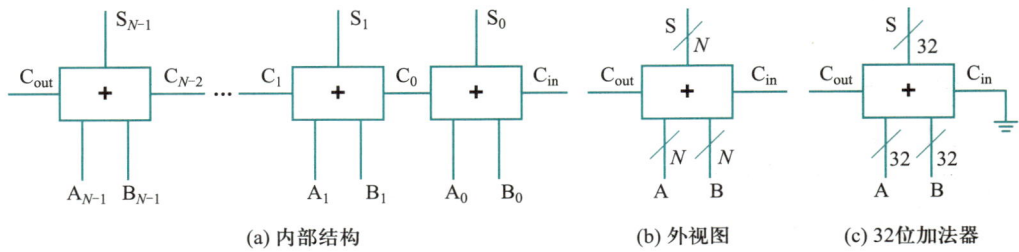

图 4-13　N 位串行进位加法器

由于内部结构的原因，串行进位加法器的最大延迟取决于最高进位 C_{out} 的延迟。下面简要分析 C_{out} 的门延迟。为了简化计算，假设所有的两输入门以及非门的延迟均为 T，并且忽略门与门之间的连线延迟。

根据 1 位全加器的 C_{out} 表达式可以推断如下：第 1 级门电路能并行完成 AB 运算和 A＋B 运算；第 2 级只能完成 A＋B 的结果与 C_{in} 的 AND 运算。C_{out} 最终在第 3 级完成计算。由此可知 C_{out} 的计算延迟是 3 级门延迟，即 3T。对于 N 位加法器，完成全部进位计算需要的延迟 T_{carry} 计算如下：

$$T_{carry} = 3N\,T$$

同理可以分析出 1 位全加器的 S 的延迟为 4T。

对于 N 位串行进位加法器来说，不难推导出其最高 C_{out} 位的延迟 T_{carry} 为 $3N\,T$，最高 S 位的延迟 T_S 为 $(3N+1)T$，故 N 位串行进位加法器的延迟为 $(3N+1)T$。

串行进位加法器的优点和缺点均为突出，优点是在所有加法器中结构最简单，缺点是因各级进位串行传播导致性能最低。提高加法器性能的关键方法之一就是破解各级进位之间的依赖关系。

（3）并行进位加法器

根据前述的串行进位计算表达式可知，若想缩短进位计算的延迟，则必须让本级进位计算与前级进位输出无关。下面以 4 位并行进位计算为例，介绍并行进位的基本思路。将 C_0 表达式带入 C_1 表达式后，可以得到 C_0 和 C_1 表达式如下：

$C_0 = A_0B_0 + (A_0 + B_0)C_{in}$

$C_1 = A_1B_1 + (A_1 + B_1)C_0 = A_1B_1 + (A_1 + B_1)A_0B_0 + (A_1 + B_1)(A_0 + B_0)C_{in}$

类似的可以得到 C_2 和 C_3 变形后的表达式如下：

$C_2 = A_2B_2 + (A_2 + B_2)A_1B_1 + (A_2 + B_2)(A_1 + B_1)A_0B_0 + (A_2 + B_2)(A_1 + B_1)(A_0 + B_0)\,C_{in}$

$C_3 = A_3B_3 + (A_3 + B_3)A_2B_2 + (A_3 + B_3)(A_2 + B_2)A_1B_1 + (A_3 + B_3)(A_2 + B_2)(A_1 + B_1)A_0B_0$
$\quad + (A_3 + B_3)(A_2 + B_2)(A_1 + B_1)(A_0 + B_0)\,C_{in}$

以上表达式有些长，读者不容易快速理解其物理含义，因此常用一种更简洁的方

4.2 数据通路基础部件建模

式表示。令 $P_i = A_i + B_i$，令 $G_i = A_iB_i$，则 $C_0 \sim C_4$ 变形为：

$C_0 = G_0 + P_0C_{in}$

$C_1 = G_1 + P_1G_0 + P_1P_0C_{in}$

$C_2 = G_2 + P_2G_1 + P_2P_1G_0 + P_2P_1P_0C_{in}$

$C_3 = G_3 + P_3G_2 + P_3P_2G_1 + P_3P_2P_1G_0 + P_3P_2P_1P_0C_{in}$

P_i 被称为进位传递函数，其物理含义为：本级的两个输入中只要有一个为 1，如果低位有进位输入则本级产生进位输出。G_i 被称为进位产生函数，其物理含义为：只要本级两个输入均为 1，则无论低位是否有进位输入，本级均产生进位输出。

如果最低位的进位只能是 0，应该令 C_{in} 为 0，从而把上述各 C_i 表达式的最后一项均优化掉。如果这个加法器仅仅支持加法，那么这一优化措施值得称赞。但为什么要保留呢？那是因为同一个加法器需要同时支持加法和减法。

从上述表达式可以看出，各级进位计算与前级进位无关，故该计算方法被称为并行进位或先行进位。下面以 4 位先行进位加法器为例分析先行进位的计算延迟。C_3 最为复杂，这使得它的计算延迟一定是各进位中最大的，故只分析 C_3 的电路延迟即可。其中第 1 层和第 2 层电路分析过程如下（整个分析过程中的延迟与前面保持一致）：

（1）第 1 层门电路：这一层可以部署 4 个或门和 4 个与门，能够在一个 T 内完成 $P_0 \sim P_3$ 以及 $G_0 \sim G_3$ 运算。C_{in} 只能继续传递到第 2 层。

（2）第 2 层门电路：可以用 4 个与门同时计算 P_3G_2、P_3P_2、P_1G_0、P_1P_0，而 G_3、G_1 和 C_{in} 只能继续传递到第 3 层。

按照上述方法继续推演，可以得到如表 4-9 所示的 完整电路计算路径。由此可知，完成 C_3 计算需要 6 级门延迟，即 C_3 的计算延迟为 6T。

表 4-9 C_3 延迟电路层数分析

第 1 层	G_3	G_2	G_1	G_0	P_3	P_2	P_1	P_0	C_{in}
第 2 层	G_3	P_3G_2	G_1		P_3P_2		P_1G_0	P_1P_0	C_{in}
第 3 层	$G_3 + P_3G_2$		$P_3P_2G_1$		$P_3P_2P_1G_0$		$P_3P_2P_1P_0$		C_{in}
第 4 层	$G_3 + P_3G_2 + P_3P_2G_1$				$P_3P_2P_1G_0$		$P_3P_2P_1P_0C_{in}$		
第 5 层	$G_3 + P_3G_2 + P_3P_2G_1$				$P_3P_2P_1G_0 + P_3P_2P_1P_0C_{in}$				
第 6 层	$G_3 + P_3G_2 + P_3P_2G_1 + P_3P_2P_1G_0 + P_3P_2P_1P_0C_{in}$								

相对于行波进位 C_3 计算延迟为 12T，显然先行进位加法器具有更好的性能优势，并且随着位数的增长，先行进位的低延迟优势将进一步增加。有兴趣的读者可以尝试总结 C_n 的门延迟计算公式。

先行进位设计通过堆积了更多的门电路来提升性能，是典型的空间换时间的案例。虽然现代芯片技术已经发展到单芯片能够集成数以亿计门电路的水平，但无论如何，通过学习这个例子可以从性能与资源的冲突关系去体会什么是系统设计的平衡性。

在用 Verilog 建模加法器时，可以采用结构建模方式，从 1 位加法器开始，然后通过实例化方式构造多位加法器。当然，也可以考虑选择行为建模方式。由于加法是最常见的运算之一，因此 Verilog 内置了"+"运算符。此外，现代 EDA 工具均内置了加法的多种优化算法，既可以满足性能低资源少的设计需求，也可以满足性能高资源多的设计需求。显然，直接调用"+"运算符可以极大降低开发复杂度。代码 4-5 利用 Verilog 内置的"+"运算符快速建模了一个可变位数的加法器。

结构建模使人们更清楚底层电路的具体构成，行为建模则会显著降低开发复杂度并提高代码的可读性。在实际电路开发中，这两种方式均会被采用。

代码 4-5 Adder 的行为建模

```
module adder #(parameter N=8) (a,b,cin,s,cout);
    input       [N-1:0]     a,b;
    input                   cin;
    output      [N-1:0]     s;
    output                  cout;

    assign      {cout,s} = a+b+cin;

endmodule
```

2. 减法运算

如果需要计算 Y = A − B，可以将其等价转换为 Y = A + (−B)。根据前面章节介绍的二进制补码编码体系中正数与负数的变换方法可知，一个数的负数的转换方式为：

$$-B = \overline{B} + 1$$

因此：

$$Y = A - B = A + \overline{B} + 1$$

从上式可以看出，只需要将加法器的 B 输入取反，并且令 C_{in} 为 1，那么就可以用加法器完成减法计算了。图 4-14 给出了减法的电路结构。

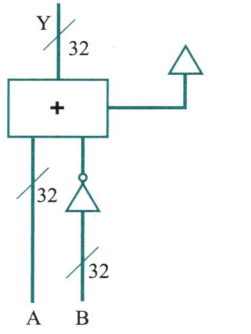

图 4-14 减法的电路结构

3. 比较运算

（1）相等比较

beq 的操作之一是判断 A 与 B 是否相等。从数学上可知，判断 A 与 B 是否相等，可以转换为判断 A-B 的结果是否为 0。完成上述功能的电路包含两部分：首先是利用减法电路来计算 A-B，然后判断减法结果是否为 0。判断一个数据是否为 0 的方法很简单，即：将所有位做 OR 运算，若结果为 0 则表明该数据为 0，否则不为 0。图 4-15 描述了相应的电路实现。

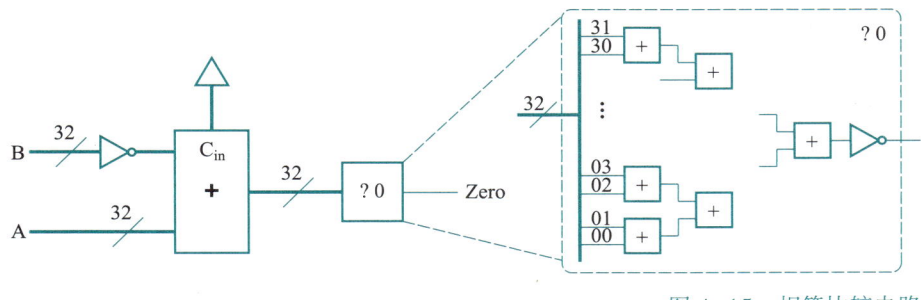

图 4-15　相等比较电路

图 4-15 的判零电路内部是逐层减半的或门阵列，总计利用 31 个或门完成是否为 0 的比较。电路中的反相器的用途是使得电路输出为正逻辑，即当 32 位输入为全 0 时，判零电路输出为 1。

上述思路的好处是以重用减法电路为基础，然后仅增加判断计算结果是否为 0 的电路即可。除了以减法为核心的思路，读者可以自行设计以 XOR 运算为核心实现相等比较运算。

（2）符号数的小于比较

为了支持 slt，需要用电路实现判断 A 是否小于 B（或者表达为：A<B 是否为真）。与前述思路类似，判断 A<B 是否为真也可以借助加法运算来完成。为此，首先计算 A-B，然后根据 A-B 结果的符号位（即最高位）作为判断依据：

① 符号位为 1：结果为负，则 A-B<0 成立，意味着 A 小于 B。

② 符号位为 0：结果非负（大于或等于 0），则 A-B<0 不成立，意味着 A 不小于 B。

图 4-16 是借助加法器实现的两个 N 位有符号数的比较电路，其中将和的最高位引出作为结果的判定依据。当 A 小于 B 时，计算结果的符号位为 1，故 CMP 也为 1。

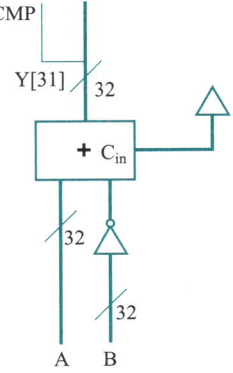

图 4-16　两个符号数小于比较的电路实现

（3）无符合数的小于比较

例 4-1　图 4-16 电路能正确比较两个 32 位符号数的大小。请问该电路能正确比较两个 32 位无符号数的大小吗？

解 假设 A 和 B 输入分别是 32 位无符号的 0x0000_0001 和 0x1000_0000。上述电路计算输出为 0x0000_0000，即 CMP 为 0。计算结果表明 A 不小于 B，但这显然与事实是不符的。结论：上述电路不能正确比较无符号数的大小。

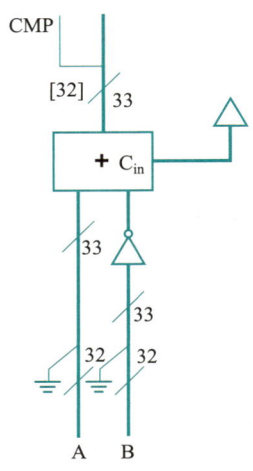

图 4-17 无符号数小于比较的电路实现

问题出在哪里？前述电路正确工作的前提是两个操作数必须是二进制补码。但对于上例中输入的 0x1000_0000，其最高位被电路当做符号位对待，从而导致一个正数却被电路"理解"为负数。由于补码需要占用最高位，故当上述电路用于无符号数比较时，加法器的位数就少了 1 位。解决方法是将 32 位加法器扩大至 33 位！当 A 和 B 为 32 位无符号数时，需要通过接地的方式来设置其符号位为 0，即无符号扩展 1 位。图 4-17 所示给出了修正后的无符号数小于比较电路。

4. 构造 ALU

虽然有了各种计算方法的基础，但不能马上开始设计 ALU，原因在于这些计算方法都是以加法器为核心。ALU 一次只服务一条指令的计算需求，而好的 ALU 设计应该是其内部只有一个加法器，而不是为每个计算都配置一个加法器。

这个设计思路会产生新的问题：由于只有 1 个加法器，而不同指令要求加法器的具体功能和要计算的数据又是不同的，因此就必须考虑下面几个与加法器相关的设计环节。

① 进位输入：对于加法计算和减法计算，加法器的进位输入分别应为 0 或 1。

② 扩展方式：虽然 ALU 输入的是两个 32 位数据，但其内部的加法器却应该是 33 位的。从 32 位的 ALU 输入数据转换为 33 位的加法器输入数据，涉及无符号扩展，还是符号扩展的选择。例如，addu 需要符号扩展，而 sltu 则需要无符号扩展。

③ B 端输入：如果是加法，B 端输入的是 33 位扩展数；但如果是减法，则应该是 33 位扩展数的取反值。

为了支持上述功能，就必须在加法器周边配置一些辅助电路。那么如何设计这些辅助电路呢？

首先以 addu 和 beq 为例，分析并总结加法器相关的全部功能。对于 addu，需要执行加法功能，因此进位输入必须为 0；由于加法执行的是二进制补码运算，因此 A 端和 B 端就只能是符号扩展的 33 位扩展数。再如 beq，它通过减法完成比较，因此进位输入就必须是 1。对于 sltu，由于比较的是无符号数，因此必须通过无符号扩展方式来将其转换为符号位为 0 的二进制补码。此外，由于执行减法，因此 B 端就必须是 33 位符号扩展数的取反值。通过类似的方式，可以得出 MIPS-C0 的全部分析结果，如表 4-10 所示。

4.2 数据通路基础部件建模

表 4-10 MIPS-C0 指令集对应的 ALU 加法器功能分析

MIPS-C0 指令		addu	subu	beq	sltu	lw	sw
	计算需求	加法	减法	相等比较	无符号小于比较	加法	加法
功能分析	加法器 B 端选择	原	反相	反相	反相	原	原
	加法器进位	0	1	1	1	0	0
	扩展方式	符号扩展	符号扩展	×	无符号扩展	符号扩展	符号扩展

根据上述分析，下面介绍如何采用结构建模方法来逐步构造出 ALU。

(1) 扩展电路

根据上述分析可以看出，加法器的 A 端和 B 端均需要设计从 32 位转换为 33 位的扩展电路。对于无符号扩展（也被称为零扩展）和符号扩展而言，其扩展的最高位应该分为 0 或原输入的最高位。由于扩展电路既能支持符号扩展，又能支持无符号扩展，因此必须部署一个 MUX。图 4-18 给出了扩展电路的具体设计。至于 MUX 的两个端口与两个扩展值的连接关系，完全取决于设计者的选择。在本设计中，MUX 的控制信号 SExt[①] 取值为 0 或 1 时，扩展功能输出的分别是符号扩展值或无符号扩展值。

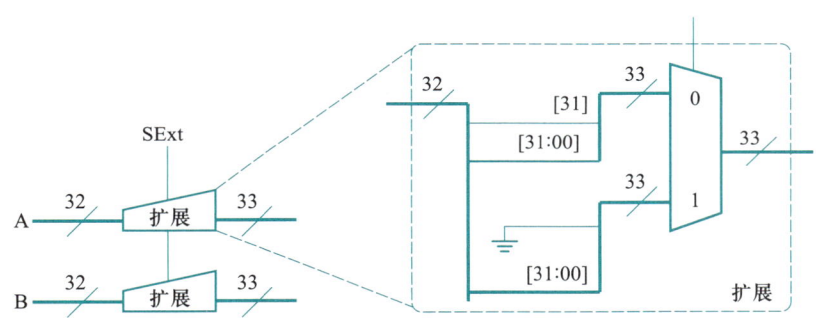

图 4-18 ALU 的输入扩展

(2) 加法器的输入电路

加法器的直接输入有 3 个：A、B 和 C_{in}。无论执行加法还是减法，A 输入不需要任何变化，故直接将 ALU 的 A 输入扩展结果连接至加法器的 A 端即可。

对于加法器的 B 端来说，如果执行加法，则需要与 ALU 的 B 输入扩展结果连接。但如果执行减法，则需要将扩展结果的取反值与 B 端相连。为此，在加法器的 B 输入前端必须配置一个 2 选 1 的 33 位 MUX(该 MUX 命名为 M1，其选择控制信号命名为 M1Sel)。与前面扩展电路的 MUX 端口连接类似，MUX 的两个输入端口连接关系取决

---

① SExt 取名源于 signed EXTend。

于设计者。在本方案中,M1 的 0 输入端接 B 信号,1 输入端接 B 取反信号。

由于加法器既可能执行加法也可能执行减法,因此 C_{in} 必须是能够根据需要被灵活设置的。为此,今后需要通过设置 C_{in} 信号的取值来实现这个灵活设置的需求。图 4-19 描述了推演至此的电路结构。

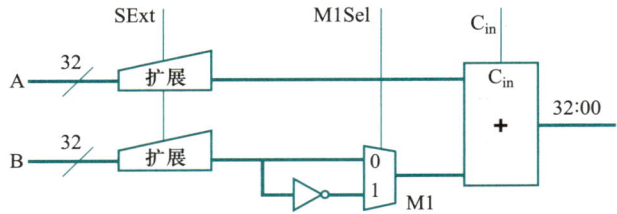

图 4-19 加法器的输入端电路结构

(3) ALU 输出信号的电路结构

现在分析 ALU 的 C 输出。对于 addu、subu、lw、sw 来说,ALU 应该输出的是加法器的计算结果。对于 sltu 来说,ALU 应该输出的是 0x0000_0000 或 0x0000_0001,即输出值是对加法器结果最高位的零扩展。同理,ALU 的 C 输出前,需要配置一个 32 位的 2 选 1 MUX。

另外,对于 beq 来说,ALU 需要通过前述的判零电路来输出一个 1 位的标志信号 Zero。

综上所述,可以得到如图 4-20 的 ALU 内部主体电路结构了。到目前为止,已经设计了 ALU 要计算的两个数据在其内部的传递路径以及相关功能部件的具体电路结构。但是从图 4-20 可以看出,尚未解决 SExt 等 4 个控制信号的取值问题。这个问题属于控制器设计范畴。

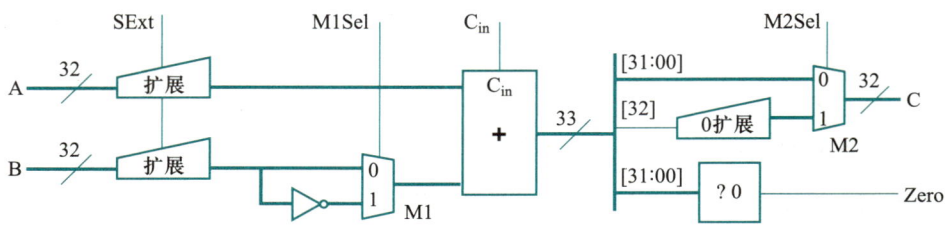

图 4-20 补充输出端后的电路结构

(4) 控制器

系统设计详解 4-3　为什么 ALU 内部需要一个控制器?

在设计 ALU 的控制器前,需要先回答一个问题:如果不设计控制器,而是将 SExt 等 4 个控制信号直接作为 ALU 的 4 个输入控制信号提供给 CPU 的其他功能部件是否可以?

答案是:可以,但不是好设计。这个设计思路的缺点在于:这些控

4.2 数据通路基础部件建模

制信号与内部设计细节高度相关，如果将 ALU 内部细节提供给其他功能部件。这会带来很多问题。例如，原本其他功能部件无需关心 ALU 内部设计细节，但现在却不得不关注了，显然增加了其他功能部件的设计复杂度。再如，一旦 ALU 内部的设计需要做调整（例如仅仅是调整 MUX 输入端口与来源的对应关系），则其他功能部件也必须被迫做相应调整（MUX 的控制信号取值规则随之发生变化了）。

为了能够让系统设计得更合理，一个基本要求是：功能部件的接口信息应该与其内部实现细节无关。

为了方便外部其他功能部件控制 ALU 执行特定功能，ALU 需要对外提供一个较为抽象且与内部控制信号无关的功能选择信号 F。F 有多少位呢？这取决于 ALU 对外提供的独立功能数。从表 4-10 可以发现，addu、lw 与 sw 对应的 ALU 功能是完全相同的，即归结为加法；sltu 是独立的，称之为小于比较；而 beq 对于扩展方式没有具体要求，故可以采用符号扩展方式，这样 beq 与 subu 的 ALU 功能需求就是完全相同的，即归结为减法。由此，ALU 需对外提供 3 种独立的功能，故 F 最少需要两位编码信息。表 4-11 给出了一种可能的编码定义。

表 4-11 ALU 的功能选择信号定义

控制信号	功能描述
F[1:0]	00: A+B 01: A−B 10: SLT 11: 保留

控制器的作用是根据表 4-11 的定义和 ALU 内部电路结构，将外部输入至 F 的某个编码值转换为 SExt 等控制信号的正确取值。至此，整个 ALU 的电路结构就全部给出了，如图 4-21 所示。

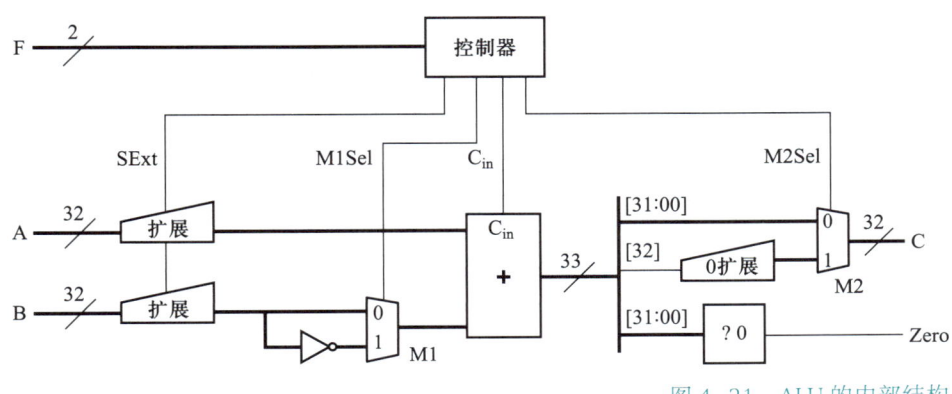

图 4-21 ALU 的内部结构

下面以 F 取值 00_2 为例，分析和推导控制器内部的实现细节。F 取值 00_2，表明 ALU 应该执行加法。通过表 4-10 和图 4-21 可知，为了执行加法，SExt、M1Sel、C_{in} 以及 M2Sel 必须取值 1、0、0 和 0。类似的，可以将每个 F 取值与 4 个控制信号建立对应关系，如表 4-12 所示。第 1 列的 F 取值与后续 4 列信号分别组合在一起，即为 4 个离散数学中的真值表。

表 4-12 ALU 控制信号真值表

F[1:0]	SExt	M1Sel	C_{in}	M2Sel
00	1	0	0	0
01	1	1	1	0
10	0	0	1	1
11	×	×	×	×

以 SExt 为例，运用离散数学的知识，可以得出如下所示的表达式。根据该表达式，可以很容易得到相应的电路结构：F[1] 经过一个反相器后就是 SExt。

$$SExt = \overline{F_1}\overline{F_0} + \overline{F_1}F_0 = \overline{F_1}$$

类似的，可以得到其他 3 个信号的表达式及其相应电路结构。这些电路结构合并在一起就构成了如图 4-22 所示的控制器。

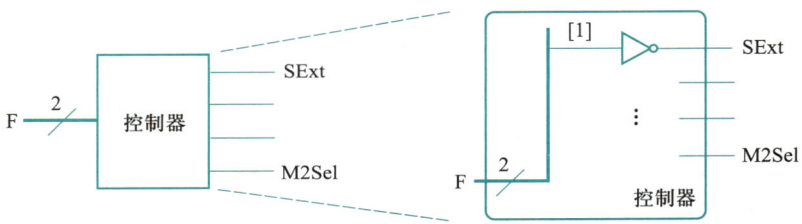

图 4-22 ALU 控制器的电路结构

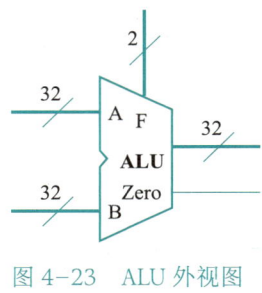

图 4-23 ALU 外视图

ALU 的设计全部结束了。如果需要实现该设计，那么将上述所有电路用 Verilog 表示出来即可。

现在总结出 ALU 的外视图、功能定义以及接口信号。ALU 的外视图如图 4-23 所示，主要包括两个 32 位计算输入、1 个 32 位计算结果输出[①] 和 1 位的 Zero 标志。目前 ALU 支持加法、加法、无符号小于比较 3 种运算。ALU 的功能描述和接口定义见表 4-13。

---

① 本书针对 MIPS，因此以 32 位为设计标准。构造 N 位 ALU 的原理完全相同。

表 4-13 ALU 的功能描述和接口定义

信号名称	方向	功能
A[31:0]	输入	输入 ALU 的第 1 个 32 位操作数
B[31:0]	输入	输入 ALU 的第 2 个 32 位操作数
C[31:0]	输出	ALU 输出的 32 位计算结果
F[1:0]	输入	00: A + B 01: A − B 10: SLT 11: 保留
Zero	输出	1: A = B 0: A ≠ B

4.3 构建单周期 CPU 的数据通路

图 4-2 所示是数据通路的模型，而不是数据通路的具体设计。必须将各个功能部件的输入输出信号实际连接在一起，才能构成真正的具体设计。本节将以图 4-2 的模型为基础，围绕 MIPS-C0 指令集来构造数据通路的具体设计。那么如何把这些功能部件组装成一个完整的数据通路呢？其基本思路是对每条指令都进行如下操作：

（1）分析指令的 RTL（register transfer language，寄存器传输语言）描述，从而识别出各条指令的功能需要涉及的功能部件。

（2）进一步分析 RTL 描述，从而识别出部件之间存在的连接关系。

（3）根据这些连接关系，将部件的信号正确地连接起来。

对于指令集中的每条指令都重复上述操作，最终就完成了数据通路的组装工作。当然，在这个过程中，可能会面临这样一个问题，对于某个部件的输入信号来说，会存在多个部件的输出信号都要与之相连。以 add 和 lw 这两条指令为例，add 指令需要将 ALU 的计算结果写入寄存器堆，而 lw 指令需要从 DM 中读出数据写入寄存器堆。不难看出，ALU 的输出信号 C 和 DM 的输出信号 RD 都需要与寄存器堆的 WD3 连接。数字电路知识告诉我们多个输出信号是不能直接连接到同一个输入信号的，为了解决这个问题，就必须使用 MUX。我们将在后续的具体讲解中再解释如何利用 MUX 来解决这个问题。

4.3.1 从 addu 指令开始

接下来，先以 addu 为例，讲解如何通过分析 RTL 来组装单周期 CPU 的数据通路。然后，再采用相同的思路不断添加更多的指令，从而完善这个数据通路，最终得到 MIPS-C0 指令集对应的数据通路。addu 的指令格式及 RTL 描述如表 4-14 所示。

表 4-14 addu 指令格式及 RTL 描述

编码	31 26	25 21	20 16	15 11	10 6	5 0
	special 000000	rs	rt	rd	000000	addu 100001
	6	5	5	5	5	6
RTL	R[rd] ← R[rs] + R[rt]					

1. 读取指令

由于所有的指令都存储在 IM 中，因此为了让 CPU 能执行指令，首先必须将指令从 IM 中取出。进一步可知，如果要从 IM 中读取指令，就必须使用指令的地址，而指令地址又存储在 PC 中。综合以上分析可知，任何指令的执行都存在一个共性阶段，即从 IM 中读取指令，将这一阶段命名为取指令（instruction fetch，IF）。不难看出，PC 应该与 IM 的地址信号相连，于是就有了图 4-24 所示的取指令的数据通路。

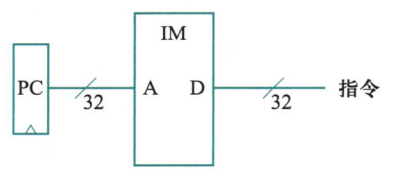

图 4-24 取指令对应的数据通路部分

根据表 4-14 所描述的 RTL 信息来看，该阶段的设计工作就结束了，剩下就是具体将这个设计用 VerilogHDL 描述出来就可以了。但是，如果沿着"共性"一词的含义进一步分析，那么无论当前要执行什么指令，CPU 都需要计算下一条指令的地址。换言之，计算次地址也是共性任务。根据前节可知，NPC 承担着计算次地址的任务，因此 PC 就应该驱动 NPC，而 NPC 计算出的次地址则应该连接至 PC 的输入。图 4-25 就是取指令阶段的完整数据通路。

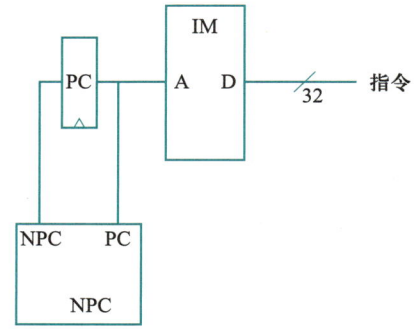

图 4-25 取指令对应的完整数据通路

图 4-25 是以图形化的方式描述了设计，接下来就是用 VerilogHDL 来描述这个设计，如 VerilogHDL 代码 4-6 所示。

4.3 构建单周期 CPU 的数据通路

代码 4-6 单周期数据通路

```
module DataPath(Clk,Reset);
    input Clk,Reset;

    wire[31:0]NPC,PC,Instr;      // 功能部件之间的连接信号

    // 以下为功能部件的实例化
    PC U_PC(Clk,Reset,NPC,PC);
    NPC U_NPC(PC,NPC);
    IM U_IM(PC,Instr);

endmodule
```

2. 分解 addu 指令的各个域

当指令从 IM 中读出来后，就需要根据指令的 opcode 域（甚至还需要 funct 域）来判断它具体是哪条指令。此外，从 addu 的 RTL 可以看出，为了执行加法，还需要读取两个寄存器值，而相应的寄存器编号则保存在 rs 和 rt 这两个域中。类似的，还需要知道回写寄存器的编号，即来自 rd 域的信息。为了便于后续的各种处理，不妨将指令的各个域用其语义直接命名。从信号线的角度分析，就是把 IM 的 32 位输出信号分成若干组。图 4-26 与 VerilogHDL 代码 4-7 分别给出了对应的两种设计表达方式。

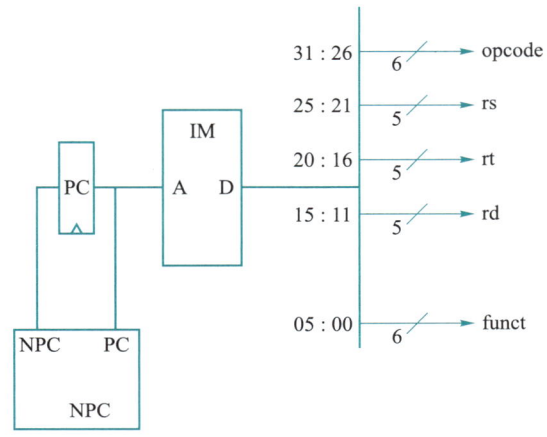

图 4-26 指令域的分解与命名

代码 4-7 指令域分解

```
module DataPath(Clk,Reset);
    wire [5:0] opcode;
    wire [4:0] rs,rt,rd;
```

```
        assign opcode = Instr[31:00];
        assign rs     = Instr[25:21];
        // 其他的各种信号名

endmodule
```

3. 读取寄存器值

为了计算加法，就必须先从 RF 中读出两个寄存器值。为此，就必须将 rs 和 rt 这两个域与 RF 的 A1 和 A2 连接，这样 RD1 和 RD2 就分别输出了 rs 寄存器值和 rt 寄存器值。于是进一步拓展数据通路如图 4-27 和 VerilogHDL 代码 4-8 所示。

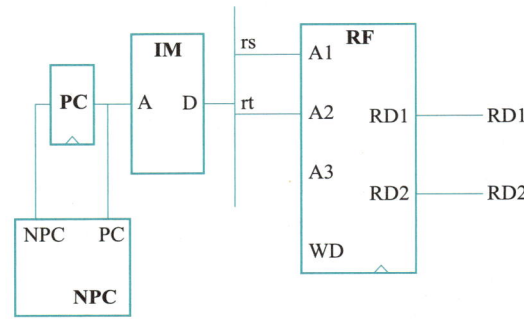

图 4-27　读取寄存器值

代码 4-8　读取寄存器值
```
module DataPath(Clk,Reset);
    wire [5:0] opcode;
    wire [4:0] rs,rt,rd;
    wire [31:0] RD1,RD2;

    RF U_RF(rs,rt,???,RD1,RD2,???,???,Clk);

endmodule
```

注意，示例代码中对 RF 的实例化时，由于目前的设计尚未完成，因此部分信号用 ??? 来表示。或许有的读者会产生一个困惑，为什么 rs 和 rt 必须分别与 A1 和 A2 连接，难道不能让 rs 连接 A2 而 rt 连接 A1 吗？仔细阅读 addu 的 RTL 描述，会发现没有明确定义 IM 的 [25:21] 及 [20:16] 这两个位域与 RF 的 A1 及 A2 端口之间的对应关系。因此，理论上无论这两对之间如何对应都不影响系统正确性。与 RTL 可以抽象描述不同，在具体实现时就必须明确定义连接规则，并且在后续分析和设计中应尽可能地保持对应关系的一致性。如果在开发过程中任意调整这种对应关系，虽然并不会在理论上影响系统的正确性，但容易导致理解上的混淆，增加设计出错概率以及最终实现的复杂性[①]。出于遵循指令位域顺序及 RF 端口顺序的先后顺序的一致性，本书统一规定指令 [25:21] 位域与 RF 的 A1 端口对应，[20:16] 位域与 RF 的 A2 端口对应。当确定了这样的连接关系后，意味着 RF 的 RD1 和 RD2 输出的分别是 rs 寄存器与 rt 寄存器的值。

系统设计详解 4-4　层次化设计思想

MIPS 之所以不在 RTL 描述中精确定义两者的匹配关系，是因为在求解复杂问题时，必须具有层次化设计思想，即不同层次应关注不同的问题域。RTL 描述关注的是指令执行所涉及的对象及其操作的抽象，但建模 CPU 内部结构时就必须关注对象与操作的具体实现方式。

层次化设计思想给系统的设计工作带来了很大的灵活性、可扩展性和可维护性。例如，RTL 仅仅定义了加法而没有定义加法的具体实现技术，因此在具体实现加法运算时，无论采用行波进位加法器还是先行进位加法器，其仅影响 CPU 的性能而不会影响功能。

注意，层次化设计思想具有广泛普适性。在面对任何复杂问题时，都应该注重运用层次化的设计思想。

4. ALU 计算

从 addu 的 RTL 可以看出该指令需要执行加法，而 ALU 是完成各类数学运算的部件，因此就需要将 RF 的 RD1 和 RD2 分别与 ALU 的 A 和 B 相连。同时，ALU 是一个多功能部件，因此，就需要通过 ALUOp 这个控制信号处于某个特定取值从而让 ALU 执行加法，ALU 执行计算如图 4-28 所示。

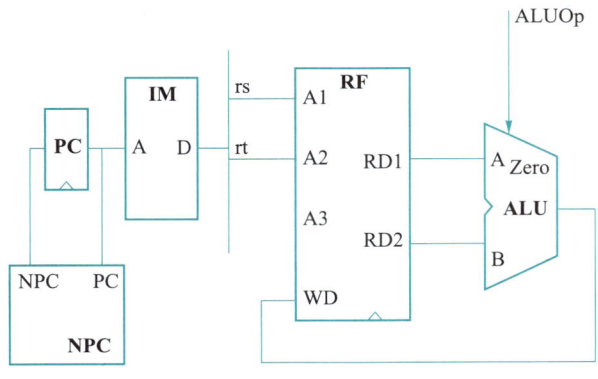

图 4-28　ALU 执行计算

---

① 有兴趣的读者可以尝试在其他指令中改变 IM 位域与 A1 和 A2 端口的对应关系，最终会发现除了导致系统实现复杂度有所增加外，不会对正确性产生任何影响。

现在产生一个问题，ALUOp 这个信号从哪里来呢？即这个信号是在数据通路内部产生的，还是在数据通路外部产生的？ALUOp 取何值是由当前执行的指令决定的，这就意味着 ALUOp 一定是 opcode 和 funct 的函数，即：

$$ALUOp = F(opcode, funct)$$

那么，这个函数功能是在数据通路内部实现的，还是在数据通路外部实现的？现在回到图 4-3 所示的单周期 CPU 模型，很容易知道这个函数功能应该部署在控制器中才是合理的。于是，上述具体设计就可以反映在 VerilogHDL 代码 4-9 中了。

代码 4-9 ALU 计算
```
module DataPath(Clk,Reset,ALUOp),
    input  [1:0]  ALUOp,
    wire   [31:0] RD1,RD2,
    wire   [31:0] AO,

    ALU U_ALU(RD1,RD2,AO,ALUOp),

Endmodule
```

5. 回写计算结果

根据 RTL 描述可以看出来，两个寄存器值相加后的结果应该写入 rd 寄存器中。于是，ALU 的输出信号应连接至 RF 的 WD，而且指令的 rd 域则应连接至 RF 的 A3。注意，RF 堆的内部是一组寄存器。显然，并不是任意哪条指令都可以写入数据到 RF 的，例如 beq 指令就不应该对寄存器进行写入操作。与 ALUOp 类似，RF 的写使能信号 Wr 也应该来自控制器。为了表达更清晰，不妨将控制器输出的 RF 写使能信号命名为 RFWr。回写计算结果电路如图 4-29 所示，样例代码如 4-10 所示。

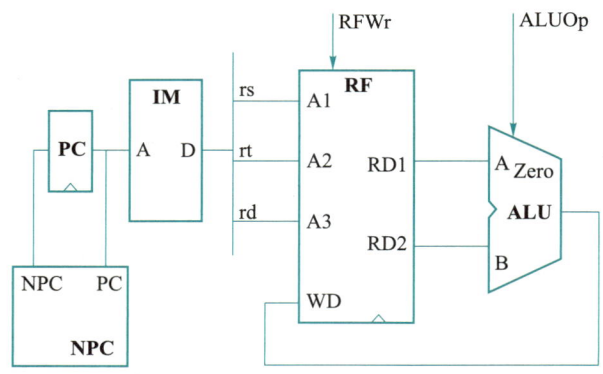

图 4-29 回写计算结果

4.3 构建单周期 CPU 的数据通路

代码 4-10 回写计算结果

```
module DataPath(Clk,Reset,ALUOp,RFWr),
    input  RFWr,

    ...
    RF U_RF(rs,rt,rd,RD1,RD2,AO,RFWr,Clk),
    ...

endmodule
```

4.3.2 支持 subu 指令

对比 subu 和 addu 的 RTL，可以看出两者仅仅是需要执行的计算不同，至于各种信息及其传递路径都是完全相同的。这就意味着 addu 的数据通路与 subu 的数据通路完全一样，区别仅仅是控制器输出的 ALUOp 控制信号的取值有所不同罢了。

4.3.3 支持 ori 指令

ori 指令是 R-I 运算类指令的典型代表，其指令格式及 RTL 描述见表 4-15。

表 4-15 ori 指令格式及 RTL 描述

编码	31 26	25 21	20 16	15 0
	ori 001101	rs	rt	immediate
	6	5	5	16
RTL	R[rt] ← R[rs] OR zero_extend(immediate)			

zero_extend()：零扩展（即无符号扩展）功能，其扩展后的位数与参与运算的另一个操作数位数相同，本书规定 MIPS 寄存器均为 32 位，因此扩展后的位数为 32 位。

从 RTL 可以看出，ori 的第二个操作数是指令低 16 位的扩展结果。到目前为止，还没有一个功能部件能够支持该需求。那么立即数扩展需求在哪里实现以及如何实现呢？由于 32 位扩展数最终要进入 ALU 参与运算，因此很容易想到两种设计思路：扩展功能部署在 ALU 内部，或者在 ALU 外部独立实现。现将两种设计思路优劣分析如下。

（1）ALU 内部实现：ALU 的两个输入均为 32 位，需要再增加一个独立的 16 位输入端口。ALU 面向的运算均为两个操作数的计算，但现在却需要有 3 个输入端口。总体来看，这种实现方式会导致 ALU 的设计很混乱。

（2）独立的立即数扩展单元：如果将立即数扩展需求以新增功能部件方式实现，

无疑会增加功能部件数量及部件间连接关系。但是，如果今后还存在更多潜在的扩展需求，那么就可以将这些需求均部署在立即数扩展单元内，然后再统一将扩展结果送入 ALU。这意味着扩展需求的增长不会对系统连接复杂度产生负面影响。

综合上述分析，第二种设计思路更合理，即增加一个功能部件 EXT。EXT 的功能是输入 16 位立即数，输出 32 位无符号扩展数，如表 4-16 和代码 4-11 所示。

表 4-16 EXT 功能和接口定义（支持 32 位无符号数扩展）

信号名称	方向	功能
Imm16[15:0]	输入	16 位立即数
Ext32[31:0]	输出	32 位扩展结果

代码 4-11 扩展单元
```
module EXT(Imm16,Ext32);
    input  [15:0] Imm16;
    output [31:0] Ext32;

    assign Ext32 = {16{0},Imm16};
endmodule
```

除了新增 EXT 部件外，ALU 还需增加对 OR 运算的支持。ALU 的外部接口信号不需要任何调整，只需要在内部实现 OR 运算即可。之前 ALU 的功能码 0b11 处于保留状态，现在可以用于选择执行 OR 运算，调整后的 ALU 接口定义如表 4-17 所示。

表 4-17 ALU 接口定义 (增加 OR 运算)

信号名称	方向	功能
A[31:0]	输入	输入 ALU 的第 1 个 32 位操作数
B[31:0]	输入	输入 ALU 的第 2 个 32 位操作数
C[31:0]	输出	ALU 输出的 32 位计算结果
ALUOp[1:0]	输入	ALU 功能选择 00: A+B 01: A-B 10: SLT 11: OR
Zero	输出	A 和 B 相等比较结果 1: A=B 0: A≠B

为了支持 OR 功能，ALU 内部也需要做些调整，如图 4-30 所示。第一，需要增加由 32 个 OR 门构成的 OR 运算；第二，由于 ALU 要输出 OR 运算的结果，因此 M2 从 2 选 1

4.3 构建单周期 CPU 的数据通路

需要调整为 3 选 1；第三，M2Sel 的位数也从 1 位调整为 2 位；第四，控制器中 M2Sel 的表达式也需要相应调整。由于所涉及的电路都非常简单，请读者自行完成 ALU 设计。

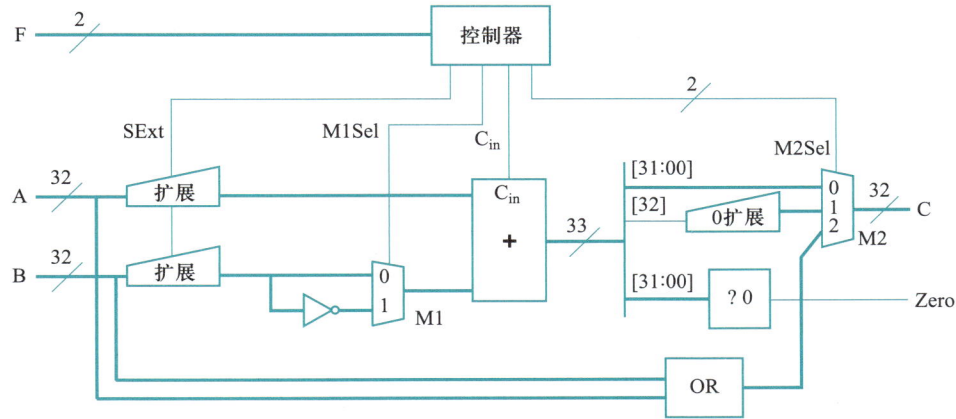

图 4-30 增加 OR 功能的 ALU 内部结构

结合 RTL，很容易总结出第 2 个操作数的路径：首先 IM 的低 16 位输入 EXT，然后 EXT 的 32 位扩展结果输入 ALU 的 B 输入端。与 addu 和 subu 类似，ori 也需要回写 ALU 运算结果，区别在于 RF 的 A3 寄存器编号由 IM 的 [20:16] 决定。

分析到这里，我们会发现新的问题了。addu 和 subu 要求将 RF 的 RD1 输出至 ALU 的 B 输入，而 ori 则要求将 EXT 的结果输出至 ALU 的 B 输入。根据数字电路知识，此时必须利用一个 2 选 1 MUX 来解决这个问题，即 MUX 的两个输入分别连接 RF 的 RD1 和 EXT 的输出，而 MUX 的输出连接至 ALU 的 B 输入。同时，为了能够选择正确的数据来源，还需要为该 MUX 设置一个控制信号，不妨命名为 BSel。类似的，RF 的 A3 前也需要一个 2 选 1 MUX，其两个输入分别是指令的 rd 域和 rt 域，其控制信号为 WRSel。图 4-31 与 VerilogHDL 代码 4-12 为支持 ori 指令后的数据通路。

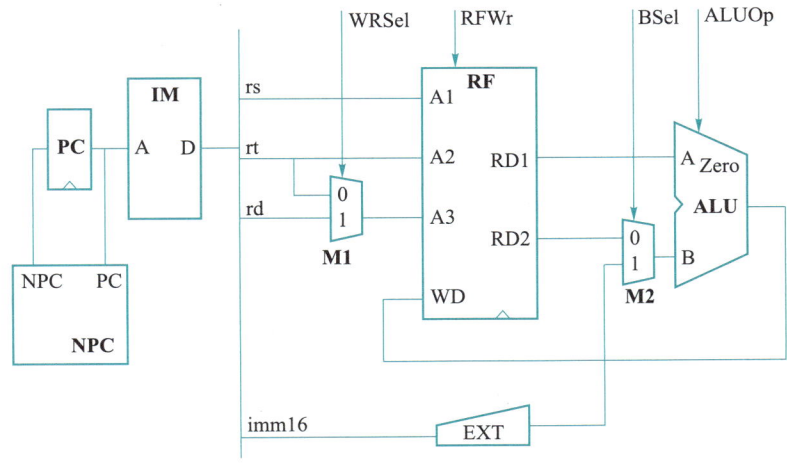

图 4-31 数据通路支持 ori 指令

代码 4-12　支持 ori 指令

```
module DataPath(Clk,Reset,ALUOp,RFWr,WRSel,BSel);
    input WRSel,BSel;

    wire [15:0] Imm16;
    wire [4:0]  A3;
    wire [31:0] E32,ALUB;

    ……
    MUX2TO1 U_M1(rt,rd,WRSel);
    defparam U_M1.WIDTH = 5;
    MUX2TO1 U_M3(RD2,E32,A3,BSel);
    defparam U_M3.WIDTH = 32;

    RF U_RF(rs,rt,A3,RD1,RD2,AO,RFWr,Clk);
    EXT U_EXT(Imm16,E32);
    ALU U_ALU(RD1,ALUB,AO,ALUOp);
    ……
endmodule

module MUX2TO1 #(parameter WIDTH=32) (D0,D1,Y,S);
    input [WIDTH-1:0] D0,D1;
    output [WIDTH-1:0] Y;
    input             S;

    assign Y = (S==0)?D0:D1;
endmodule
```

4.3.4　支持 lw 指令

相对于前面 3 条指令，lw 的 RTL 比较复杂，如表 4-18 所示。首先，数据通路中需要增加 DM。不难看出，DM 的地址来自加法计算的结果，而加法的两个操作数分别是 base 寄存器值和 sign_extend() 扩展的 32 位符号数。

表 4-18　lw 指令格式及 RTL 描述

编码	31　　　　26	25　　　　21	20　　　　16	15　　　　　　0
	lw 100011	base	rt	offset
	6	5	5	16
RTL	Addr ← R[base] + sign_ext(offset)　　　　　　　　　　　　　　　　　　　　　　　　　R[rt] ← memory[Addr]			

sign_extend()：符号扩展功能，与 zero_extend() 相同，其扩展后的位数与参与运算的另一个操作数位数相同。

4.3 构建单周期 CPU 的数据通路

先考虑如何实现 sign_extend()。对比 ori 的 zero_extend()，sign_extend() 的输入位数、输出位数完全相同，而且功能都是实现立即数扩展。会 C 语言的读者都知道 printf()，该函数通过参数化的方法将高度相似的格式化输出功能封装在同一个函数中。这种设计方法背后的指导思想就是本书高级篇会介绍的"高内聚低耦合"。该指导思想同样适用于开发硬件电路，因此将 sign_extend() 集成到 EXT 内部或许是更合理的设计方法。由于 EXT 具有两个扩展功能，因此 EXT 需要引入一个控制信号 F。不妨定义 F 为 0 和 1，EXT 分别执行 zero_extend() 与 sign_extend()。表 4-19 为修正后的 EXT 的功能和接口定义，VerilogHDL 代码 4-13 则描述了该模块的具体设计细节。由于 EXT 增加了控制信号，因此前面介绍的 ori 就需要增加对 EXT 的控制了。本书命名 CPU 控制器产生的 EXT 控制信号为 EXTOp。为了执行 ori，EXTOp 应取值为 0。

表 4-19 EXT 功能和接口定义（增加 32 位符号数扩展）

信号名称	方向	功能
Imm[15:0]	输入	16 位立即数
F	输入	立即数扩展功能选择 0：符号扩展 1：无符号扩展
Ext[31:0]	输出	32 位扩展结果

代码 4-13　同时支持零扩展和符号扩展的扩展单元

```
module EXT(Imm16,Ext32,F);
    input   [15:0] Imm16;
    output  [31:0] Ext32;
    input          F;

    assign Ext32 = (F==0)?{16{0},Imm}:{16{Imm[15]},Imm};
endmodule
```

确定由 EXT 实现 sign_extend() 后，DM 地址的计算与 ori 的计算过程非常类似，都是将 32 位寄存器值与 32 位立即数相运算，区别是前者为加法而后者为 OR。再考虑到 ALU 具有执行加法的功能，那么由 ALU 计算地址非常合适。显然，ALU 计算出来的结果就是 DM 的地址，因此 ALU 的输出应该与 DM 的地址相连。为了将 DM 读出的数据写入 RF，DM 的数据输出就必须与 RF 的 WD 相连，并且 RF 的回写寄存器编号来自 IM 的 20 至 16 位。图 4-32 为添加了 lw 指令后的数据通路。

请读者自行分析图 4-31 为什么需要 2 选 1 M3 以及 DMWr、EXTOp、WDSel 等控制信号。

从控制角度分析，控制器应输出 EXTOp 为 1，使 EXT 执行符号扩展；输出 ALUOp 为 0b00，使 ALU 执行加法；同时输出 RFWr 为 1 以允许写入 RF。

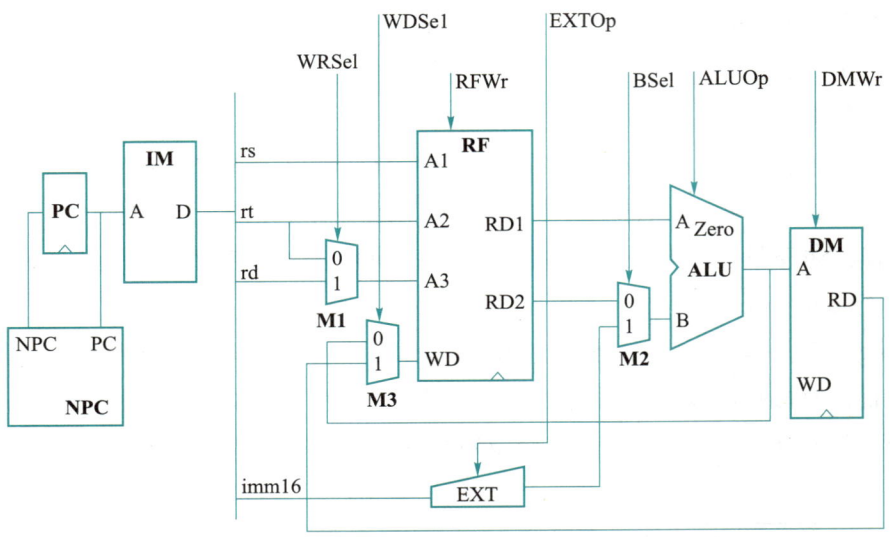

图 4-32 数据通路支持 lw 指令

4.3.5 支持 sw 指令

在地址计算部分，sw 与 lw 完全相同。sw 需要将 rt 值写入 DM，因此 RF 的 RD2 必须与 DM.WD 相连接。图 4-33 描述了该设计细节，至于 VerilogHDL 的设计就留给读者自行完成了。

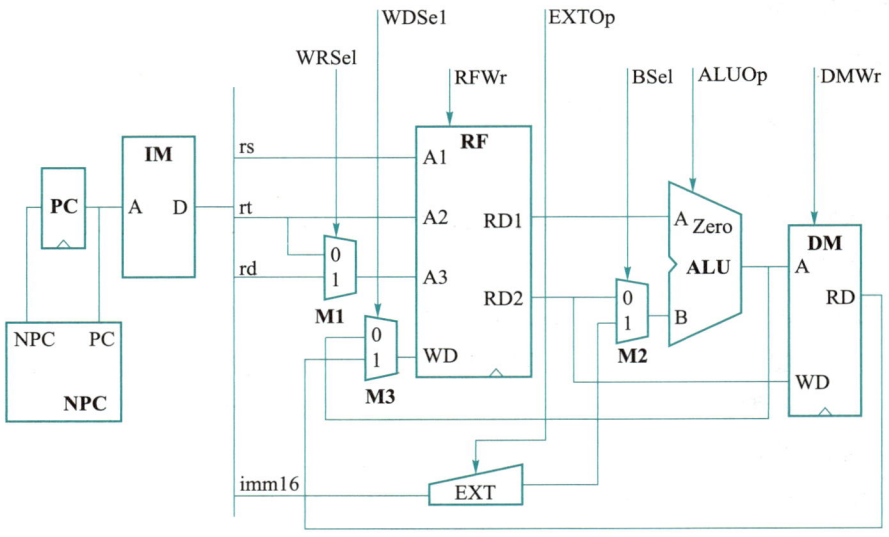

图 4-33 数据通路支持 sw 指令

4.3.6 支持 beq 指令

从表 4-20 描述的 RTL 可以看出，beq 的功能与前面 5 条指令完全不同，它的核心问题是计算次地址。

表 4-20 beq 指令格式及 RTL 描述

编码	31　　　　　　26	25　　　　　21	20　　　　　16	15　　　　　　0
	beq 000100	rs	rt	offset
	6	5	5	16

RTL	if (R[rs] == R[rt])
	　　PC ← PC + 4 + sign_extend(offset || 0^2)
	else
	　　PC ← PC + 4			

beq 的 RTL 中有个判断 rs 和 rt 寄存器值是否相等的 if 语句。如何实现这个判断操作呢？在 4.2.6 介绍 ALU 的功能时，曾讲解过该操作可以由 ALU 通过执行减法并判断减法结果是否为 0 来实现。为此，需要将 rs 和 rt 送入 ALU，并让 ALU 执行减法运算。很显然，前面已经构造的数据通路完全可以支持这个功能了。

除了需要计算 PC + 4 外，beq 还有两个新增计算需求：一个是 32 位符号数扩展功能的 sign_extend()，另一个是加法（将 PC + 4 的值与 32 位符号扩展数相加）。实现这两个功能有两种思路。

第一个思路是这两个计算均是与次地址计算相关的，因此将其部署在 NPC 内部。为此，NPC 首先需要增加一个 16 位立即数的输入。其次，是否选择转移地址取决于两个条件，即当前指令是否为 beq 以及 ALU 的比较结果。对于前者，需要 CPU 的控制器产生一个名为 Br 的控制信号。控制器检测到当前指令是 beq 时，输出 Br 为 1，否则为 0。对于后者，可以使用 ALU 的 Zero 标志[1]。图 4-34 和表 4-21 分别是修改后的 NPC 接口信号和外视图[2]。

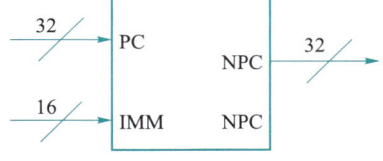

图 4-34 NPC 的外视图（支持 beq）

表 4-21 NPC 的输入输出信号（支持 beq）

信号名	方向	描述
PC[31:0]	I	32 位输入
Imm[15:0]	I	16 位立即数

---

[1] 在 4.3.6 介绍 ALU 实现比较两个数相等时，Zero 为 1 代表两个数相等，0 代表不等。
[2] Br 和 Zero 这两个控制信号没有画出。

续表

信号名	方向	描述
Br	I	beq 标志 1：当前指令是 beq 0：当前指令不是 beq
Zero	I	rs 和 rt 相等标志 1：相等 0：不等
NPC[31:0]	O	32 位输出

从 RTL 来看，if 对应的 PC 计算表达式包含两个加法，else 对应的 PC 计算表达式包含 1 个加法，因此好像 PC 总共需要 3 个加法器。但是，如果把 PC+4 的结果作为 if 所对应计算表达式的输入，那么就只需要两个加法器了。由于有两种输出结果，因此在 NPC 输出前需要部署一个 2 选 1 的 MUX。根据 Br 和 Zero 的组合关系，相信读者能够理解表 4-22 描述的真值表。

表 4-22　NPC 的 MUX 选择信号真值表

Br	Zero	NPC 输出	说明
0	X	顺序地址	当前指令不是 beq，Zero 取值无意义
1	0	顺序地址	当前指令是 beq，但 rs 与 rt 不等
1	1	分支地址	当前指令是 beq，且 rs 与 rt 相等

综合以上内容，可以得到如图 4-35 所示的 NPC 内部结构。NPC 内部有两个加法器，一个用于计算顺序地址，另一个用于计算分支地址。NPC 根据 Br 和 Zero 决定选择哪个结果作为输出。需要提醒的是，PC 扩展与前述的符号扩展略有不同，在扩展时要注意最低 2 位必须为 0。

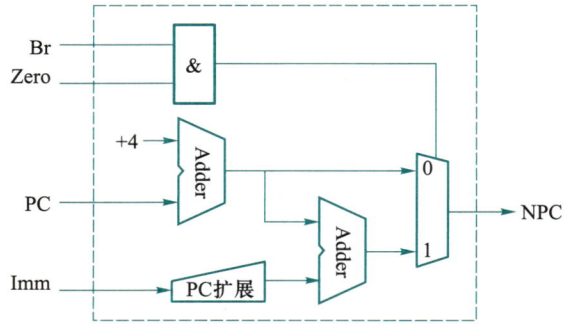

图 4-35　支持 beq 的 NPC 内部结构

4.3 构建单周期 CPU 的数据通路

第二个思路是借助已有的功能部件。由于 EXT 已经实现了 sign_extend()，因此可以考虑稍微改造 EXT 来实现 beq 所需的符号扩展功能。同时，由于 ALU 已经支持加法功能了，因此只需要将 NPC 计算出的 PC+4 值和 EXT 的符号数扩展送至 ALU，然后控制 ALU 执行加法功能就可以完成分支地址的计算了。对于 PC 来说，NPC 计算出 PC+4，ALU 计算出分支地址，因此需要在 PC 的输入前部署一个 2 选 1 的 MUX（MUX 的控制方式与思路 1 完全相同）。

哪个思路好呢？思路一通过对 NPC 的少量修改从而将所有与 PC 计算相关的操作都封装在 NPC 中了，与任何其他功能部件都无关。思路二复用了 ALU 的加法功能，少用了 1 个加法器，但需要调整 EXT，因此图 4-35 中的"PC 扩展"是不能节省的。此外，2 选 1 的 MUX 也是无法节省的。从资源使用角度看，思路二比思路一节省了 1 个加法器。但是在思路二中，因为需要借助其他功能部件，所以原本封装在思路一的 MUX 和与门都要成为数据通路的一部分了。虽然仅仅是增加了两个很简单的功能部件，但思路二却使得原本清晰的设计有趋向复杂的可能了。综合权衡，本书倾向于选择思路一，其设计细节见图 4-36。同样的，VerilogHDL 的设计就留给读者自行完成了。

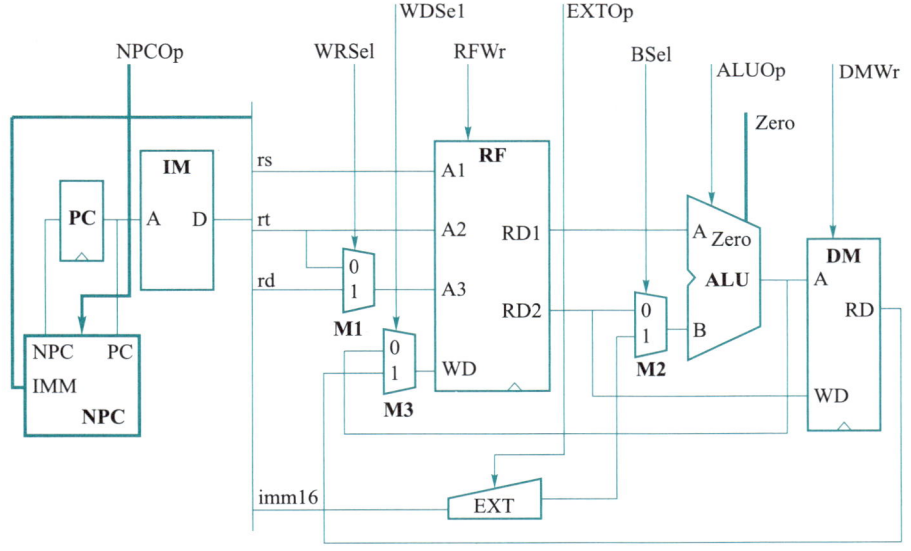

图 4-36 数据通路支持 beq 指令

4.3.7 支持 jal 指令

jal 的 RTL 包含两个操作：第 1 个操作是计算 PC 值，第 2 个操作是将 PC+4 写入第 31 号寄存器，如表 4-23 所示。

表 4-23　jal 指令格式及 RTL 描述

编码	31　　　　　　26	25　　　　　　　　　　　　　　　　　　　　　　　　　0
	jal 000011	instr_index
	6	26
RTL	$PC \leftarrow PC_{31..28} \| instr\_index \| 0^2$ $R[31] \leftarrow PC + 4$	

在设计 beq 的数据通路时，NPC 已经被改造得能够输入指令的低 16 位。现在只需要将输入的指令位数扩大到低 26 位，就能同时满足 beq 和 jal 的需求。由于 NPC 目前有 3 个计算功能了，仅靠 1 位的 Br 信号已经无法区分 3 种功能了，而需要使用一个两位的控制信号，如 NPCOp[1:0]。请读者参考 NPC 模块控制信号的调整思路，自行分析 WRSel 和 WDSel 这两个 MUX 控制信号的调整思路。

对于第二个操作，虽然 jal 的指令编码格式没有定义目的寄存器，但 RTL 描述中则表明 $31 是写入寄存器。这说明 31 这个编号只能来自一个常量，而不可能来自任何一个功能部件。写入 $31 的值为 PC + 4，而该值在 NPC 中已经计算完成了，因此只需要将该值从 NPC 输出并连接至 RF 的 WD 即可。综合以上，表 4-24 所示为调整后的 NPC 输入输出接口信号，图 4-37 描述了能够支持 jal 的数据通路。

表 4-24　NPC 的输入输出信号（支持 beq、jal）

信号名	方向	描述	调整说明
PC[31:0]	I	32 位输入	
Imm[25:0]	I	16 位立即数	从 Imm[15:0] 调整为 Imm[25:0]
NPCOp[1:0]	I	NPC 功能选择 00：计算顺序地址（PC+4） 01：计算 beq 地址 10：计算 jal 地址 11：保留	取消 1 位的 Br，改为 2 位的 NPCOp
Zero	1	rs 和 rt 相等标志 1：相等 0：不等	
NPC[31:0]	O	32 位输出	
PC4[31:0]	O	32 位输出	输出 PC+4 值

注意：由于 NPC 的控制信号发生了变化，因此前面各条指令的 NPC 控制信号真值表也需要随之调整。

4.3 构建单周期 CPU 的数据通路

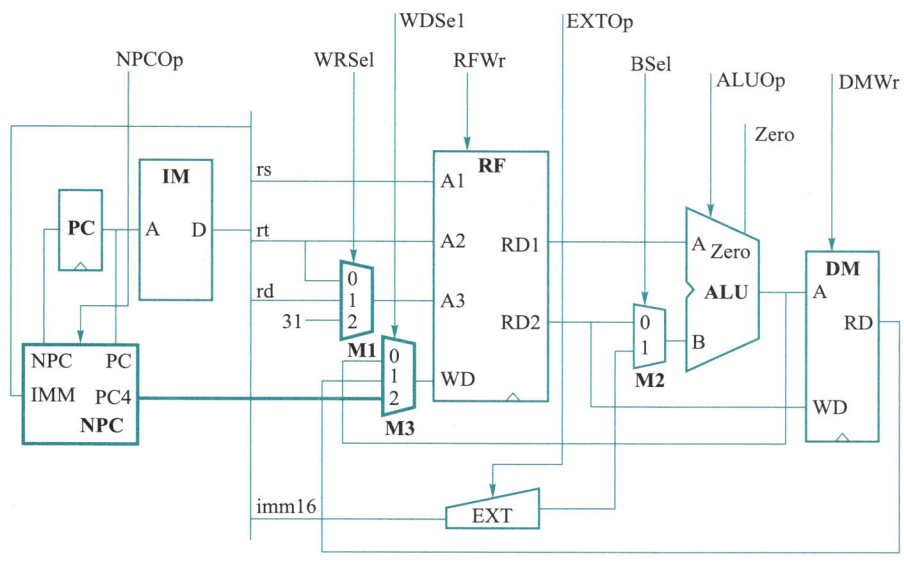

图 4-37 数据通路支持 jal 指令

4.3.8 支持 jr 指令

从表 4-25 中的 RTL 描述可以看出，jr 指令功能就是读出 rs 寄存器并写入 PC。虽然该功能并不复杂，但需要回答一个问题：将 RF 输出的 rs 值直接输出至 PC，还是先进入 NPC 再输出至 PC？

表 4-25 jr 指令格式及 RTL 描述

	31　　　　26	25　　　21	20　　　　　　　　　11	10　　　6	5　　　　0
编码	special 000000	rs	000 0000 0000	000000	jr001000
	6	5	10	5	6
RTL	PC ← R[rs]				

理论上，两个方案均是可行的。前者在 jr 的指令级别数据通路建模上更忠实于 RTL 描述。后者是从整体数据通路规划一致性上出发，即强调 NPC 是唯一的次地址产生部件。

谁更合理呢？如果必须找一个抉择依据，那么依然是"高内聚低耦合"。在之前的设计中，所有与次地址相关的计算功能都集成在 NPC 中，因此继续沿用这个思路，选择后者。为此，增加 jr 指令的数据通路如图 4-38 所示。NPC 需要再次修改接口及内部功能定义，如表 4-26 所示。

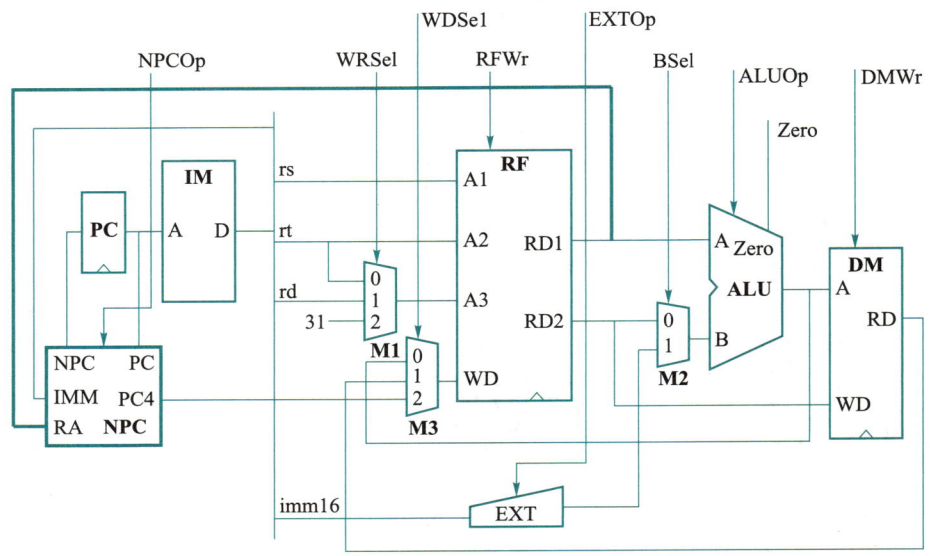

图 4-38 数据通路支持 jr 指令

表 4-26 NPC 接口定义（增加对 beq、jal 和 jr 的支持）

信号名	方向	描述	调整说明
PC[31:0]	I	32 位输入	
Imm[25:0]	I	16 位立即数	
RA[31:0]	I	32 位返回地址	rs 寄存器保存的返回地址
NPCOp[1:0]	I	NPC 功能选择 00：计算顺序地址（PC+4） 01：计算 beq 地址 10：计算 jal 地址 11：计算 jr 地址	NPCOp 的 0b11 项用于产生 jr 相关的 PC 目的地址
Zero	I	rs 和 rt 相等标志 1：相等 0：不等	
NPC[31:0]	O	32 位输出	
PC4[31:0]	O	32 位输出	

注意：由于 NPC 的控制信号发生了编号，因此前面各条指令的 NPC 控制信号真值表也需要随之调整。

至此，就完成了支持 MIPS-C0 指令集的单周期数据通路的设计工作。由于在选取 MIPS-C0 指令集中的指令时，较充分地考虑了各指令的功能和结构特征，因此该指令集虽然规模较小，但却具有较高的普适性。

4.4 构建单周期 CPU 的控制器

本节介绍如何构造单周期 CPU 的控制器。首先，分析若干条指令在数据通路的执行过程，并从中分析各个功能部件在各指令执行时应分别取何值。然后，再将这些信息构造成真值表，最终就可以运用数字电路的相关知识得到各个控制信号的表达式。所谓控制器，就是所有控制信号表达式对应的电路的汇聚。图 4-39 是将数据通路与控制器对接后，形成的完整的单周期 CPU。可以看出，控制器的职责是根据指令的 opcode 和 funct 域计算每条指令在执行时控制信号的取值。

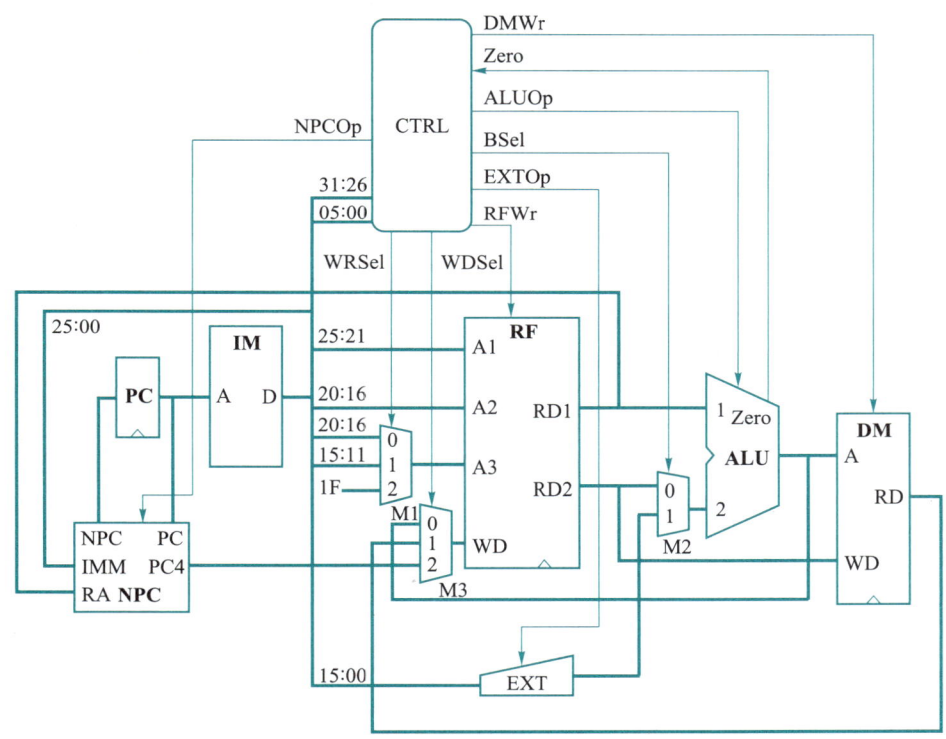

图 4-39　完整的单周期 MIPS 处理器

4.4.1　addu 指令的执行过程及其控制信号取值

任何指令执行的前提是读取指令。同样的，对于 addu 来说，取指令就必然要 PC 驱动 IM，然后 IM 输出 32 位数据（就是指令）。addu 的 RTL 告诉我们，相加的是 rs 寄存器与 rt 寄存器，因此指令的 rs 域和 rt 域就分别驱动 RF，然后 RF 通过 RD1 与 RD2 输出两个寄存器值。为此，需要让 M2 选择 0 通道，从而让 rt 寄存器值能传输至 ALU

的 B 端。类似的，ALU 的计算结果要写入到 rd 寄存器中，因此需要让 M1 选择 1 通道并且 M3 选择 0 通道，addu 指令的执行路径如图 4-40 所示。

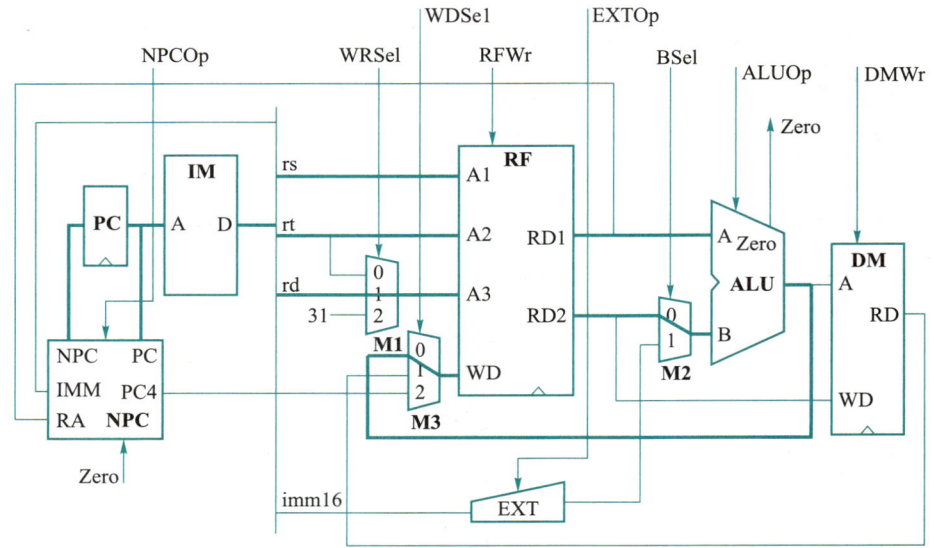

图 4-40　addu 指令的执行路径

接下来再分析各功能部件的功能。

- PC：用来保存 NPC 的计算结果。
- IM：根据 PC 值读出 addu 指令。
- NPC：当 addu 执行结束后，CPU 应该执行在指令存储器中紧紧排布在它后面的那条指令，因此 NPC 应该计算顺序地址（即 PC ← PC + 4）。
- RF：它除了输出两个寄存器值外，还应该将 ALU 的计算结果写入其内部的寄存器。
- EXT：无论它执行什么功能，都对 addu 的执行不产生任何影响。
- ALU：必须执行加法。
- DM：对于 addu 来说，用不到 DM，因此它只要不被误写入数据就可以了。

完成上述功能分析后，需要进一步分析各个功能部件执行上述功能时的取值。

- NPCOp：通过 NPC 的功能表就知道其取值必须为 00，这样才能让 NPC 顺序计算地址。
- WRSel：为了让 M1 选择 0 通道，以便让 rd 域传递至 RF 的 A3，其取值就必须为 00。
- BSel：取值必须为 0，这样 RF 读出的 rt 寄存器值才能传递至 ALU。
- WDSel：取值必须为 00，这样 M3 就可以让 ALU 的计算结果传递至 RF 的 WD。
- RFWr：由于需要写入计算结果，因此这个写使能信号必须为 1。

4.4 构建单周期 CPU 的控制器

- DMWr：其值必须为 0，以防止 DM 被误写。
- ALUOp：根据 ALU 功能表可知，其取值为 00 时 ALU 执行加法运算。
- EXTOp：如前所述，EXT 执行任何功能都不会影响到 addu 的执行，因此可以让 EXTOp 为任意取值。既然如此，再根据数字电路的知识，建议其取值为 X，从而可能对后续的电路化简带来某些便利。

上述分析完成后，就得到了如图 4-41 所示的 addu 执行路径以及相关各功能部件的控制信号取值。

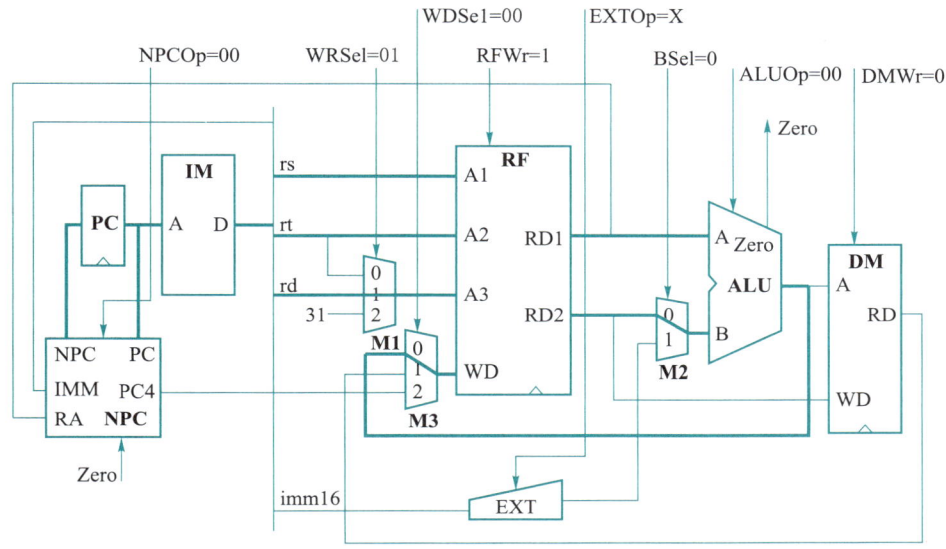

图 4-41　addu 指令的执行路径及控制信号取值

4.4.2　ori 指令的执行过程及其控制信号取值

为了正确执行 ori 指令，NPCOp 应取值为 11 以执行或运算，EXT 取值为 0 以执行零扩展。RFWr 和 DMWr 取值与 addu 是相同的，分别应为 1 和 0。对于 3 个多路选择器来说，WRSel、BSel 和 WDSel 取值则分别应为 00、0 和 00。综合以上分析，可以得出如图 4-42 所示的执行路径以及控制信号取值。

4.4.3　lw 指令的执行过程及其控制信号取值

对于 lw 来说，DM 地址的计算需要用到符号数，因此 EXT 需要执行符号扩展，且 ALU 执行加法运算。DM 读出的数据需要回写至 RF，因此 M3 需要选择通道 1。再结合前面两条指令积累的知识，不难总结出如图 4-43 所示的执行路径以及控制信号取值。

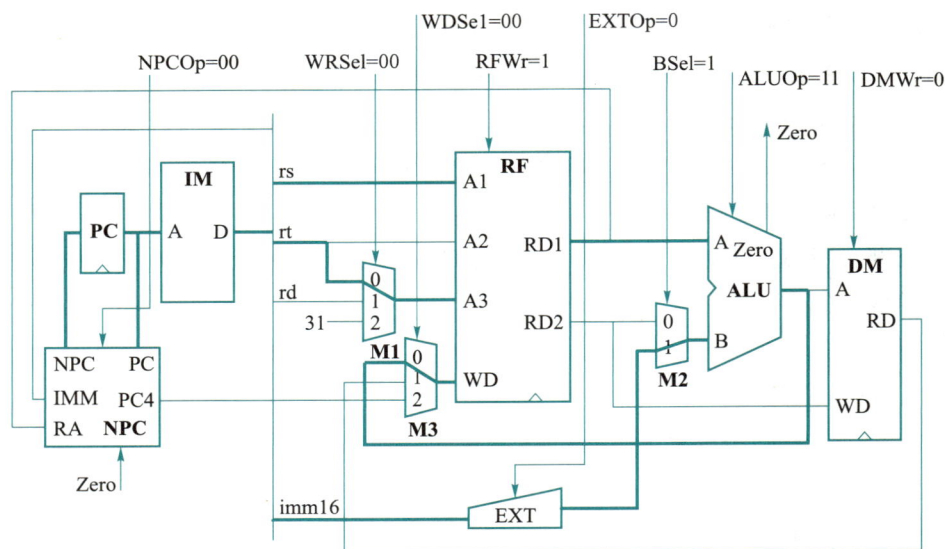

图 4-42　ori 指令的执行路径及控制信号取值

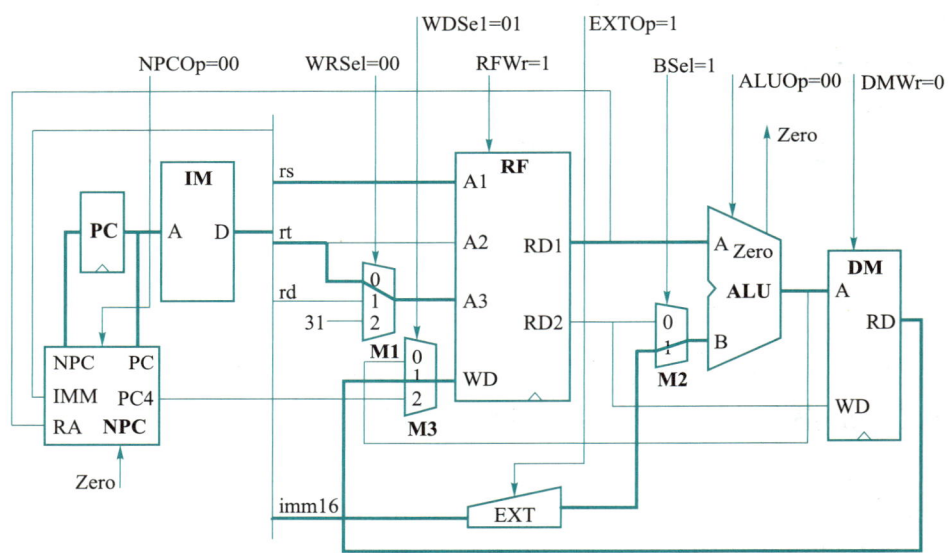

图 4-43　lw 指令的执行路径及控制信号取值

4.4.4　beq 指令的执行过程及其控制信号取值

对于 beq 来说，不涉及写 RF 和 DM，因此 RFWr 和 DMWr 均为 0。为了比较两个寄存器值是否相等，可以让 ALU 执行减法功能并根据 Zero 取值来决定次地址的计算结果。为此，ALUOp 应取值为 01，NPCOp 取值为 01。图 4-44 为 beq 执行路径及其控制信号取值。

4.4 构建单周期 CPU 的控制器

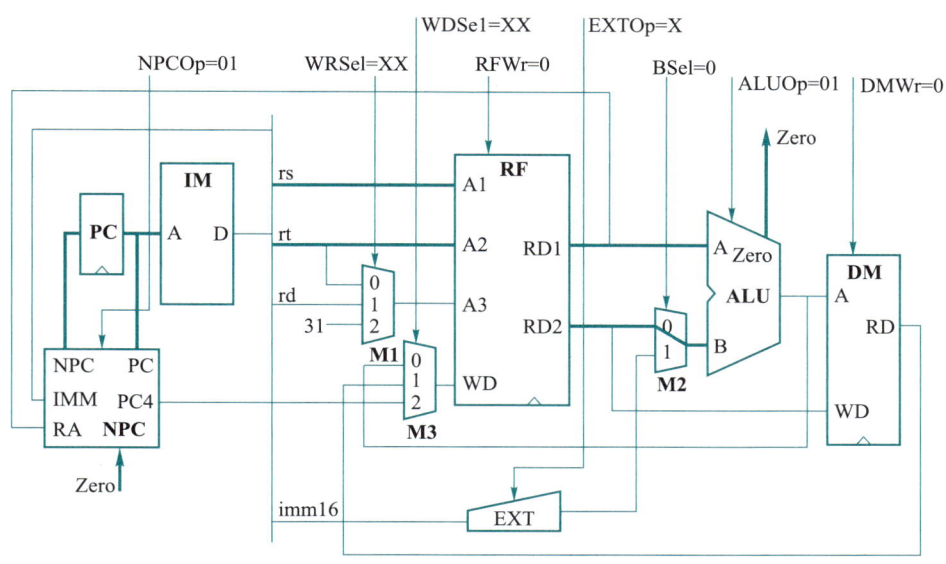

图 4-44 beq 指令的执行路径及控制信号取值

4.4.5 生成控制信号表达式

读者可以仿照前述 4 条指令的分析过程，自行分析剩余指令的执行过程及其控制信号取值。当完成全部指令的分析，并推演出每条指令对应的控制信号取值后，就可以构造控制器了。

第 1 步：合成控制信号取值矩阵。

把前面逐条指令建立的控制信号取值以及 MUX 真值表合并在一起，就得到了如表 4-27 所示的全部控制信号的取值矩阵。显然，控制信号取值矩阵的每列都对应一个控制信号的真值表。

表 4-27 全部控制信号的取值矩阵

指令	NPCOp	RFWr	EXTOp	ALUOp	DMWr	WRSel	WDSel	BSel
addu	0b00	1		0b00		0b00	0b00	0
subu	0b00	1		0b01		0b00	0b00	0
ori	0b00	1	0	0b11			0b00	1
lw	0b00	1	1	0b00			0b01	1
sw	0b00		1	0b00	1			1
sltu	0b00	1		0b01		0b00	0b00	0
beq	0b01			0b01				0
jal	0b10	1					0b10	
jr	0b11							

第 2 步：构造控制信号 AND-OR 生成矩阵。

根据离散数学知识可知，从真值表构造相应的表达式是很简单的。这里介绍的内容只是将这个转换过程定义得更规范，从而使控制器开发更具工程化。

图 4-45 是单周期 CPU 控制信号生成框图。从该图中可以看出，首先是根据每条指令的 opcode 和 funct 域将每条指令都用一个 1 位的布尔变量表示。下面以 beq 指令为例，用指令名字来命名相应的 1 位变量，beq 对应的指令变量表达式如下：

$$\text{beq} = \overline{op}[5] \cdot \overline{op}[4] \cdot \overline{op}[3] \cdot op[2] \cdot \overline{op}[1] \cdot \overline{op}[0]$$

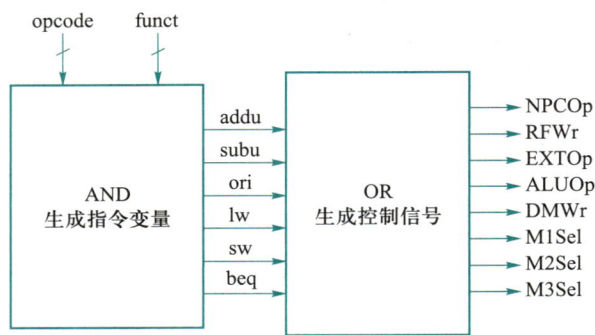

图 4-45 单周期 CPU 控制信号生成框图

对于 R 型指令来说，其 opcode 均为 0，因此 funct 是区分 R 型指令的关键。为此，需要定义 1 位的布尔变量 RType。以 add 指令为例，其相应的指令变量表达式如下：

$$\text{Rtype} = \overline{op}[5] \cdot \overline{op}[4] \cdot \overline{op}[3] \cdot \overline{op}[2] \cdot \overline{op}[1] \cdot \overline{op}[0]$$

$$\text{addu} = \text{Rtype} \cdot \overline{funct}[5] \cdot \overline{funct}[4] \cdot \overline{funct}[3] \cdot \overline{funct}[2] \cdot \overline{funct}[1] \cdot \overline{funct}[0]$$

当所有的指令变量都产生后，就可以用这些指令变量来生成控制信号表达式了。这一步骤对应图 4-45 中的 OR 运算。方法很简单，就是对控制信号有效的那些指令变量做 OR 运算即可。以 RFWr 为例，RFWr 为 1 所对应的指令为 {addu、subu、ori、lw、jal}，因此 RFWr 对应的表达式如下：

$$\text{RFWr} = \text{addu} + \text{subu} + \text{ori} + \text{lw} + \text{jal}$$

对于如 NPCOp[1:0] 这样的多位控制信号来说，方法是完全相同的，只是需要独立建立每位的表达式即可。当然，如果用 VerilogHDL 写表达式，则表达式会简单很多。

当所有控制信号表达式都生成完毕后，控制器设计结束了。从设计角度看，整个单周期的设计工作也结束了。剩下的就是用 VerilogHDL 将设计工作所产生的功能模块与表达式表达出来即可。VerilogHDL 代码 4-14 展示了开发控制器的基本结构。

代码 4-14　单周期控制器

```verilog
`define ADDU  6'b100000
`define BEQ   6'b000100

`define NPC_4    2'b00                        //NPC 的 4 种计算模式
`define NPC_BEQ  2'b01
`define NPC_JAL  2'b10
`define NPC_JR   2'b11

module Controller(op,funct,RFWr,DMWr,…);
    input   [5:0] op;
    input   [5:0] funct;
    output        RFWr,DMWr;
    ……

    wire addu,subu,ori,lw,sw,beq,jal,jr;       // 指令变量
    wire Rtype;                                 //R 类指令
    wire [1:0]NPCOp,ALUOp;

    assign Rtype = (op==6'b000000);
    assign add = Rtype & (funct==`ADDU);
    assign beq = (op==`BEQ);
    assign NPCOp = beq ?`NPC_BEQ :
                   jal ? `NPC_JAL :
                   jr  ? `NPC_JR  :
                         `NPC_4;
    ……
endmodule
```

为了提高 VerilogHDL 代码的可读性，建议读者多使用 define 这样的宏定义。此外，在实际编写 VerilogHDL 代码时，尽量不要直接使用 VerilogHDL 最基础的运算符构建表达式，而应该多使用较为高级的表达式。很显然，VerilogHDL 代码 4-14 中的指令变量表达式比上方正文描述的指令变量表达式要简明且易于理解得多。

4.5　集成数据通路与控制器

当开发完成控制器后，就可以将数据通路和控制器连接起来，从而完成整个 CPU 的开发。VerilogHDL 代码 4-15 仅仅给出了示意性代码，详细设计请读者自行完善。

代码 4-15 单周期 CPU 顶层设计

```
module CPU(…);
    ……
    wire [5:0] op,funct;
    wire       RFWr,DMWr;

    DataPath   U_DP(Clk,Reset,op,funct,RFWr,DMWr,…);
    Controller U_CTRL(op,funct,RFWr,DMWr,…);

endmodule
```

4.6 单周期 CPU 性能分析

在单周期 CPU 中，无论复杂指令还是简单指令，都必须在一个时钟周期内完成。本节分析影响单周期 CPU 性能的因素以及如何计算单周期 CPU 的性能。

4.6.1 数字电路时钟频率计算方法

CPU 是典型的数字时序电路，其性能构成的核心要素是寄存器的时钟频率。这里先回顾寄存器时钟频率计算所涉及的两个最基本的概念：建立时间、保持时间。不妨假设 CLK 为寄存器的时钟信号。

（1）建立时间（setup time）：寄存器输入在 CLK 上升沿来之前，就必须已经保持稳定的时间。

（2）保持时间（hold time）：寄存器输入在 CLK 上升沿之后，仍然必须保持稳定的时间。

（3）输出延迟（CLK-to-Q_deday）：寄存器值在 CLK 上升沿之后，能够稳定输出的时间。

数字时序电路的频率计算模型如图 4-46 所示。可以看出，由于建立时间与输出延迟均为寄存器的固有延迟，因此数字时序电路的最高时钟频率取决于组合逻辑的最大延迟：组合逻辑延迟越小，则电路的频率越高。

下面再来讨论组合逻辑的延迟计算问题。组合逻辑的最大延迟取决于组合逻辑中的关键路径，即电路中的任意两个寄存器之间的最大延迟。观察如图 4-47 所示的电路，关键路径是组合逻辑 1、组合逻辑 2、组合逻辑 3 以及 MUX 的延迟之和。这个电路的寄存器能够正常工作的最大时钟频率就是"1/ 关键路径延迟"。

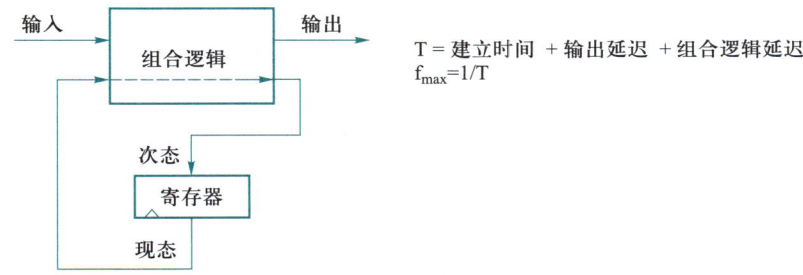

图 4-46　数字电路时钟频率计算方法

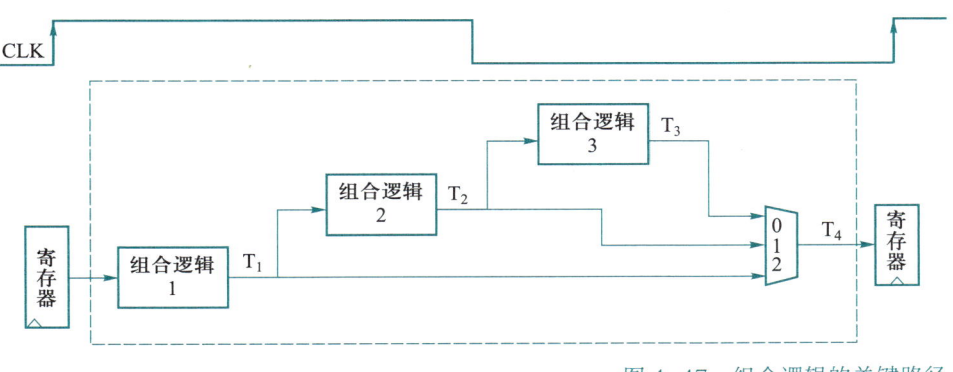

图 4-47　组合逻辑的关键路径

4.6.2　add 执行延迟分析

在讨论单周期 CPU 执行指令性能前，先以 add 为例分析 CPU 执行指令的细节。单周期 CPU 执行 add 的时序图如图 4-48 所示。

下面的分析过程从图中的第 1 个时钟上升沿开始。

（1）寄存器输出延迟。在第 1 个上升沿时，PC 存入当前指令的地址，然后经过短暂的输出延迟后输出。

（2）指令存储器读延迟 T_{IM}。PC 驱动指令存储器并经过访存延迟后读出指令。由于 MIPS 指令格式采用显式编码，因此 rs、rt 等域也就无需再有等待时间了。

（3）控制器延迟 T_{CTL}、寄存器堆延迟 T_{RF}。op 和 funct 等信号进入控制器参与控制信号方程的运算，ALUOp、RFWr 经过一定延迟后有效。在指令存储器输出指令后，rs 和 rt 域就同时驱动寄存器堆读取两个寄存器值。一般来说，寄存器堆的延迟是大于控制器的延迟的。

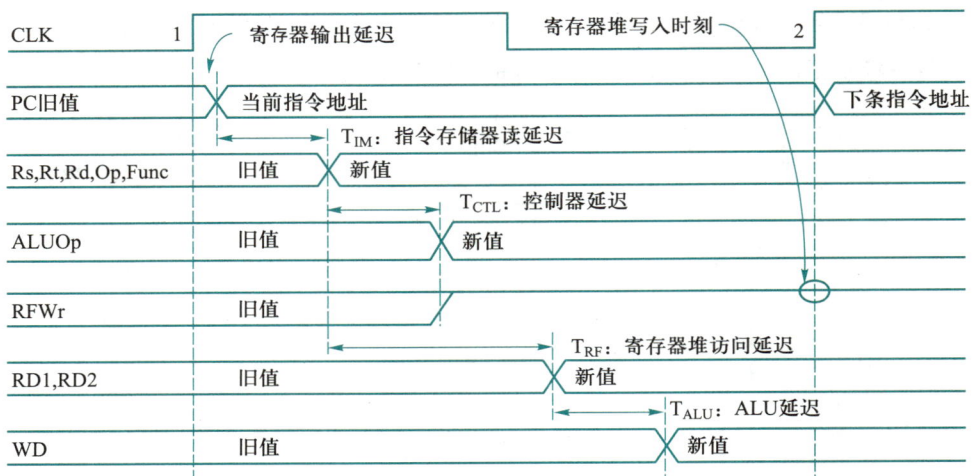

图 4-48 单周期 CPU 的 add 时序图

(4) ALU 运算延迟 T_{ALU}。读出的 rs 和 rt 寄存器值经过 ALU 运算延迟后，其加法结果产生并反映在寄存器堆的 WD 输入端。

(5) 寄存器建立时间。在 WD 产生待写入的新值后，该值需要保持稳定的时间，不能小于寄存器固有的保持时间。经历了上述所有过程后，在第 2 个时钟上升沿到来时，新值被写入寄存器堆，同时 add 执行也就完成了。PC 也是在第 2 个时钟上升沿后写入下一条指令的地址。

理解 CPU 时序的要点之一是：由于寄存器写入是在时钟上升沿时才发生，因此寄存器堆、PC 都是在下一个时钟上升沿到来时才完成了内容更新。对于 add 来说，上述各个环节的延迟之和就是其理想的执行时间，也就是潜在的最短执行时间。

4.6.3 单周期 CPU 执行延迟分析

参照 add 执行延迟的分析方法，在目前的这些指令中，lw 显然是执行时间最长的指令，其覆盖了指令执行的所有环节，依次使用了 5 个功能单元：PC、指令存储器、ALU、数据存储器、寄存器堆。相对来说，R 类指令执行与数据存储器无关。beq 和 jr 指令则更进一步，ALU 都与执行无关。毫无疑问，R 型指令、beq 和 jr 的理想执行时间均比 lw 的短，但由于单周期的设计局限，使得这些指令执行时间被拖长至与 lw 相同的时间。

为了简化评估，这里去除了诸如寄存器建立与保持时间、多路选择器延迟等相对较小的延迟，而只从主要功能部件执行延迟来分析单周期处理器执行性能。一般来说，存储器访问时间和 ALU 运算时间都较长，寄存器堆读写时间相对较短。在下面的定量分析中，假设存储器访问时间和 ALU 运算时间均为 200 ps[①]，寄存器堆读写时间均为 100 ps。表 4-28 汇总了本章所涉及指令的执行时间。

表 4-28　MIPS-Lite 指令集的单周期指令执行时间分析（单位：ps）

指令	读取指令	读寄存器	ALU	数据存取	写寄存器	总执行时间	潜在执行时间
addu	200	100	200		100	800	600
subu	200	100	200		100	800	600
ori	200	100	200		100	800	600
lw	200	100	200	200	100	800	800
sw	200	100	200	200		800	700
beq	200	100	200			800	500
jal	200				100	800	300
jr	200	100				800	300

由于单周期 CPU 将指令的所有环节都安排在了同一个时钟周期内，这意味着单周期 CPU 时钟周期的长度由执行时间最长的指令决定。显然，lw 就是这些指令的关键路径。由于 lw 的执行时间为 800 ps，因此该 CPU 的时钟周期最短长度就是 800 ps，即该 CPU 的最高时钟频率为 1.25 GHz。

从表 4-28 还可以看出，绝大多数指令的潜在执行时间是小于 800ps 的，这表明 CPU 执行时间是存在改进潜力的。为了提高性能，就必须改造 CPU 执行指令的过程，从而使得指令的不同阶段在不同的时钟周期完成。如果一条指令的执行过程能被划分为若干个环节并被映射到不同的时钟周期，这可以有两个好处：

（1）由于每个时钟周期内的组合逻辑被减少了，因此有可能大幅度提升时钟频率。

（2）能够根据指令的真实执行需求，只执行必须执行的环节，从而降低指令执行时间。

4.7　实验指引

本章实验首先使用 Logisim 对单周期 CPU 进行建模。Logisim 是一款用于数字电路设计与仿真的教育软件，提供了丰富的电路库与元件的抽象表示，同时提供了仿真功

[①] ps：picosecond，皮秒。1 ps=10^{-12}s。

能，可以帮助读者对单周期 CPU 的数据通路、控制器以及运行情况有更直观的理解。

Logisim 工具通过图形化的方式易于支持小指令集的单周期 CPU 建模，但是当指令集规模变大，或者设计的系统相对复杂（如流水线 CPU）时，则不再适合使用"做图法"。VerilogHDL 是一种硬件描述语言，用于数字电路的系统设计，可对数字电路从开关级、门级、算法级进行抽象建模。本章实验的第二部分依托 ISE 环境基于 VerilogHDL 进行模块的设计、开发和调试，通过在线实验帮助读者掌握使用硬件描述语言进行组合逻辑及时序逻辑数字电路模块的开发能力，进而进行单周期 CPU 的开发。

4.7.1 基于 Logisim 的数字系统设计开发

微视频：Logisim 介绍

Logisim 提供图形化界面，用户以鼠标拖拽的方式可以在画布中实例化逻辑门、复用器、运算器、存储、输入输出等组件，并可利用线路组件进行部件间连线以进一步完善系统设计或观察电路。为帮助读者更好使用 Logisim 工具，理解如何基于 Logisim 工具进行组合电路以及时序电路的设计，在线实验平台提供了如下实验内容及对设计的电路进行自动评测。

（1）Logisim 中常用元器件的使用，子电路的封装及使用。

（2）应用多路选择器、译码器和多路分配器进行电路设计。

（3）Logisim 辅助组合逻辑分析。

（4）设计 1 位交换电路，在此基础之上设计 4 位 4 输入的排序电路。

（5）基于有限状态机实现"心情锁"电路。

（6）使用 Mealy 型有限状态机设计"2^n mod 5"电路，该电路串行输入一个二进制无符号数 B（先输入高位），输出"2 的 B 次幂"模 5 的余数。

（7）搭建一个根据输入序号 x(3b)，计算对应序号斐波那契数 F_x(4b) 的电路，$F_0 = 0$，$F_1 = 0$，$F_n = F_{n-1} + F_{n-2}$ $(n \geq 2)$；

（8）设计 8 位 CRC 校验码计算电路。

（9）搭建寄存器文件（GRF），包含 32 个 32 位寄存器，其中 0 号寄存器读取的结果恒为 0，能够进行寄存器文件的复位和数据读写。

（10）使用 Moore 型有限状态机设计"导航"电路。

（11）使用 Mealy 型有限状态机设计"正则表达式匹配"电路。

在读者熟悉 Logisim 工具，能够有效完成基本数字电路设计后，便可以进一步开发支持 MIPS 指令集子集 {add, sub, ori, lw, sw, beq, lui, nop} 的 32 位单周期处理器，包含如下模块：

（1）IFU（取指令单元）

- 内部包括 IM（指令存储器）、PC（程序计数器）及相关逻辑。

- IM 用 ROM 实现，容量为 4 096×32 位。ROM 内部的起始地址从 0 开始，即 ROM 的 0 位置存储的是 PC 为 0x00003000 的指令，IM 的地址范围：0x00003000～0x0006FFF。IM 中存储的每条指令为 32 位。
- PC 使用寄存器实现，应具有异步复位功能，复位值为起始地址。起始地址：0x00003000。

（2）GRF（通用寄存器文件）

- 使用具有写使能的寄存器实现，寄存器总数为 32 个，应具有异步复位功能。
- 0 号寄存器的值始终保持为 0。其他寄存器初始值（复位后）均为 0。

（3）ALU（算术逻辑单元）

- 提供 32 位加、减、或运算及大小比较功能。
- 加减法按无符号处理（不考虑溢出）。

（4）DM（数据存储器）

- 使用 RAM 实现，容量为 3 072×32 位，应具有异步复位功能，复位值为 0x00000000。起始地址：0x00000000。地址范围：0x00000000～0x00002FFF。
- RAM 应使用双端口模式，即设置 RAM 的 Data Interface 属性为 Separate load and store ports。

（5）EXT（扩展单元）

- 可以使用 Logisim 内置的 Bit Extender。

（6）Controller（控制器）

- 使用与或门阵列构造控制信号。

4.7.2 基于 ISE 的数字系统设计开发

微视频：ISE 介绍

在线实验平台提供了安装 ISE 方法、常用 VerilogHDL 语法、仿真与调试等内容，并为如下实验内容提供自动评测：

（1）支持"加、减、或、与"运算的 32 位 ALU 电路设计。

（2）检测序列"1，2，3"电路的设计。

（3）简化版计数器电路的设计。

（4）识别正则表达式的电路设计。

（5）CPU 输出序列检查电路的设计。

（6）实现 Splitter 电路的设计。

（7）实现一个 32 位六运算 ALU 电路的设计。

（8）实现扩展器的电路设计，能够对 16 位数据进行符号扩展、零扩展以及将输入的 16 位数加载到高位等操作。

（9）实现格雷码计数器的电路设计。

在读者熟悉 VerilogHDL 及 ISE，能够有效完成基本数字电路设计后，便可以进一步开发支持 MIPS 指令集子集 {add, sub, ori, lw, sw, beq, lui, jal, jr, nop} 的 32 位单周期处理器，要求详见在线平台说明：

- 需要采用模块化和层次化设计。顶层文件为 mips.v，有效的驱动信号要求包括且仅包括同步复位信号 RESET 和时钟信号 CLK；
- 在 GRF 模块中，每个时钟上升沿到来时若要写入数据（即写使能信号为 1 且非 RESET 时），则输出写入的位置及写入的值；
- 在 DM 模块中，每个时钟上升沿到来时若要写入数据（即写使能信号为 1 且非 RESET 时），则输出写入的位置及写入的值；
- IM 容量为 16KB（4 096×32b），DM 容量为 12KB（3 072×32b）；
- 复位后，PC 指向 0x00003000（与 MARS 内存配置中的设置保持一致以支持自动评测，此处为第一条指令的地址），GRF 和 DM 中的所有数据清零。

4.7.3 面向单周期 CPU 的功能测试

在线实验平台提供对上述指令子集的单周期处理器的自动评测。实际上，更建议读者自行编写 MIPS 测试程序，通过如下方式验证所设计的 CPU 是否正确。

（1）使用 MARS 单步执行测试程序，观察 MARS 中寄存器文件及存储器等功能部件存储内容的变化。

（2）在 Logisim 中对同一测试程序进行单步仿真，观察相应部件存储内容的变化是否一致。

1. 计算类指令功能测试

寄存器数据方面，可以考虑以下情况：

- 0 及附近的数：−2，−1，0，1，2。
- 32 位数边界附近的数：−2147483648，−2147483647，2147483646，2147483647。
- 32 位数范围内的一些随机数：−1000786109，1919156834。

无符号立即数方面，可以考虑以下情况：

- 0 及附近的数：0，1，2，3。
- 16 位无符号数边界附近的数：65533，65534，65535。
- 16 位无符号数范围内的一些随机数：25779，42528。

符号立即数（本实验不涉及）方面，可以考虑以下情况：

- 0 及附近的数：−2，−1，0，1，2。

4.7 实验指引

- 16 位符号数边界附近的数：-32768，-32767，32766，32767。
- 16 位符号数范围内的一些随机数：-5329，25299。

特别的，可注意测试目标寄存器是 $0 的情况。

2. 存取类指令功能测试

偏移（offset），可以考虑以下情况：

- offset 是正数。
- offset 是零。
- offset 是负数。

$base 寄存器方面，可以考虑以下情况：

- $base 寄存器中的值是正数。
- $base 寄存器中的值是零。
- $base 寄存器中的值是负数。

特别的，对于 sw 指令，建议存入的字中，每个字节都不是零。对于 lw 指令，可注意测试目标寄存器是 $0 的情况。

3. 跳转类指令功能测试

对于非比较相关的部分，可以考虑以下情况：

- 跳转，且目标在此跳转指令之前。
- 跳转，且目标是此跳转指令。
- 跳转，且目标在此跳转指令之后。
- 不跳转，且目标在此跳转指令之前。
- 不跳转，且目标是此跳转指令。
- 不跳转，且目标在此跳转指令之后。

对于比较相关的部分，本质上依旧是构造寄存器数据，处理类似"计算类指令功能测试"。

4. 其他测试上的建议

如果利用 MARS 进行对拍，应该将 MARS 和自行设计的 CPU 内存保持一致，需要在 MARS 中将 Memory Configuration 设置为 Compact, Data at Address 0，才能使 MARS 的 PC 起始于 0x3000，DM 起始于 0x0000。

为更合理地进行测试，如果利用 MARS 进行对拍，单个测试点最多指令数不可以超过 1 024 条，这个限制来源于 MARS 的 .text 段长度限制。感兴趣的读者可以考虑能否通过修改 MARS 使其支持更大的指令容量。

为更有效地进行测试，可以在测试程序开始时将 31 个寄存器初始化成非 0 值，这往往有助于发现 Bug。

DM 的地址范围为 0x0000～0x2FFF。生成 Load/Store 类指令时注意不要地址越界。

4.8 本章小结

随着体系结构研究的不断深入，特别是微电子技术的高速发展，现代 CPU 早已不再使用单周期架构了。单周期 CPU 的本质特点是所有指令的执行周期都是相同的，且仅为一个时钟周期。虽然单周期 CPU 性能过低，但由于其结构简单易于理解，因此对于初学者学习 CPU 原理仍具有重要意义。

本章除了讲授单周期 CPU 的基本结构，还讲授了包括 ALU 等在内的 CPU 主要功能部件的内部结构和外部特性。在数据通路构造过程中，始终是以功能部件的外特性为基础，即基于功能部件构建整个数据通路。这样的开发过程很好地体现了计算机系统的基本特征与思考方法，即层次化。

思考题

1. Verilog 同时支持结构建模和行为建模两种方式。本章在讨论功能部件内部结构时以结构建模为主，如图 4-10 的 RF 与图 4-21 的 ALU。请采用 Verilog 结构建模方式建模能支持 ori、lw 和 sw 的 EXT 功能部件。

2. 采用 Verilog 行为建模方式建模表 4-6 定义的 DM。

3. 分别采用 Verilog 结构建模和行为建模两种方式建模表 4-13 定义的 ALU，并通过仿真对比两者建模正确性。

4. 分别采用 Verilog 结构建模和行为建模两种方式建模表 4-26 定义的 NPC，并通过仿真对比两者建模正确性。

5. 用 Verilog 实现本章定义的单周期 CPU，并编写一个把 MIPS-C0 所有指令都覆盖的测试程序。在 Verilog 模拟器与 MARS 上分别运行这个测试程序并进行正确性对比。

6. 在 MIPS-C0 基础上，现在要进一步支持 {addiu、and、bgez、bgtz、bne}。

（1）为支持上述 5 条指令，需要修改哪些功能部件以及如何修改？

（2）请分别给出上述 5 条指令的数据通路设计图以及功能部件真值表。

7. 以第 5 题的 Verilog 工程为基础，增加第 6 题中的 5 条指令，并按第 5 题方法做正确性对比测试。

8. 本章举例的读存储器指令为 lw，现在需要设计一个新的功能部件 M2R 来支持 lb、lbu、lh、lhu。以 lb 为例，从 DM 中读出的 4 字节数据必须根据 ALU 计算出来的地址最低 2 位选取恰当的字节，然后符号扩展为 32 位数据，才能写入 RF。lbu 与 lb 类似，区别在于 lbu 采用的是无符号扩展。lh 与 lhu 整体处理策略与 lb 和 lbu 类似，只是前者需要对半字做符号扩展或无符号扩展。为此，设计师在数据通路中增加了 M2R 模块来实现上述功能，如图 4-49 所示。

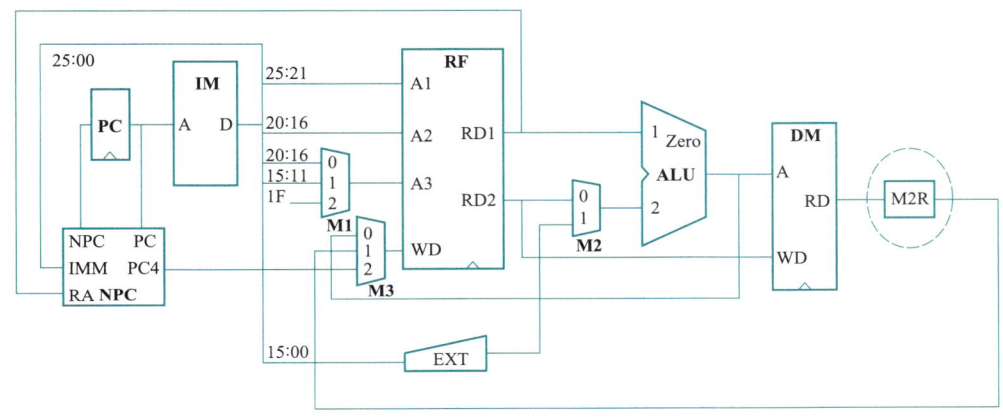

图 4-49 支持多种读存储器指令

现在设计师给出了 M2R 模块的部分内部结构，如图 4-50 所示。其中 8-ZE 和 8-SE 的功能分别是对 8 位数据做无符号扩展和符号扩展。CTL 是控制器，其输入为 4 个指令变量和 ALU 计算出地址最低两位，其输出 bs、hs 和 ws 这 3 个控制信号。控制信号字母 b、h、w 和 s 分别代表字节、半字、字与选择的意思。

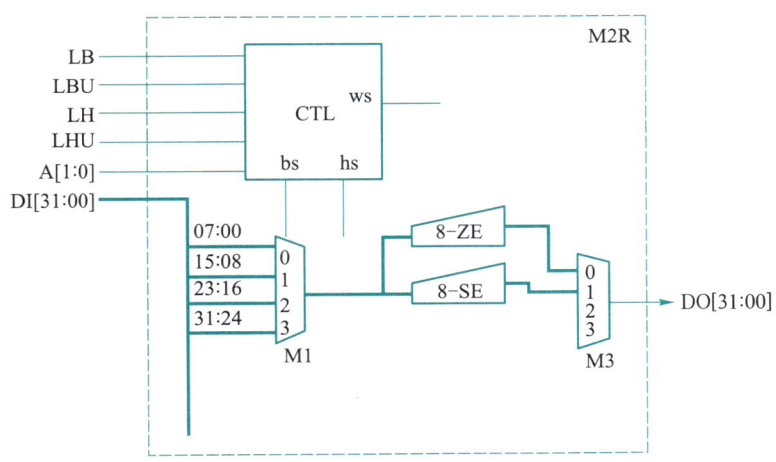

图 4-50 M2R 模块的部分内部结构

请完成 M2R 模块的设计工作。

(1) bs、hs 和 ws 这 3 个控制信号分别是几位?

(2) M1、8-ZE 以及 8-SE 这 3 个功能部件是为了支持 lb 和 lbu 的。请仿照该思路,构造出能够支持 lh 和 lhu 的数据通路。

(3) 将 hs 与 ws 连接至对应功能部件。

(4) 给出 bs、hs 和 ws 的表达式。

9. 为了支持 sb 和 sh 的写一个字中的某个字节或半字,需要修改 DM 的内部设计及其接口控制信号,如图 4-51 所示。由于 DM 是 32 位输入,因此需要 4 位字节写使能控制信号 BE[3:0],其中 BE[0] 与 WD[07:00] 对应,BE[1] 与 WD[15:08] 对应,以此类推。如果 BE[x] 为 1,则 DM 将 WD 的对应字节写入存储器的对应字节,否则即使 DM 的写使能信号有效,该字节也不会被写入。

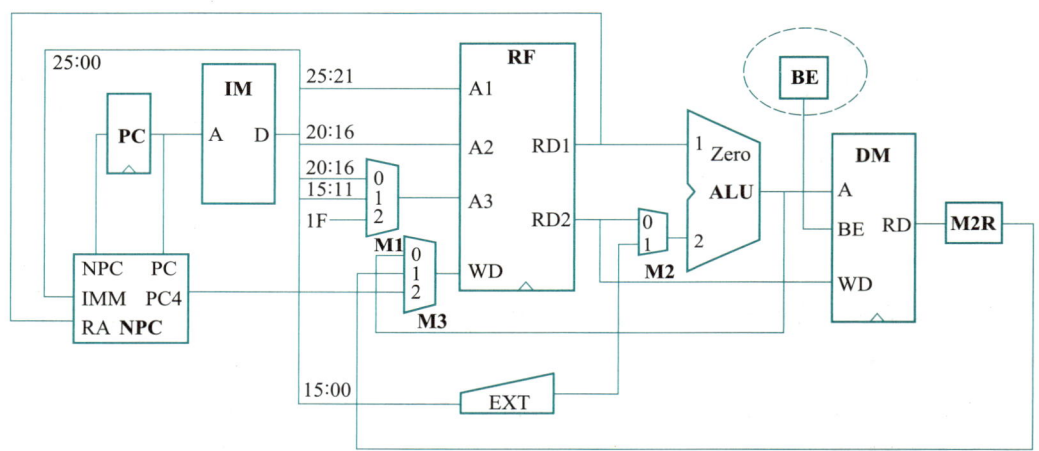

图 4-51 支持半字及字写入存储器

(1) DM 的接口信号增加 BE[3:0]。请完善 DM 内部设计。提示:假设 mem 是 DM 内部的存储阵列,下列伪代码给出了字节 0 的写入控制。

```
if(Wr & BE[0])
    mem[??][7:0]<= WD[7:0]
```

(2) 功能模块 BE 用于产生 DM 的 4 个写使能信号。请分析 BE 有哪些输入信号。

(3) 请给出 BE 模块的 4 个写使能信号的表达式。

10. 现有指令 lwadd,其 RTL 如表 4-29 所示。与 lw 不同的是,lwadd 读出的存储器值要参与运算后才能写入 rt。设计师希望以图 4-38 所示的数据通路为基础,将 DM 的输出引入 M3 上,从而仅仅通过复用 ALU 的方式就能支持 lwadd。但遗憾的是,这个设计在单周期架构中是无法正确执行的,为什么?

表 4-29 lwadd 指令格式及 RTL 描述

编码	31　　　　　26	25　　　　21	20　　　　16	15　　　　　0
	lwadd	base	rt	offset
	6	5	5	16
RTL	Addr ← R[base] + sign_ext(offset) R[rt] ← R[base] + memory[Addr]			

11. 从 add、addi 和 sub 的 RTL 可知，这 3 条指令在运算过程中会产生溢出，但图 4-21 和表 4-13 定义的 ALU 均无法检测出溢出。为了能支持溢出检测，需要增加 ALU 的接口控制信号 OV（overflow，1 代表有溢出，0 代表无溢出）。请修改图 4-21 以输出 OV。

12. 为了在进行内存复制时更快地调整缓冲区指针，设计师设计了指令 lwinc，其详细描述如表 4-30 所示。lwinc 能够在完成主存单元读取后，自动将指针指向下一个主存单元。请论述为支持 lwinc，需要对图 4-38 的数据通路做哪些设计修改。

表 4-30 lwinc 指令格式及 RTL 描述

编码	31　　　　　26	25　　　　21	20　　　　16	15　　　　　0
	lwadd	base	rt	offset
	6	5	5	16
RTL	Addr ← R[base] + sign_ext(offset) R[rt] ← memory[Addr] R[base] ← R[base] + 4			

13. 设计师重新设计了表 4-28 的功能部件，使得 ALU、IM 和 DM 的延迟均减少了 100 ps。请计算新的单周期处理器的时钟周期及时钟频率。

第 5 章

多周期 CPU

教学课件：多周期 CPU

从指令 RTL 可以看出，R 型指令与 DM 无关，Store 类指令与 RF 写入无关，B 类指令与 DM 和 RF 均无关，等等。由于涉及的功能部件少，因此这些指令在理论上可以更快地执行。但是在单周期 CPU 中，所有指令的执行时间都只有一个时钟周期。单周期的结构虽然简单，但却导致存在严重的关键路径问题，从而降低了系统的时钟频率，进而降低了 CPU 性能。为了解决这一问题，本章介绍第 2 种 CPU 架构——多周期。

多周期 CPU 通过在数据通路中引入若干级的寄存器，从而将单周期数据通路从一个大型组合逻辑切分为若干个功能分段。这就将单周期数据通路中的关键路径在物理上切割成若干个小的组合逻辑延迟，单周期数据通路的关键路径就被破解掉了。于是，延迟最大的那个分段就决定了多周期数据通路的最大时钟频率，系统的时钟频率也因此得以大幅度的提高。这种提高时钟频率的方法，也同样被应用在后续的流水线设计中。

5.1 破解关键路径的一般方法

根据数字逻辑知识可知，解决关键路径延迟导致时钟频率低的问题，可以通过在关键路径上插入一系列寄存器，从而将其分割为若干小的组合逻辑。假设分割的比较均匀，那么各段组合逻辑延迟都比较小，从而系统的时钟频率就可以大幅度提高了。

以图 5-1 所描述的时序电路为例具体解释上述原理，其中：

(1) R_s 和 R_d 是两个寄存器，分别代表源寄存器和目的寄存器。

(2) 两个寄存器之间包含 3 个组合逻辑 CL_1、CL_2 和 CL_3，延迟均为 T。

(3) 电路由两个功能构成，其中功能 1 从逻辑上仅与 CL_1 和 CL_3 相关，功能 2 则与 3 个组合逻辑均相关。

(4) 寄存器的建立时间，输出时间以及 MUX 时延等均忽略不计。

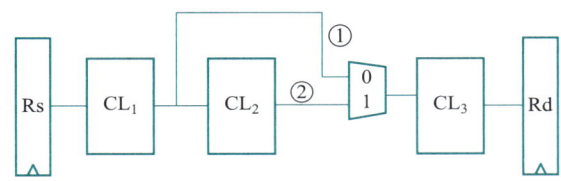

图 5-1　插入寄存器前的时序逻辑电路结构

显然，功能 2 是整个电路的关键路径。由于关键路径的延迟为 3T，因此 Rs 和 Rd 的时钟频率 f 上限只能是 $\dfrac{1}{3T}$。对于功能 1 来说，虽然理想执行时间为 2T，但关键路径的存在却使得其实际执行时间被迫等于 3T。

为了提高时钟频率，在图 5-1 的电路中插入 R1 和 R2 寄存器，就得到了图 5-2 描述的电路。引入两个寄存器使电路的延迟发生了本质变化：任意两个直接相邻的寄存器之间的组合逻辑延迟均下降为 T，因此整个电路的时钟频率 f 上限就提高到了 $\dfrac{1}{T}$。在本例中，除 {Rs, R1}、{R1, R2}、{R2, Rd} 这 3 对寄存器是直接相邻外，{R1, Rd} 也是直接相邻的。

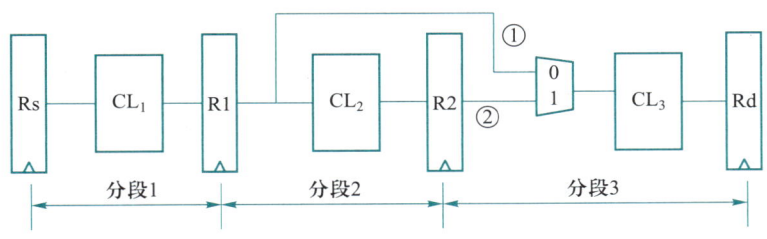

图 5-2　插入寄存器后的时序逻辑电路结构

插入寄存器后，原电路被划分为 3 个分段。每个分段由两个寄存器和组合逻辑构成，其中寄存器是不可缺少的，组合逻辑则并非必须存在。对于分段中的这两个寄存器来说，为组合逻辑提供输入值的寄存器被称为前级寄存器，保存本分段组合逻辑计算结果或前级寄存器值的寄存器称为后级寄存器。以分段 2 为例，R1 是前级寄存器，R2 是后级寄存器。所有插入的寄存器均具有双重角色。以 R1 为例，在分段 1 中，当时钟上升沿到来时，保存分段 1 的执行结果，因此它是分段 1 的后级寄存器；而在分段 2 中，它为 CL_2 提供输入，因此它是分段 2 的前级寄存器。

一个既有趣又非常关键的现象是，一个分段可以有多个前级寄存器。以分段 3 为例，它有两个输入寄存器，即 R1 和 R2。当然，也存在同一个寄存器驱动多个分段的现象。例如 R1，它既是分段 2 的前级寄存器，也是分段 3 的前级寄存器。

系统设计详解 5-1　寄存器插入的均衡性

插入寄存器时有几个问题值得关注。

（1）插入寄存器是否越多越好。在前述分析中，我们忽略了寄存器本身的工作时间延迟，如寄存器建立延迟。如果插入的寄存器数量多到使得寄存器延迟与组合逻辑延迟可比时，那么这个设计就不是好设计了。

（2）插入寄存器应注意时延均衡。寄存器插入时要使得各段组合逻辑的延迟尽可能相同，因为最高时钟频率由最大的那段组合逻辑时延决定。

（3）插入寄存器应尽量不破坏系统设计原则。按照第 4 章中给出的"高内聚低耦合"的设计原则设计电路，则寄存器一般应插入在每个功能模块的输出后面。这样既不破坏原有的设计结构，又能快速完成设计重构。

进一步思考会发现，前述第 2 条和第 3 条之间有时会存在冲突，即如果各个组合逻辑的延迟不够均衡，那么该以谁为主要设计指导准则呢？这是一个令人困惑的问题，很难有标准答案。这里仅给出一些定性的思考思路：

（1）如果各个组合逻辑的最大时延与最小时延的差值相对于最大时延而言"很小"（即可以被忽略），则调整组合逻辑的设计带来的性能收益很有限，那么就应该侧重坚持已有设计方面。

（2）反之，则有必要重新调整组合逻辑的设计。毕竟，付出重构设计的代价来换取性能的大幅度提升，是一种可以接受的系统开发思路。

也许读者会问,为什么没有精确定义"很小"。原因在于不同的系统对于性能和功能之间设计折中的诉求是不同的,因此设计师们对于"很小"的理解也是不同的。

5.2 改造单周期数据通路为多周期数据通路

以前一节内容为基础,很容易得出多周期 CPU 数据通路设计的基本思路。从抽象视图角度看,图 5-3 描述了改造单周期数据通路为多周期数据通路的基本思路:在每个非寄存器型的功能部件的输出端处插入相应的寄存器。

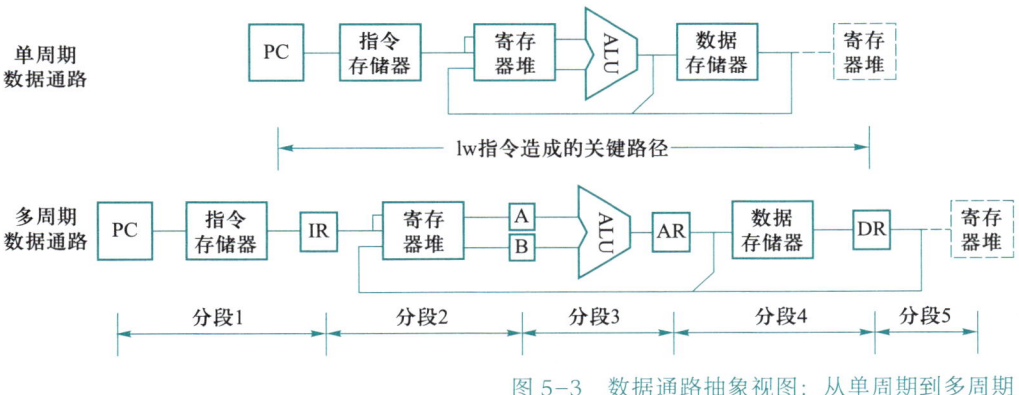

图 5-3 数据通路抽象视图:从单周期到多周期

遵循上述基本方法,图 5-4 描述了如何将单周期数据通路改造为多周期数据通路。为了方便对比,这里再次给出了单周期数据通路。

相对于单周期 CPU,在多周期 CPU 中需要增加如下寄存器:

- IR(instruction register):存储 32 位指令。
- A、B、C:分别存储 RF 的两个 32 位输出和扩展单元的 32 位输出。
- AR(ALU out register):存储 ALU 的 32 位计算结果。
- DR(data register):存储从 DM 中读出的 32 位数据。

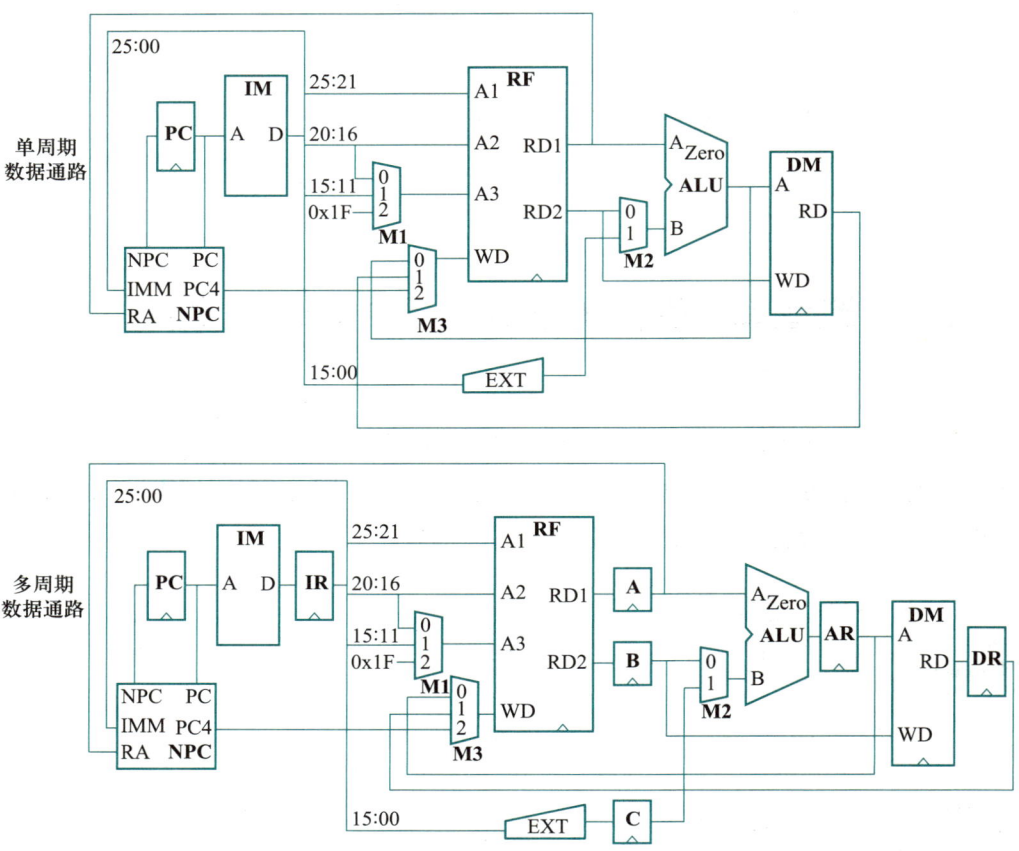

图 5-4 从单周期数据通路到多周期数据通路

系统设计详解 5-2　寄存器堆后面为什么还需要临时寄存器？

你也许会问：为什么在 RF 后面还要插入寄存器呢？RF 不就是寄存器吗？

回答这个问题，必须深入理解如图 5-5 所示的 RF 内部结构。RF 的右侧是两个 32 选 1 的 MUX，问题就在这里。

下面以 RD1 的 D_0 位产生逻辑为例进行分析。显然，RD1 的 D_0 位是通过一个 32 选 1 的 MUX 产生的，其中 MUX 的各输入分别来自 31 个寄存器的 D_0 位。假设 MUX 的控制信号为 S[4:0]，不难得出如下表达式：

$$D_0^{RD1} = \bar{S}_4 \cdot \bar{S}_3 \cdot \bar{S}_2 \cdot \bar{S}_1 \cdot S_0 \cdot D_0^{R1} + \bar{S}_4 \cdot \bar{S}_3 \cdot \bar{S}_2 \cdot S_1 \cdot \bar{S}_0 \cdot D_0^{R2} + \cdots + S_4 \cdot S_3 \cdot S_2 \cdot S_1 \cdot S_0 \cdot D_0^{R31}$$

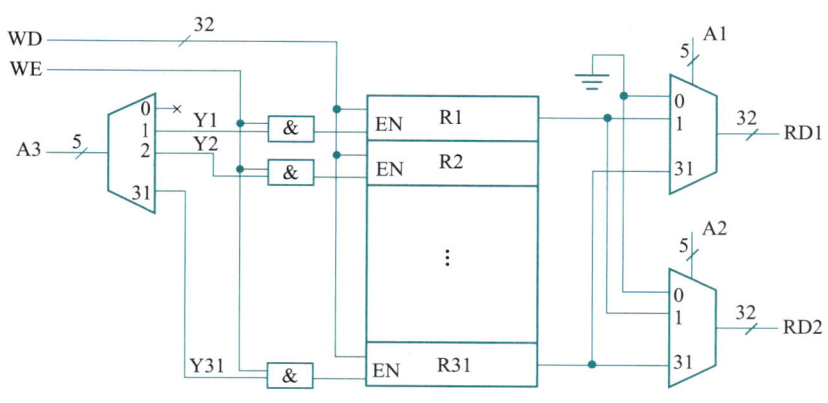

图 5-5　RF 内部结构

假设与门及或门都是两输入，并且与门、或门及非门 3 种门电路的延迟均相等，那么这个表达式的延迟是多大？最复杂的是第 1 项，有 4 层门电路；最简单的是第 31 项，有 3 层门电路。因此，31 个或项的最大延迟就是 4 倍的门电路延迟。然后通过用两输入或门层叠的方式，总共需要 5 层门电路产生最终的输出。可见这个表达式对应 9 层门电路，即从输入到输出的延迟是 9 倍的门电路延迟。

对比 ALU 内部结构，RF 右侧 MUX 的延迟虽然比 ALU 要小很多，但已经具有可比性了。为了不让 RF 的输出延迟累加到下一级的 ALU，就需要在 RF 的输出端插入寄存器。

通过插入寄存器，多周期数据通路被切分为若干分段，其具有两个重要特征：

（1）由于关键路径被寄存器切分为多个分段，关键路径不再存在了，因此多周期比单周期的时钟频率大幅提高。

（2）由于寄存器分隔了数据通路，因此在理论上各寄存器可以驱动任意某个分段，且该分段只占用 1 个时钟周期。

第 1 个特征的意义在于提升了电路的工作频率，而与指令执行的信息传递路径无关。第 2 个特征对于指令执行路径产生了决定性影响，即在多周期设计中不同类型指令的执行路径可以不同，从而执行时间也就不同。不同类型指令的执行时间仅与其操作语义中所涉及的寄存器与功能部件相关，而与关键路径无关。

本书的多周期数据通路构造方法极为简单，可以说几乎完全延续了单周期数据通路的构造过程。需要说明的是，为了适应多周期设计，需要对个别功能部件（例如 PC）做少量的功能调整。多周期数据通路的设计优化以及与其他教材的设计差异等内容，将在本章后续部分陆续详述。

另外，由于每个分段对应一个时钟周期，因此本章后续内容将混合使用分段与时钟周期这两个术语。

5.3 指令执行过程与控制信号取值分析

将单周期数据通路改造为多周期数据通路，是非常简单甚至是机械的，但这并未涉及一个更深层的问题，即指令在多周期数据通路中是如何执行的。只有分析清楚出了多周期数据通路的执行过程，才能指导后续的多周期控制器设计工作。

与单周期 CPU 执行指令只需要一个时钟相比，多周期 CPU 在执行一条指令时需要多个时钟周期。这就引出一个单周期 CPU 中不存在的问题，即：各功能部件的控制信号的取值不仅与当前正在执行的指令相关，也与当前指令处于哪个阶段（或哪个周期）相关。也就是说，控制信号表达式中不仅有指令信息（即 opcode 域和 funct 域），还应有时间信息。

本节仿照单周期的做法，选择 {lw，sw，add，sub，ori，beq，lui，jal} 作为案例来讲授，通过分析这些指令在多周期数据通路中的执行过程来推演出各个控制信号的取值。

5.3.1 分段的电路模型及时序模型

多周期数据通路各个分段的电路抽象模型如图 5-6 所示。对于一个分段来说，前级寄存器的作用是为组合逻辑提供所需的计算输入，后级寄存器的作用是保存组合逻辑计算结果。图 5-6 中，左侧寄存器的右半部分阴影表示该寄存器在本级的电路行为是读出，而右侧寄存器的左半部分阴影表示该寄存器在本级的电路行为是写入。数据通路中的每个寄存器都可能扮演双重身份，即在本级表现为写入，而对于下级则表现为读出。

图 5-7 为分段的时序模型。在分析分段时序时，用前一个时钟上升沿之后前级寄存器输出作为时序分析的开始时刻，以下一个时钟上升沿将组合逻辑计算结果写入后级寄存器作为时序分析的结束时刻。

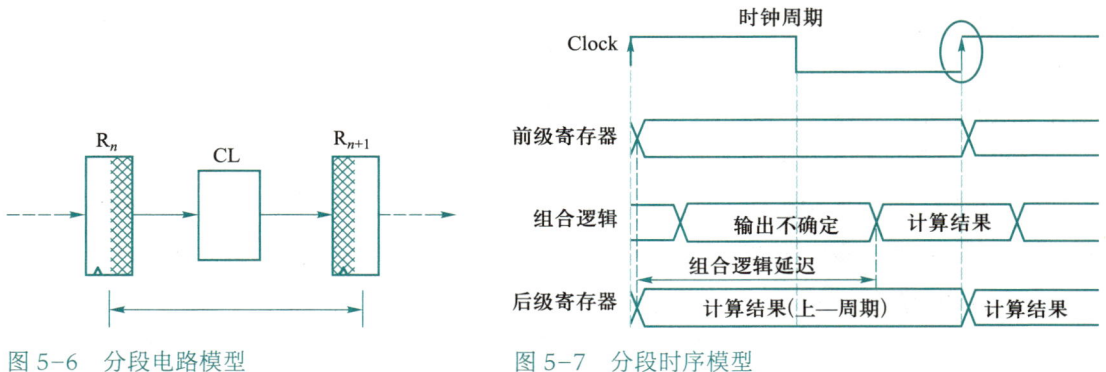

图 5-6　分段电路模型　　　　图 5-7　分段时序模型

5.3.2 多周期数据通路的控制信号

由于多周期数据通路是以单周期数据通路为基础的,因此单周期数据通路中的各个功能部件的控制信号在多周期数据通路中同样不可缺少。为了便于读者阅读,图 5-8 把单周期数据通路和多周期数据通路的控制信号都列出来了。

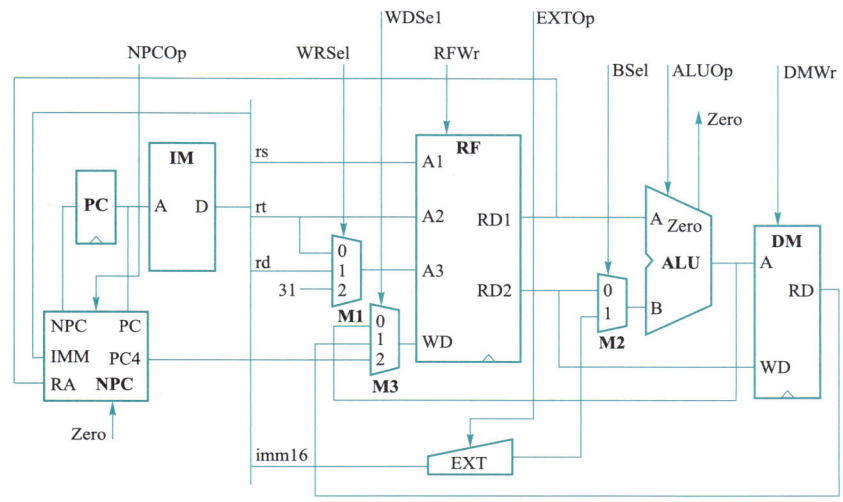

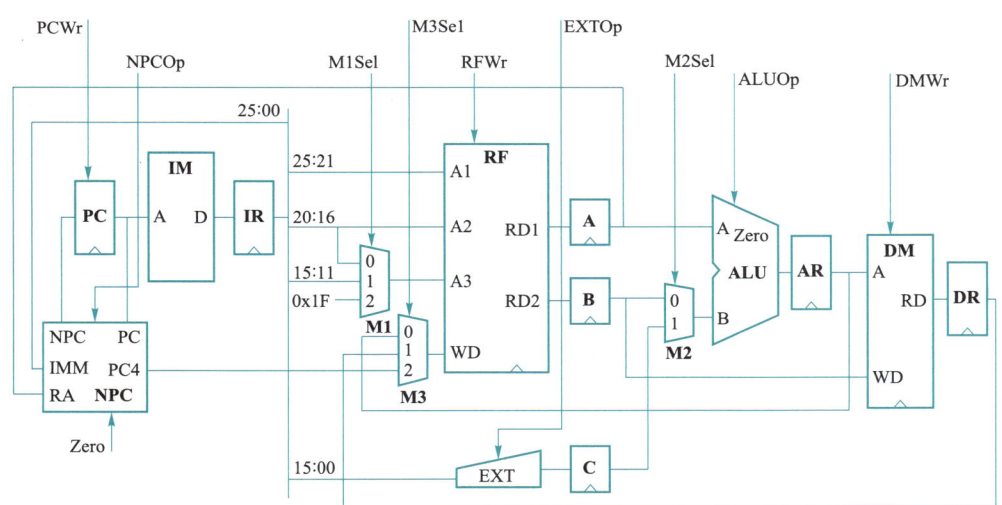

图 5-8 单周期数据通路控制信号与多周期数据通路控制信号

仔细对比单周期数据通路与多周期数据通路的控制信号,读者可能会产生如下几个问题。

(1) 为什么在多周期数据通路中,PC 需要设置名为 PCWr 的写使能控制信号?

(2) 与 RF 和 DM 类似,IR、A、B、C、AR、DR 这些寄存器也都有保存数据的功能,但为什么没有像前两者一样设置写使能控制信号呢?

下面先回答第一个问题。当搞清楚第一个问题后,读者就很容易理解第 2 个问题中的诸多寄存器为什么不设置控制信号了。

首先，一条指令在多周期数据通路的执行需要多个时钟周期。这就要求 IR 中保存的指令必须在整个过程中保持不变。其次，由于 NPC 是一个组合逻辑，因此它会没完没了地计算。为了简化分析，不妨假设 NPC 只具有 PC+4 的功能。我们首先用反证法来说明为什么 PC 必须有写使能。如果没有写使能，那么 PC 每个周期都会增加 4，这势必会导致 IM 读出的指令在每个周期都发生变化，这就会导致每个周期都有一条指令进入 IR。显然这与一条指令需要在多个周期内排他性的占用整个数据通路相矛盾。

或许有的读者会问：如果 IR 具有写使能，是否就解决问题了？很遗憾，这并不能消除 PC 本身的错误。试想一下，PC 在指令执行的多个周期内仍然会被错误地增加多次。显然，在当前指令执行结束后，PC 中保存的次地址必然是错误的。

假设 PC 有写使能 PCWr，那么对于每条指令来说，只需要在最后那个时钟周期将正确的次地址写入 PC 即可。如图 5-9 所示，假设当前正在执行的指令是 lw，其地址为 8000_0004。不妨再假设 lw 在时钟周期 3 结束，那么只需要让 PC 的值在周期 2 准备好，并且让 PCWr 在时钟上升沿 3 有效，那么 PC 就会在时钟周期 3 更新为 8000_0008。这样 IM 随后就会输出对应的 add 指令，于是 IR 在时钟上升沿 4 就存入了 add。同样的，只需要在 add 执行的最后一个周期修改 PC 即可。不难看出，只要控制好 PC 的写入时机，那么 PC 值就可以保持稳定，而 IR 就会随之保持稳定了。

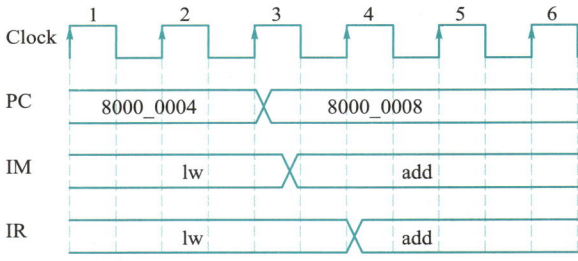

图 5-9　PC 与 IR 的关系

由此可以看出，只要 PC 的写入控制得当，IR 就不需要有写使能了。类似的，读者可以分析出 A、B、C、AR、DR 等寄存器也同样为什么不需要写使能了。

5.3.3　lw 指令的执行过程及其控制信号取值

根据单周期 CPU 的知识可知，执行 lw 所涉及的功能部件最多，为此，先以 lw 为例分析其在多周期数据通路中的执行过程以及各个控制信号的取值。当读者理解了 lw 指令的分析过程，就很容易理解并构建其他指令的分析过程。

1. 分段 1：读取指令

无论何种数据通路，指令执行的基本前提都是要先从 IM 中读取指令。根据图 5-3

5.3 指令执行过程与控制信号取值分析

所示的多周期数据通路模型可知，分段 1 的功能就是读取指令。在该分段中，PC 值作为地址驱动 IM，IM 输出的数据作为指令存入 IR。从分段定义来看，PC 是前级寄存器，IM 是组合逻辑，IR 则是后级寄存器。图 5-10 描述了该分段所涉及的功能部件以及指令信息流动。由于 PC 在最后一个时钟周期才被写入下一条指令的地址，因此 NPC 在本分段内执行任何功能都是可以的。换言之，NPC 的输出值在本分段内是没有意义的，或者说 NPC 的输出值对于指令在现阶段的执行不起任何作用。

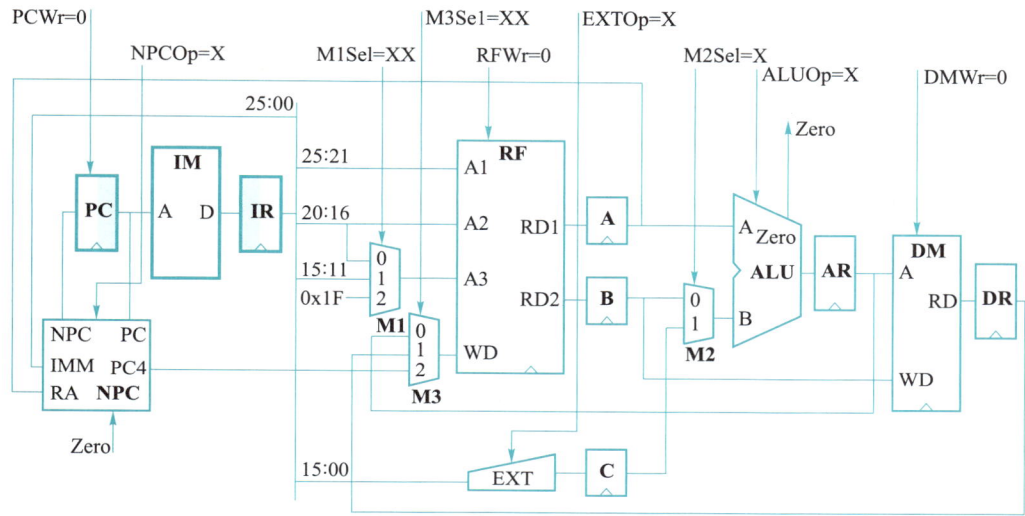

图 5-10 lw 指令执行的第 1 个周期所需要的功能部件与各功能部件控制信号取值

说明：功能部件右侧有阴影表示该功能部件在该时钟周期表现为输出功能；功能部件左侧有阴影表示在该时钟周期为输入功能，即有数据要写入该功能部件。

为使读者能更深入地理解分段 1 的实际执行效果，图 5-11 给出了 lw 的读取指令时钟周期的时序图。时序图中所有的组合逻辑型的功能部件（如 NPC、IM）均标注了输出延迟①。图中 NPC 为灰色代表无须关注其取值，所有分段对应的时钟周期的结束都以时钟上升沿为标志。例如，图 5-11 中的时钟上升沿 1 就是本分段的结束标志。至于其他的功能部件和寄存器，暂时与 lw 执行无关，就未再标示出来。

接下来分析控制信号的取值。首先分析与第一个分段相关的功能部件。PC 应该在 lw 的最后一个执行周期被更新，因此其写使能 PCWr 在本周期时内就应该取值

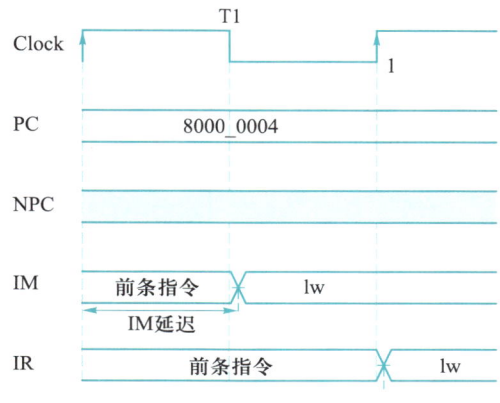

图 5-11 取指令周期 (T1) 的时序图

---

① 为简化起见，假设所有组合逻辑部件的输出延迟均为半个时钟周期。

为无效，即 0 值。进而，若 PC 不能被写入，那么 NPC 执行何种功能就变得不重要了，因此 NPCOp 可以取任意值，即 X。PC、RF 和 DM 这 3 个功能部件的值，对于分析指令的执行具有关键作用。由于这 3 个功能部件是有写使能的，如果我们不想写入某个部件，则可以忽略该部件对应前置组合逻辑执行的功能，即相应的控制信号取值为 X。但是需要注意的是，对于 RF 来说，很显然从 DM 中还未读出有效数据，自然也就不应该对其进行写入，故 RFWr 必须为无效，即为 0。对于 DM 来说，lw 指令就没有写入存储器的功能，因此 DMWr 必须全程保持无效，即在所有周期内都取值为 0。

2. 分段 2：读取操作数

在完成指令的读取后，第 2 个分段要完成的工作就是读取操作数，如图 5-12 所示。在这个分段中，IR 是前级寄存器。首先，IR 的 [25:21] 和 [20:16] 分别驱动 RF 的 A 端口和 B 端口从 RD1 和 RD2 两个端口分别读出 rs 和 rt 这两个寄存器值。根据图 5-3 给出的多周期模型，RF 读出的数据应该写入 A 和 B 这两个寄存器。但从 lw 的 RTL 可以看出，地址计算涉及两个操作数，一个操作数是 rs 寄存器，另一个来自立即数。因此 A 是本分段的后级寄存器，B 与本次操作无关（B 是否写入从 RF 读出的第 2 个寄存器值，与本条指令执行无关）。同时，IR 的低 16 位数据进入 EXT 完成符号扩展后写入 C 寄存器，因此 C 也是本分段的后级寄存器。

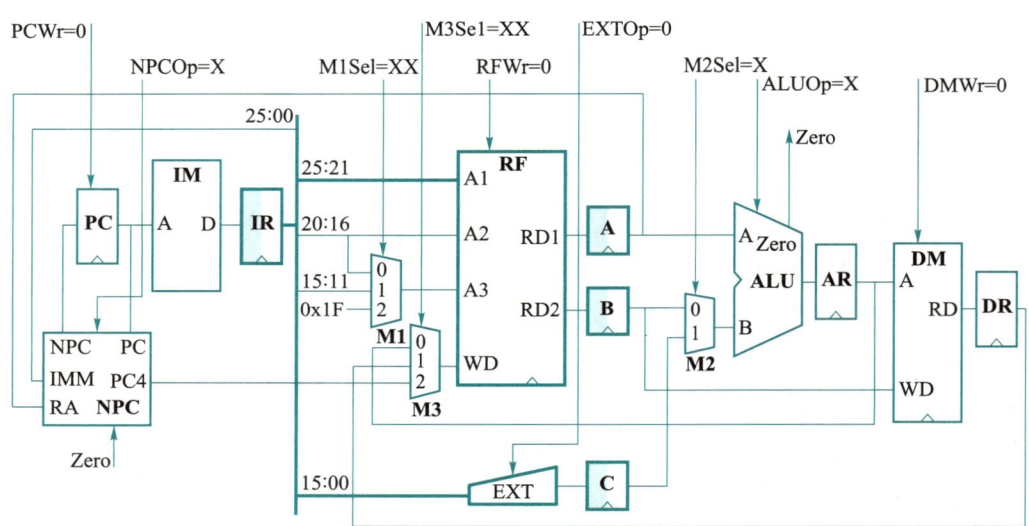

图 5-12　lw 指令执行的第 2 个周期所需要的功能部件与各功能部件控制信号取值

围绕图 5-12，我们再次分析为什么 A、B、C 寄存器不需要设置写使能控制信号。如前所述，当 IR 保存了 lw 指令并保持不变后，那么与 lw 相关的各类信息就会随着时钟周期不断推进，逐步充满整条数据通路。因此，正确的指令相关信息同样会逐步传递到 A、B、C，也必然会逐步传递至 ALU，DM 也就会最终输出正确数据。这样，只要在恰当的时间将 DM 输出的数据写入 RF，就能最终确保指令执行的正确性。由此可见，A、B、C 寄存器无需设置写使能了。

图 5-13 为增加了读取操作数的时序图。在该分段中，IR 的 rs 域驱动 RF 输出 rs 寄存器值，IR 的低 16 位驱动 EXT 完成符号数扩展。rs 寄存器值与 32 位符号扩展数在时钟上升沿 2 到来后，保存在 A 与 C 寄存器中。需要说明的是，对于 lw 指令来说，rt 域没有意义，因此 B 寄存器保存的 rt 寄存器值是没有意义的，或者说对于指令后续指令没有意义。

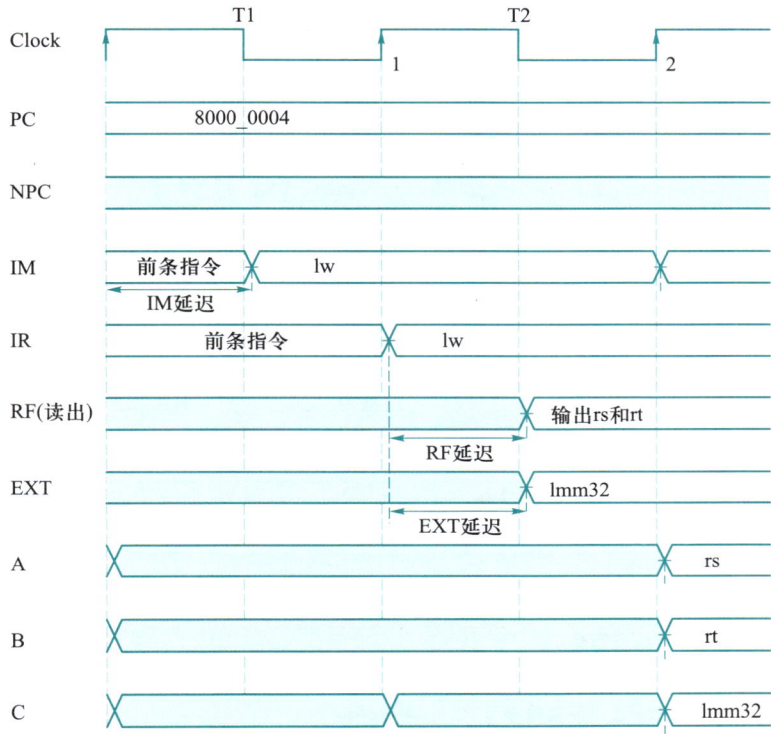

图 5-13 读取操作数周期的时序图

在第 2 个时钟周期，PC 同样必须保持不变，于是 PCWr 依然为 0。进而可知 NPCOp 依然为 X。对于 EXT 来说，由于需要进行符号扩展，因此 EXTOp 取值为 0。至于 RFWr 和 DMWr，分析逻辑与前面保持不变，此时均应为 0。M1Sel 和 M3Sel 由于现阶段 RFWr 处于禁止状态，因此其取值也可以是 X。对于 M2Sel 和 ALUOp 来说，因为指令流信息还没达到，所以其取值也可以是 X。

3. 分段 3：计算地址

既然 A 和 C 在前一个时钟周期结束后已经存入了操作数，那么本分段就可以通过执行加法运算来计算存储器地址了。显然，A 与 C 是本分段的前级寄存器，ALU 是组合逻辑，AR 是后级寄存器。此外，为了执行 A 与 C 的加法，M2 必须选择 1 通道以使得 EXT 的扩展结果能输入至 ALU。图 5-14 描述了本分段。

178 第 5 章 多周期 CPU

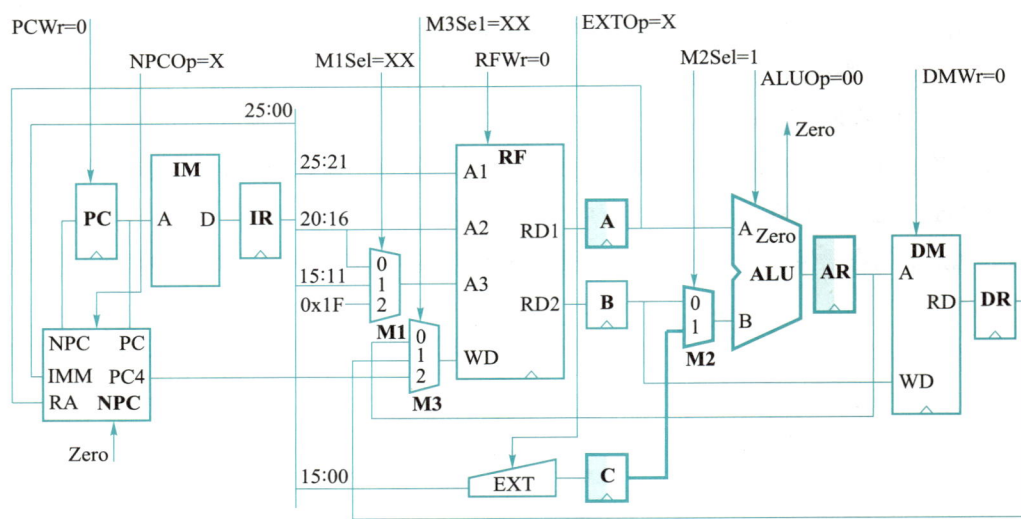

图 5-14 lw 指令执行的第 3 个周期所需要的功能部件与各功能部件控制信号取值

如图 5-15 所示，第 3 分段计算地址的时序关系比较简单：ALU 完成加法运算；在第 3 个时钟上升沿，计算出的 DM 地址被写入 AR。

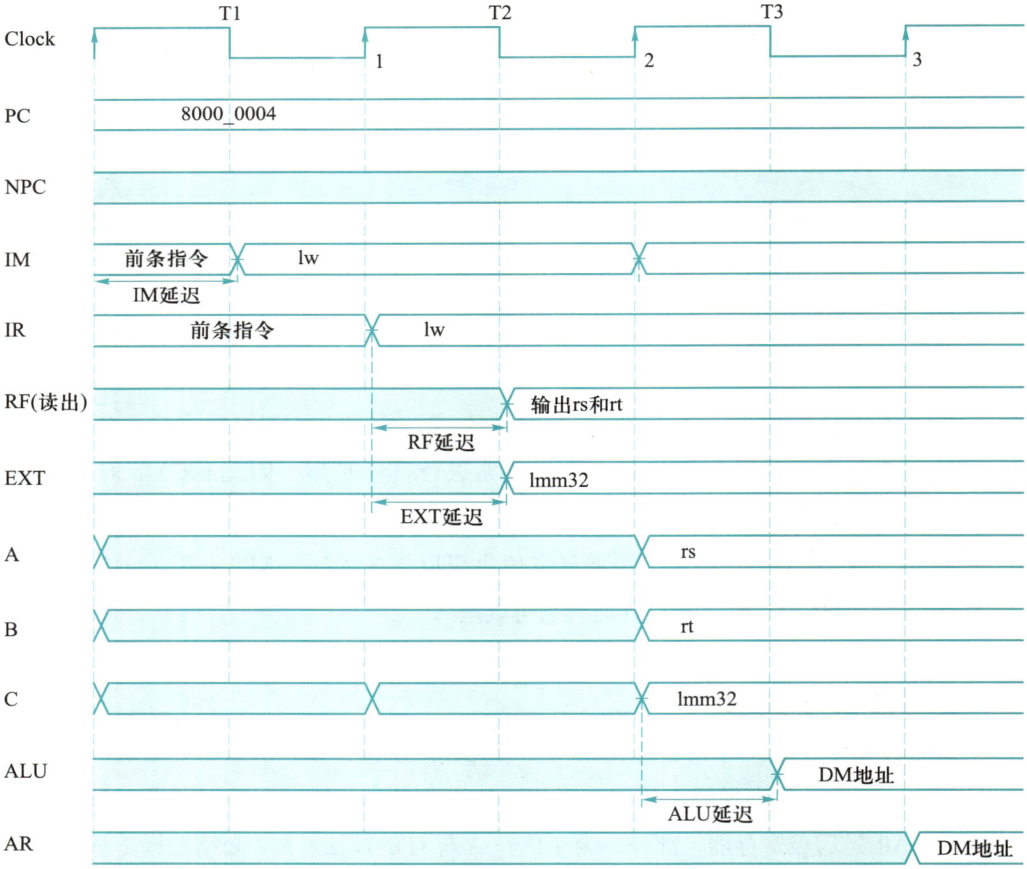

图 5-15 lw 指令计算存储器地址周期的时序图

5.3 指令执行过程与控制信号取值分析

在本周期中，M2Sel 取值要为 1，ALUOp 取值要为 00，这样 ALU 才能计算出正确的地址。其他信号的分析与前述保持一致。这里需要说明的是，第 3 个分段已经与符号数扩展无关，因此 EXT 执行什么功能就变得不重要了，于是 EXTOp 在这个阶段可以取值为 X。

4. 分段 4：读取存储器

如图 5-16 所示，第 4 个分段第一个功能是读取 DM，并将结果写入 DR。AR 是本分段的前级寄存器，DM 是组合逻辑，而 DR 自然就是后级寄存器了。图 5-17 描述

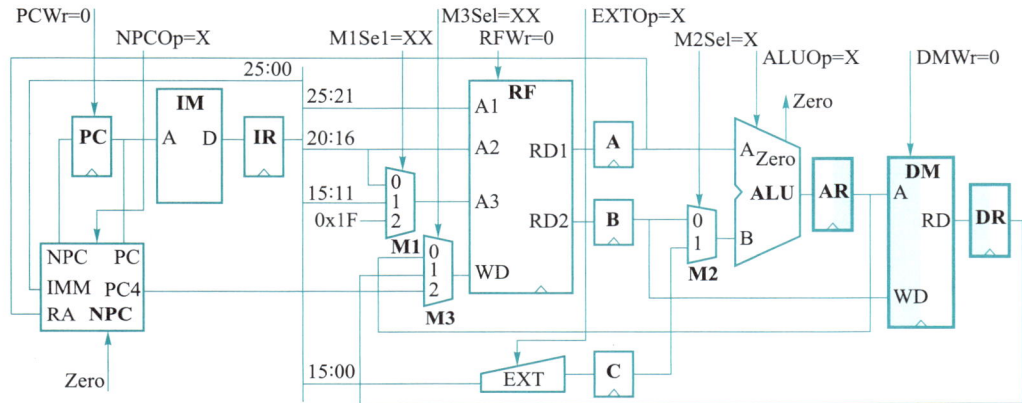

图 5-16 lw 指令执行的第 4 个周期所需要的功能部件与各功能部件控制信号取值

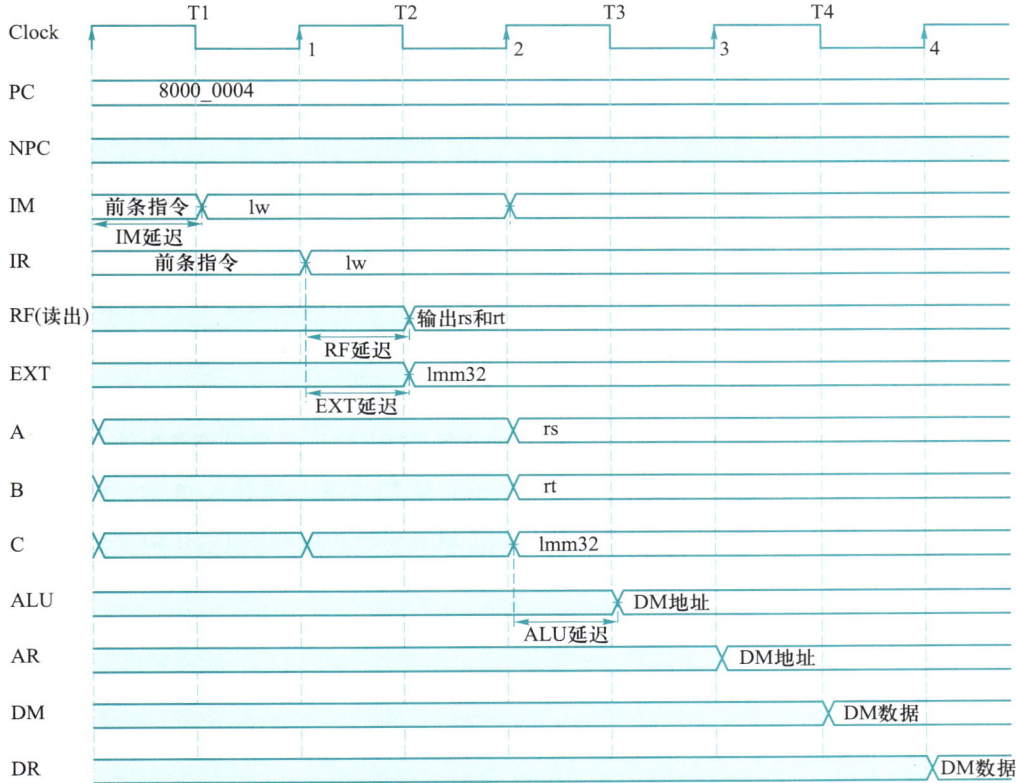

图 5-17 lw 指令读取存储器数据周期的时序图

了第 4 分段的时序。关于本分段的控制信号取值，请读者自行推演。

5. 分段 5：回写

如图 5-18 所示，在本分段中涉及两个环节：一个是将 DR 的值写入 RF，另一个是更新 PC。首先分析前者。因为 DR 在上个分段结束后保存了数据，所以本分段就可以将数据写入 rt 寄存器。同时，在本分段中，除了 DR 和 RF 分别是前、后级寄存器外，就不再有组合逻辑了。写 RF 需要 3 个条件：首先，RF 的写使能 RFWr 信号必须有效；其次，RF 的 A3 端口必须选择指令的 rt 域；最后，RF 的 WD 会有多个来源，因此必须选择从 DR 来的数据源。

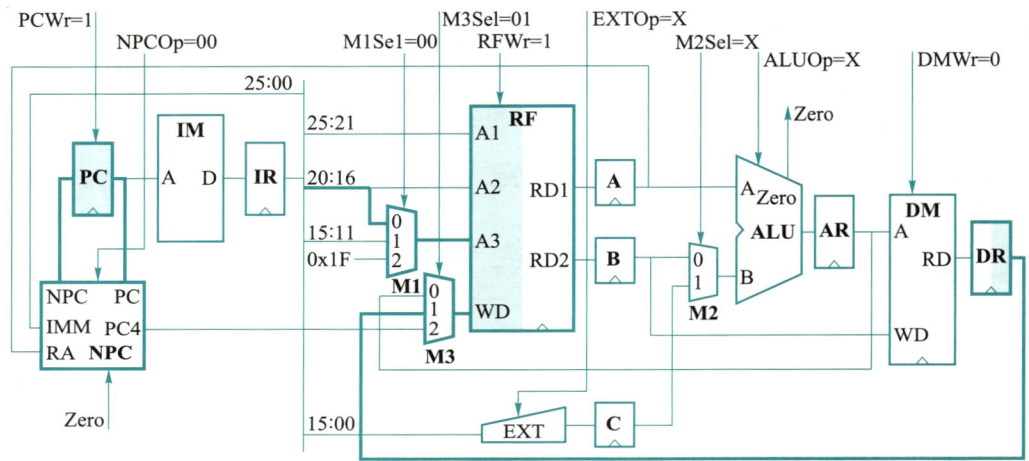

图 5-18　lw 指令执行的第 5 个周期所需要的功能部件与各功能部件控制信号取值

接下来，要重点分析 PC 的相关问题。由于 RF 在本分段结束后就保存了从 DM 读出的数据①，这意味着本分段就是最后的时钟周期，进而意味着在本分段必须完成对 PC 的更新。为此，NPC 必须执行 PC+4 的功能，而 NPCOp 就必须取值为 0x00。同时，为了能让 PC 保存 NPC 的计算结果，PCWr 应该有效，即取值为 1。至于其他控制信号取值请读者自行推演。

图 5-19 为本周期的时序图。注意 PC 的更新与 RF 的更新是同步发生的，即都在 T5 周期后完成的。对于下一条指令 add 而言，它是 T1 结束后被装入 IR 的。从图中可以看出，add 的 T1 与 lw 的 T5 是紧密衔接的，这就进一步说明了 PC 在指令执行的最后周期才更新是正确的，也是合理的。

---

① 严格地说，应该是在下个时钟上升沿结束后，RF 才会存入数据。

5.3 指令执行过程与控制信号取值分析

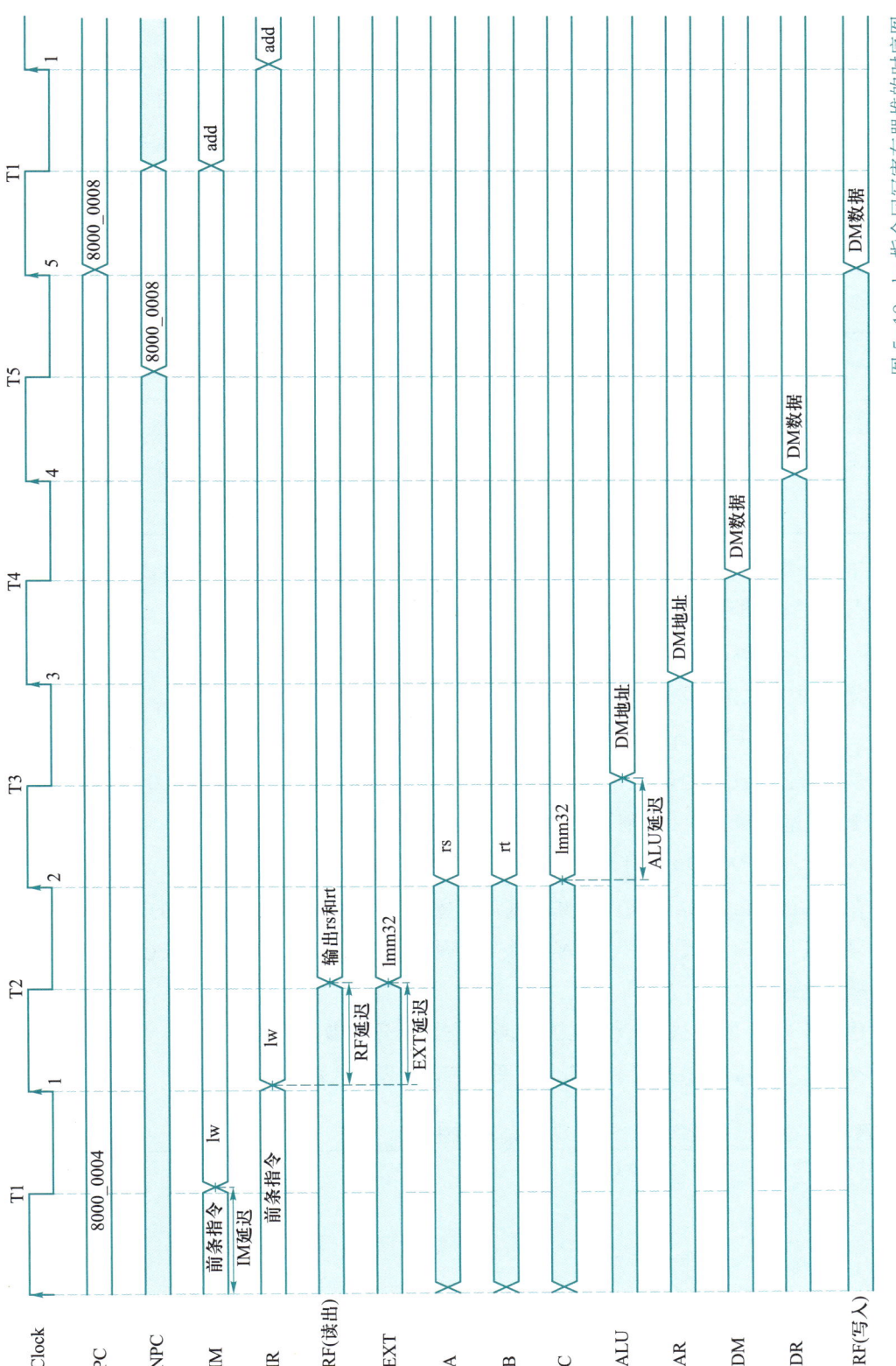

图 5-19 lw 指令回写寄存器堆的时序图

6. 构造控制信号的表达式

根据分析 lw 执行的 5 个分段可知，lw 指令需要 5 个时钟周期才能执行完。与单周期不同，同一个控制信号在这 5 个时钟周期内取值有可能不同。例如 RFWr，它只能在最后那个周期，即 T5 周期有效，而在 T1 至 T4 这 4 个周期内都必须保持无效。这就表明对于某条指令而言，多周期数据通路各控制信号的取值不仅与指令相关（即与 opcode 和 funct 域相关），还与指令当前所处的时钟周期有关。为了刻画这种关系，采用如表 5-1 所示的表示方法。

表 5-1　多周期数据通路执行 lw 指令时的功能部件控制信号取值

	PCWr	NPCOp	RFWr	EXTOp	ALUOp	DMWr	M1Sel	M2Sel	M3Sel
T1	0	XX	0	X	XX	0	XX	X	XX
T2	0	XX	0	0	XX	0	XX	X	XX
T3	0	XX	0	X	00	0	XX	1	XX
T4	0	XX	0	X	XX	0	XX	X	XX
T5	1	00	1	X	XX	0	00	X	01

下面介绍如何根据上表构造控制信号的表达式。如果把 T1 至 T5 都看成 1 位变量，那么为了在多周期数据通路中执行 lw 指令，PCWr 表达式如下：

$$PCWr = T1 \times 0 + T2 \times 0 + T3 \times 0 + T4 \times 0 + T5 \times 1 = T5$$

类似的，EXTOp 表达式如下：

$$EXTOp = T1 \times X + T2 \times 0 + T3 \times X + T4 \times X + T5 \times X$$

从组合逻辑化简的角度来说，既然取值为 X，则意味着既可以取值为 0，也可以取值为 1。这里选择 X 为 0，则 EXTOp 的表达式就直接简化为：

$$EXTOp = T1 \times 0 + T2 \times 0 + T3 \times 0 + T4 \times 0 + T5 \times 0 = 0$$

在书写 VerilogHDL 代码时，读者既可以像参考代码那样写没有化简的表达式，也可以写化简后的表达式。现代 EDA 工具会对表达式进行优化，从而得到 PCWr = T5 这个最简表达式。

代码 5-1 给出了 PCWr 和 ALUOp 两个控制信号的参考写法。注意，参考代码直接将表 5-1 中的信号关系表示了出来，而没有进行表达式化简。

代码 5-1　执行 lw 指令时 PCWr 和 ALUOp 的表达式

```
module Ctrl_MultiCycle(…);
    …

    wire T1,T2,T3,T4,T5;
    assign PCWr = T1&0 + T2&0 + T3&0 + T4·0 + T5·1;
    assign ALUOp = T1&0 + T2&0 + T3&0 + T4·0 + T5·0;

    …
```

```
endmodule
```

上述表示和代码都只是刻画了为了执行 lw 指令，各个控制信号取值的归纳方法和表达式构造方法。部分读者至此大致就能推测出，要让多周期数据通路能够支持更多的指令，则对于某个控制信号来说，就需要将其在不同指令下的表达式"或"起来即可。

5.3.4　add 和 sub 指令的执行过程及其控制信号取值

参考 lw 的分析方法，我们可以对 add 指令进行同样的分析。这里给出 add 指令的 4 个阶段对应的数据通路执行过程（图 5-20～图 5-23）及其控制信号取值。

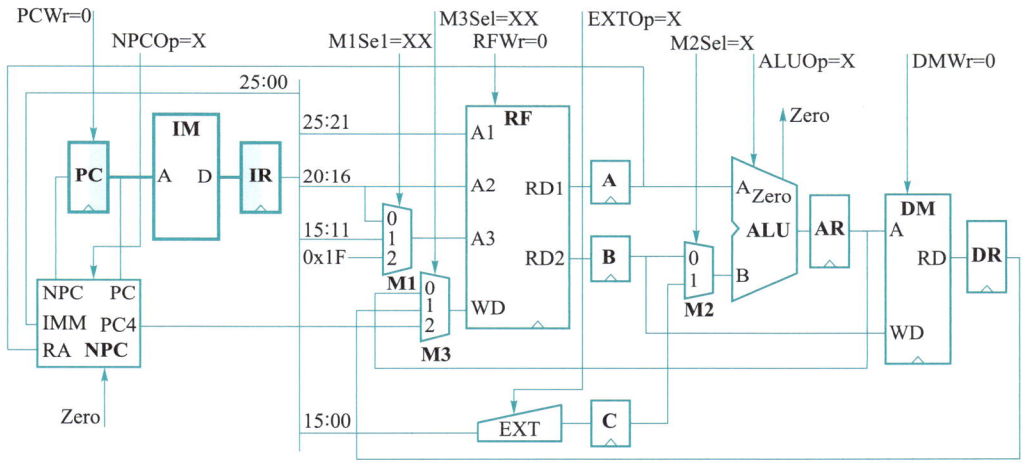

图 5-20　add 指令的第 1 个周期（取指令）所需要的功能部件与各控制信号取值

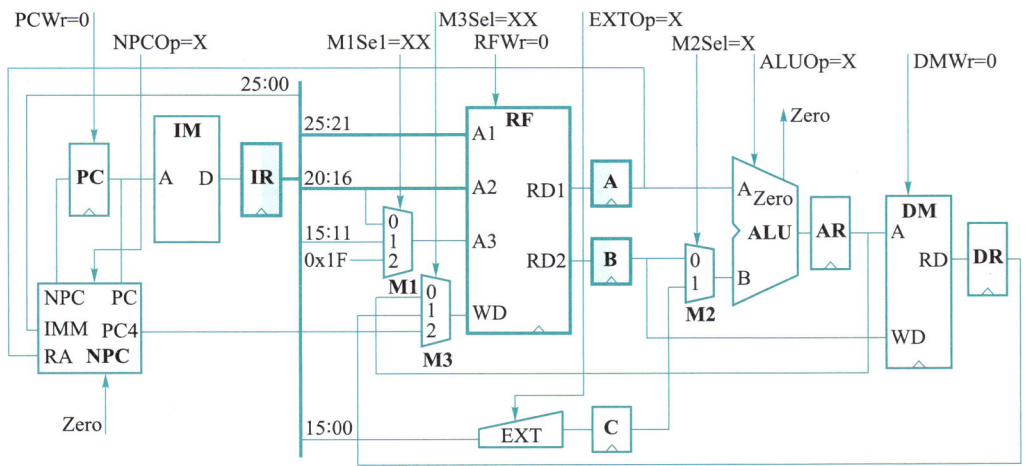

图 5-21　add 指令的第 2 个周期（读操作数）所需要的功能部件与各控制信号取值

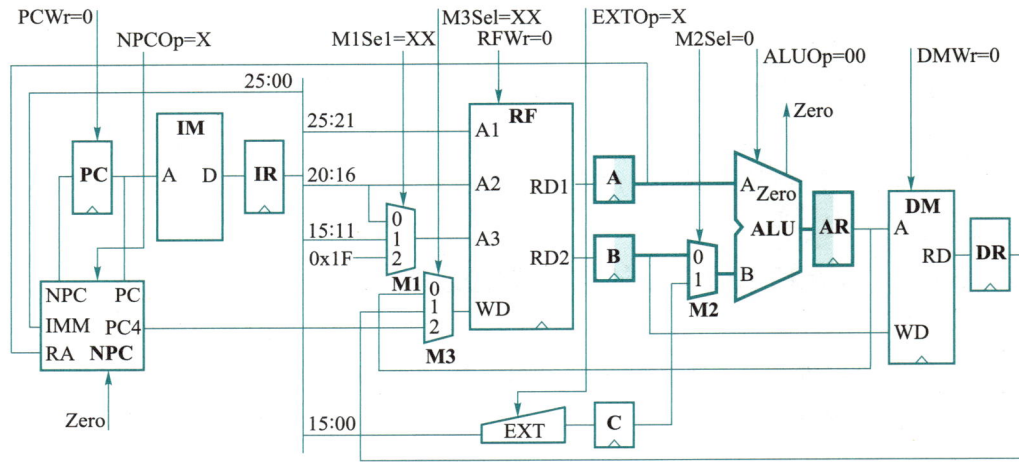

图 5-22　add 指令的第 3 个周期（ALU 计算）所需要的功能部件与各控制信号取值

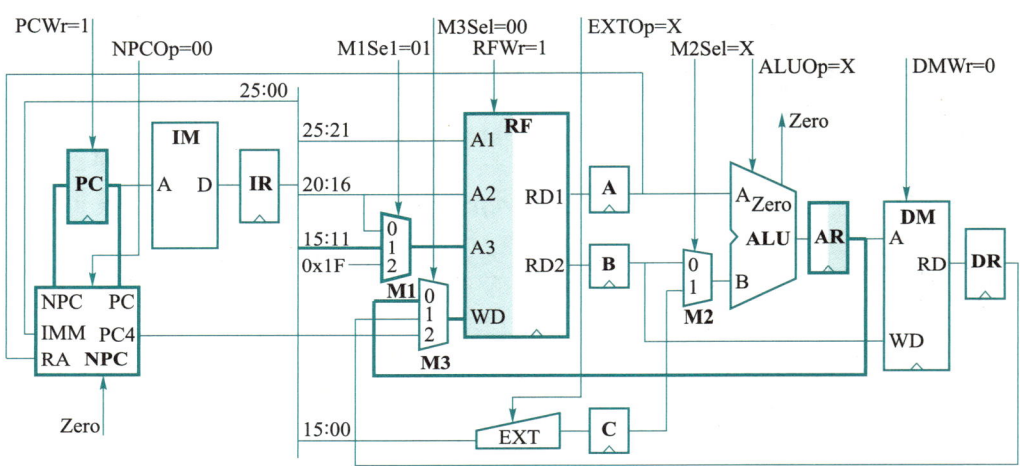

图 5-23　add 指令的第 4 个周期（回写结果）所需要的功能部件与各控制信号取值

根据分析可知，执行 add 指令需要 4 个时钟周期，其对应的控制信号取值如表 5-2 所示。注意，由于只有 4 个时钟周期，因此 T5 周期不需要记录任何信息。

表 5-2　多周期数据通路执行 add 指令时的功能部件控制信号取值

	PCWr	NPCOp	RFWr	EXTOp	ALUOp	DMWr	M1Sel	M2Sel	M3Sel
T1	0	XX	0	X	XX	0	XX	X	XX
T2	0	XX	0	X	XX	0	XX	X	XX
T3	0	XX	0	X	00	0	XX	0	XX
T4	1	00	1	X	XX	0	01	X	00

与 add 指令高度相似，sub 指令仅仅在 ALU 执行的功能处有所不同。请读者参考 add 指令的分析过程，自行分析 sub 指令的执行过程及其控制信号取值。

5.3.5 ori 指令的执行过程及其控制信号取值

从执行过程上看，I 型计算类指令与 R 型计算类指令是非常相似的。现以 ori 为例介绍 I 型计算类指令的分析过程。Ori 的第 2 和第 3 个分段与 lw 和 sw 完全相同，区别在于第 2 个分段中的 EXT 需要执行无符号数扩展，第 3 个分段则是 ALU 执行 OR 运算。ori 的第 4 个分段与 add 相同，即将 AR 中存储的计算结果回写至 rt 寄存器。参考 lw 和 add 的建模过程，不难得出如图 5-24 与图 5-25 所示的第 3 与第 4 时钟周期所涉及的功能部件以及各个控制信号的取值。

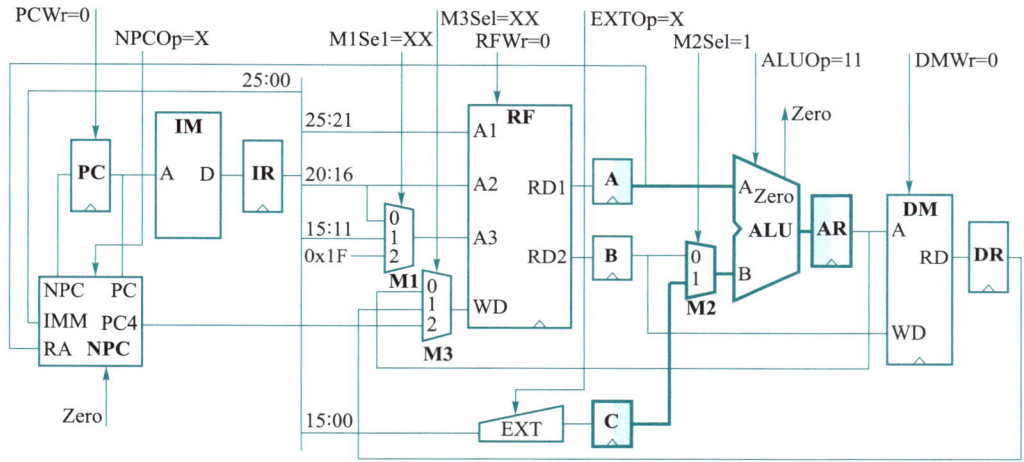

图 5-24 ori 指令的第 3 个周期所需要的功能部件与各控制信号取值

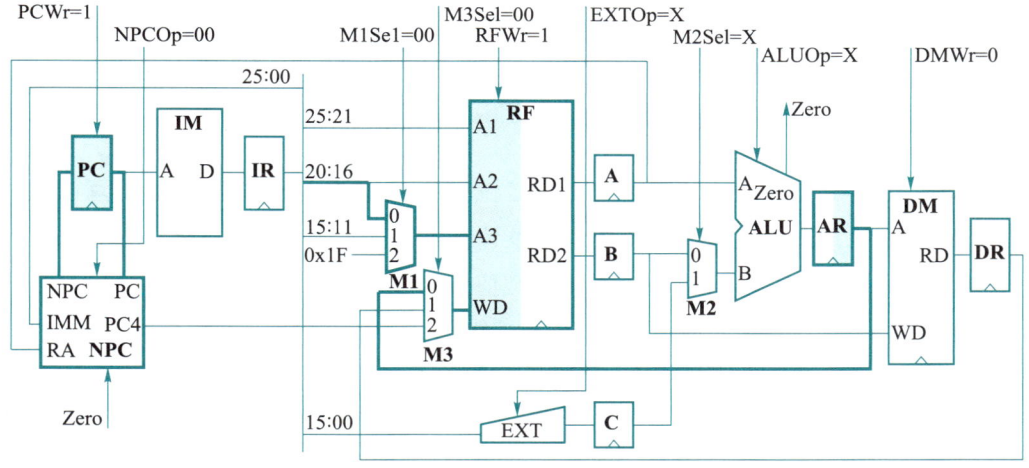

图 5-25 ori 指令的第 4 个周期所需要的功能部件与各控制信号取值

有了 add 和 sub 的基础以及上面的分析，读者可以较为容易地总结出如表 5-3 的控制信号取值。

表 5-3 多周期数据通路执行 ori 指令时的功能部件控制信号取值

	PCWr	NPCOp	RFWr	EXTOp	ALUOp	DMWr	M1Sel	M2Sel	M3Sel
T1	0	XX	0	X	XX	0	XX	X	XX
T2	0	XX	0	1	XX	0	XX	X	XX
T3	0	XX	0	X	11	0	XX	1	XX
T4	1	00	1	X	XX	0	00	X	00

5.3.6 beq 指令的执行过程及其控制信号取值

通过分析，读者可以发现 beq 指令的前两个周期与 sub 指令完全相同。对于 beq 来说，可以让 ALU 执行减法，从而使得 NPC 可以利用 Zero 信号来选择正确的计算结果。图 5-26 描述了第 3 个周期所涉及的功能部件以及此时所有控制信号的取值。

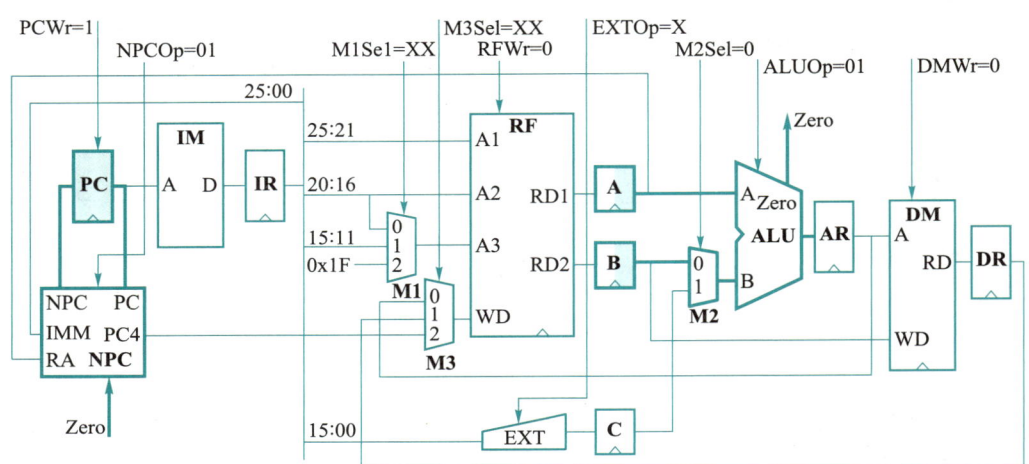

图 5-26 beq 指令的第 3 个周期（计算结果）所需要的功能部件与各控制信号取值

为了比较 rs 和 rt 两个寄存器值，ALU 应该执行减法，故 ALUOp 取值为 0b01。对于 NPC 来说，此时应执行分支指令地址计算模式，故控制信号 NPCOp 取值应为 0b01。表 5-4 给出了 beq 指令的控制信号取值。

表 5-4 多周期数据通路执行 beq 指令时的功能部件控制信号取值

	PCWr	NPCOp	RFWr	EXTOp	ALUOp	DMWr	M1Sel	M2Sel	M3Sel
T1	0	XX	0	X	XX	0	XX	X	XX
T2	0	XX	0	X	XX	0	XX	X	XX
T3	0	01	0	X	01	0	XX	0	XX

5.3.7 lui 指令的执行过程及其控制信号取值

为什么选择 lui？因为 lui 指令可以有多种推演的可能，也就意味着有多种实现方式。Lui 的 RTL 描述如下：

$$R[rt] \leftarrow imm16 \parallel 0^{16}$$

第一种思路是将 lui 视为 I 型计算类指令处理。lui 涉及立即数的运算，根据高内聚低耦合的设计原则，需要对 EXT 进行功能调整，增加一个新的立即数扩展功能。回顾 ori，其第 2 个分段就是立即数扩展，因此 lui 也同样在这个分段完成立即数运算。ori 的第 3 个分段是 ALU 运算。由于在第 2 分段已经产生了最终计算结果，因此再输入 ALU 运算，就是让立即数与 0 作 AND 或 OR 运算。事实上，MIPS 在设计 lui 指令时就充分考虑到这种情况，lui 指令编码对应的 rs 域为 0，可以将 0 值送入 ALU。后续的回写 RF 过程与类似指令完全相同。图 5-27 给出了按照 4 周期方式设计的 lui 执行过程。

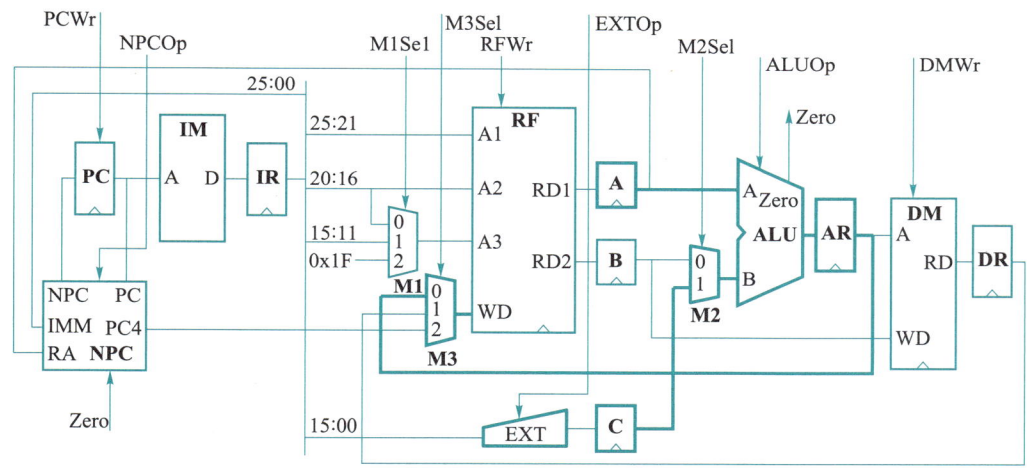

图 5-27　思路 1：4 个时钟周期执行 lui

为了支持上述实现方式，只需要对 EXT 进行功能扩展即可。表 5-5 描述了用 4 个时钟周期执行 lui 的控制信号取值。其中需要说明的是 EXTOp 信号。在前面的设计中，EXT 只有零扩展和符号扩展两个功能，故 EXTOp 只需要 1 位即可。现在 EXT 需要增加一个扩展功能，因此控制信号 EXTOp 就需要调整为两位了。

这里用 HE 这种表示方法，仅仅是为了便于阅读理解。原有的符号扩展对应的控制信号编码可以从 0b0 改为 0b00，无符号扩展对应的控制信号编码可以从 0b1 改为 0b01。HE 代表新增的第 3 种功能，其控制信号编码可以定为 0b10。

从这里也可以进一步看出编写 VerilogHDL 代码时，多使用宏定义 define 会带来的好处了。

表 5-5　思路 1:4 周期 lui 指令时的功能部件控制信号取值

	PCWr	NPCOp	RFWr	EXTOp	ALUOp	DMWr	M1Sel	M2Sel	M3Sel
T1	0	XX	0	X	XX	0	XX	X	XX
T2	0	XX	0	10	XX	0	XX	X	XX
T3	0	XX	0	HE	00	0	XX	1	XX
T4	0	XX	1	X	XX	0	00	X	00

读者仔细分析就可以发现，在第 2 个时钟周期结束后，最终的计算结果已经存储在 C 里了。因此第二种思路是在第 3 个分段就可以进行回写操作了。此时，C 是前级寄存器，RF 是后级寄存器。该方案的优点是将 lui 的执行时间从 4 个时钟周期缩短至 3 个时钟周期。为了实现该方案，需要增加一个从 C 至 RF 的 WD 端的路径，因此需要调整 WD 前的 MUX 及其控制信号。请读者结合图 5-28 给出的方案自行完成分析过程，并给出控制信号取值。

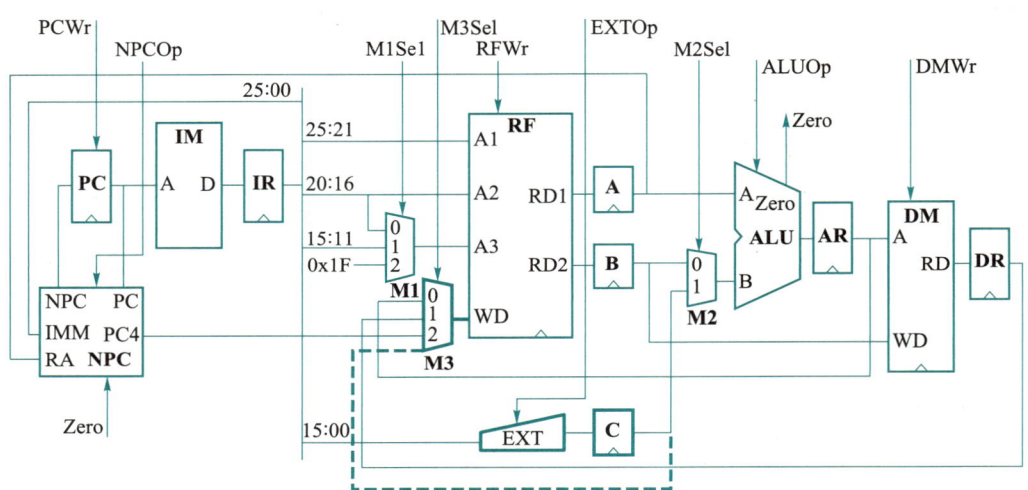

图 5-28　思路 2：3 个时钟周期执行 lui

5.3.8　jal 指令的执行过程及其控制信号取值

本节介绍的最后一条指令是 jal，其 RTL 描述如下：

```
R[31]←PC+4
PC←PC[31:28]||instr_index||00
```

先说结论：jal 的执行时间最短，只需要 2 个时钟周期就可以执行完毕。第 1 个时钟周期结束后，PC 已经装载了 PC+4，因此在第 2 个时钟周期就可以将 PC 写入 RF[31]。在第 2 个时钟周期，立即数已经装载在 IR 中了，因此 NPC 在第 2 个时钟周期可以计算出转移地址，也就意味着在第 2 个时钟周期可以将转移地址写入 PC。这样，

PC 的保存与 PC 的更新在一个时钟周期内同时完成。图 5-29 描述了在第 2 个时钟周期时所涉及的数据通路以及各个控制信号的取值。

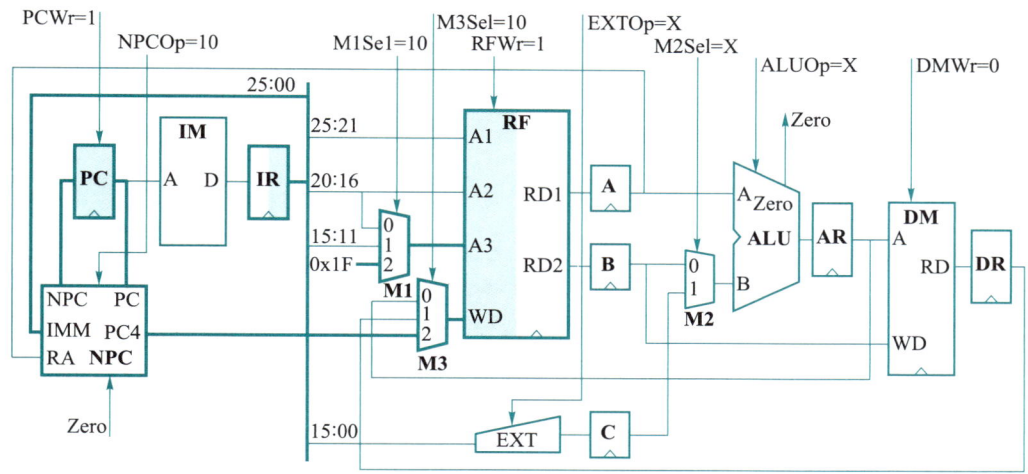

图 5-29 jal 的第 2 时钟周期数据通路及各控制信号取值

读者结合图 5-30 所示的 jal 指令执行时序图，可以更好地理解如何在第 2 个时钟周期内同时完成对 PC 的更新以及将 PC+4 写入到 RF[31] 中。

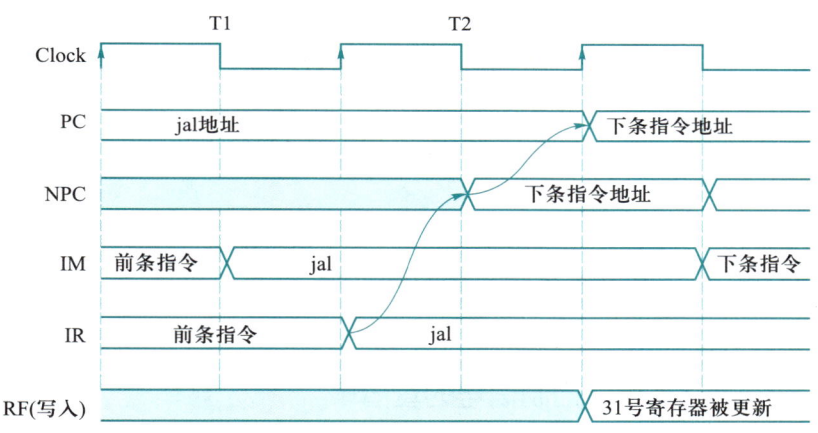

图 5-30 jal 多周期时序图

系统设计详解 5-3 如何理解多周期的"多"

多周期 CPU 的核心在于"多"字，它包含两重含义。

（1）多个周期。这是纵向比较，即多周期与单周期的整体性对比。在单周期中，每条指令都是在一个时钟周期完成。而在多周期中，每条指令的执行时间需要多个时钟周期数。

（2）多种周期。这是横向比较，即不同指令在多周期 CPU 可以有不同的执行周期数。例如 R 型运算类指令需要 4 个时钟周期，而 load 类指令则需要 5 个时钟周期。多种周期使得指令的实际执行时间与其理想执行时间是一致的，提高了指令执行效率。

注意：上述分析仅仅是从时钟周期数的角度分析，并未考虑实际的执行时间。后面章节将专门分析多周期 CPU 的执行性能。

5.3.9 分析方法小结

本节详细介绍了如何分析 lw 的执行过程，并概要介绍了如何分析其他几条代表性指令的执行过程。现将指令多周期执行过程以及控制信号取值的分析方法归纳如下：

（1）分析的关键是根据分段寄存器传递信息的特性，逐级推演分段的逻辑依赖关系以及每个分段内部的 RTL 描述。

（2）一条指令的执行过程涉及几个分段，那么其执行时间就是几个时钟周期。

（3）对于任何指令，读取指令和读取操作数是必有的环节。

（4）PC 需要有写使能，而 {IR，A，B，C，AR，DR} 不需要写使能。这几个临时寄存器不需要写使能的根本原因在于 PC。一旦 PC 的值固定住，则经过若干时钟周期，当前指令的相关信息（包括指令的 rs 域、rt 域等各域以及各功能部件控制信号的正确取值）就会充满数据通路，届时这些临时寄存器的值自然会是正确的。

（5）任何一个寄存器的写入操作，均是在某个时钟周期内启动，但在该时钟周期结束时，也就是下一个时钟上升沿后才最终完成的（也即写入到寄存器中）。

5.4 构建多周期控制器

5.4.1 构造控制信号的真值表

对于某个控制信号来说，在多周期下其取值不仅与指令相关，还与时钟周期相关。因此，标准的真值表就无法刻画了。这里以 PCWr 为例讲解构建的方法。将 PCWr 在各条指令的取值汇总后，就形成了如表 5-6 所示的取值矩阵。

表 5-6 控制信号 PCWr 在各指令及各周期的取值矩阵

	lw	sw	add	sub	ori	beq	lui	jal	jr
T1	0	0	0	0	0	0	0	0	0
T2	0	0	0	0	0	0	0	1	1
T3	0	0	0	0	0	1	0		
T4	0	1	1	1	1		1		
T5	1								

5.4 构建多周期控制器

如果某条指令缺少某个周期，则该周期对应的取值就是×（亦可为 0）。以 add、sub、ori、sw、lui 为例，它们只有 4 个时钟周期，因此 T5 对应的取值都是×。同理，beq 对应的 T4 和 T5 取值也都是×。

类似的，将所有控制信号的取值都用相同的方法构造出取值矩阵，例如 NPCOp 的取值矩阵如表 5-7 所示。

表 5-7 控制信号 NPCOp 在各指令及各周期的取值矩阵

	lw	sw	add	sub	ori	beq	lui	jal	jr
T1	×	×	×	×	×	×	×	×	×
T2	×	×	×	×	×	×	×	10	11
T3	×	×	×	×	×	01	×	×	×
T4	×	00	00	00	00	×	00	×	×
T5	00	×	×	×	×	×	×	×	×

5.4.2 构造控制信号的表达式

在单周期控制器中，已经讲过将每条指令都表示为一个 1 位变量。此外，T1 至 T5 也都表示为 1 位变量。至于如何构造 T1 至 T5 这 5 个 1 位变量，本章 5.4.4 小节会详细介绍。读者在这里不妨先假设有了这些变量。

这里先以 PCWr 为例讲解如何将表 5-6 所示的取值矩阵转换为相应的表达式。如前所述，控制信号表达式同时与指令和时钟周期相关。再考虑到多周期 CPU 每次只有一条指令占用整个数据通路，这就意味着不同的指令是无关的，于是可以得到如下所示的表达式：

$$PCWr = lw \times (T1 \times 0 + T2 \times 0 + T3 \times 0 + T4 \times 0 + T5 \times 1) +$$
$$sw \times (T1 \times 0 + T2 \times 0 + T3 \times 0 + T4 \times 1) + \cdots\cdots$$

对上述表达式进行化简，可以得到 PCWr 最简表达式为：

$$PCWr = lw \times T5 + sw \times T4 + add \times T4 + sub \times T4 + ori \times T4 + beq \times T3 + lui \times T4 + jal \times T2 + jr \times T2$$

在 5.3.3 小节中构造的 PCWr 表达式，PCWr=T5。相信读者通过将其与上面的表达式进行对比，就能够看出两者之间的关联关系了。

进一步由上述最简表达式可以看出，凡是取值矩阵中为 0 或×的项，最终都将被化简为 0。因此，在构造表达式时，只使用那些非 0 或非×的项即可。这里再以表 5-7 所示的 NPCOp 为例，来讲述如何直接给出其最简表达式。观察该表可以发现，只有在 beq、jal 和 jr 这 3 条指令才存在需要表示的项。为了帮助读者阅读和理解，这里给出了如代码 5-2 所示的 VerilogHDL 样例参考代码。

代码 5-2 NPCOp 的表达式

```
wire [1:0] NPCOp;
assign NPCOp = (beq&T3) ?'BNPC:
               (jal&T2) ?'JALNPC:
               (jr &T2) ?'JRNPC:
                         'ADD4;
```

为了增加可读性，上述 Verilog 代码中的 'ADD4、'BNPC、'JNPC、'NPC_RSVR[①] 均为宏表示的 NPCOp 编码值。至于最终 NPCOp[1] 和 NPCOp[0] 分别对应怎样的门电路，则交由 EDA 软件处理吧。

运用上述方法，读者就可以很"机械"地构造出所有控制信号的表达式。接下来，需要解决的就是如何构造 T1 至 T5 这 5 个 1 位变量。为此，在多周期控制器设计中需要运用数字电路里的又一个重要知识——有限状态机。

5.4.3 构造状态机

有限状态机是建模时序电路行为的常见方法，其主要特点是能够很好地刻画时序电路在外部输入激励下的状态序列。现在用状态机来描述指令的执行过程。为了构造状态机，仅仅需要知道每条指令执行多少个周期就足够了。下面首先以 lw 指令为例介绍构造状态机的方法。

lw 的执行过程包含 5 个分段，因此其执行过程需要 5 个时钟周期。为此，状态机需要 5 个状态与 5 个分段（即 5 个时钟周期）相对应，分别标记为 S1、S2、S3、S4 和 S5。由于一个分段的功能执行完就自然地顺序执行下一个分段的功能，因此这 5 个状态是顺序转移的，故初始状态序列如图 5-31 所示。

图 5-31 初始状态序列

考虑到 CPU 采用循环方式不间断地执行指令，因此 lw 指令的最后一个周期结束后应该返回初始状态，即从 S5 迁移至 S1。此外，数字系统通常会有一个全局复位信号（reset）。假设 reset 信号有效值为 H，并且 reset 有效后，状态机无条件迁移回 S1 状态。图 5-32 描述了只能执行 lw 的状态机。

---

① NPC_RSVR 是 NPC Reserved 的缩写，其含义是选择未定义的操作。以表 4-42 定义的 NPC 来说，0b11 就是未定义的操作。

5.4 构建多周期控制器

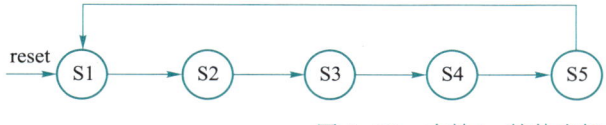

图 5-32　支持 lw 的状态机

如何让该状态机能支持更多的指令呢？假设我们希望该状态机能支持 addu。回顾 addu 的指令执行过程可知，addu 执行时间为 4 个时钟周期。因为所有指令都是 S1 开始执行的，所以对于 addu 来说，其执行到 S4 后就结束了，也就是意味着需要从 S4 转移至 S1。现在从 S4 存在两种转移可能，因此需要为 S4 向 S1 的转移设置转移条件。这个转移条件用 4.4 介绍的指令变量 addu 表示即可。图 5-33 为支持 lw 和 addu 的状态机。

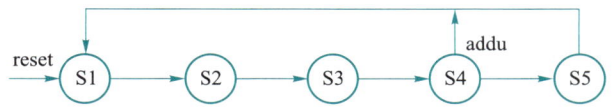

图 5-33　支持 lw 和 addu 的状态机

采用类似的方法，很容易设计出如图 5-34 所示的支持本章所有示例指令的状态机。至此，多周期控制器里的状态机就构造完成了。如果需要支持更多的指令，重复前面的推演过程并分析出这些指令的执行周期数，然后在对应的状态增加至 S1 的转移及其转移条件即可。

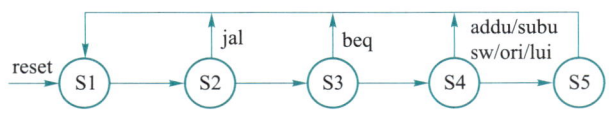

图 5-34　支持全部指令的状态机

下面简单介绍用 Verilog 建模状态机。状态机由 5 个状态构成，因此可以用 3 个寄存器来表示这 5 个状态。出于直观考虑，S1 至 S5 的状态编码值分别用 1 至 5 来对应。下面是部分相关的 Verilog 示例代码。

代码 5-3　用 Verilog 建模状态机

```
reg[2:0]S;
parameter S1=1,S2=2,S3=3,S4=4,S5=5;

always@(posedge clk or posedge reset)
    if(reset)
        S<=S1;
    else
        case(S)
            S1:S<=S2;
```

```
      ......
      S4:S<=(addu|subu|sw|ori|lui)?S1:S5;
      S5:.......
endcase
```

5.4.4 构造时钟周期变量

现在要解决在第 1 小节遗留的 T1~T5 了。T1 至 T5 这 5 个 1 位的布尔变量表达式仅仅用于判断 3 个状态寄存器的编码值是否为特定值而已。以 T1 为例，当 3 个状态寄存器编码值是为 0b001 时，T3 输出 1，否则输出 0。T1 的表达式如下：

```
T1 = !S[2] & !S[1] & S[0]
```

采用类似方式，可以构造出其余 4 个变量。下面以 T1 为例，介绍 3 种不同风格的 Verilog 建模方法，分别如下：

```
风格 1 assign T1 = !S[2]&!S[1]&S[0];
风格 2 assign T1 = (S==3'b001);
风格 3 assign T1 = (S==S1);
```

最后一种编码风格在可读性、可维护性和扩展性上均优于前两种，推荐在实际工程中应尽可能采用这种编码风格。

至此，多周期控制的设计全部讲解完毕。读者可以参考单周期一章中最后部分，用 VerilogHDL 编写一个顶层文件，实例化控制器模块与数据通路模块，并把两者的接口信号连接在一起，从而完成一个多周期 CPU 的设计与开发。

5.5 多周期 CPU 性能分析

在多周期 CPU 中，不同类型的指令，其执行周期数是不同的。例如，lw 需要 5 个时钟周期才能执行完，R 型计算类指令需要 4 个时钟周期。由此可见，多周期 CPU 的指令的 CPI（clock cycle per instruction，平均指令周期数）是不同的。因为指令的 CPI 不同，所以在分析多周期 CPU 的性能时，必须清楚指令的执行频度 (即该指令执行次数与总的指令执行数的比值)。执行频度就是指令在程序执行过程中的权重。多周期 CPU 只能按照加权平均方式计算平均 CPI：

$$CPI_{平均} = \sum CPI_{指令} \times 频度_{指令}$$

5.5 多周期 CPU 性能分析

例 5-1 多周期 CPU 的 CPI 计算。

某程序在多周期 CPU 上共执行了 1 千亿条指令，其中 52% 为 R 型计算类指令，25% 为 lw，10% 为 sw，11% 为 B 类指令，2% 为 J 类指令。请计算多周期 CPU 的 CPI$_{平均}$。假设 lw 需要 5 个周期，R 型计算类指令与 sw 需要 4 个周期，B 类指令需要 3 个周期，J 类指令需要 3 个周期。

解 将各型指令的 CPI 及其执行频度带入 CPI$_{平均}$ 计算公式，可得：

CPI$_{平均}$ = 0.52×4 + 0.25×5 + 0.1×4 + 0.11×3 + 0.02×3 = 4.12

由于单周期 CPU 的 CPI 固定为 1，因此单纯对比 CPI 是无法得出单周期与多周期孰优孰劣的。下面进一步计算实际执行时间（也被称为墙上时间）。假设多周期 CPU 的基本参数与表 4-28 相同。由于多周期 CPU 的时钟周期必须取决于执行时间最长的那个环节，因此多周期 CPU 的时钟周期长度为 200 ps（即时钟频率为 5 GHz）。该多周期 CPU 执行前述程序总时间为：

T$_{多周期}$ = 1 000 亿指令 ×4.12 周期 / 指令 ×200 ps / 周期 = 82.4 s

对于单周期 CPU，其每条指令执行时间都是 800 ps，因此单周期 CPU 执行该程序的时间为 80 s。设计多周期的初衷是发挥不同指令在执行时间上的潜力，避免所有指令的执行时间都与最慢的指令执行时间相同。但很遗憾，在本例中，多周期 CPU 败给了单周期 CPU。原因何在？

多周期 CPU 的时钟周期必须由最慢执行环节决定，因此导致 lw 指令的执行时间从单周期的 800 ps 上升为 1 000 ps。虽然 B 类和 J 类指令获得了 200 ps 的性能提升，但由于 lw 的执行频度大于 B 类和 J 类，因此总的来看多周期 CPU 的性能还是下降了。事实上，在多周期 CPU 的数据通路中增加 IR、A、B、C、AR、DR 等寄存器，还会在相关分段的延迟再增加一点（即寄存器建立延迟和寄存器输出延迟），这将导致多周期 CPU 性能在本例中还将进一步下降。

系统设计详解 5-4 性能评估的复杂性

从多周期 CPU 性能计算的例子中，我们可以得到一些有益的启示。

（1）单纯讨论 CPI 是不充分的。终极性能比较只能是真实的执行时间。

（2）不同测试程序的性能比较结果可能是完全不同的。如果选择一个 B 类和 J 类比例高于 lw 指令的例子，则计算结果很可能会表明多周期 CPU 具有更好的性能优势。

（3）在现代体系结构研究中，为了避免出现明显的性能评估偏差，研究者通常需要选择大量不同类型的测试用例来综合评估体系结构设计的合理性。

（4）需要指出的是，这些思想与方法不仅仅适用于体系结构领域，同样适用于其他领域，如大型软件系统。

5.6 本章小结

多周期 CPU 是前一章单周期 CPU 与下一章流水线 CPU 之间的过渡。掌握多周期设计思路对于今后理解流水线数据通路及执行过程均有非常重要的意义。

多周期方案的初衷是避免所有指令都按照最慢指令的执行时间执行。但由于难以确保数据通路每个分段的逻辑延迟都是均等的，因此多周期设计必须将其时钟周期设定为最慢分段的执行延迟。这使得某些指令的执行时间快于单周期设计，但也有部分指令的执行时间慢于单周期设计。由于不同指令执行时间不同，因此多周期 CPU 的性能分析必须紧密结合特定程序的指令执行频度。

此外，由于寄存器同样具有一定的延迟（建立时延和输出时延），因此这些时延最终也必然计入系统的时钟频率中。值得引起警惕的是，随着寄存器插入数量越来越多，时钟频率提升的性能收益存在从快速增长到缓慢增长甚至衰退的可能。

在多周期 CPU 设计方面，其数据通路的改造是非常简单的，只需要在单周期数据通路中插入若干个寄存器即可。在控制器开发方面，其基本思路与单周期类似，是通过推演指令在多周期数据通路的执行来归纳总结出控制信号在各个周期的取值。由于控制信号取值不仅与指令相关而且还与时钟周期相关，为此在多周期控制器设计中就采用了状态机这一常见的控制结构。

思考题

1. 设计师希望通过在组合逻辑 CL_1 和 CL_2 后面插入 R1 与 R2 两个寄存器来提升电路的工作频率，如图 5-35 所示。假设 CL_1 至 CL_3 的延迟均为 L。

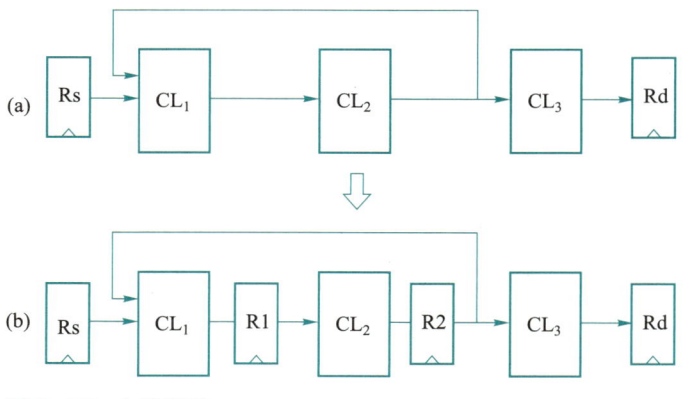

图 5-35　电路结构

（1）计算图 5-35（a）的时钟频率上限。

（2）插入寄存器后，图 5-35（b）与图 5-35（a）是否功能等价？

（3）修改图 5-35(b)，确保修改后的设计与图 5-35（a）功能等价且性能提升。

（4）计算第（3）题完成后的时钟频率上限。

2. 现有指令 lwadd，其 RTL 如表 5-8 所示。与 lw 不同的是，lwadd 需要读出的存储器值要参与运算后才能写入 rt。设计师希望以图 5-4 所示的多周期数据通路为基础，将 DM 的输出引入 M3 上，从而仅仅通过复用 ALU 的方式就能支持 lwadd。

表 5-8 lwadd 指令格式及 RTL 描述

编码	31 26	25 21	20 16	15 0
	lwadd	base	rt	offset
	6	5	5	16
RTL	Addr ← R[base] + sign_ext(offset) R[rt] ← R[base] + memory[Addr]			

（1）修改 M3 以支持 lwadd。

（2）建模 lwadd 的执行过程。

（3）给出 lwadd 控制信号的取值矩阵。

（4）修改图 5-34 的状态机以支持 lwadd。

3. 用 Verilog 实现本章给出的多周期 CPU。编写一个能覆盖本章所有指令的测试程序。在 Verilog 模拟器与 MARS 上分别运行这个测试程序并进行正确性对比。

4. 假设状态机输入的指令变量为 {lw, sw, add, sub, beq, ori}。如果你掌握 FPGA 综合工具的话，请分别用 VerilogHDL 实现图 5-34 与图 5-37 的状态机，然后对比状态机所需要的资源以及最大工作频率。注意，对于图 5-37 的状态机，按照图 5-34 方式设计纯粹的状态机，不要求设计控制信号表达式。

5. 某程序在多周期 CPU 上运行的指令频度统计如下：45% 为 R 型指令，25% 指令为 lw，15% 指令为 sw，10% 指令为 B 类，5% 指令为 J 类。假设 lw 需要 5 个周期，R 型与 sw 需要 4 个周期，B 类指令需要 3 个周期，J 类指令需要 3 个周期。假设主要功能部件延迟由表 4-28 给出。

（1）计算多周期 CPU 的平均 CPI。

（2）对比多周期 CPU 性能与单周期 CPU 性能。

6. 假设多周期 CPU 功能部件延迟由表 4-28 给出。现在工程师设计了一个新的寄存器堆，其延迟增加 1 倍但功耗降低 50%。请问该设计能否用在多周期 CPU 设计中？

7. 请修改多周期 CPU 设计，使 lui 指令的执行时间为 3 个时钟周期。多周期 CPU 数据通路以图 5-4 为基准。

（1）简述数据通路修改的基本思路。

（2）以修改后的数据通路为基础，分析 lui 的执行过程。

（3）给出 lui 的控制信号取值矩阵。

8. 支持指令集 {lw，sw，add，sub，beq，ori} 的多周期 CPU 如图 5-8 所示。

（1）假设 M3 的控制信号发生固 0 故障（即信号值恒为 0），请问哪些指令执行会发生错误？

（2）假设 ALU 的 Zero 发生固 1 故障（即信号值恒为 1），请问哪些指令执行会发生错误？

9. 支持指令集 {lw，sw，add，sub，beq，ori} 的多周期 CPU 如图 5-8 所示。在 VerilogHDL 开发过程中，数据通路各功能模块连接正确性、数据通路与控制器连接正确性以及数据通路所有功能模块的正确性均被 100% 确认。在运行了覆盖性充分的测试用例后，测试人员发现 DM 读出数据与写入数据不一致。你认为哪些环节可能存在设计错误？

10. 对于如图 5-8 所示的多周期 CPU，设计师要支持 multu 指令。在第 3 章关于乘除法指令部分，MIPS 使用一个独立的乘除法部件（简称为 MD）支持乘除法运算。MD 的接口信号如表 5-9 所示。

表 5-9　MD 的接口信号

信号名称	方向	功能
A[31:0]	输入	被乘数（或被除数）
B[31:0]	输入	乘数（或除数）
HI[31:0]	输出	HI 寄存器输出
LO[31:0]	输出	LO 寄存器输出
MorD	输入	0：乘法 1：除法
En	输入	0：禁止计算 1：允许计算
Clk	输入	时钟信号

假设 MD 的工作模式如下：某个时钟上升沿采样 En 有效后，MD 开始计算并经过 4 个时钟后将计算结果写入内部的 HI 与 LO 寄存器；En 只能有效 1 个时钟周期，并且在结果写入 HI 与 LO 前不能再次有效；在计算过程中，MorD 始终保持有效。

（1）在图 5-8 的数据通路部分添加 MD，并做相应的调整，使数据通路支持 multu 指令。

（2）建模 multu 的执行过程。

（3）修改图 5-34 以支持 multu。

（4）基于第 2 问和第 3 问，给出 MD 的控制信号取值矩阵。

第 6 章

流水线 CPU

教学课件：流水线 CPU

流水线 CPU 是本书介绍的第 3 种类型 CPU。流水线 CPU 的设计初衷已经彻底摆脱了功能需求，而是将提升 CPU 性能作为根本目标。

单周期 CPU 与多周期 CPU 的共同点是数据通路每次只能执行一条指令。通过对指令执行过程的分析，会发现一个值得思考的重要问题：数据通路各功能部件的利用率。在单周期 CPU 与多周期 CPU 中，虽然一条指令还没有执行完毕，但随着指令信息在数据通路中的不断流动，指令信息通过的功能部件已经处于"空闲"状态了。在单周期 CPU 中，由于关键路径的存在，这种"空闲"仍然停留在理想化的层面。但对于多周期 CPU 来说，由于插入寄存器所带来的分段特性，因此前述的"空闲"就是真正意义上的空闲了。

流水线 CPU 设计的出发点正是瞄准这一"空闲"，即希望数据通路中的所有功能部件都处于满负荷工作状态。但是，一个功能部件在同一时刻只能服务于一条指令，因此流水线改善性能的方法就只能是让数据通路充满指令，并使得这些指令处于不同的阶段（也就是位于不同的功能部件）且在每个时钟周期均流向下一个阶段。

流水线设计的巧妙之处在于，虽然单条指令执行时间并未被有效改善[1]，但由于有多条指令同时在流水线中执行，因此可以达到每个时钟周期能执行一条指令的理论峰值性能。流水线通过支持多条指

---

[1] 对于一条指令来说，其在流水线中的执行时间比单周期还长。其原因与多周期 CPU 类似。

令在数据通路中并行执行，提高了 CPU 的吞吐率。

上述方法看起来很简单，但实际设计流水线 CPU 时却相对复杂，其根本原因在于：在流水线中的各条指令并不是完全独立无关的，彼此间可能会产生流水线冒险问题。这些冒险问题，不仅会使得流水线数据通路及其控制器的分析与设计复杂度都远高于前两种 CPU，而且会造成 CPU 实际性能低于理论峰值性能。

6.1 简单的流水线电路

在正式介绍流水线 CPU 之前，先通过如图 6-1 所示的简单例子来介绍流水线电路的基本特性。该电路由 3 个寄存器和两个组合逻辑构成。假设有 3 个数据（100、200、300）以每个时钟周期一个数据的频率输入至 R1。同时，为了简化时序分析，假设 CL1 和 CL2 的延迟均为半个时钟周期。

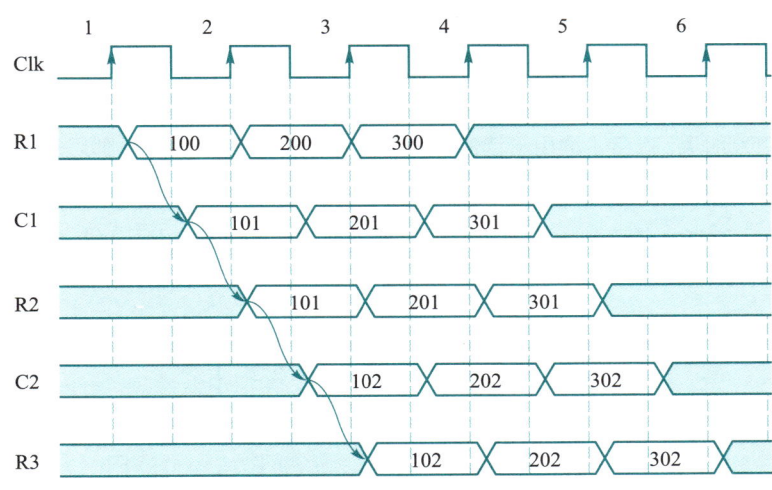

图 6-1　一个简单的电路

图 6-2 为该电路的时序图。在第 1 个时钟上升沿，100 被存入 R1。CL1 经过一段时间的延迟输出计算结果 101。在第 2 个时钟上升沿，101 被存入 R2，同时 200 进入 R1。在那个时刻之后，CL1 和 CL2 经过一段时间分别输出 201 和 102。第 3 个时钟上升沿到来后，300 被存入 R1，201 被存储 R2，同时 102 被存入 R3。注意，在此时刻之后，3 个寄存器均存入了有效数据。这时，流水线被充满了。从第 4 个上升沿开始后，再没有有效数据进入流水线了。在此时刻之后，流水线进入排空阶段。在第 6 个时钟上升沿后，R3，流水线的最后寄存器也不包含有效数据了。

图 6-2　电路的流水线时序图

从这个例子中，可以得到一些关于流水线的基本知识。

（1）一般来说，流水线的初始部分为寄存器，结束部分也为寄存器。

（2）该电路通过 3 个寄存器将一个大型组合逻辑切分为 C1 和 C2 两个组合逻辑，因此该流水线被称为 2 级流水，也可以说流水线的长度为 2。

（3）为了与其他一些功能性寄存器进行区分，这些寄存器有时也被称为流水线寄存器。

（4）理想情况下，流水线能做到每个时钟周期输入一个数据，同时也输出一个数据。

6.2 流水线概述

通过学习单周期 CPU 和多周期 CPU，读者已经理解了 MIPS 指令执行过程所包括的 5 个步骤：

(1) 取指令（IF, instruction fetch）：从 IM 中读取指令，并更新 PC。

(2) 译码①（ID, instruction decode）：该步骤包含两部分工作。首先是指令驱动 RF 读取寄存器值(包括立即数扩展)，其次是控制器对指令的 op 和 funct 进行译码。

(3) 执行（EX, execution）：ALU 计算。

(4) 访存（MEM, memory）：读(或写)存储器。

(5) 回写（WB, write back）：将 ALU 结果或存储器读出的数据写回寄存器堆。

流水线数据通路有两个基本设计要点：

(1) 与多周期相同，通过插入临时寄存器（以下称为流水线寄存器）将单周期的关键路径从物理上分割开。

(2) 与单周期相同，除了与 PC 转移相关的少数指令（如分支指令）外，指令信息要流经流水线中的完整数据通路，即经历上面的 5 个阶段。

图 6-3 为单周期模型与流水线模型的示意图，图中灰色图符代表流水线寄存器。为了简化分析，本书假设各个分段的延迟均为 Δ。此外，寄存器堆在流水线中具有读操作数和回写结果的双重作用，且双重作用分别部署在 ID 阶段和 WB 阶段。以 add 指令为例，在 ID 阶段，寄存器堆用于读出 2 个寄存器值，而在 WB 阶段则用于保存计算结果。考虑到尽可能让信息流以从左至右流动以有利于读者阅读和理解，本书会在部分图中将寄存器堆在 ID 和 WB 各绘制 1 次。为了表明并非是有 2 个寄存器堆，WB 阶段的图案采用虚线表示。

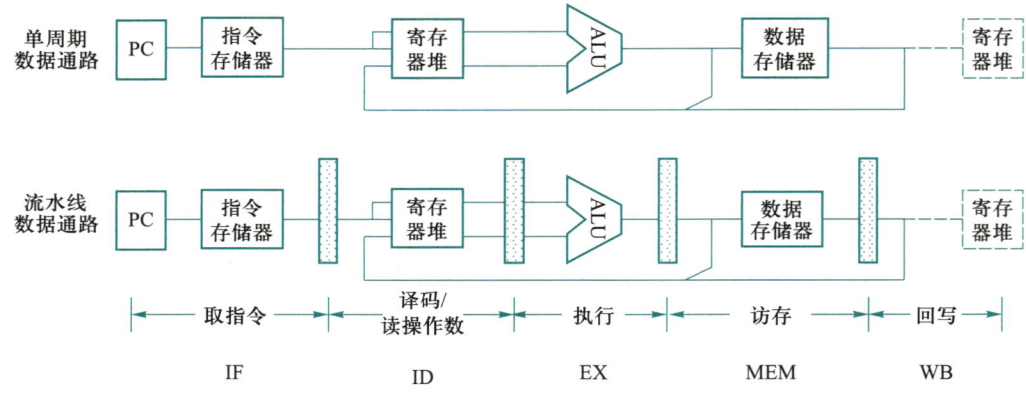

图 6-3　单周期数据通路模型与流水线数据通路模型

---

① 由于该环节具有双重功能，有时会用"读操作数"来表示该环节。除非特别声明，本书将不作区分。

单周期 CPU 执行每条指令的时间完全相同，均为 5Δ。流水线 CPU 执行指令的时空图如图 6-4 所示。

图 6-4 流水线执行指令的时空图

当流水线充满指令后，流水线可以达到每个时钟周期执行完一条指令的效果。对于如图 6-4 所示的 5 阶段流水线来说，流水线性能是单周期性能的 5 倍。理想情况下，对于各阶段延迟划分均匀的 N 阶段流水线来说，其性能是单周期性能的 N 倍。这可以用流水线加速比 (speedup) 来描述流水线性能，即：

$$流水线加速比 = \frac{单周期指令执行时间}{流水线的级数}$$

当然，在实际 CPU 设计中，各级之间的延迟很难严格一致。此外，插入的流水线寄存器也会引入额外开销（如寄存器建立时间、输出时间等）。因此，真实 CPU 的流水线加速比是小于流水线的级数的。

与多周期通过缩短单条指令执行时间来提升性能不同，流水线技术不改善单条指令在流水线中的执行时间，但改善了 CPU 的整体吞吐率。提高 CPU 执行指令的吞吐率往往是提升 CPU 性能的主要方法。

6.3 流水线数据通路

图 6-5（a）为第 4 章的单周期数据通路，图 6-5（b）为插入了 4 个流水线寄存器[①]后形成了一个 5 级流水线数据通路。与多周期的临时寄存器类似，流水线寄存器也是用于在相邻两级之间传递信息。既然图 6-3 的 5 级流水线中只有 4 个流水线寄存器，

[①] 确切地说，某个流水线寄存器是一组处于同一位置，但功能含义不同的寄存器的集合。流水线寄存器更多强调"分级"这一概念。至于某个流水线寄存器内部包含多少个不同含义的寄存器以及寄存器的位数，则取决于需要传递的信息。

为什么被认为是 5 级呢？因为流水线执行指令的最后一个环节是回写寄存器堆，因此寄存器堆就是第 5 级流水线寄存器。

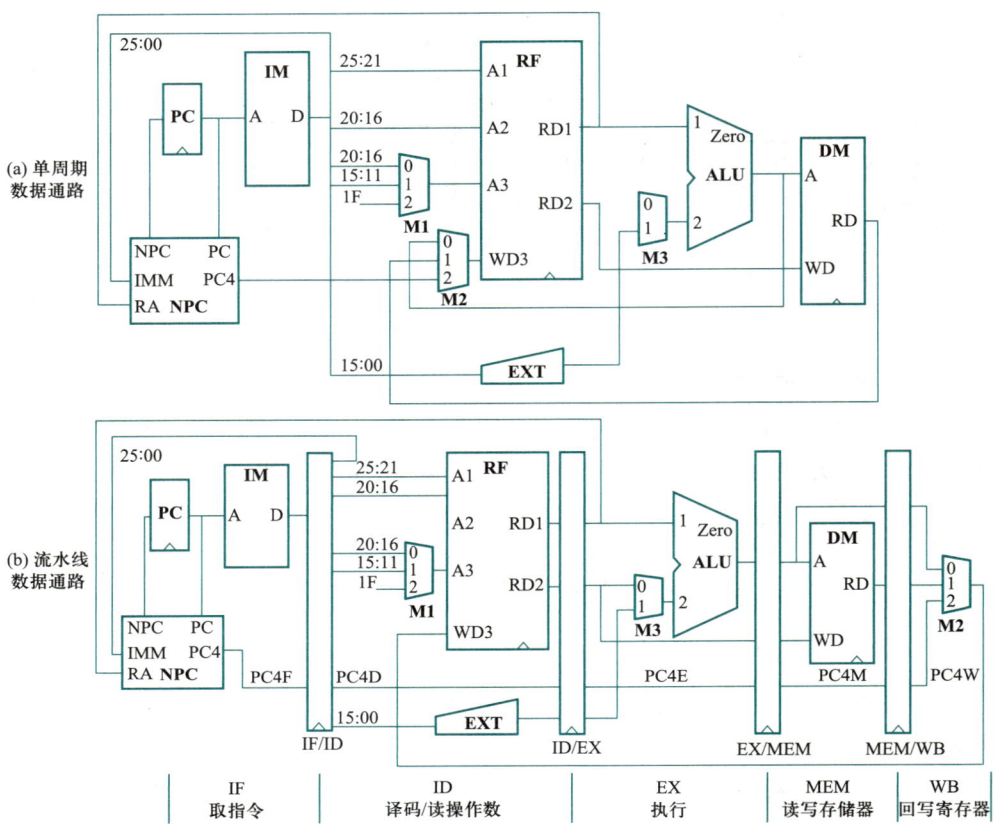

图 6-5　流水线数据通路（原始改造）

由于涉及信息传递并考虑到命名的一致性与可读性，流水线寄存器命名采用相邻两级名字组合的方式，例如第一级寄存器被命名为 IF/ID，它衔接取指令和译码这两级。同样为了便于理解起见，本书在信号末尾添加特定字母来区分在流水线各级之间传递的各类信息。例如 NPC 输出的 PC+4 信息（当前指令的下一条指令地址），在 IF 阶段被命名为 PC4F[①]。类似的，该信息在 ID 阶段、EX 阶段、MEM 阶段和 WB 阶段分别被命名为 PC4D、PC4E、PC4M 和 PC4W。

仔细分析图 6-5（b）的设计，会发现一些设计错误。

（1）寄存器堆的 A3 输入逻辑。假设 IF/ID、ID/EX、EX/MEM、MEM/WB 中分别对应着 add、sub、sw、lw，其中 MEM/WB 已经存储了 lw 从数据存储器中读出的数据。问题是，lw 的数据能够正确地输入给 WD3 端口，但 A3 端口所对应的要写入的寄存器

---

① F 是 Fetch 的首字母，表明当前是处于 IF 阶段。

却是 add 指令的目的寄存器!

（2）PC 地址计算。无论是单周期还是多周期，都利用 ALU 完成 beq 指令的寄存器比较操作。为分析简单起见，假设 beq 的主存地址为 p。根据 beq 的操作语义可知，当 Zero 为 1 时，正确的目标地址计算应该是 p+4+ 符号扩展（立即数）。但是由于 PC 与各个流水线寄存器都会在每个时钟周期上升沿后被更新，因此当 beq 进入 ID/EX 后，此时 PC 的值却已经是 p+8 了。

导致错误的原因在于部分指令的信息没有随指令同步传递。图 6-6 所示为纠正上述错误后的流水线数据通路，设计改动包括：

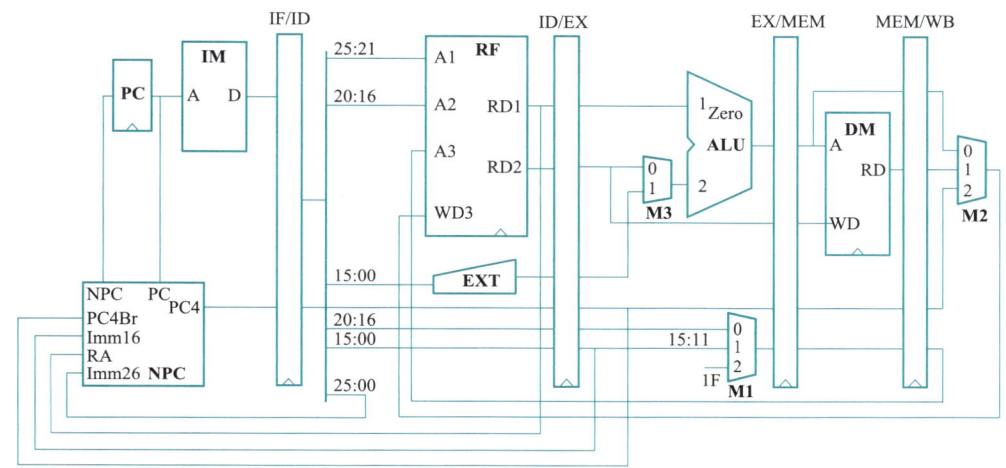

图 6-6　流水线数据通路（改正错误）

（1）由于 MEM/WB 存储着最终要写入寄存器堆的数据，因此寄存器回写地址也必须同步传递至 MEM/WB。

（2）只有 beq 进入 ID/EX 后，ALU 才能输出正确的 Zero。为了确保信息同步，必须将 ID/EX 存储的 PC+4 和 16 位立即数传递给 NPC。同时，NPC 也需要对输入端口进行相应调整。

从上述案例可以总结出流水线设计的一个重要原则：指令的信息必须沿流水线传递直至指令执行结束。

6.4　流水线控制

图 6-7 描述了包含控制器在内的完整流水线设计。流水线主控制器基本上沿用单

周期控制器（后面会分析两者的区别）。在流水线中，控制信号同样也需要流水，即控制信号与对应的数据信息必须保持严格的同步关系。需要指出的是，单周期控制信号只是用于控制功能部件执行正确的功能，如 RFWr 的功能是用于允许寄存器堆执行写入操作。但在流水线中，在各级流水线寄存器中传递的控制信号增加了一层含义，即代表指令执行到了相应流水段。例如，如果 RFWrW 有效，表明 load 类、R 型计算类、I 型计算类等类型的指令相关信息已经进入 MEM/WB 流水线寄存器了，即指令执行到最后一个流水段了。

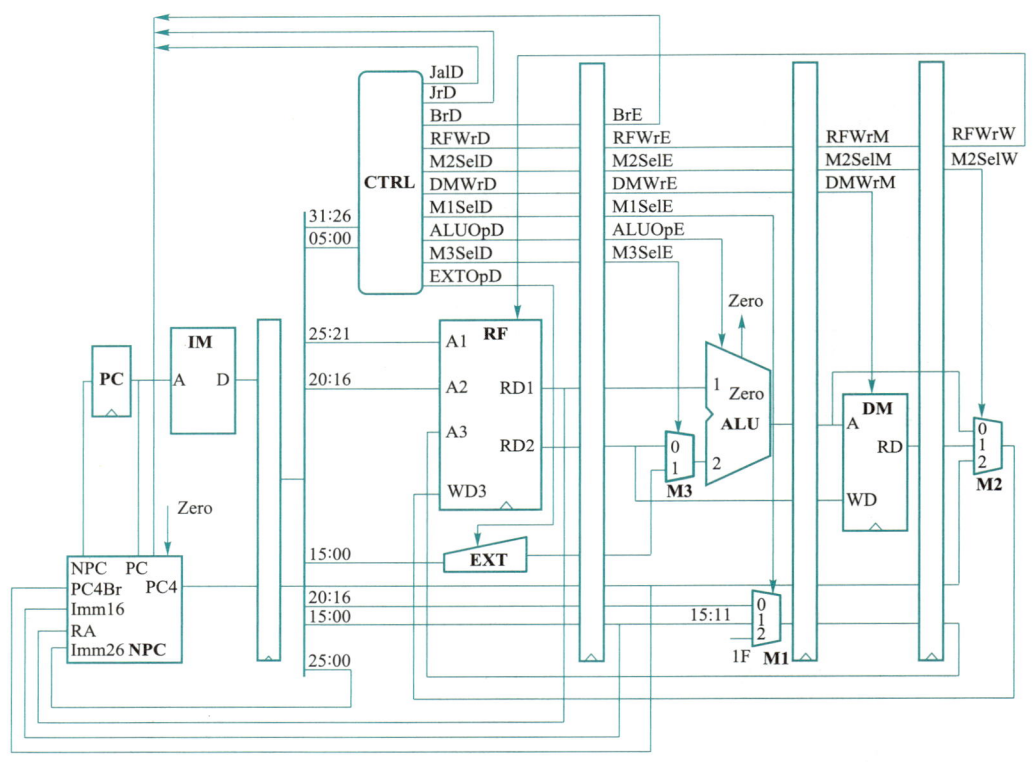

图 6-7 流水线主控制器

流水线的主控制器与单周期控制器的区别在于计算 PC 次地址的功能。无论单周期还是多周期，NPC 都是统一的 NPCOp。但在流水线中，与 PC 转移有关的相关指令会在流水线的不同阶段控制 NPC 计算 PC 转移地址，因此需要产生对应的独立控制信号。下面分别分析 beq、jal 和 jr 这 3 条指令对 NPC 的控制。

（1）beq：当 beq 进入 ID/EXE 后，有两个任务并行展开：

① ALU 开始计算以产生正确的 Zero。

② 存储在 ID/EXE 的 PC+4 及 16 位立即数会驱动 NPC 计算分支地址。待正确的 Zero 进入 NPC 后，NPC 就能输出正确的下一个 PC 值。从分段来说，ID/EX 是前级寄

存器，PC 此时与 EX/MEM 一样是该分段的后级寄存器。

综合来看，对 NPC 的控制必须待 beq 进入 ID/EX 后。

（2）jal：jal 要修改两个寄存器，PC 和 R[31]。对 PC 的修改仅仅涉及立即数，因此当 jal 进入 IF/ID 后就可以控制 NPC 了。jal 对 R[31] 的写入控制信号 (RFWr 表达式的一部分) 视同一般意义上的对寄存器堆的写入操作即可，故只需要将 PC+4 流水至 MEM/WB。

（3）jr：jr 要将 rs 寄存器值写入 PC，其分析方法与 beq 类似。把 IF/ID 看成分段的前级寄存器，RF 是中间的组合逻辑，那么 PC 就是后级寄存器。因此 jr 进入 IF/ID 后就可以控制 NPC 了。

为了支持流水线，NPC 需要少量调整。调整的内容一是在于接口，二是参与 PC 值计算的数据源。下面给出了针对图 6-7 的 NPC 建模内容：

代码 6-1 NPC 建模内容

```
NPC=BrE & Zero  ? PC4E+sign_ext(Imm16E):
    JalD        ?{PC[31:28],Imm26,2b'00}:
    JrD         ?RA:
                 PC+4
```

例 6-1 为什么在上述代码中，必须将 beq 相关代码排列在 jal 和 jr 之前？

解 流水线的基本特征之一是并行执行多条指令，因此存在 beq 与 jal 或者 beq 与 jr 同时在流水线中的可能性。以 beq 和 jal 为例，且 beq 和 jal 分别位于 ID/EX 与 IF/ID，此时就会出现两条指令都要控制 NPC 的冲突。控制器该如何选择呢？从程序员角度看，CPU 应该先执行 beq 然后再执行 jal。由此可见，流水线寄存器的顺序代表了指令的逻辑执行顺序，EX 阶段的指令优先级要高于 ID 阶段的指令优先级。同理可知，IF/ID 优先级最低，MEM/WB 优先级最高。在编写代码时，需要注意优先级问题，只有这样才能确保指令的执行顺序与程序员的逻辑顺序是一致的。

从上面 NPC 表达式可以看出，流水线控制同样具有时间信息，只是表达方式与多周期不同。多周期控制信号中的时间信息通过状态机的状态来表达，这一点从其表达式构成可以看出。在流水线中，不同阶段的流水线寄存器就代表了不同的时间信息，这与多周期中不同状态代表不同的时间信息，在本质上是完全一致的。

至此，流水线数据通路及控制的基本内容已经介绍完毕。但是，上述设计并不能保证流水线就可以正确地执行程序了。多条指令并行执行使得流水线中还存在着可能导致指令执行错误的更深层原因，即流水线冒险 (hazard)。

6.5 流水线冒险

流水线有 3 类冒险，即结构冒险、数据冒险和控制冒险。本节分别介绍其成因及其应对思路。

6.5.1 结构冒险

结构冒险 (structual hazards) 是由于多条指令需要同时争用同一个功能部件引起的冲突。结构冒险的本质是数据通路中的功能部件数量匮乏，以至于不能满足多条指令同时运行时对此类功能部件的需求。

为帮助读者理解指令序列在流水线中的并行执行过程，本书采用如图 6-8 所示的流水线时空图。请读者仔细阅读图下方的说明文字。

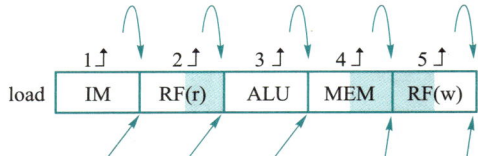

1. ↑：代表时钟上升沿。
2. 流水线寄存器：表格中间的分界线代表流水线寄存器。
3. 时钟周期：以第 3 个时钟周期为例，以在第 2 个 ↑ 之后为开始，以第 3 个 ↑ 为结束。时钟周期的开始为前级流水线寄存器输出，结束为后级流水线寄存器完成数据写入。
4. 灰色含义：灰色在左侧代表当前处于写入状态，而在右侧代表处于读出状态。
5. RF(r) 和 RF(w)：分别代表 RF 的读取操作和 RF 的写入操作。

图 6-8　流水线时空图说明

分析如图 6-9 所示的 5 条指令的流水线时空图。在第 3 个时钟上升沿后，load 进入 EX/MEM，然后开始读取存储器，而此时流水线开始读取新的指令。在第 5 个时钟沿前，load 准备写入数据至 RF，而此刻 or 正在从 RF 中读取数据。由这两个例子可以看出，流水线中并行运行的指令会导致存在竞争性使用同一个资源的潜在风险。

	1↑	2↑	3↑	4↑	5↑	6↑	7↑	8↑	9↑
load	IM	RF(r)	ALU	MEM	RF(w)				
add		IM	RF(r)	ALU	MEM	RF(w)			
sub			IM	RF(r)	ALU	MEM	RF(w)		
or				IM	RF(r)	ALU	MEM	RF(w)	
and					IM	RF(r)	ALU	MEM	RF(w)

图 6-9　流水线中的存储器访问和寄存器访问

6.5 流水线冒险

如果采用单体单口存储器来同时存储指令与数据，则势必会导致资源冲突。虽然现代主流计算机的主存是单体的，但 CPU 内部会设置两个独立的 cache（具体内容见下一章），一个相当于 IM，另一个相当于 DM。由于采用了 IM 与 DM 分离设计，故流水线可以支持读取指令与读写数据的并行执行，不存在存储器争用问题。

对于同时出现的寄存器堆读写两个操作来说，虽然寄存器堆只有一个，但其结构采用了读写双端口的设计方案，这样就能同时支持对寄存器堆的读写两个操作，因此寄存器堆也不会导致资源冲突。

6.5.2 数据冒险

数据冒险 (data harzards) 是因为后进入流水线的指令需要引用先期进入流入线正在执行的指令的计算结果所引起的冲突。数据冒险的本质是因为指令之间通过寄存器来交换数据，由于寄存器在前后指令之间同时出现，因此数据冒险的本质是数据相关 (data dependencies)。

考虑如图 6-10 所示的指令执行时空图，add 的计算结果要存储到 $1 中，而后续 4 条指令在执行过程中均需要读出 $1。当这组指令序列执行时，add 在第 5 个时钟上升沿后才将结果写入寄存器堆。也就是说，在第 6 个时钟周期，寄存器堆才能输出正确的 $1。而在此之前，sub、or、and 分别在第 3、4、5 时钟周期就要读取数据，因此从寄存器堆中读取的 $1 不是最新值。xor 在第 6 个时钟周期才从寄存器堆读取 $1，因此只有 xor 能够获得 $1 的最新值。

				1↑	2↑	3↑	4↑	5↑	6↑	7↑	8↑	9↑
add	$1,	$2,	$3	IM	RF(r)	ALU	MEM	RF(w)	☆			
sub	$4,	$1,	$2		IM	RF(r)	ALU	MEM	RF(w)			
or	$5,	$1,	$2			IM	RF(r)	ALU	MEM	RF(w)		
and	$6,	$1,	$2				IM	RF(r)	ALU	MEM	RF(w)	
xor	$7,	$1,	$2					IM	RF(r)	ALU	MEM	RF(w)

图 6-10　数据冒险案例

系统设计详解 6-1　支持流水线的寄存器堆设计

在指令间寄存器相关性分析中，真正令人困惑的是 and：在第 5 个时钟周期，add 和 and 同时启动了写入和读出寄存器堆的两个操作，那么 and 能否从 RF 中读出 $1 正确的值？

回顾第 4 章讨论寄存器堆设计时曾指出寄存器堆的内部结构在流水线条件下存在设计隐患。这个设计缺陷在本例中被暴露出来。虽然寄存器堆可以同时支持对内部寄存器的读写操作，但由于内部结构的设计，使得即使在第 5 个时钟周期寄存器堆的读端口 (A1 或 A2) 与写端口 (A3) 都指向同一个寄存器，寄存器堆也无法在第 5 个时钟周期从 RD1 或 RD2 输出 WD 端口正在写入的数据（在本例中即 add 的计算结果）。

造成这一问题的根本原因在于对寄存器读写关系的精确定义上，即当 A1(或 A2) 与 A3 相同时寄存器堆应输出何值。存在两种输出可能：一种是输出寄存器的值，另一种是输出正在准备写入的数据，即将 WD 端口的数据输出。前者就是单周期的结构设计。后者则可以确保上例中 and 获得 add 的最新结果。对于后者来说，需要将寄存器堆内部结构修改为图 6-11。

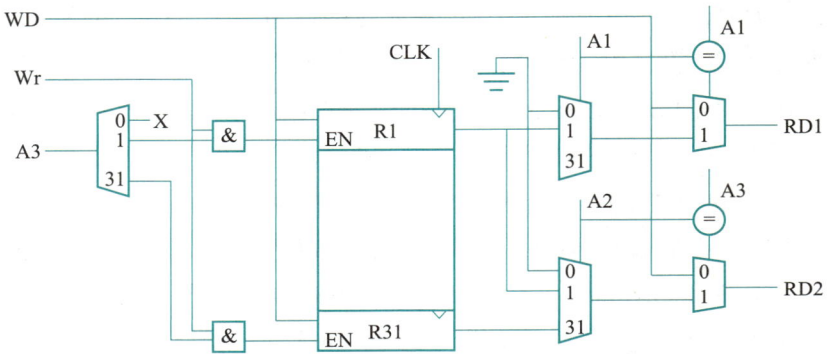

图 6-11　支持流水线的寄存器堆内部结构

新结构在寄存器堆输出后面再设置两个 2 选 1MUX，其控制信号是 A1(或 A2) 与 A3 的比较结果。当两者相同时，RD1 输出 WD 数据，否则输出寄存器堆数据。修改寄存器堆的方法只能解决 IF/ID 与 MEM/WB 这两级之间的数据冒险。本小节后续部分会介绍通过数据转发解决数据冒险的方法。

1. 数据冒险与转发

再回到图 6-10 的案例中的 sub，会发现在 ALU 将值写入到 EX/MEM 后，$1 的新值就已经出现在流水线中了，只是尚未写入到寄存器堆而已。这就为解决数据冒险提供了新思路：对于数据冒险，如果寄存器新值已经出现在流水线的某级寄存器了，则可以将这个数据从该寄存器直接输入至需要使用该寄存器值的功能部件。这种技术被称为转发 (forward) 或旁路 (bypass)。

为了实现转发，首先需要分析目的寄存器的最新值都会出现在哪些流水线寄存器中。例如，对于计算类指令来说，其最新值会出现在 EX/MEM 和 MEM/WB 中；对于 lw 来说，其最新值只会出现在 MEM/WB 中。

其次要分析的是，对于一条指令来说，它真正使用寄存器新值的地方在哪里。以 add 为例，虽然它在 ID 阶段就会读取寄存器值，但其真正使用寄存器值的地方是在 EX 阶段，即 ALU 的输入端。

图 6-12 为具有部分转发功能的流水线，目前只能支持向 add 这样的计算类指令的转发。它增加了从 EX/MEM 和 MEM/WB 分别向 ALU 的两个输入的转发路径。这两条转发路径需要各配置一个 MUX，相应的控制信号被命名为 ForwardRSE 和 ForwardRTE。为了使得整个设计更加简洁，本书单独构造了一个冒险控制器专门用于检测冒险并进行相应处理。

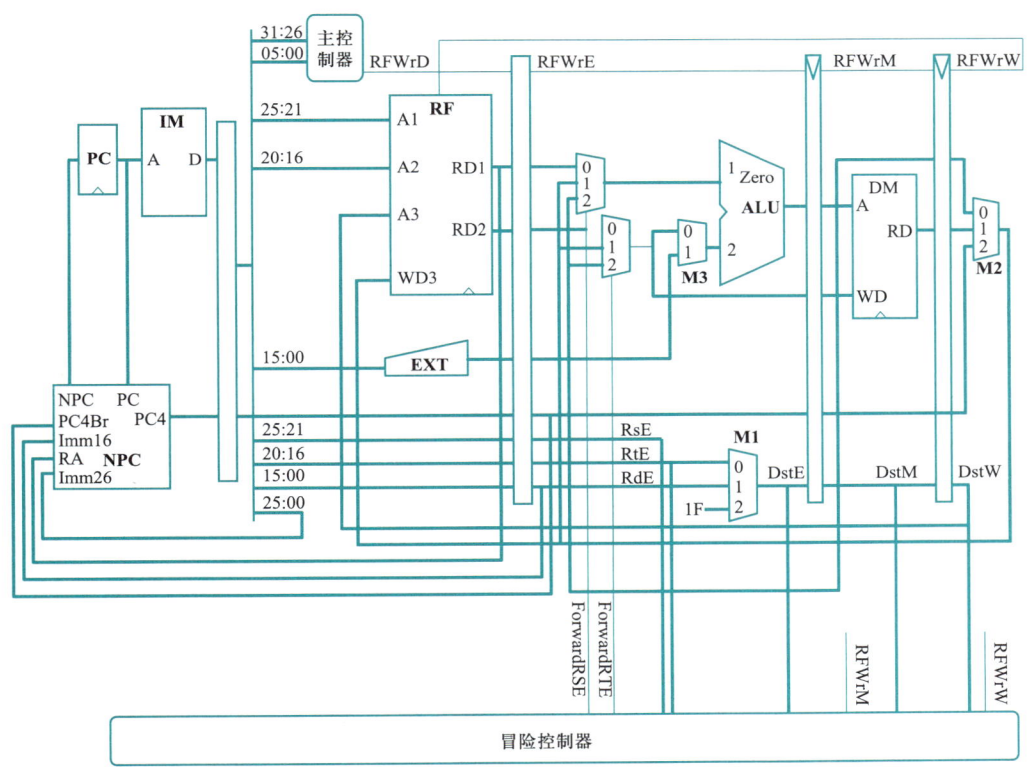

图 6-12　支持转发的流水线

由于 add 最终在 EX 阶段使用寄存器的值，因此冒险控制器将 EX 阶段的 rs 寄存器编号和 rt 寄存器编号分别与 MEM 阶段和 WB 阶段的 Dst 寄存器编号进行比较。如果相等，说明 add 要引用的寄存器与前期运行的指令的目的寄存器相同，因此需要控制两个 MUX 选择相应的通道实现新值的转发。

在构造冒险处理机制时，建议分成检测条件和处理策略两个环节来分别设计。这样做会使得解决方案更加清晰，而且设计代码很规整，易于理解。下面以 rs 寄存器的转发为例介绍如何设计相关处理机制。

(1) 检测条件

一般用 1 位的布尔变量 C_R_EM_Rs 表示 EX 阶段的 rs 与 MEM 阶段的要写入寄存器堆的目的寄存器 (即图 6-12 中的 DstM) 的比较结果。其中字母 C 是指该变量为检测条件，字母 R 是指该标志是由于 R-R 型计算或 R-I 型计算类指令导致的数据冒险，EM 表示比较的是 EX 阶段与 MEM 阶段。类似的，还需要设置 C_R_EW_Rs 用于判断 E 阶段的 rt 与 W 阶段的 Dst 是否相同。注意，仅仅寄存器编号相同并不能说明一定发生了冲突。只有位于 EX/MEM 或 MEM/WB 的 RFWr 有效，才能够真正表明前面的指令确实要写寄存器，而不是恰好出现巧合。因此为了防止误判，还需要增加对 RFWrM 和 RFWrW 的判断。

```
C_R_EM_Rs = (rsE != 0) & (rsE == DstM) & RFWrM
C_R_EW_Rs = (rsE != 0) & (rsE == DstW) & RFWrW
```

(2) 处理策略

转发的处理比较简单，就是根据检测条件决定选择相应的通道。以 rs 寄存器转发为例，如果 RsE 与 DstM 相同则选择来自 EX/MEM 的数据；如果 RsE 与 DstW 相同则选择来自 MEM/WB 的数据；前两个条件都不成立时就选择来自寄存器堆的数据。

但要注意的是，因为存在从 EX/MEM 和 MEM/WB 都向 EX 阶段的转发，所以就产生了与前面讨论控制信号时面临的相同问题：当两个转发对应的检测条件都成立时，应该优先选择谁。考虑如下指令序列：

```
add  $1,$2,$3
sub  $1,$2,$4
or   $5,$1,$6
```

add 和 sub 均会修改 $1。从程序员角度来看，or 应该使用 sub 的结果而不是 add 的结果。换言之，距离 ALU 近的流水寄存器存储的数据具有更高的优先级。在考虑了优先级后，针对 EX 阶段的 rs 寄存器的转发控制信号 ForwardRsE 的表达式如下：

```
ForwardRsE = C_R_EM_Rs ? 0b10:
             C_R_EW_Rs ? 0b01:
                         0b00
```

2. 数据冒险与暂停

上述方案并不能解决所有的数据冒险。分析下面代码序列的流水线时空图。图 6-13 描述了 load 类指令导致的数据冒险。lw 的结果最早也只能在第 4 个时钟上升沿后被写入 MEM/WB。但是 add 的 ALU 最晚在第 3 个时钟周期就必须使用 lw 的结果。可见，转发技术无法解决这一问题。对于 sub 而言，转发技术可以解决这一问题。

	1↑	2↑	3↑	4↑	5↑	6↑	7↑	8↑
lw $1, 0($2)	IM	RF	ALU	MEM	RF	☆		
add $4, $1, $3		IM	RF	ALU	MEM	RF		
sub $5, $1, $3			IM	RF	ALU	MEM	RF	
or $6, $1, $3				IM	RF	ALU	MEM	RF

图 6-13 load 指令导致的数据冒险

对于上述案例中 lw-add 之间的数据冒险，流水线唯一能采取的措施是：当检测到这种冒险时，暂停 lw 后续指令执行。图 6-14 展示了通过暂停来解决 load 类指令导致的数据冒险。在第 3 个时钟周期，流水线检测到处于 ID/EX 的 lw 与刚存入 IF/ID 的 add 存在数据相关后，于是在第 3 个时钟周期暂停后续指令执行，同时向 ID/EX 注入空操作。

	1↑	2↑	3↑	4↑	5↑	6↑	7↑	8↑	9↑
lw $1, 0($2)	IM	RF	ALU	MEM	RF	☆			
add $4, $1, $3 (暂停)		IM	NOP	NOP	NOP	NOP			
add $4, $1, $3 (恢复)			IM	RF	ALU	MEM	RF		
sub $5, $1, $3				IM	RF	ALU	MEM	RF	
or $6, $1, $3					IM	RF	ALU	MEM	RF

图 6-14 通过暂停解决 load 指令数据冒险

暂停包括如下两个环节：

（1）停止取指令。首先，必须禁止 PC 继续执行 +4 计数。回到上例中，在第 2 个时钟上升沿后，add 进入了 IF/ID，同时 PC 存储了 sub 的地址。为了防止误将 sub 覆盖 add，就必须在检测到冲突后禁止写入 IF/ID。为了满足这条，最简单的处理方法就是 PC 和 IF/ID 均需要支持写使能。冒险控制器输出的 PC 写使能控制信号为 PCEnF，IF/ID 的写使能控制信号为 EnD。

（2）向后级流水线寄存器注入空操作。对于本案例来说，后级流水线寄存器是指 ID/EX。注入空操作就是彻底清空流水线寄存器。为此 ID/EX 需要支持清除功能。冒险控制器输出的清除控制信号为 FlushE。

图 6-15 为支持因 load 导致的数据冒险而暂停的流水线。load 的数据冒险处理机制里的检测条件及处理策略表达式分别如下:

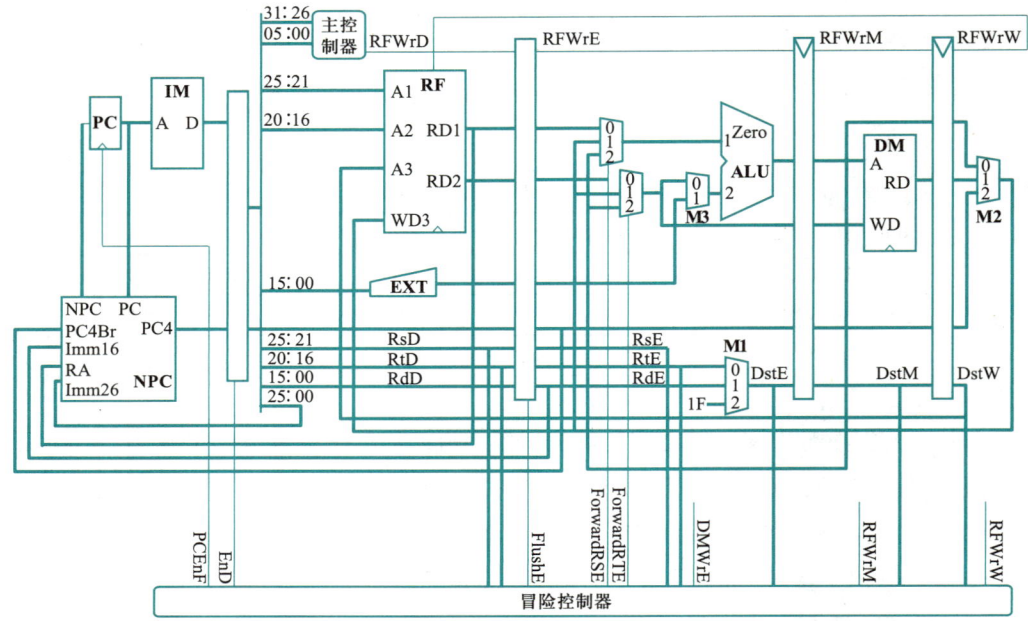

图 6-15 支持暂停解决 load 数据冒险的流水线

(1) 检测条件

```
C_L_DE_Rs = (rsD == DstE) & DMWrE
C_L_DE_Rt = (rtD == DstE) & DMWrE
```

(2) 处理策略

```
PCEnF = EnD = !(C_L_DE_Rs | C_L_DE_Rt)
FlushE =      C_L_DE_Rs | C_L_DE_Rt
```

以上介绍了流水线中主要存在的数据冒险场景。但是,上述对数据冒险的分析并不充分,例如如下的两个指令序列的数据冒险就是前面介绍的方法所不能解决的。

```
lw  $1,0($0)
sw  $1,4($0)
或者
add $1,$2,$2
sw  $3,0($1)
```

随着支持的指令集规模不断扩大,流水线中出现数据冒险的场景会越来越多。流水线设计的核心工作之一就是必须要考虑到所有的数据冒险场景,设计相关的转发电路,以及设计相应的检测条件和处理策略。

3. 数据冒险与编译优化

上述介绍的内容均属于硬件设计层面。还有一种优化是在软件层面的,即编译优化。编译优化是指编译器在代码生成后,并确保功能正确性的前提下,通过调整指令顺序来消除或降低因数据冒险所带来的性能损失。以图 6-15 的流水线 CPU 为基础,表 6-1 给出了一个编译优化的案例。

表 6-1 编译优化案例

序号	优化前	优化后
1	lw $t1, 0($t0)	lw $t1, 0($t0)
2	lw $t2, 4($t0)	lw $t2, 4($t0)
3	add $t3, $t1, $t2	lw $t4, 8($t0)
4	sw $t3, 12($t0)	add $t3, $t1, $t2
5	lw $t4, 8($t0)	add $t5, $t1, $t4
6	add $t5, $t1, $t4	sw $t3, 12($t0)
7	sw $t5, 16($t0)	sw $t5, 16($t0)

在未优化前,指令 2 与指令 3 因为 $t2 存在数据相关,故指令 3 必须暂停 1 个时钟周期。同时还要注意到,指令 3 与指令 4 因为 $t3 相关,故指令 4 必须暂停 1 个时钟周期。类似的,指令 6 和指令 7 也需要暂停 1 个时钟周期。未优化前,这 4 个暂停周期对于图 6-15 的架构来说,是无论如何也无法消除的。如果编译器了解 CPU 内部结构,那么就可以将原指令 5 前移至位置 3,并将第 1 条 sw 指令调度到第 2 条 add 指令之后。这样再结合流水线的转发电路,所有的暂停就被消除了。

编译优化无法解决所有的数据冒险问题。它还有一个不足,即编译器必须了解 CPU 内部的架构模型。这一方面增加了编译器开发的复杂度;另一方面会使针对某个架构产生的优化序列在另外一个架构上执行时,无法产生积极效果,极端情况甚至导致性能严重下降。

系统设计详解 6-2   流水线数据冒险分析的基本要领

在数据冒险分析中,最困难的地方在于能否将所有可能的冒险场景都找到。或许换个角度来看待数据冒险,即从供给者和需求者的角度分析数据冒险,可能会让问题描述更加易于理解与分析。

所谓需求者,是指最终需要引用寄存器值的那个功能部件。例如 ALU 为了完成计算必须使用寄存器值。再例如 sw 要写入数据至 DM,那么 DM 同样也必须使用寄存器值。

所谓供给者,是指产生寄存器结果的那个功能部件后面的所有可能的流水线寄存器。从指令流动的方向看，距离产生寄存器结果的那个功能部件最近的流水线寄存器，其值最新。

分析的关键在于，根据指令集构造可能的指令冲突序列，并根据冲突序列确定所有需求者与所有供给者。之后，结合冲突序列在流水线中的流动，从时间上判断后执行指令的需求者必须输入数据（即寄存器对应的值）时，先执行指令是否已经产生结果并存储在某个供给者中了。假设时间满足，那么意味着可以通过转发破解数据冒险，否则就只能暂停了。

6.5.3 控制冒险

因为在程序中存在分支、函数调用等需求，所以指令流中会存在导致指令执行方向改变的相关指令，如 beq、jal、jr 等。所谓控制冒险是指：这些指令会改变指令执行方向，但流水线在取下一条指令时却不知道该从哪个方向取指令。

考虑如图 6-16 所示代码的时空图。为了帮助理解，在最下面增加了 PC 的变化。假设 beq 的比较条件成立，beq 执行结束后应转移至 or。在第 3 个时钟周期内，ALU 产生比较结果以及加法器完成转移地址计算。于是，在第 3 个时钟上升沿到来时 or 的地址被存入 PC。

	1↑	2↑	3↑	4↑	5↑	6↑	7↑	8↑	9↑
beq $1, $2, 40	IM	RF	ALU	MEM	RF				
add $1, $2, $3		IM	RF	ALU	MEM	RF			
sub $4, $5, $6			IM	RF	ALU	MEM	RF		
and $7, $8, $9				IM	RF	ALU	MEM	RF	
…									
or $10, $11, $12					IM	RF	ALU	MEM	RF
PC	→beq	→add	→sub	→or					

1. PC：每个单元格为时钟上升沿前的 PC 值。
2. →：代表 PC 当前存储的指令地址。

图 6-16　beq 产生的控制冒险

从图中 PC 的变化可以看出，如果流水线不对上述执行过程做任何处理，那么本不该执行的 add 与 sub 均会被错误地执行。一个简单的处理办法是，当流水线检测到 IF/ID 存储的是 beq 指令后，就暂停后续指令执行，直至 PC 被加载正确的目的地址。这个方法的缺点是流水线将为此停顿两个时钟周期。下面介绍两种对策。

1. 假定分支不发生

由于无条件暂停代价过高，因此一种直观的方式是允许 beq 后续指令继续执行，一旦当转移条件成立，就把后续指令全部废弃掉。这个方法的思考出发点在于：

（1）beq 后续指令必然存在顺序执行的可能性。

（2）废弃指令是比较简单的。当 beq 的比较结果在 EX 阶段产生后，假设需要转移，则只要把 IF/ID 与 ID/EX 这两级清除就可以了。具体做法可以参考数据冒险中清除流水线寄存器的方法。

> **系统设计详解 6-3　分析分支不转移方法的收益**
>
> 你可能会问一个问题：这个方法的收益是多少。表面上看，转移执行与顺序执行各占 50%。但事实是，即便对于同一个程序而言，不同区域的 beq 的转移概率也差异很大。考虑下面的语句块：
>
> ori $1, $0, 99
>
> loop:
>
> …
>
> addi $1, $1, −1
>
> slt $2, $1, $0
>
> beq $2, $0, loop
>
> …
>
> 该语句块用 $1 作为循环变量组织 100 次循环。对于 beq 来说，前 99 次均需要转移，只有第 100 次才是顺序执行。对于本案例来说，假定分支不转移方案的收益几乎可以被忽略了。当然，你也构造出一个相反的案例来佐证假定分支不转移方案收益可观。从本案例可以看出，准确评估体系结构一个方案的优劣通常都会很复杂。

2. 缩短分支延迟

缩短分支延迟的思路取决于如下两方面的分析。首先，在当前的流水线数据通路设计中，beq 比较结果是在 EX 阶段产生的。但事实上，寄存器堆在 ID 阶段就已经输出了 beq 比较操作需要的两个操作数。其次，当前设计使用 ALU 的减法功能来实现 beq 的比较操作。但从数字电路知识可知，还可以组合 XOR 运算与 OR 运算来实现比较两个数据相等。XOR 运算需要的门电路数量非常有限，意味着延迟就很有限，这样就可以将该比较电路部署在 ID 阶段，从而使 beq 比较结果最早可以在 ID 阶段产生。

除了比较操作，beq 还涉及分支转移地址的计算。在 6.4 节，因为计算 beq 转移地址的立即数偏移来自 ID/EX，所以不得不给 NPC 增加了一个输入端口。现在，由于比较功能前置到 ID

阶段，因此存储在 IF/ID 中的立即数就可以输入给 NPC。这样就可以恢复 NPC 原来的接口了。

需要注意的是，beq 比较操作是对 rs 和 rt 这两个寄存器进行比较，因此必须考虑 beq 的前序指令是否会与这两个寄存器有数据相关。为此，必须将 EX/MEM 转发至 beq 的比较电路。分支处理前移后，需要在 ID 级设置两个转发 MUX，其相应的控制信号为 ForwardRsD 和 ForwardRtD。

但是，这两个转发并不能解决所有的数据相关。假设 add-beq 指令序列已经存在数据相关，而 EX/MEM 是存储着 add 结果的最早的流水线寄存器。因此当 beq 进入 IF/ID 后，位于 ID/EX 的 add 正在驱动 ALU 计算，而结果尚未存储在 EX/MEM。这样就无论如何也不可能通过转发来获得 beq 所需要的最新计算结果了。同理，lw-beq 也存在类似问题。解决问题的办法只有一个，那就是暂停。

关于 beq，还需要考虑一个细节：如果 beq 要转移，那么还需要清除 IF/ID 寄存器。请读者自行分析原因。虽然 beq 前移了比较功能，但是因为在发生转移时必须清除 IF/ID 寄存器，所以本方案仍然无法完全消除暂停，而只是将暂停减少到 1 个时钟周期。

将前述这些内容综合在一起，就构成了流水线的控制系统。这里用了"控制系统"，是为了与之前单周期、多周期的控制器有所区别。流水线控制系统包括主控制器和冒险控制器两部分。主控制器的功能与单周期控制器几乎完全相同，冒险控制器是流水线所独有的，它的功能是检测流水线中的各类冒险并采取相应的处理策略。图 6-17 是一个包括数据通路、主控制器和冒险控制器的完整流水线设计。

以下以 beq 为例构造相应的冲突冒险处理机制。读者可以参考本案例构造 jal 和 jr 以及其他会导致控制冒险指令的处理机制。

（1）检测条件

C_B_DM_Rs 和 C_B_DM_Rt 分别用于标记寄存器堆输出的 rs 和 rt 是否与位于 EX/MEM 的目的寄存器存在相关。C_B_D 中的第 1 个表达式用于判断是否存在类似于 add-beq 这样的指令序列，后两个表达式则用于判断是否存在类似于 lw-beq 以及 lw-xxx-beq 的指令序列。

```
C_B_DM_Rs = (rsD == DstM) & RFWrM
C_B_DM_Rt = (rtD == DstM) & RFWrM
C_B_D = BrD & RFWrE & (rsD == DstE | rtD == DstE) |
        BrD & DMWrE & (rsD == DstE | rtD == DstE) |
        BrD & DMWrM & (rsD == DstM | rtD == DstM)
```

（2）处理策略

当发生相关时，转发数据即可；当指令序列为 lw-beq 和 lw-xxx-beq 时，只能暂停了。

6.5 流水线冒险

```
ForwardRtD = C_B_DM_Rs
ForwardRtD = C_B_DM_Rt
PCEnF   = EnD = !(C_L_DE_Rs | C_L_DE_Rt | C_B_D)
FlushD = BrD & Zero
FlushE = C_L_DE_Rs | C_L_DE_Rt | C_B_D
```

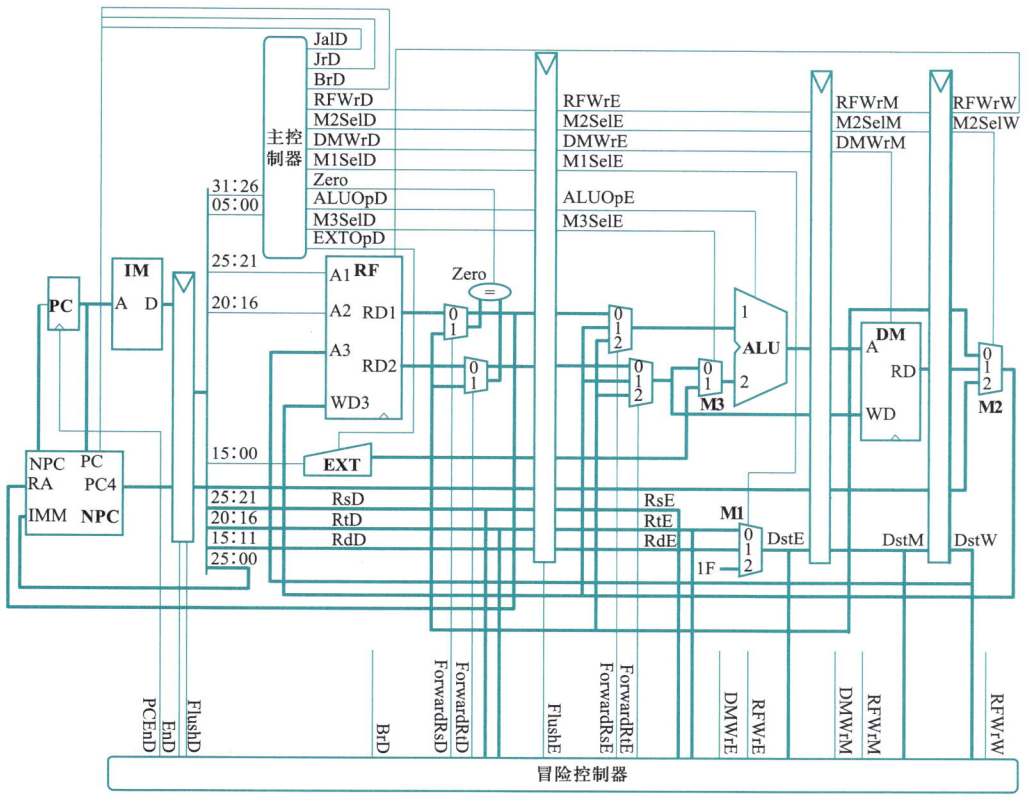

图 6-17 完整流水线数据通路及控制系统

6.5.4 冒险的成因与对策

由于采用了指令存储器和数据存储器分离的设计，并且寄存器堆支持同时读写，因此 MIPS 流水线不存在结构冒险。

数据冒险的成因是后续指令需要使用前面指令尚未完成回写的计算结果。数据冒险可以从后续指令必须使用计算结果角度出发，又可以细分为两种情况。第一种情况是计算结果已经产生但未回写；第二种情况则是计算结果尚未产生。前者可以通过转发来化解数据依赖关系。对于后者，则只有暂停以等待前序指令产生计算结果。

控制冒险的成因是流水线每个时钟周期都要读取新指令，而此时转移类指令尚未完成最终转移地址的计算。控制冒险有两种对策。第一种是允许后续指令进入流水线，但当预测失败时必须冲刷流水线。第二种是将 b 类指令的比较功能与转移地址计算前移至 ID 阶段，等待代价下降为 1 个时钟周期。

流水线设计具有很高的复杂性。这种复杂性主要体现在对指令之间可能存在各类冒险的细致分析。任何疏漏都会导致流水线设计失败。

6.6 性能分析

由于每个时钟周期都能执行完一条指令，因此流水线的理想 CPI 为 1。然而由于各种冒险使得流水线会暂停，因此实际 CPI 要大于 1。至于 CPI 具体为多少，除了与流水线内部结构设计有关，同时还与运行的程序行为相关。

例 6-2 某程序指令分布如下：load 占 25%，store 为 10%，分支指令为 11%，R 型计算类指令为 54%。假设因 load 导致暂停概率为 40%，并且暂停代价为 1 个时钟周期。此外，分支指令预测成功率为 75%，但预测失败就需要暂停 1 个时钟周期。请计算流水线执行该程序的 CPI。

解 平均 CPI 的计算方法是，先分别计算指令 CPI 后，再乘以该指令的出现频度，然后再求和。

① load：没有数据相关时，load 的 CPI 为 1。如果有数据相关，因暂停其 CPI 为 2。
$$CPI_{load} = 1\times(1-40\%) + 2\times40\% = 1.4$$

② store：题目中未出现数据相关，因此 CPI_{store} 为 1。

③ 分支：预测成功，分支的 CPI 为 1。如果预测失败，分支的 CPI 为 2。
$$CPI_{分支} = 1\times75\%+2\times(1-75\%) = 1.25$$

④ R 型：CPI 为 1。

$$\begin{aligned}CPI &= CPI_{load}\times25\%+CPI_{store}\times10\%+CPI_{分支}\times11\%+CPI_{R型}\times54\% \\ &= 1.4\times25\%+1\times10\%+1.25\times11\%+1\times54\% \\ &= 1.1275\end{aligned}$$

6.7 3 种 CPU 模型对比

到目前为止，共介绍了单周期、多周期和流水线 3 种 CPU 模型。本节简单对比分析这 3 种模型。

1. 执行周期数

单周期是 1 个时钟周期执行 1 条指令，即 CPI=1。多周期依据指令的不同特点具有不同的执行周期数。从单条指令来说，流水线中绝大多数指令的执行时间为 5 个时钟周期 (beq 和 jr 除外，jal 仍然为 5 个时钟周期)。但是由于流水线能够同时执行多条指令，因此理论上具有每个时钟周期执行完 1 条指令的潜能，即流水线的理想 CPI 为 1。由于存在各种冒险，流水线实际 CPI 会大于 1。特别需要说明的是，流水线并不改善单条指令的执行性能，改善的是 CPU 的吞吐率。

2. 时钟频率

单周期设计由于存在显著的关键路径，因此整个设计的时钟频率严重受制于关键路径的延迟。通过在数据通路上插入寄存器，多周期和流水线不再存在关键路径了，时钟频率取决于最慢分段的延迟。从设计的角度，希望各个分段的时延是完全一致，因此理想情况下多周期和流水线的时钟频率应该是单周期的 N 倍，其中 N 为分段数量。在实际中，各个分段的延迟不可能完全一样，而且插入寄存器还会导致额外时间开销，故 N 倍时钟频率提升是无法做到的。对于流水线来说，除了额外的寄存器开销外，还增加了用于各类冒险处理的组合逻辑。这些组合逻辑的时延会进一步降低流水线的实际时钟频率。

3. 实际性能

单周期由于所有指令的 CPI 均为 1，因此实际性能仅仅与实际执行的指令数量有关。多周期中各类指令的 CPI 天然的就不相同，因此多周期实际性能取决于各类指令 CPI 及其在指令总执行数量中的占比。虽然理想流水线的 CPI 为 1，但冒险使流水线实际 CPI 不可能为 1。流水线性能计算方法与多周期相同。

4. 设计要点

单周期是多周期和流水线的基础模型。单周期和多周期设计均仅关注正确理解单条指令的操作语义以及将该操作语义转换为相应的数据通路连接关系及控制信号取值。多周期最大程度地继承了单周期的设计内容，其与单周期设计的主要区别在于将单周期的控制信号与时间之间建立了关联关系，即不仅需要确定控制信号的具体值，还需要确定在哪个时钟周期取值。

流水线在数据通路上继承了多周期用寄存器分割关键路径的重要设计思想，在控制系统的主控制器上几乎全面继承了单周期控制器设计内容。由于多条指令并行执行从而可能导致多种冒险，因此流水线设计的复杂性远大于单周期和多周期。流水线设计的核心问题是指令间的冒险分析及其对策，其解决方法的关键要点在于冒险分析是否充分。为了便于理解和设计，一般将流水线的控制分成主控制器和冒险控制器两部分，前者定位于单条指令的功能，后者定位于指令间的协同。

6.8 实验指引

本章实验开发支持 MIPS 指令集子集的 32 位五级流水线处理器，要求详见在线实验平台说明，平台提供自动评测。

1. 支持小规模 MIPS 指令集

（1）支持指令集 {add, sub, ori, lw, sw, beq, lui, jal, jr, nop}。

（2）流水线的设计以追求性能为第一目标，因此必须尽最大可能支持转发以解决数据冒险。

（3）对于 b 类和 j 类指令，流水线设计必须支持延迟槽，因此设计需要注意使用 PC@D + 8 或 PC@I + 4。

（4）为了解决数据冒险而设计的转发数据来源必须是某级流水线寄存器，不允许对功能部件的输出直接进行转发。

（5）指令存储器（IM, instruction memory）容量为 16KB（4 096 × 32b）。

（6）数据存储器（DM, data memory）容量为 12KB（3 072 × 32b）。

（7）PC 的初始地址为 0x00003000（与 MARS 的内存配置中的设置保持一致以支持自动评测）。

（8）最外层的 mips 模块的文件名必须为 mips.v，该文件中的 module 也必须命名为 mips。

2. 支持较大规模 MIPS 指令集

（1）支持指令集 {add, sub, and, or, slt, sltu, lui; addi, andi, ori; lb, lh, lw, sb, sh, sw; mult, multu, div, divu, mfhi, mflo, mthi, mtlo; beq, bne, jal, jr}。

（2）支持自动评测相关要求详见在线实验平台。

6.9 本章小结

流水线的设计初衷是通过让各个功能部件在每个时钟周期都服务于不同的指令，从而提升

CPU 在单位时间内的吞吐量。因为现代 CPU 都是以流水线为基础的，所以学习流水线对于今后学习更复杂的 CPU 技术具有非常重要的意义。

由于多条指令在流水线中同时运行，因此会产生结构冒险、数据冒险和控制冒险 3 种冒险。结构冒险是由于多条指令在同一周期争用同一功能部件而产生的。对于 RISC 类 CPU，通过采用指令存储与数据存储分离以及多端口寄存器堆等技术方案，从而消除了结构冒险。

由于程序中存在信息交换的需求，因此必然会导致流水线中多条指令均要读写同一个寄存器，这就会产生数据冒险。虽然一部分数据冒险可以通过转发解决，但仍然存在一些数据冒险是流水线必须暂停以等待冒险解除。能否 100% 覆盖流水线全部可能的数据冒险，是能否正确处理数据冒险的基本前提。

分支指令及跳转指令等会产生控制冒险，并导致流水线性能严重下降。对于分支指令来说，一种措施是假定分支不发生，另一种措施是将分支指令的比较功能前移从而尽可能缩短分支延迟。前者在本质上是对固定执行方向的预测，因此绝对不可能 100% 的预测成功；后者虽然会缩短延迟，但仍然无法 100% 消除停顿。

假设没有任何暂停，则流水线的理想 CPI 为 1。但遗憾的是，由于存在数据冒险、控制冒险等因素，因此流水线的实际 CPI 是大于 1 的。由于程序行为各异，因此在计算流水线的 CPI 时，必须考虑与冒险相关的各类指令的概率。同时，由于流水线结构不同，其带来的暂停代价也是不同的。

在流水线的控制系统设计方面，为了降低思考与实现的复杂度，采用了双控制器结构。其中，主控制器只是承担译码单条指令并产生各个功能部件的控制信号，而冒险控制器则承担了分析数据冒险和控制冒险、数据转发以及暂停流水线等功能。

思考题

1. 为了将 DM 结果向 ALU 转发，本章采用如图 6-18(a) 的思路：从最后一级流水线寄存器 MEM/WB 向 ALU 转发。但这个设计在执行如下指令序列时必须暂停一个时钟周期。设计师认为采用如图 6-18(b) 的思路就可以解决这个问题：从直接从 DM 向 ALU 转发。虽然图 6-18(b) 可以解决上述问题，但却使得流水线时钟频率下降了，请分析具体原因（假设 IM 读出、RF 读出、ALU、DM 读出的延迟均为 L）。

```
lw  $1,xxx
add yyy,$1,zzz
```

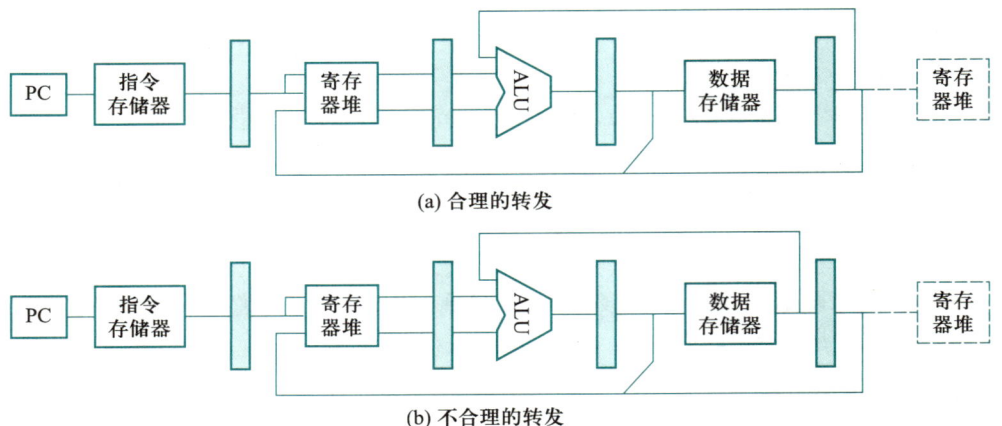

(a) 合理的转发

(b) 不合理的转发

图 6-18　DM 转发的两种思路

2. 在流水中插入寄存器可以提高时钟频率。但是，随着级数增多，流水线性能提升会遇到瓶颈。首先，寄存器自身的时序开销（如寄存器建立时间与保持时间等）对于性能改善的影响越来越大。其次，随着流水线级数的增长，分支冒险会导致流水线排空的问题愈发严重。第三，数据冒险造成的暂停也会随之增多。

假设：5 级流水线 CPI 为 1.2，且每增加 1 级，CPI 增加 0.1；单周期 CPU 关键路径延迟为 800 ps，寄存器自身时序开销为 50 ps。

（1）建立 CPI 与流水线级数 N（$N \geqslant 5$）的计算公式。

（2）建立时钟周期延迟 Tc 与流水线级数 N 的计算公式。

（3）给出一条指令执行时间的计算公式。

（4）请指出 N 为多少时，流水线性能最好。

（5）请指出 N 为多少时，流水线性能改善最为显著。

3. 设计师将单周期数据通路改造为如图 6-19 所示的 3 级流水线。假设寄存器堆不支持内

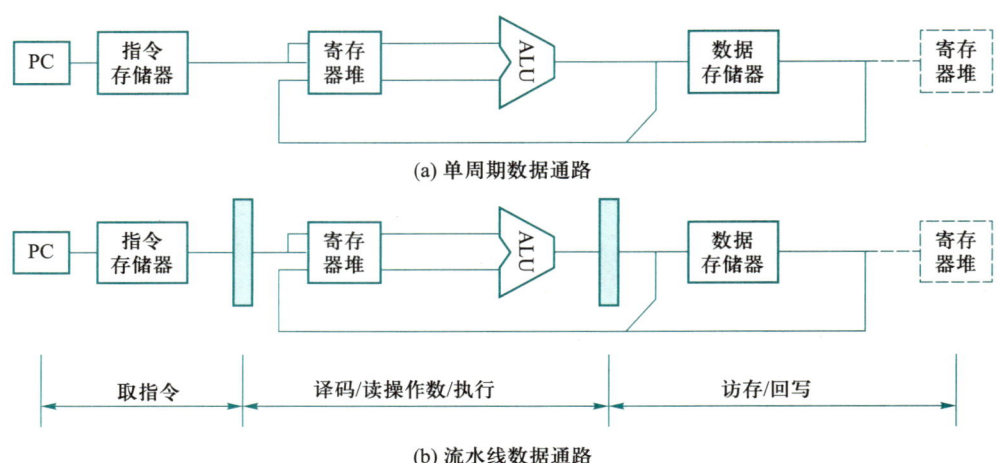

(a) 单周期数据通路

(b) 流水线数据通路

图 6-19　改造单周期数据通路为 3 级流水线

部转发（内部转发是将流水线中的转发机制在 RF 内部实现）。

（1）流水线是否仍然可能会因为 beq 而需要清空流水线？如果会，最多有几条指令会被清除？

（2）假设指令集只有 {lw, add}，请以 rs 寄存器为例，增加旁路以应对所有的数据冒险可能。给出思路即可，不用讨论因此带来的 MUX 及其控制。

（3）对于第 2 问的指令集，能否消除 rs 寄存器相关的全部数据冒险？为什么？

4. 同样是从 DM 向 ALU 的转发，图 6-20（a）的设计会使得 5 级流水线性能下降。请分析图 6-20（b）的设计，会导致 3 级流水线性能下降吗？假设 IM 读出、RF 读出、ALU、DM 读出的延迟均为 L，忽略所有控制器延迟及 MUX 延迟。

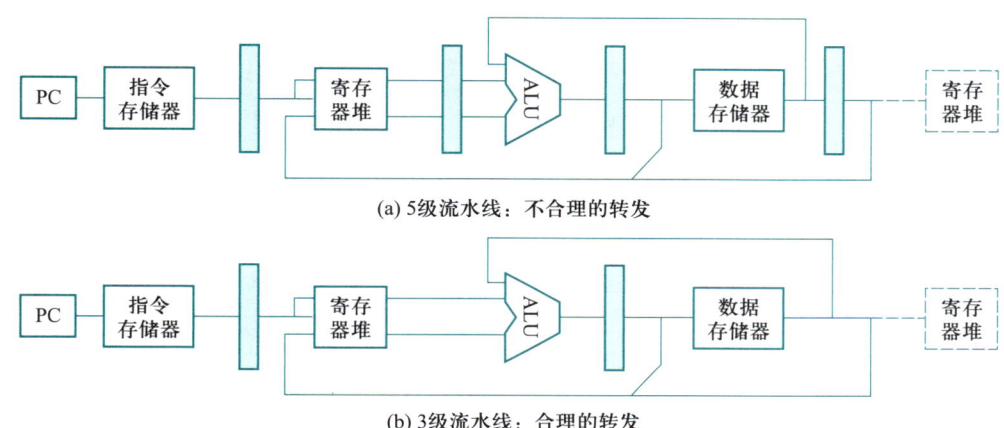

图 6-20　从 DM 向 ALU 的转发

5. 图 6-17 所示的流水线 CPU 执行如下指令序列。

```
I1  lw   $1,0($2)
I2  addi $1,$1,$1
I3  sw   $1,0($2)
I4  lw   $1,4($2)
I5  sw   $1,8($2)
```

（1）分析上述指令执行过程中流水线共计需要暂停多少个时钟周期。

（2）是否可以增加转发来提升流水线性能？如果可以，请简述设计思路。

6. 在图 6-17 所示的流水线 CPU 执行某程序，其指令分布如下：load 占 15%，store 为 10%，分支指令为 10%，R 型计算类指令为 65%。假设：load-R 导致暂停概率为 30%；load-store 导致的暂停概率为 5%；分支指令预测成功率为 75%。计算流水线执行该程序的 CPI。

7. 如图 6-21 所示，某 MIPS 标准 5 级流水线仅支持 M 级向 D 级的转发（注意：寄存器堆有内部转发）。某程序员编写了如下 MIPS 代码，请回答下列问题。

```
I1:  lw   $1,0($2)
I2:  sw   $1,0($1)
I3:  add  $3,$2,$2
I4:  sub  $4,$1,$3
I5:  or   $5,$5,$6
```

(1) 请指出上述指令片段在流水线中执行时存在的所有数据相关。

(2) 请通过调整指令顺序来优化上述指令片段以最大化减少暂停。

(3) 对于优化前和优化后的指令片段，分别给出流水线的执行时间，并说明理由。示例：对于两条无冒险的指令片段，则流水线执行时间为 6 个时钟周期。

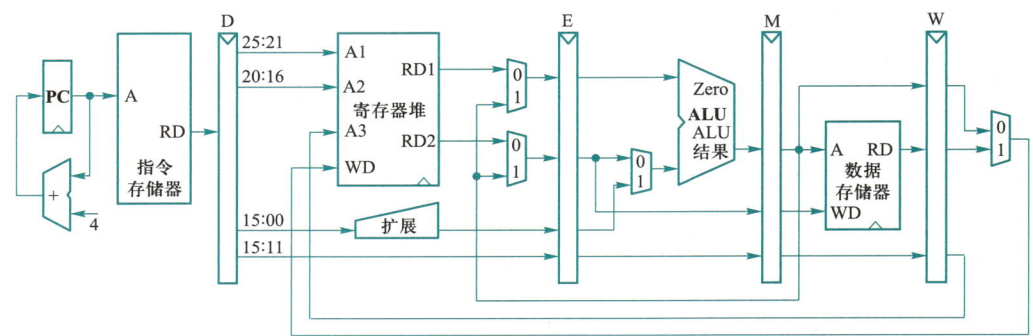

图 6-21　仅支持 M 级向 D 级转发的 5 级流水线

8. 以图 6-17 为基准，用 Verilog 实现流水线 CPU，支持 {lw, sw, addu, subu, ori, beq} 这 6 条指令。Verilog 实现过程中，应结合这 6 条指令对图 6-17 设计进行合理的优化。编写测试程序，在 Verilog 模拟器与 MARS 上分别运行测试程序并做正确性对比。提示：测试程序的主要难点在于通过组合数据相关的位置来推演可能涉及的指令，进而组合出相应的指令序列，从而确保覆盖所有可能的数据冒险。仅以 lw 为例，至少需要测试流水线能否正确处理存在数据相关的如下序列：lw~addu, lw~xxx~addu, lw~xxx~yyy~addu, lw~beq, lw~sw 等。

第 7 章

存储层次

教学课件：存储层次

存储器是计算机中又一个极其重要的组成部分，主要功能是存放程序和数据。容量、性能与成本是评估存储器的 3 个核心指标。使用任何单一的某种存储器技术，都很难实现三者都最优。由于程序局部性原理的发现，设计师能够通过构造一个由多种类型的存储器组成的存储层次来达成存储体系设计的目标：成本尽可能低，容量尽可能大、性能尽可能高。

7.1 概述

7.1.1 存储器与 CPU 的性能差

当前主流的存储器技术主要包括 SRAM、DRAM、Flash 和磁盘 4 种。表 7-1 对比了这 4 类存储器的单位成本和性能。

表 7-1 SRAM、DRAM、Flash 和磁盘成本、性能对比

指令	SRAM	DRAM	Flash	磁盘存储器
每 GB 价格	$10000	$10	$1	$0.1
访问延迟	1ns	50~100(ns)	100(us)	10(ms)

SRAM(static RAM) 虽然性能最好，但单位成本过于高昂，显然不能用 SRAM 来构造容量数以 GB 为单位的主存。Flash 和磁盘存储器的成本很低，但性能实在太低。DRAM(dynamic RAM) 在成本和性能方面较为适合构造主存储器。

单纯使用 DRAM 构造主存储器同样面临很大挑战。图 7-1 对比了 20 世纪 80 年代以来 CPU 和 DRAM 存储器之间的性能差距。可以看出，当前 CPU 性能与 DRAM 性能之间大致有 4 个数量级的性能差距。一颗现代高端 CPU 通过综合深度流水线、超标量、乱序执行、推测执行、向量计算等多种性能提升技术，其内部数据处理的峰值带宽高达 100 GB/s。以目前性能最高的 64 位 DDR4 SDRAM(DRAM 中的一种) 存储条来说，虽然单条容量可以达到 128 GB，但带宽只有 25 GB/s。

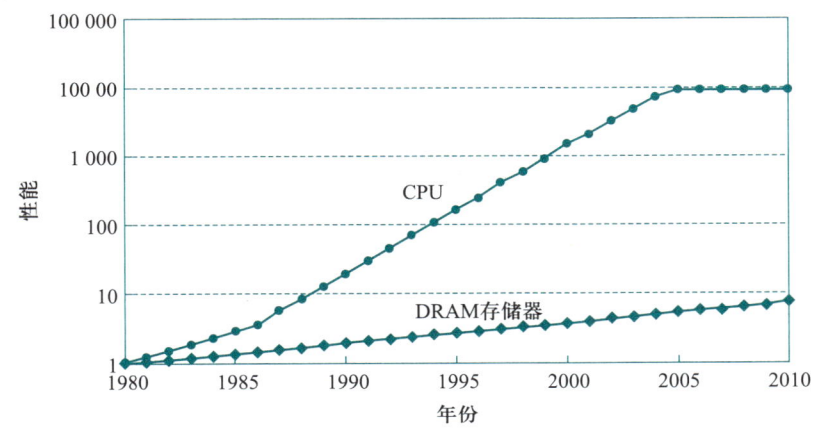

图 7-1 CPU 与 DRAM 存储器之间的性能差距

由于存储器带宽和延迟（特别是延迟）与 CPU 性能之间的严重失衡，数据无法及时在处理器和存储器间之间传递，严重阻碍了 CPU 的实际性能发挥。这种现象被称为

存储墙。

7.1.2 通过一个简单 C 程序理解存储墙

这里通过一个简单的 C 程序来进一步定量分析存储墙影响 CPU 性能的程度。代码 7-1 给出了一个字符串复制函数的核心 C 语句以及其对应的汇编语句。第 6 和第 7 行 C 语句对应着 5 条指令，这就意味着复制一个字符需要 5 条指令，复制 N 个字符需要 5N 条指令。

代码 7-1 更多全局变量定义及其对应的 C 语句

1	char *p;	Loop:	
2	int length=0;	lb	$t0,0($s0)
3		beq	$t0,$zero,End
4	…	addi	$s0,$s0,1
5		addi	$s1,$s1,1
6	while (*p++)	j	Loop
7	length++;	End:	

假设 CPU 的 CPI 为 1，那么对于复制 N 个字符的 5N 条指令来说，其执行时间会是 5N 个时钟周期吗？第 1 条指令 lb 的操作数既有寄存器又有存储器，第 2 至第 4 条指令的操作数只有寄存器。根据第 4 章讲授寄存器堆的知识，我们知道寄存器堆的性能是每个时钟周期能各读写一个数据。从图 7-1 可以看出存储器性能远远落后于 CPU，本例为了简化计算，不考虑从指令存储器中读取指令的延迟，而仅仅假设数据存储器的延迟是读或写一个数据需要 100 个时钟周期。

按照这样的存储器性能模型，第 2 至 5 条指令由于不涉及数据存储器读写，可以做到每个时钟周期执行一条指令，因此这 4 条指令的执行时间共需要 4 个时钟周期。但是，指令 1 涉及存储器访问，故需要 101 个时钟周期。由此可知，复制一个字符共需要 105 个时钟周期。因此，复制 N 个字符就需要 105N 个时钟周期，而不是之前估算的 5N 个时钟周期。注意，如果再将指令存储器的性能参数也考虑进来，那么需要耗费的时间还需要大大增加。

无论是根据图 7-1 直接分析，还是通过本例的分析，读者都可以得出一个基本结论，即只使用 DRAM 构造存储器是无法满足 CPU 的性能需求。

7.1.3 存储层次的动机

DRAM 的容量和成本非常适合构造主存储器，但弱点是性能低。反观 SRAM，强项就是性能高，这两种存储技术具有很强的互补性，故将大容量低成本的 DRAM 与

7.1 概述

小容量但高性能的 SRAM 相结合就成为一个直观的思路。但这个方案存在一个问题：SRAM 容量小（否则成本会非常高昂），只能装下很小的程序片段及数据，而绝大部分程序和数据只能依旧存放在 DRAM 中。这是否意味着 CPU 只能快速执行一会程序，然后就必须漫长的等待，直到需要的程序片段或数据被慢慢的从 DRAM 中兑换进 SRAM 中呢？如果是这样，那么这个方案就缺乏实用价值了。

幸运的是，计算机研究者经过大量研究后总结出了程序运行的最本质规律：局部性原理。局部性原理包括两部分内容：

（1）时间局部性：如果某个存储单元被引用，那么在不久的将来它很可能再次被引用。

（2）空间局部性：如果某个存储单元被引用，那么与它地址相近的存储单元可能很快会被引用。

对于程序局部性原理的成因，可以从以下方面去思考：

（1）绝大多数情况下指令都是顺序执行的，因而指令序列呈现出高度的局部性。在样例代码 7-1 中，5 条指令除了最后那条指令外，其余指令都是顺序执行的。

（2）程序主要行为特征表现为循环，因此这部分指令会被重复访问，呈现出很高的局部性。以样例代码 7-1 为例，为了复制 N 个字符，那 5 条指令被重复执行了 N 次。

（3）数组、结构等是程序中的最基础，也是使用最广泛的数据结构，显然这些数据结构的访问具有极强的局部性。样例代码 7-1 中的两个数据结构都是字符串数组。

局部性原理使得 SRAM 加 DRAM 的技术组合具有了现实可行性，具体表现为：SRAM 中的程序片段和数据会在一段时间内被 CPU 频繁访问；当 CPU 需要运行和访问其他程序片段和数据时，虽然需要等待较长时间完成 SRAM 与 DRAM 的指令或数据的交换，但一旦交换完成后，CPU 将频繁访问新换入 SRAM 的指令和数据。这意味着在一段时间来看，CPU 运行程序的时间占据主要部分，而等待时间则是次要部分。

所谓存储层次，就是以局部性原理为基本理论依据，将多种不同特性的存储器组合在一起构造计算机存储体系的技术方案，其一般性结构如图 7-2 所示。越靠近顶层，

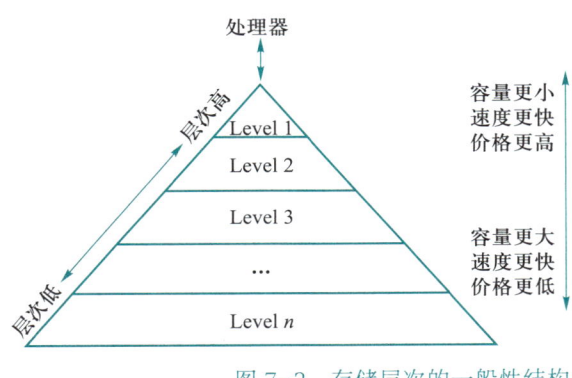

图 7-2 存储层次的一般性结构

该层存储器的性能越好，但价格也越高，因此容量必然小。相反，越往下层，越可以采用大容量设计方案。一般来说，高成本小容量高速 SRAM 和低成本大容量低速 DRAM 是存储层次中的主力存储器类型。

7.1.4 存储层次的常用概念

下面介绍在存储层次中经常会用到的一些原则和概念。

（1）数据包含原则。在存储层次中，高层次数据一定是被包含在低层次数据中的，即高层次数据是低层次数据的子集。

（2）数据交换基本原则。数据交换一般只在相邻两层间完成，不应跨层进行数据交换。

（3）命中。如果处理器需要的数据出现在某个层次，那么对于这个层次来说被称为命中 (hit)。

（4）命中率 (HR，hit rate)。在某层的命中次数与该层存储访问总次数的比例。命中率是衡量存储层次的核心指标之一。

（5）缺失。缺失与命中相对应，即需要的数据没有出现在某个层次，称为缺失 (miss)。当某层缺失后，需要向下一层传递请求直至找到数据为止。

（6）缺失率 (MR，miss rate)。与命中率相对应，即某层缺失次数与该层存储访问总次数的比例。缺失率与命中率的数学关系可以表达为：

$$命中率 + 缺失率 = 1$$

计算存储层次性能时，除了需要知道命中率和缺失率外，还得知道命中和缺失时的具体访问时间开销。

（1）命中时间 (HT，hit time)：是指当命中某层时，该层完成存储访问所需要的总的时间开销。命中时间是在该层所需要的查找时间、判断时间及数据读写时间等的总和。

（2）缺失代价 (MP，miss penalty)：是指某层缺失后从下层获取数据所需要的时间。缺失代价是缺失层所需要的判断时间、向下层传递请求时间以及数据从下层传输至本层时间等的总和。

从命中和缺失的定义可以看出，命中时间只与本层有关，而缺失代价则可能是一个不断向下层迭代的过程。

存储层次的设计思想和技术体系对于整个计算机系统的功能与性能均具有深远的影响。例如，在功能方面，对于操作系统来说，会涉及如何管理层次多且容量大的存储器系统；在性能方面，对于编译器来说，会涉及如何优化代码生成以及数据存储布局。今天，普通用户的计算机使用方式都被改变了：大量的 PC 会同时配置小容量的固态盘和大容量硬盘。人们往往把操作系统和常用软件安装部署在固态盘，而把大量用户数据（如电影）以及不常用软件安装部署在硬盘上，目的就是为了获得更高的系统启动性能和综合运行性能。

7.1.5 典型的存储层次

上一小节介绍了存储层次的一般性概念。为了便于内容讲授，本书介绍一种典型的存储层次，并且后续将围绕该层次展开相关内容。图7-3展示了该典型存储层次，它包括寄存器堆、由指令cache[①]与数据cache构成的1级cache、2级cache、主存储器和二级存储器。

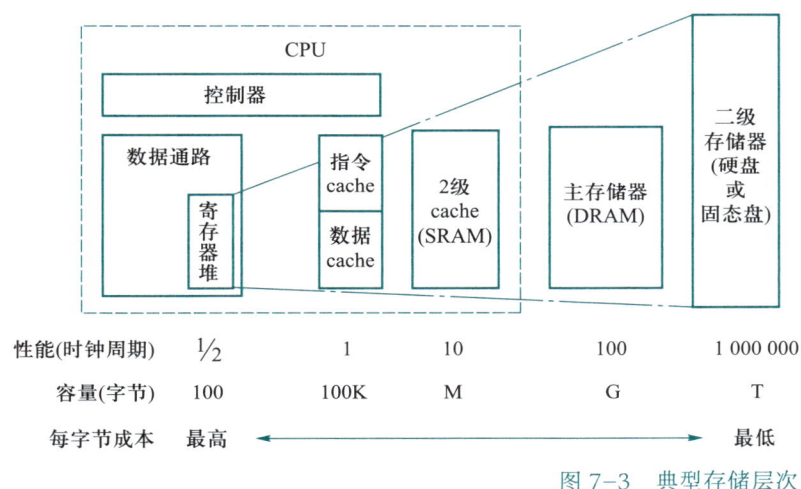

图7-3 典型存储层次

在该存储层次中，各层次的一次数据传输的颗粒度以及数据传输的管理者均可能是不同的，如表7-2所示。

表7-2 存储层次数据交换特性

层次	数据组织单位	一次访问的数据量	管理者	程序员透明
寄存器	字节	4B 或 8B	编译器（软件）	部分透明
cache	块	16、32、64 或 128B	cache 控制器（硬件）	完全透明
主存储器	页面	4KB	操作系统（软件）、MMU（硬件）	完全透明
磁盘	扇区	512B 或 4KB	操作系统（软件）、磁盘控制器（硬件）	完全透明

---

① cache 部分将在下一节讲授。

寄存器访问直接受 CPU 能计算的数据位数决定，如 32 位或 64 位。寄存器分配主要是由编译器完成的，程序员不需要知道程序中的某个变量与寄存器之间的对应关系，因此绝大多数情况是对程序员透明的。但有时出于性能或高级程序无法实现的原因需要手工编写汇编代码，程序员此时就必须非常清楚寄存器分配与使用了。

在早期计算机中，只有寄存器—DRAM—磁盘 3 层结构。但由于 DRAM 无法满足 CPU 的性能需求，因此设计师人为地在寄存器和存储器之间增加了 cache。cache 的出现完全是出于性能目的而非功能目的。程序员在编写程序时无需知道 cache 是否存在，它对程序员是完全透明的。cache 的每个数据单元被称为块 (block)，其容量从几个字节到上百字节不等。寄存器与 cache 之间的数据交换以寄存器为单位，但 cache 之间以及 cache 与下层主存储器之间的数据交换以 cache 块为单位。cache 位于 CPU 的数据通路中，其中分离的指令 cache 和数据 cache 实际上就是在前面 3 章 CPU 数据通路中的指令存储器和数据存储器。在引入 cache 概念后，一个更加接近真实 CPU 的数据通路如图 7-4 所示。寄存器与 cache 之间以及 cache 与主存之间的数据交换完全在硬件控制下完成。

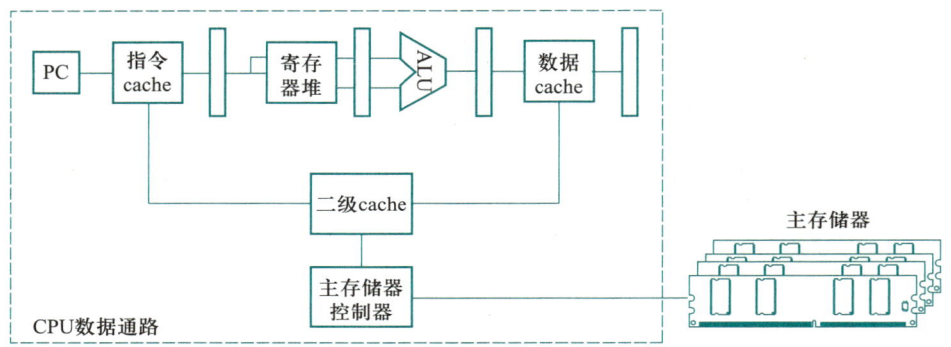

图 7-4　包含指令 / 数据 cache 以及二级 cache 的 CPU 数据通路

早期计算机中，程序员可以控制全部主存。但随着计算机被要求支持多任务后，再由程序员管理主存的分配与使用既不安全又不可靠更不可行了！于是，操作系统逐渐成为主存储器的管理者。由于硬盘相对于主存具有无限大的容量，因此为了更有利于多任务程序的开发与运行，计算机系统中引入了虚拟存储 (virtual memory) 机制。在虚拟存储体系中，主存储器被划分为若干页面 (page)。页面一般是以 KB 为单位的，其中 4 KB 是一种常见的页面大小。当然，随着现代计算机主存的快速增长，页面尺寸也有不断增大的趋势。在虚拟存储体系中，硬盘的用途已经不限于存储一般意义上的用户数据 (如文件、电影等) 了，其地位发生了重要转折：硬盘被视作更大的存储器，而主存则是硬盘这一存储器的 cache 了。为了加速主存这个 "cache" 与硬盘这个 "主存" 之间的数据交换性能，CPU 内部普遍设置了一个专用硬件单元——存储管理单元 (MMU， memory management unit)。在现代计算机系统中，操作系统与 MMU 协同[①] 完成主存储器的分配和使用。

硬盘是整个存储层次的最后一层，容量最大、性能最低但单位价格最便宜。硬盘的数据单位被称为扇区 (sector)。扇区容量目前有 512 B 和 4 KB 两种标准。随着硬盘容量的不断增长，硬盘厂商正逐渐从 512 B 的标准向 4 KB 的标准过渡。虽然硬盘对扇区的基本读写是由硬盘上的硬盘控制器完成的，但一个文件映射为哪些扇区以及扇区读写顺序等关键内容则由操作系统管理。因此，操作系统是硬盘的主要管理者，并通过硬盘控制器读写某个特定扇区。

以上是对典型存储层次的概括性介绍，本章后续部分将具体介绍 cache、虚拟存储和磁盘等内容。

7.2 cache

构造一个 cache 系统，大致需要回答如下问题。

首先是地址映射机制。无论是数据通路中 PC 输出的指令地址，还是 ALU 计算出来的数据地址，总之这些地址都是主存地址。由于 cache 是主存的一个子集，为此就需要一种地址转换机制来实现从大空间的主存地址到小空间的 cache 内部地址之间的转换。当前 cache 有直接映射、组相联映射和全相联映射 3 种地址映射机制。

其次是替换算法。主存的容量远远大于 cache，这意味着必然存在同一个 cache 地址与多个主存地址对应的问题。那么 cache 缺失时，必须根据某种算法来选择 cache 中哪个数据被替换出去以装入缺失的数据。

第三个问题是写存储操作的处理机制。由于 cache 是主存的副本，因此对于 CPU 发出的写操作，cache 设计时必须考虑写 cache 与写主存的关系。这牵扯出 cache 与主存之间的一致性问题和性能问题。

第四个问题是多级 cache。为了匹配流水线的高主频，第 1 级 cache 的工作速度必须与流水线一样快，这基本上就决定了第 1 级 cache 容量非常有限。容量小必然缺失率高！设计师往往需要在第 1 级 cache 与主存之间再部署一个容量比第 1 级大很多但性能介于第 1 级 cache 与主存之间的第 2 级 cache。按照这个思路，还可以有第 3 级 cache。

[①] 严格意义上说，MMU 是受操作系统控制的。

7.2.1 直接映射 cache

1. 地址映射机制

无论何种映射机制，cache 与主存均按照 cache 块为单位划分为若干区域。为便于理解，从图 7-5 所示的例子开始，图中主存和 cache 的每个小格子代表 4B。假设 cache 块的容量是 4 个字，即 16 B。cache 总共有 4 个 cache 块，因此块号从 0b00 到 0b11。每个 cache 块除了 16 B 数据外，还包含两位的标记和 1 位的 cache 是否有效的标志。主存容量为 256B，并按照 cache 块为单位在逻辑上被划分为 16 个主存块。

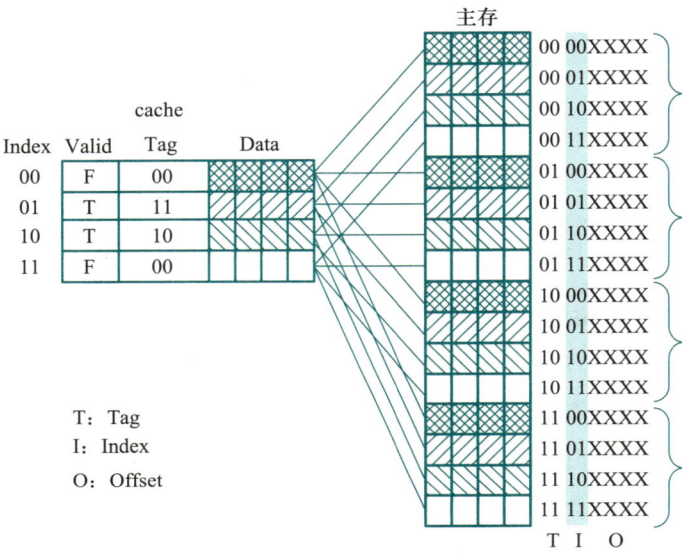

图 7-5 直接映射 cache 示例

在直接映射 cache 中，CPU 发出的 8 位主存地址（对应主存空间为 256B）被分割为标记 (Tag)、索引 (Index) 和块内偏移 (Offset) 三部分，如图 7-6（a）所示。对于上面的案例而言，T、I、O 分别为 2 位、2 位和 4 位，其具体计算方法如下。

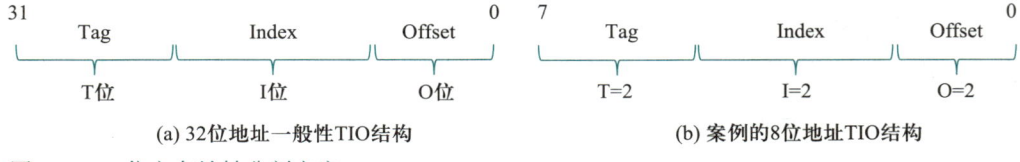

图 7-6 8 位主存地址分割方案

首先确定偏移部分。偏移是用于定位块内字节的，其位数由 cache 块容量决定。因为 cache 块为 16 B，因此偏移是 4 位（$2^4 = 16$，如图 7-5 标记为 XXXX 部分）。索引用于定位 cache 的块，其位数则由 cache 块数决定。因为 cache 有块，所以索引是 2 位

($2^2 = 4$，图 7-5 中灰色列)。剩下的 2 位就是标志位了，即 T = 8-4-2。TIO 的计算方法总结如下：

```
O = log₂(cache 块大小)
I = log₂(cache 块数)
T = 地址总位数 - O - I
```

为了便于理解，将主存块和 cache 进行着色。颜色相同的主存块都映射在对应颜色的 cache 块。对于直接映射 cache，可以认为主存是先按照 cache 总容量为单位被划分为若干区域，然后区域内各块与 cache 各块是一对一的关系。

由于一个 cache 块会对应多个主存块，它必须知道每个块当前装载的是哪个主存块。cache 块的 Tag 域用来存储主存块的 Tag 位。当 CPU 发出主存地址后，cache 根据地址的 index 域定位对应的 cache 块，读出该块存储的 Tag 位并与主存地址的 Tag 域进行比较。如果匹配成功并且 Valid 位有效 (T)，则表明该块当前已经装载了主存地址所在的主存块，即 cache 命中。如果两者不相同或者 Valid 无效 (F)，则表明相应的主存块不在 cache 中，即 cache 缺失。当 cache 缺失发生后，cache 要将相应的主存块加载至对应的 cache 块，并将主存地址的 Tag 部分写入该 cache 块的 Tag 域并设置 Valid 域有效。

系统设计详解 7-1　为什么需要设置 Valid 域？

表面上看，有了 Tag 就可以判断 cache 块是否装载了相应的主存块。回答这个问题其实需要从 cache 块的可能状态角度出发。

事实上，一个 cache 块的状态是 2^T+1 种。前 2^T 种是 cache 块与主存块之间的对应关系。这些对应关系可以用 Tag 域的 T 位编码来描述。但 cache 块还有一种状态，即根本没有装入任何数据！显然 Tag 的 T 位编码是不能表达 2^T+1 种状态的，这就是为什么需要增加 1 位 Valid 域的原因。

对于读命中，cache 只需要根据 CPU 地址的 Offset 将对应的字返回给 CPU。但如果是写操作，则会复杂很多，相关内容将统一在 7.2.4 中论述。

例 7-1　假设 CPU 地址为 20 位，cache 的数据总容量为 64 KB，每块 2 个字（每个字 4B），cache 组织方式为直接映射。请给出 CPU 地址的 TIO 结构，并计算包括 cache 数据、Tag 和 Valid 在内的 cache 内部 SRAM 的总存储容量。

解　每块 2 个字，即 8 B，故 Offset 域为 3 位。

cache 块数 = 64 KB/8 B = 8 K，故 Index 域为 13 位。

Tag 域 = 20 - 3 - 13 = 4 位。

SRAM 每个单元存储数据总量 = cache 块数据 + Tag + Valid = 8×8 + 4 + 1 = 69 位。

SRAM 总存储容量 = 69×8 KB = 69 KB。

2. 内部基本结构

假设一个 cache 总容量为 4 KB，采用直接映射组织方式，cache 块为 4 个字。图 7-7 描述了该 cache 内部的最基本结构。cache 的核心部分是 SRAM。SRAM 总共有 256 个单元，每个单元包括 128 位（4 个字）数据、20 位 Tag 和 1 位 Valid，共计 149 位。CPU 地址的 8 位 Index 是 SRAM 的地址，用于定位 cache 块；CPU 地址的高 20 位与读出的 cache 块的 Tag 比较，再结合 Valid 就可以最终判定是否命中；最低 4 位地址，即 Offset 部分，又可以细分为字偏移和字节偏移。

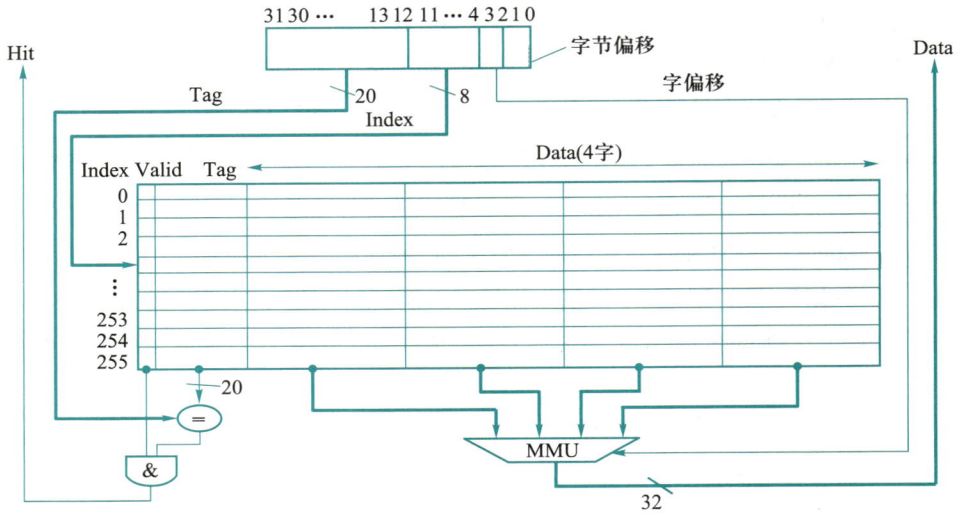

图 7-7 直接映射 cache 主要内部组成

如果 cache 命中（Hit 为 1），对于读操作而言，则通过字偏移控制下方的 4 选 1 多路选择器将相应的数据返回给 CPU。如果 cache 缺失，cache 一方面要通知 CPU 当前操作未完成，另一方面需要将 CPU 的请求向下层存储传递并从下层获取相应的数据块。当 cache 块装载了来自下层存储的有效数据后，cache 再恢复执行之前的操作。为了缩短 cache 命中时间，命中判定电路与数据读出电路是并行工作的。

这里描述的 cache 主体结构所具有的功能是不完整的，仅支持 cache 读操作，而 cache 写操作以及 cache 与主存之间的数据交换则被暂时忽略。本书在讲解完 cache 写入策略后再分析更加完善的实现方案。

例 7-2 直接映射 cache 有 4 个 cache 块，每块 1 个字。某程序循环 6 次，每次循环依次读取 0、4、8、12、16 这 5 个主存地址。假设 cache 初始状态为空，请计算 cache 命中率和缺失率。

解 （1）地址映射关系分析。0 地址和 16 地址映射到第 0 块，4、8、12 分别映射到第 1、2、3 块。0 地址和 16 地址存在地址冲突，4、8、12 无冲突。

(2) 第 1 轮循环。由于 cache 为空，0、4、8、12 均导致 cache 缺失，16 地址冲突也导致缺失。第 1 轮循环共计 5 次缺失。

(3) 第 2~6 轮循环。4、8、12 由于不存在冲突，因此均命中。对 0 地址来说，上一轮循环结束后，第 0 块装载的是 16 地址单元数据，因此必然导致缺失。类似的，对于 16 地址来说，也会发生缺失。因此，每轮循环中有 3 次命中和 2 次缺失。

(4) 总命中次数 = 3 × 5 = 15 次；总访问次数 = 5 × 6 = 30 次。

(5) HR = 15/30 = 50%。

直接映射的优点是映射机制非常简单，对应的电路结构也最简单，易于实现，cache 命中时间短。直接映射的缺点同样非常明显，主要体现在多个块号"同余"的主存块均映射到同一个 cache 块。假设 CPU 在一段时间内频繁访问这些主存块，就会导致大量的 cache 缺失发生，并进而造成这些主存块频繁地换进换出，这种现象被称为颠簸。更为糟糕的是，即使此时存在大量的空闲 cache 块，但映射机制也使得这些空闲 cache 块无法被利用。这些是直接映射 cache 命中率低的原因。

7.2.2 组相联 cache

1. 地址映射机制

如前所述，直接映射造成冲突率高的原因在于多个块号"同余"的主存块均映射到同一个 cache 块。组映射方式则放宽映射约束，即允许多个块号"同余"的主存块首先映射到某个由多个块组成的 cache 组，之后可以与同一组内的任一 cache 块建立对应关系。这种 cache 被称为组相联 cache。cache 组内的 cache 块数决定了组相联的相联度，例如，如果 cache 组内包含 4 个 cache 块，则该组相联 cache 被称为 4 路组相联 cache。

图 7-8 仍然使用前一小节 cache 的基本参数描述了一个 2 路组相联 cache 与主存之间的映射关系。与直接映射相同，offset 是块内偏移，仍然是 4 位。组相联的 Index 计算与直接映射有所不同。在组相联机制下，Index 对应的是组数而不再是块数了。由于 cache 总共有 4 个 cache 块，因此对于 2 路组相联方式来说，该 cache 总共有两个 cache 组。因为只有两组，因此仅需要 1 位的 Index 域 ($2^1 = 2$) 就能定位哪组。Tag 计算方法与直接映射完全相同，仍然是主存地址去除 Offset 和 Index 后的高位地址。在本例中，Tag 为 3 位。

根据上述分析，组相联 TIO 的计算方法总结如下：

cache 组数 = cache 总容量 / (cache 块大小 × 相联度)
O = $\log_2$ (cache 块大小)

$I = \log_2 (\text{cache 组数})$
$T = \text{地址总位数} - O - I$

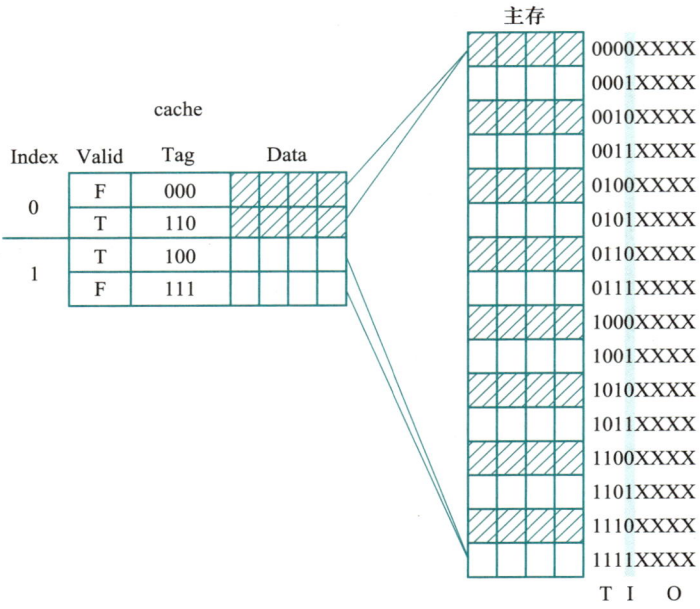

图 7-8 组相联映射 cache 示例

在组相联映射里，主存块与 cache 块的对应关系分成两个步骤。第一步，根据主存地址的 index 定位对应的 cache 组；第二步主存块与 cache 内的任一 cache 块均可对应。

例 7-3 有两个 cache，均只有 4 个 cache 块，每个 cache 块容量为 1 个字。其中一个采用直接映射，另一个为 2 路组相联映射。2 个 cache 初始均为空。假设程序以循环方式只访问 0 地址、16 地址，即 0, 16, 0, 16, 0, 16……。请分别计算两种 cache 的命中率。

解 （1）在直接映射中，0 地址和 16 地址均映射到第 0 号 cache 块。因此上述循环会导致访问完两者中的任何一个地址后再访问另一个地址，则另一个地址必然是不命中的。命中数为 0，故 HR = 0/n = 0%。

（2）在组相联映射中，cache 被分为两组，每组两块。0 地址和 16 地址虽然都映射到第 0 组，但由于组内有两块，因此 0 地址和 16 地址可以分别装入这两块中，故不存在冲突。除了第 1 次循环两个地址均出现缺失外，后续循环均为命中，故 HR = $(n-2)/n$。

在上例中，虽然不同的主存块都映射到了同一组中，但由于组内具有足够多的

cache 块，多个主存块可以在同一组内同时存在，降低了冲突概率，提供了命中率。

需要说明的是，cache 的命中率不仅与 cache 结构有关，还与具体的程序行为高度相关，因此例 7-3 有很强的针对性，其结论不具有一般性。读者完全可以构造另外一个用例，证明直接映射 cache 比组相联 cache 具有更好的命中率。

2. 内部基本结构

仍然以前述容量为 4KB 的 cache 为例，但采用 4 路组相联映射方式。cache 块容量为 4 字。图 7-9 描述了该 cache 内部的最基本结构。因为采用 4 路相联度，所以组相联 cache 内部实际上是 4 个直接映射 cache。由于总块数为 256 并且采用 4 路相联，因此组数为 64，故 Index 是 6 位。Offset 保持不变，仍然为 4 位。该 cache 的 Tag 为 22 位（32 − 6 − 4 = 22）。

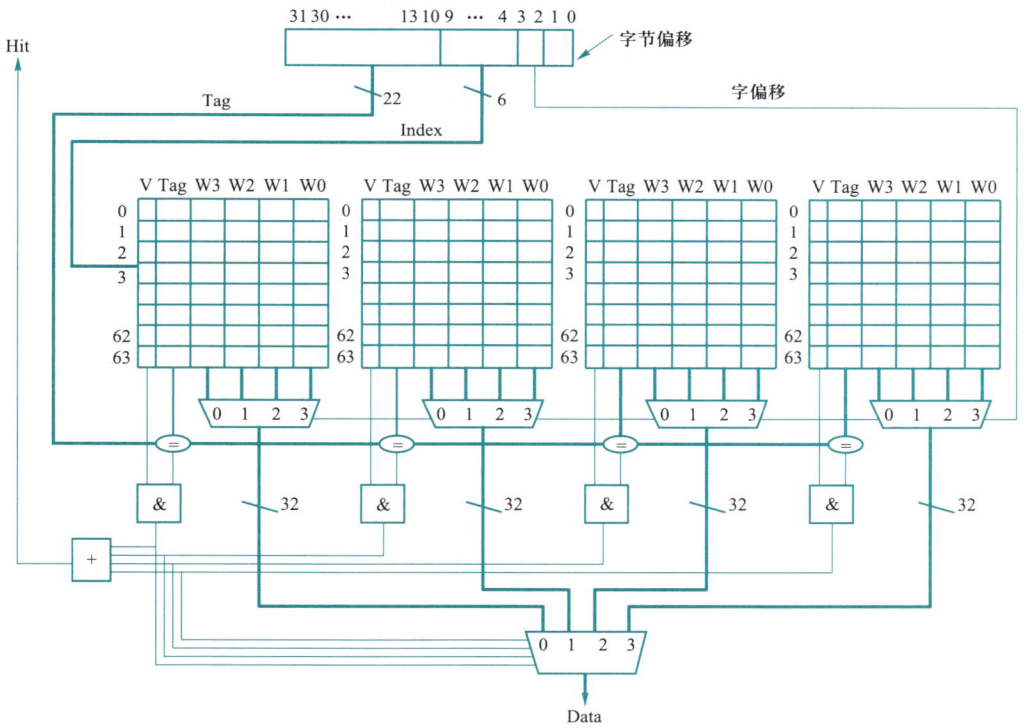

图 7-9　组相联映射 cache 主要内部组成

组相联 cache 内部是多个直接映射并行查找，只要有 1 个直接映射 cache 命中，就表明 cache 命中；否则为缺失。每个直接映射 cache 都根据 Offset 的字偏移部分选出对应位置的数据，但最终只有命中的那个直接映射 cache 输出数据给 CPU。

7.2.3 全相联 cache

1. 地址映射机制

全相联将组映射扩展到了极端，即整个 cache 只有一个组。这意味着，在全相联映射中，任一主存块可以与任一 cache 块之间建立对应关系。假设全相联 cache 总容量为 64 B，cache 块大小为 16 B，主存为 256 B，则该 cache 的全相联映射如图 7-10 所示（为清晰表示起见，仅画出了两个 cache 块与主存块的映射关系）。

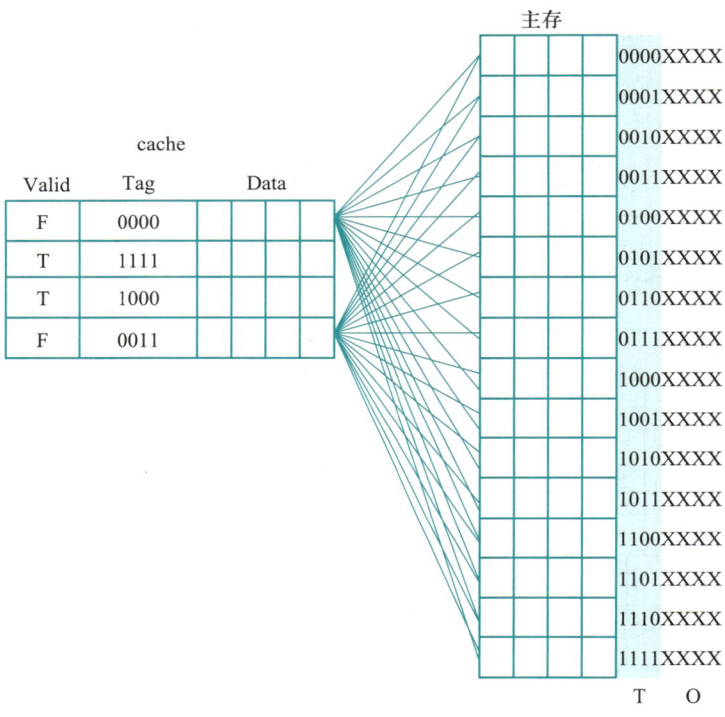

图 7-10　全相联映射 cache 示例

在全相联映射中，由于只有 1 个 cache 组，因此 Index 位为 0 位 ($2^0 = 1$)。因为 cache 块为 16 B，因此 Offset 仍然为 4 位。CPU 地址的高 4 位为 Tag。

2. 内部基本结构

仍然以前述容量为 4 KB 的 cache 为例，其 cache 块为 4 个字。在全相联映射中，由于只有 1 组，因此 256 个 cache 块全都处于工作状态。图 7-11 描述了 cache 内部最基本的结构。

从图 7-11 的案例可以看出，全相联通过最大化相联度来获得最小的冲突概率。随着 cache 规模的增长，比较电路、数据选择电路等规模急剧膨胀，因此全相联 cache 一一般很难构造大容量 cache。

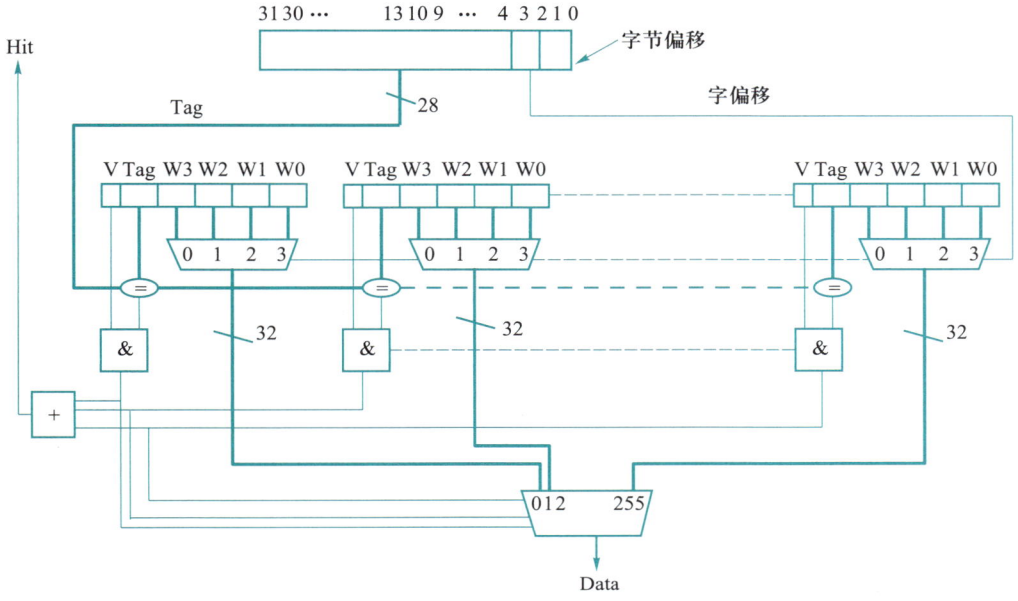

图 7-11 组相联映射 cache 主要内部组成

7.2.4 cache 的读写细节

前面 3 个小节介绍了 cache 的 3 种映射机制和内部组织结构，本小节进一步讨论 cache 读写的细节问题。

1. 读命中

读命中是最容易处理的，cache 只需要返回数据就可以了。

2. 写命中

当写操作命中后，并不是把数据写入 cache 块那么简单。设计师此时面临一个设计选择：是否需要同时更新下层存储器。一般有两种基本策略供选择。

（1）写通 (write-through)

写通策略同时写 cache 和主存，从而确保 cache 和主存总是保持一致。为此，在写通策略中，写操作必须等到 cache 把数据写入主存后才能最终完成，因此主存的性能决定了 cache 的写入性能。显然，写通策略中的写性能是很低的。

一种改进方案是在 cache 和主存之间设置一个写缓冲区 (write buffer)。在把数据写入 cache 块和写缓冲区后，CPU 的写操作就被认为结束了，写缓冲区会继续向主存写入数据。写缓冲区在一定程度上加快了写操作。由于 CPU 与主存的性能不匹配以及缓冲区数量有限，因此当有大量写操作发生时，写缓冲区很容易就充满了，性能提升有限。

(2) 写回 (write-back)

写回策略只写 cache 而不写主存，允许 cache 与主存之间存在不一致。当 cache 块因为冲突需要被替换时，该 cache 块才被写入主存。为了记录相应 cache 块是否被写入过数据，写回策略必须为每个 cache 块设置一个被称为脏位 (dirty bit) 的标记，用来标记该 cache 块是否被 CPU 写入过。当需要替换某块时，如果该块的 Dirty 位有效，则意味着 cache 块数据比主存数据新，该 cache 块应先被回写主存后才能丢弃，否则简单丢弃即可。

与写通策略相比，当 CPU 对某个 cache 块频繁写入时，cache 可以始终保持很高的写性能，因此写回策略的最大优点在于提高了写入的性能。写回策略要求 cache 必须为每个 cache 块设置 Dirty 位与相关电路。随着芯片上晶体管密度及数量的不断提高，写回策略所带来的复杂性早已不是 cache 设计的障碍了，当前 cache 系统基本上都采用写回策略。

3. 读缺失

当读缺失时，CPU 数据通路的操作被暂停。cache 从主存中读取相应的主存块并写入 cache 中。之后，如同读命中一样恢复执行读操作。为了调入主存块，cache 很可能需要淘汰掉一个 cache 块。这就涉及在下一小节要讨论的问题：cache 块的替换策略。

4. 写缺失

写缺失的处理策略与读缺失基本相同，仍然需要先从主存中调入主存块，然后再完成写操作。上述过程中，也涉及 cache 块的替换问题。

7.2.5 cache 块替换策略

cache 的容量是有限的，当系统运行一段时间后，所有的 cache 块就会都被使用了。这样当缺失发生时，就必须将某个 cache 块替换掉。对于直接映射 cache 来说，由于一个主存块只能映射到特定 cache 块，因此替换时只能把对应的 cache 块淘汰。

组相联 cache 允许一个主存块与组内多个 cache 块映射，这就涉及如何挑选 cache 块。最简单的策略是随机替换策略，即硬件从组内随机挑选一个 cache 块。随机替换策略简单、易于硬件实现，但却没有将 cache 块的历史使用情况考虑在内，不能很好地利用程序的局部性，会导致命中率比较低。

最近最少使用策略 (least recently used，LRU) 选择在一段时间里最后一次访问时间最久远的那个 cache 块。LRU 可以较好反映程序的局部性原理，具有很高的命中率。但

7.2 cache

是 LRU 比较复杂，硬件实现成本比较高，并且其实现代价会随着组规模增加而增加。

7.2.6 多级 cache 及性能计算

1. 多级 cache

cache 是一个充分体现设计权衡的功能部件。cache 容量越大，缺失率就越低，但电路复杂度也必然越高，命中时间自然就变高了。出于总体协调的目的，现代计算机系统通常采用至少 2 级 cache 结构，如图 7-3 所示。

为了与流水线的高性能相匹配，第 1 级 cache 均采用指令 cache 和数据 cache 分离的结构。为了确保流水线尽可能达到 CPI 为 1，就要求第 1 级 cache 必须在 1 个时钟周期内完成 cache 访问（命中条件下）。为了确保达成这个目标，第 1 级 cache 容量通常都非常小，一般只有几十 KB。

第 1 级 cache 容量较小必然导致缺失率高。由于第 1 级 cache 与主存之间具有两个数据级的性能差距，因此若直接将第 1 级 cache 与主存相联，则依然会严重降低系统的整体性能。绝大多数现代 CPU 都在第 1 级 cache 与主存之间再部署第 2 级 cache。第 2 级 cache 在容量上通常比第 1 级 cache 大 1 个数量级，但在命中时间上会增大 5～10 倍，即第 2 级 cache 命中时间在数量级上介于第 1 级 cache 和主存之间。

CPU 发出的读写请求首先在第 1 级 cache 查找。如果缺失，第 1 级 cache 会将请求传递至第 2 级 cache。如果仍然缺失，第 2 级 cache 会从主存读取相应的主存块。图 7-12 描述了上述存储请求在具有 2 级 cache 的存储层次中的传输路径。

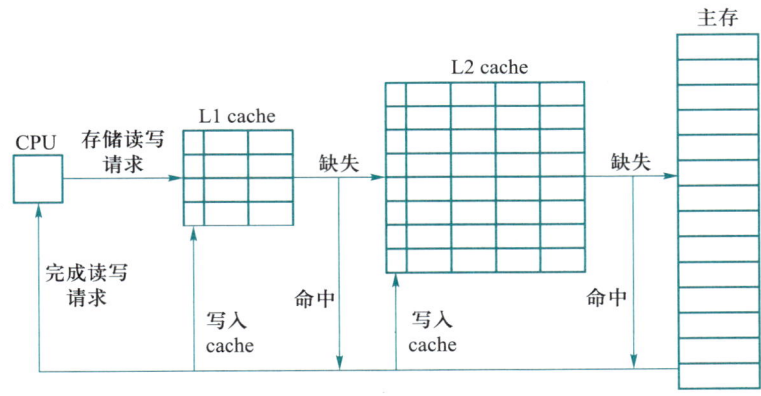

图 7-12　存储访问请求在有 2 级 cache 的存储层次中传输路径

为了进一步降低 cache 系统整体的缺失率，很多现代 CPU 会通过集成更多的晶体管数量来实现更多层 cache，如第 3 层 cache。

2. cache 性能计算

缺失率和缺失代价是影响 cache 性能的两个因素。cache 的性能计算公式为：

$$\text{平均存储访问时间} = \text{cache 命中时间} + \text{缺失率} \times \text{缺失代价}$$

例 7-4 假设 CPU 时钟频率为 500 MHz，cache 命中时间为 1 个时钟周期，缺失率为 2%，缺失代价为 50 个时钟周期。请计算该 cache 的平均存储访问时间。

解 时钟频率为 500 MHz，则 1 个时钟周期时间为 2 ns：

$$\text{平均存储访问时间} = (1 + 2\% \times 50) \times 2 = 4 \text{ （ns）}$$

对于一个多层 cache 而言，每层的缺失代价都表现为下一层的平均存储访问时间，因此对于具有 2 级 cache 的存储体系，cache 的性能计算公式为：

平均存储访问时间 = L1 命中时间 + L1 缺失率 × L1 缺失代价

= L1 命中时间 + L1 缺失率 × (L2 命中时间 + L2 缺失率 × L2 缺失代价)

该计算方法可以类推至具有更多 cache 层次。

例 7-5 假设第 1 级 cache 命中时间为 1 个时钟周期，缺失率为 2%。第 2 级 cache 命中时间为 10 个时钟周期，缺失率为 5%。主存访问时间为 100 个时钟周期。请分别计算有无第 2 级 cache 的平均存储访问时间。

解 （1）没有第 2 级 cache。

$$\text{平均存储访问时间 1} = 1 + 2\% \times 100 = 3 \text{ （时钟周期）}$$

（2）有第 2 级 cache。

$$\text{平均存储访问时间 2} = 1 + 2\% \times (10 + 5\% \times 100) = 1.3 \text{ (时钟周期)}$$

CPU 执行程序时间是评估计算机性能的最重要也是最直接的方式。以时钟周期为单位的 CPU 执行时间基准公式为：

CPU 执行时间 = 指令总数 × CPI

在增加存储器访问时间后，上述公式变形如下：

$$\text{存储暂停周期数} = \text{存储访问次数} \times \text{缺失率} \times \text{缺失周期数}$$

$$CPI_{暂停} = CPI_{基准} + \text{存储暂停周期数}$$

CPU 执行时间 = 指令总数 × $CPI_{暂停}$

其中，存储暂停周期数的含义是一条指令因为取指令以及读写数据时发生 cache 缺失而产生的代价 (以周期为单位)；CPI 基准的含义是不考虑存储器访问时的 CPI；CPI 暂停的含义是当引入存储暂停后的实际 CPI。

例 7-6 假设一个流水线 CPU 的 $CPI_{基准}$ 为 1，采用指令与数据分离 cache，其中指令 cache 缺失率为 3%，数据 cache 缺失率为 4%，缺失代价为 100 个时钟周期。如果程序中有 30% 的指令是存储器读写指令，那么该程序的实际 CPI 是多少？

解 所有指令执行均包含 1 次指令存储器访问，另有 30% 的指令需要再增加 1 次数据存储访问。因此：

$$\text{暂停周期数} = \text{指令缺失率} \times \text{指令缺失代价} + \text{数据缺失率} \times \text{数据缺失代价}$$
$$= 100\% \times 3\% \times 100 + 30\% \times 4\% \times 100 = 4.2$$
$$CPI_{暂停} = 1 + 4.2 = 5.2$$

从该案例中可以看出,虽然流水线性能很高,但由于下层存储器的缺失代价太高昂,因此即使两个 cache 的缺失率均看似很小,最终也导致严重的性能损失。该案例也在一定程度上说明,降低 cache 缺失率与缺失代价是两个非常重要的性能提升方法。

7.2.7 实现直接映射 cache

前面各节介绍 cache 的内部结构是不完整的。为使读者能更清晰地认识 cache 具体实现细节,本节给出一个直接映射 cache 的实现方案。该 cache 的基本参数为: cache 总容量为 4KB,每块 4 个字,采用写回策略。

由以上定义可知,cache 包括 256 个 cache 块。32 位主存地址的 TIO 结构为: [31:12] 为 Tag, [11:04] 为 Index, [03:00] 为 Offset。为了支持回写,每个 cache 块需配置 1 个 Dirty 位。此外,每个 cache 块有 1 个 Valid 位。

1. 设计分析

cache 核心是 SRAM 存储器。根据前面的分析可知,一个 cache 块需包括 128 位数据、20 位 Tag、1 位 Valid 和 1 位 Dirty。为简化设计,这里用容量为 128 位 ×256 单元的 SRAM 存储 cache 块数据,用容量为 22 位 ×256 单元的 SRAM 存储 Tag、Dirty 和 Valid 位。由于 cache 需要支持读出和写入,因此两个 SRAM 均采用共享地址的单向双端口存储器。在详细设计 cache 内部结构前,需要详细分析 cache 的各类操作。

(1) 读命中。在 SRAM 的读出侧,只需要根据块内字偏移从 SRAM 中输出的 4 个字中选择相应的字输出即可,并通过就绪状态信号(命名为 Rdy_CPU)通知 CPU 数据有效。

(2) 写命中。需要控制 SRAM 的写入侧,将 32 位输入数据写入对应的字单元。由于 CPU 写入的是一个字,而 SRAM 内部的一个数据单元是 4 个字,因此存储 cache 数据的 SRAM 需要设置 4 个写使能[①]。

(3) 读缺失。cache 的控制系统必须向下层存储器传递来自流水线的读地址,以读取整个主存块,并令 Rdy_CPU 无效来通知流水线需要暂停执行并等待。当来自下层存储器的就绪信号(命名为 Rdy_Low)有效后,说明数据已经就绪,控制系统应一次性将 128 位数据写入 SRAM。

---

① 这个方案与 32 位存储器支持 4 位写使能(每个写使能位对应一个字节)是相同的。

(4) 写缺失。写缺失比较复杂，大体要涉及如下环节。

① 在通知流水线暂停方面，与读缺失相同。

② 根据 Dirty 位判断该 cache 块是否被写入过数据。如果写入过数据，则需要先回写 cache 块。这可以通过名为 Req_Mem 的控制信号通知下层存储器接收来自 cache 的 128 位写入数据。注意，此时回写下层存储器的 128 位数据的地址不是来自流水线的地址，而是该 cache 块对应的主存地址。

③ 等 cache 块回写完成后，与读缺失类似，从主存读入缺失的数据。这时向下层存储器传递的就是流水线产生的主存地址了。

④ 当来自下层存储器的 4 个字数据到达 cache 后，控制系统将来自 CPU 的字与下层存储的 4 个字混合后一次性写入 SRAM。这样就不必等待主存块先写入 cache，然后再把 CPU 数据写入 cache。

2. 接口规划

cache 外部接口包括 CPU 侧接口和下层存储器侧接口。为了简化设计，这里假设 cache 与 CPU 间一次传输的数据为 1 个字（即 32 位），而与下层存储器间一次传输的数据为 cache 块（即 128 位）。根据前面的分析，可以梳理出 cache 的外部接口信号。其中 CPU 侧接口包括如下信号：

(1) A_CPU：32 位地址。

(2) DI_CPU、DO_CPU：双向 32 位数据。

(3) Req_CPU：控制信号。Req_CPU 有效，表明 CPU 发出了访存操作。

(4) Wr_CPU：控制信号。Wr_CPU 为 1，表明当前访存操作为写操作，否则为读操作。

(5) En：4 位写使能，分别对应 cache 的 4 个字。

(6) Rdy_CPU：状态信号。cache 因缺失需要流水线插入等待周期时，需通过 Rdy_CPU 信号通知 CPU 当前操作是否已经完成。例如，对于读操作，Rdy_CPU 有效表明 cache 输出了有效数据；对于写操作，Rdy_CPU 有效表明数据已经写入 cache。

下层存储器侧接口包括如下信号：

(1) A_Low：28 位地址。A_Low 就是 CPU 地址的高 28 位。CPU 的 32 位地址的低 4 位是块内偏移，无需再传递至下层存储器。

(2) DI_Low 和 DO_Low：双向 128 位数据。DI_Low 用于 cache 从主存读入 1 个 cache 块。DO_Low 用于 cache 向下层存储器写入被淘汰的"脏"块。

(3) Req_Low、Wr_Low 和 Rdy_Low：用途与 CPU 侧的 3 个控制与状态信号相同。

3. 基本结构

根据前述分析，cache 有 3 种写入来源，即来自 CPU 的 1 个字（写命中），或者来自下层存储器的 4 个字（读缺失），还可能是来自下层存储器的 4 个字中混合了来自 CPU 的 1 个字（写缺失）。为了能支持上述 3 种写入来源，需要在 SRAM 的写入侧配置相应的多路选择器（multiplexer，MUX）。

在 SRAM 的输出侧，cache 块的 4 个字(128 位数据) 是同时读出的。为此需要配置 1 个 4 选 1 的 MUX 来选出正确的字给 CPU。同时，这 128 位数据还需要输出至下层存储器。

Hit 产生电路相对比较简单，核心是由 XOR 运算实现的比较功能。Hit 的设计参考前面介绍的 cache 内部结构即可。

从前面分析可知，传递给下层存储器的 28 位地址可能来自 CPU 的地址，也可能来自 cache 块对应的主存地址。后者实际上是一个合成地址，其高 20 位来自 Tag，而低 8 位来自 CPU 地址的 [11:04]。为了向下层存储器正确输出地址，需要配置 1 个 28 位 2 选 1 的 MUX。

对于 cache 写入来说，需要相应的控制信号。其中 Wr 为 SRAM 的写使能，En[3:0] 分别对应 cache 块的 4 个字，W3~W0 则用于选择写入 cache 的数据来源。

为了及时更新 cache 块的 Valid 标志、Dirty 标志和 Tag，就需要有相应的输入信息。其中，ValidNew 和 DirtyNew 用于设置 Valid 和 Dirty 标志，cache 块的 Tag 标志则直接来自 CPU 地址的高 20 位。

对于任意 cache 块来说，它存在多种状态并在多种状态之间进行转换，例如从脏块状态到因被淘汰而需回写状态，再到加载新的主存块等。可见，cache 内部的控制系统应该是一个以状态机为核心的控制器。

图 7-13 展示了在综合以上分析后所设计的 cache 内部电路结构。

图中的 W3、W2、W1 和 W0 均为 1 位控制信号，分别用于控制上方的 4 个 MUX。当 cache 执行写操作时，控制器通过 DirtyNew 信号来设置 cache 块的 Dirty 标记。当一个主存块被加载至 cache 后，控制器通过 ValidNew 信号来设置 cache 块的 Valid 标记。Wr 对于两个 SRAM 均同时有效。En[3:0] 是 4 个字使能，分别对应 4 个字。Hit 代表命中结果。ASel 用于选择发送至主存的地址来源。

4. 控制器

控制器设计面临的第一个问题就是当命中时，cache 需要在几个时钟周期内完成读写操作。对于命中而言，意味着只有在 1 个时钟周期内完成 cache 命中的所有操作才能确保流水线不暂停。对于加载主存块以及回写 cache 块，其用时必然很长。某种意义上，多 1 个时钟周期或者少 1 个时钟周期，对总体性能影响相对有限。

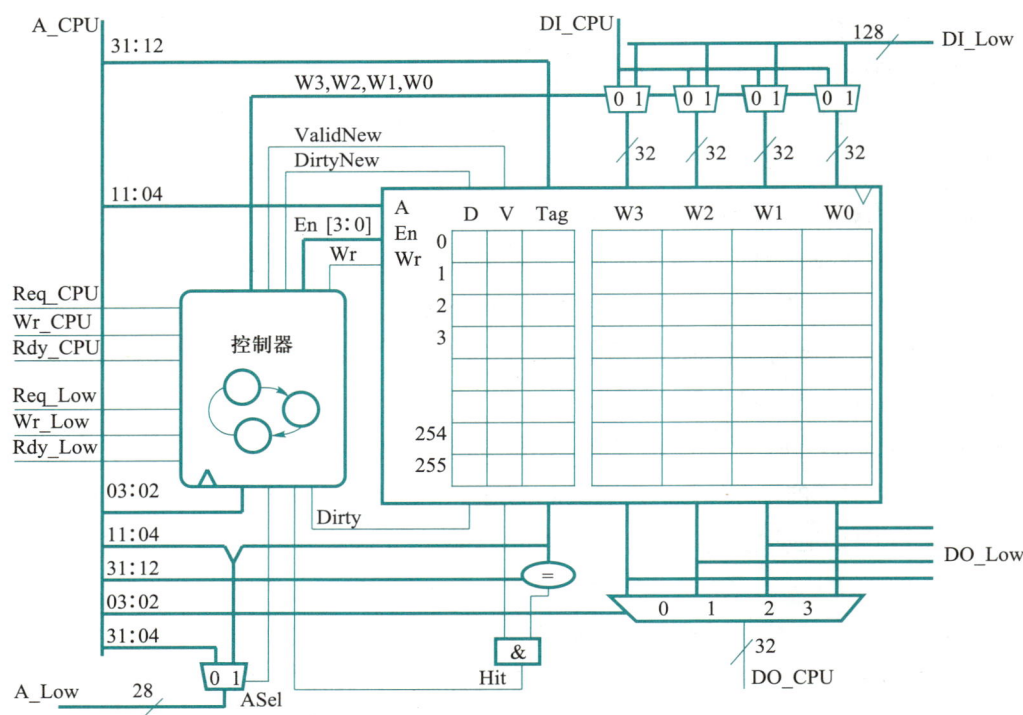

图 7-13 直接映射 cache 电路结构

(1) Tag 状态

状态机的第一个状态被命名为 Tag, 其含义为 Tag 比较阶段。事实上，除了比较 Tag, 在 Tag 状态中 cache 还必须完成应答 CPU、写入数据和更新 Valid 标志（如果是写命中）等一系列操作。

在 Tag 状态下，总共有 4 种可能：读命中、写命中、读缺失和写缺失。首先讨论读命中 (Hit 为 1 并且 Wr_CPU 为 0)。对于读命中，cache 不需要有任何状态的变化，返回数据并通过置位 Rdy_CPU 通知 CPU 数据有效。对于写命中 (Hit 为 1 并且 Wr_CPU 为 1)，控制器需要处理几个事情：

① 为了写 SRAM, Wr 信号应取值有效。由于只能写入 1 个字，因此应根据 A_CPU[3:2] 使得 En[3:0] 某 1 位为 1, 其余 3 位均为 0。至于 W3~W0, 最简单的办法就是全都选择 CPU 字，因此 W3~W0 取值 0000 即可。

② cache 行的 Dirty 应该被置位。既然是写命中，那么 Tag 和 Valid 肯定都是有效的，理论上可以不再写入了。如果这样，就需要独立控制 Tag、Valid 和 Dirty, 也就必须配置相应的写使能信号。换个角度，就用一个写使能信号也没有问题：因为只要把 CPU 地址的 Tag 部分以及 Valid 有效值再次写入 cache 即可，这相当于被用相同的值再次覆盖。

③ 通过置位 Rdy_CPU 通知 CPU 写入完成。

无论何种缺失，只要在没有完成数据加载之前，cache 的其他操作就没有意义，故

Tag 状态下只要 Hit 无效就意味着没有任务需要完成。根据上述分析，可以总结出所有控制信号在 Tag 状态下的取值，即表 7-3 所示的真值表。

表 7-3 控制信号真值表 (Tag 状态)

Req_CPU	Wr_CPU	A_CPU [3:2]	Rdy_Low	Hit	Dirty	状态	Wr	En [3:0]	W3~W0	Valid New	Dirty New	ASel	Rdy_CPU	Req_Low	Wr_Low
1	0		1	1		Tag							1		
1	1	00	1	1		Tag	1	0001	0000	1	1		1		
1	1	01	1	1		Tag	1	0010	0000	1	1		1		
1	1	10	1	1		Tag	1	0100	0000	1	1		1		
1	1	11	1	1		Tag	1	1000	0000	1	1		1		

1. 表中双线左侧为真值表输入，右侧为真值表输出。
2. 读命中：表格第 1 行。
3. 写命中：表格第 2~4 行。
4. 表中空白区域表示可取任意值。

下面分析 Tag 状态的可能转移路径，如表 7-4 所示。

① 如果命中，那么状态机就应该继续停留在 Tag 状态下。

② 如果缺失，则应根据 Dirty 决定是否需要把 cache 块写回。为了写回 cache 块，状态机需要设置一个相应状态，命名为 WB[①]。状态机从 Tag 迁移到 WB 的条件是缺失且当前 cache 块是"脏"的。

③ 如果缺失但 cache 块是干净的，说明不存在回写需求，可以直接从下层存储器读取主存块。为了从下层存储器获取主存块，状态机需要设置一个相应状态，命名为 RB[②]。状态机从 Tag 迁移到 RB 的条件是缺失但当前 cache 块是干净的。

表 7-4 Tag 状态迁移条件及次态

当前状态	下一状态	转移条件
Tag	WB	!Hit & Dirty
Tag	RB	!Hit & !Dirty
Tag	Tag	!Req_CPU | Req_CPU & Hit

---

① WB 意为 Write Back。
② RB 意为 Read Block。

(2) WB 状态

在 WB 状态下,为了将 SRAM 读出的 cache 块写入下层存储器,控制器应设置 Req_Low 与 Wr_Low 均为 1 以通知下层存储器 cache 要向其写数据。同时,控制器要通过 ASel 选择输出该 cache 块对应的主存地址。当完成回写后,下层存储器会将 Rdy_Low 变为有效。回写结束后,控制器应该接着从下层存储器读取缺失的主存块,因此状态机应该从 WB 状态迁移至 RB 状态。显然,在回写期间,cache 应该保持原状态不变。综合上述分析,可以得到表 7-5 所示的真值表以及表 7-6 所示的状态转移表。

表 7-5 控制信号真值表(增加 WB 状态)

Req_CPU	Wr_CPU	A_CPU[3:2]	Rdy_Low	Hit	Dirty	状态	Wr	En[3:0]	W3~W0	ValidNew	DirtyNew	ASel	Rdy_CPU	Req_Low	Wr_Low
1	0		1			Tag							1		
1	1	00	1			Tag	1	0001	0000	1	1		1		
1	1	01	1			Tag	1	0010	0000	1	1		1		
1	1	10	1			Tag	1	0100	0000	1	1		1		
1	1	11	1			Tag	1	1000	0000	1	1		1		
						WB						1		1	1

表 7-6 状态机状态迁移条件及次态(增加 WB 状态)

当前状态	下一状态	转移条件
Tag	WB	Req_CPU & !Hit & Dirty
Tag	MB	Req_CPU & !Hit & !Dirty
Tag	Tag	!Req_CPU + Req_CPU & Hit
WB	WB	!Rdy_Low
WB	RB	Rdy_Low

(3) RB 状态

为了从下层存储器读取主存块,Req_Low 应为 1 并且 Wr_Low 为 0。控制器要控制 ASel 选择输出 CPU 地址。当来自下层存储器的 Rdy_Low 从无效变为有效后,意味着下层存储器完成了数据准备。RB 周期就是用于向 cache 写入数据的,因此在此期间 Wr 可以始终保持有效。同理,ValidNew 也可以保持有效。

W3~W0、DirtyNew 和 En[3:0] 的分析要稍微复杂一点,其背后隐藏了一个设计小技巧。如果当前是读缺失,那么要写入 cache 的数据只有来自主存的数据;如果是写缺失,那么就会有 2 路数据要写入 cache,一路是来自下层存储器的 4 个字而另一路是来自 CPU 的 1 个字，因此最终的 cache 块数据应该是其中 3 个字来自主存的而 1 个字来自 CPU。为此，控制器可以通过控制 W3~W0 以使得混合的数据写入 cache 块。

对以上分析总结如下：如果是读缺失，W3~W0 取值均应选择主存字，DirtyNew 应取值为无效；如果是写缺失，W3~W0 中某 1 个应选择 CPU 字，其他 3 个均应选择主存字，DirtyNew 应取值为有效。至于 En[3:0]，由于总是有 4 个字写入 cache，因此均应取值为有效。

在 Rdy_Low 无效时，状态机需要一直停留 RB 状态。如果 Rdy_Low 有效，那么在 Rdy_Low 有效的那个时钟周期，控制器就能够完成把数据（包括 CPU 数据）写入 cache 的所有操作，然后就可以回到初始状态了。

对于控制信号 Rdy_CPU 而言，其在 RB 状态下可以与 Rdy_Low 相关联，即 Rdy_Low 有效则 Rdy_CPU 就应输出 1，反之输出 0。

综合上述分析，可以得到表 7-7 所示的真值表以及表 7-8 所示的状态转移表。

表 7-7 控制信号真值表（增加 MB 状态）

Req_CPU	Wr_CPU	A_CPU[3:2]	Rdy_Low	Hit	Dirty	状态	Wr	En[3:0]	W3~W0	ValidNew	DirtyNew	ASel	Rdy_CPU	Req_Low	Wr_Low
1	0		1			Tag							1		
1	1	00	1			Tag	1	0001	0000	1	1		1		
1	1	01	1			Tag	1	0010	0000	1	1		1		
1	1	10	1			Tag	1	0100	0000	1	1		1		
1	1	11	1			Tag	1	1000	0000	1	1		1		
						WB						1		1	1
0						MB	1	1111	1111	1	0		1	1	
	1	00				MB	1	1111	1110	1	1		1	1	
	1	01				MB	1	1111	1101	1	1		1	1	
	1	10				MB	1	1111	1011	1	1		1	1	
	1	11				MB	1	1111	0111	1	1		1	1	

表 7-8 状态机状态迁移条件及次态（增加 WB 状态）

当前状态	下一状态	转移条件
Tag	WB	Req_CPU & !Hit & Dirty
Tag	MB	Req_CPU & !Hit & !Dirty
Tag	Tag	!Req_CPU + Req_CPU & Hit
WB	WB	!Rdy_Low
WB	MB	Rdy_Low
MB	MB	!Rdy_Low
MB	Tag	Rdy_Low

5. 后续工作

在设计工作完成后，剩下的就是用 Verilog 来描述 SRAM、状态机以及控制信号的表达式了。图 7-14 是状态转换表 (表 7-8) 的图形化表示。这里增加了一个条件，即复位信号 Reset，用于使得状态机在上电复位后处于初始状态。

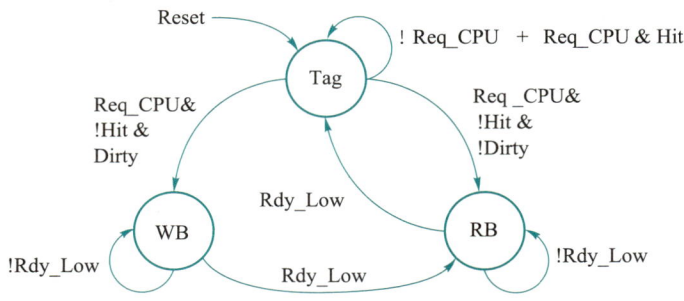

图 7-14　控制器状态图

仔细分析，会发现这个设计还存在一个小缺陷：缺乏 cache 的初始化过程。上电以后，cache 内存储的各类信息的值都是不确定的。为了确保 cache 操作是正确的，在初始化阶段应该将所有 cache 块的 Valid 和 Dirty 设置为无效。

首先，控制器应该设置一个用于初始化的状态（INIT）。其次，应该设置一个用于产生 SRAM 地址的 8 位计数器。在 INIT 状态下，控制器需要产生正确的 DirtyNew、ValidNew、Wr 等控制信号，并控制计数器每个时钟周期加 1，从而完成对全部 cache 块的初始化。另外，由于 CPU 地址的 index 部分以及 8 位计数器均需要作为地址输入给 SRAM，为此还需要增加 1 个 8 位的 2 选 1 MUX。这部分设计内容，留给读者自行构造。

至此，本小节给出了一个直接映射 cache 的设计思路。有兴趣的读者可以在自己开发的系统中增加一个直接映射 cache。由于增加了 cache，如果是在 Verilog 模拟器下开发，应该给主存的仿真设置足够大的输出延迟，从而更精确地观测系统行为以及更好地体会 cache 对改善系统性能的价值。

7.3　虚拟存储

虚拟存储出现于 20 世纪 60 年代初期，目的是解决计算机运行程序时经常面临存储器容量不足的问题。如果说，当前软件开发已经进入"现代"阶段，那么在虚拟存储技术出现以前，软件开发就处于"蛮荒"阶段。由于物理存储器容量不足，程序员在编写程序时必须精心考虑如何将程序分割为若干片段，并且还要开发相应的代码来管理这些片段在何时彼此正确覆盖 (overlay)。这种开发模式严重破坏了程序员思考逻辑的完整性和一致性，不仅开发效率低，而且程序易出错。此外，该模式还使得同一个程序难以在不同计算机上运行，兼容性很差。不难想象，那时的程序员需要面临多大的挑战！

虚拟存储技术第 2 个动机是为了在同一台计算机上能够安全地同时运行多个程序。程序员在编写程序时，并不知道所开发的程序今后会和哪些程序一起运行，因此对于程序员而言，理想的情况就是他"认为"所开发的程序独占主存。显然，如果同时运行的每个程序都无约束地直接读写主存，那么系统必然崩溃。因此，计算机系统必须具备一种能够隔离不同程序的机制。

虚拟存储技术出现后，极大地降低了计算机软件开发和部署的复杂度。同时，虚拟存储技术、中断与操作系统相互配合，使计算机具备了同时运行多个任务的能力。由此，计算机的应用面发生了质变。可以说，虚拟存储技术是推动计算机快速普及的重要技术之一。

由于虚拟存储技术在现代计算机系统存储体系中具有非常重要的作用，因此学习虚拟存储技术，特别是理解其背后的设计思想，对于深刻理解计算机具有重要意义。

7.3.1 CPU 地址与存储器地址

下面首先分析一道简单的例题。

例 7-7 假设 CPU 与主存储器均只有两根地址线。图 7-15（a）是常见的地址信号连接方式，图 7-15（b）是一种非常规地址信号连接方式。

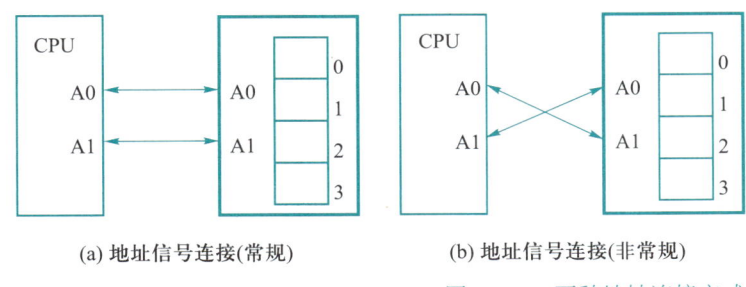

(a) 地址信号连接(常规)   (b) 地址信号连接(非常规)

图 7-15 两种地址连接方式

假设 \$1~\$2 值分别为 10、20。考虑下面程序片段的访存序列：CPU 先连续执行两条 sb 指令，再连续执行两条 lb 指令。对于两种连接方式，请分别给出程序执行后存储单元的数据及寄存器值。

```
sb $1,1($0)
sb $2,2($0)
lb $3,1($0)
lb $4,2($0)
```

解 (a) 方式：存储器 1、2 地址单元分别存储 10 与 20。$3 为 10，$4 为 20。

(b) 方式：存储器 1、2 地址单元分别存储 20 与 10。$3 为 10，$4 为 20。

对于这两种完全不同的地址连接方式，虽然两个存储器对应存储单元的数据是不同的，但程序都能正确的执行。这个例子蕴含了非常关键的概念：两个地址空间 (也就是集合) 和 1 个映射关系。

CPU 输出的地址信号本质上是 ALU 计算出的一个被称为 "地址" 的数字[①]，其本质是程序员想象的存储器单元的编号。为了区分，一般称之为虚拟地址 (virtual address, VA)。虚拟地址的全集被称为虚拟地址空间。

每个存储器单元也有一个编号，即地址。由于存储单元是 "物理" 存在的，因此一般称之为物理地址 (physical address，PA)。相应的，物理地址构成的集合被称为物理地址空间。

上例中还反映了一个关键性概念，即地址映射。在上例中，承担地址映射的是 CPU 与主存之间地址信号的连接方式。两种不同的地址映射方式影响了存储器结果，但没有影响程序的正确性。

不仅本书前面各章内容，而且绝大多数读者在编写程序时，均会默认 CPU 的 0 地址 "必须" 对应主存 0 地址，CPU 的 1 地址 "必须" 对应主存 1 地址，并依次类推。这种对应方式是如此的直观和简单，以至于很难意识到可以把 CPU 对存储器的访问看成是从一个集合到另一个的映射。上例揭示了一种全新的认识：如果将 CPU 计算出的地址 (即虚拟地址) 与主存储器的地址 (即物理地址) 分离开，并且只要在两者之间建立某种正确的映射关系，那么不仅程序正确性完全不受两个地址空间分离的任何影响，而且还会因为可以改变映射关系而带来巨大的设计灵活性。

包括手机这样的嵌入式计算机在内，现代计算机系统普遍使用虚实两套地址，其基本架构如图 7-16 所示。CPU 中负责地址转换的部件被称为存储器管理单元 (memory management unit，MMU)。根据预先确定的映射关系，MMU 将数据通路产生的虚拟地址转换成物理地址。虚拟地址与物理地址的映射关系由操作系统负责建立。由此可以看出，地址转换工作需要操作系统和 CPU 硬件紧密协作。

---

① 在没有实际将这个地址 "传输" 到存储器前，所谓的地址仅仅是个数字。

7.3 虚拟存储

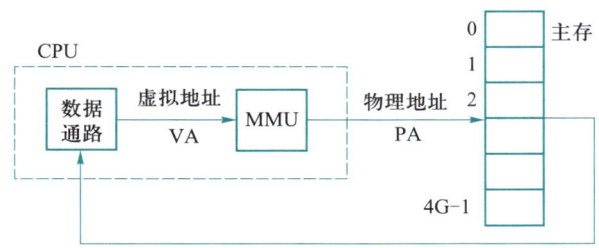

图 7-16 支持虚拟存储技术的系统基本架构

7.3.2 基本原理

虚拟存储技术通过在虚拟地址和物理地址之间建立映射机制，使得程序的虚拟地址与主存的物理地址彻底分离，为灵活使用主存和引入硬盘作为后援存储奠定了基础。图 7-17 描述了虚拟存储的技术概况。虚拟存储增加了硬盘作为主存的下一个存储层次。硬盘虽然性能低，但容量远大于主存。在虚拟存储中，硬盘成为"主存"，而主存成为硬盘的 cache。

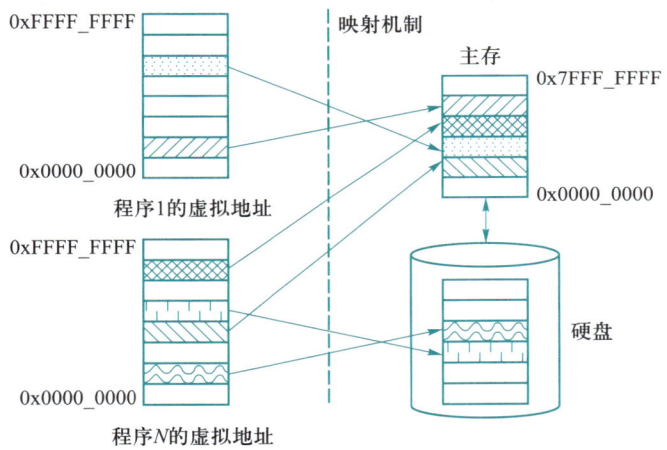

图 7-17 虚拟存储技术的技术概况

类似于 cache 系统，虚拟地址空间与物理地址空间这两个空间均被划分为固定大小的若干区块。在虚拟存储中，这样的区块被称为页面 (page)。虚拟地址空间的页面被称为虚拟页面 (virtual page，VP)。类似的，主存中的页面被称为物理页面 (physical page，PP)。

在虚拟存储体系中，操作系统把程序当前要用到的代码片段和数据片段从硬盘中加载到主存物理页面，并建立相应的虚拟页面和物理页面的映射关系。之后，当 PC 或 ALU 计算出虚拟地址后，虚拟地址首先被映射机制接管，并按照之前建立的对应关系转换为相应的物理地址，再完成存储器访问。如果当前访问的虚拟地址尚未建立映射关系，意味着相应的虚拟页面不在主存中，就会导致页面失效 (page fault)。此时映射机制就会暂停 CPU 执行指令并通过异常处理机制要求操作系统从硬盘中加载相应的指令区域或数据区域至主存中的某个物理页面，并建立相应的映射关系。很明显，这些操作在原理上与 cache 系统是高度相似的。

结合图 7-17，读者就比较容易理解虚拟存储技术出现的两个动机了。有了虚拟存储技术后，程序员不再需要考虑主存的实际容量了，只需要具有理想的视图 (即虚拟地址空间) 的基本概念就足够了，可以认为程序"独占"计算机。同时，映射机制只要将不同程序的虚拟页面映射到不同物理页面上，这样就实现了程序隔离。为了强化隔离的效果，还可以为页面设置读、写权限等。而所有这一切操作对于程序员都是透明的。

7.3.3 地址转换

在虚拟存储系统中，虚拟地址到物理地址的转换是以页面为单位的，这与 cache 以块为单位进行地址转换是类似的。主存的物理地址被划分为两部分：物理页号 (physical page number) 和页内偏移 (page offset)。同样的，虚拟地址也划分为虚页号 (virtual page number) 和页内偏移。由于物理页面与虚拟页面的尺寸相同，因此两者页内偏移部分是完全相同的。地址转换时，需要根据虚页号找出对应的物理页号，然后把虚页号替换为物理页号，再拼接页内偏移即实现了虚拟地址到物理地址的转换。图 7-18 描述了从 m 位虚拟地址到 n 位物理地址的大致转换过程，其中页面偏移为 p 位。

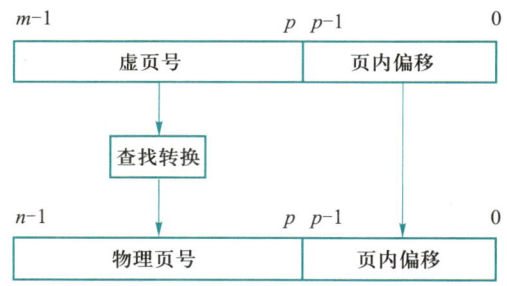

图 7-18　虚拟地址到物理地址的转换

例 7-8　假设虚拟存储体系的页面尺寸为 1 KB，虚页号为 0xF 的虚拟页面对应物理页号为 0x2 的物理页面。请给出 14 位虚拟地址 0x3C48 对应的物理地址。

解　页面尺寸为 1 KB，则页内偏移为 10 位。虚拟地址 0x3C48 的二进制表示是 0b11_1100_0100_1000，其对应的页内偏移为 0b00_0100_1000，剩余的高位部分就是虚页号，即 0xF。将虚页号 0xF 替换为物理页号 0x2，并拼接页内偏移后得到物理地址为 0b1000_0100_1000，即物理地址为 0×848。

7.3.4 页表

虚拟存储体系使用页表存储所有的虚拟页面与物理页面的对应关系。本质上，页表就是一个数组。虚拟地址包含多少个虚拟页面，数组就有多大，虚页号就是数组下标。每个数组单元被称为页表项 (page table entry, PTE)，它存储着相应的物理页号。与 cache 系统类似，每个页表项还需要存储一些标记位，例如 Valid 用于标识虚拟页面是否已经被装载到主存中。图 7-19(a) 描述了一个页表系统，有 20 位虚页号和 16 位物理页号页表。其中虚页号为 0x0001、0x00002 和 xFFFFE 的这 3 个虚拟页面的 Valid 位均为 1，表明这 3 个虚页面已经存储在主存中了；而虚页号为 0x00000 和 0xFFFFF 的这两个虚拟页面仍然在硬盘里。图 7-19(b) 描述了如何利用页表完成从 32 位虚拟地址到 28 位物理地址的转换，其中页内偏移为 12 位，即页面尺寸为 4 KB。

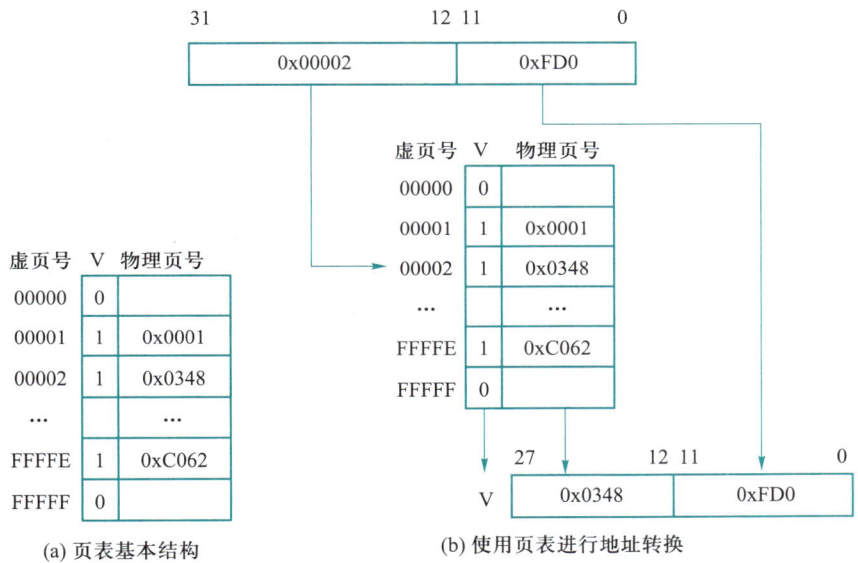

图 7-19 页表及使用页表进行地址转换

对于图 7-19 (b) 的虚拟存储体系而言，因为虚页号为 20 位，那么会有 1 M 个页表项。每个页表项至少需要 17 位存储量，其中 16 位为物理页号，1 位为 Valid 标记。该页表的总存储容量为 (2 B+1 位)×1 M，简单估算为 2 MB。这仅仅是 32 位处理器上运行的一个任务的页表存储规模。现代处理器往往都具有 48 位甚至 64 位的虚拟地址空间，可以想见其页表存储容量更是惊人。

页表一般都存放在主存中。计算机上同时运行的程序不止一个，主存中的页表也就不止一个。为了定位，CPU 设置一个页表寄存器 (page table register, PTR) 来存储页表在主存中的基地址。当 CPU 同时运行多个任务时，操作系统需要在切换任务时，把该任务的页表基地址写入 PTR 以指向该任务的页表。有了 PTR 后，地址转换过程变成：将虚页号与 PTR 相加得到页表项在主存地址，然后再读取页表项以获取物理页号。

7.3.5 页表缓冲区

从前述地址转换过程可以看出，CPU 每次存储访问均需要增加一次到主存获取物理页号的额外存储访问，这将严重影响 CPU 性能。幸好，程序局部性原理此时再次发挥作用。由于页面尺寸比较大，在一段时间内大量存储访问都会密集地命中在同一页上，因此只要在 CPU 里放置少量的页表项就很可能在很长时间内都不需要再到主存中去获取页表项，这就极大降低了因从主存读取页表项所产生的性能损失。

这种技术被称为 TLB（translation lookaside buffer，页表缓冲区）。根据程序局部性原理，TLB 中的页表项一般在 16~512 个。可以看出，TLB 是页表的 cache。如果 TLB 中的页表项数量比较少，例如 16 个，则 TLB 可以采用全相联实现方式。一般多于 64 个后都会采用组相联实现方式。由于 TLB 本质就是 cache，因此根据虚拟地址划分 TIO 结构以及 TLB 内部结构等内容，均可以参考 cache 部分。

图 7-20 描述了基于 TLB 的虚拟地址到物理地址的转换过程。首先，TLB 从流水线产生的虚拟地址中提取 Index 部分以读出相应的标志，并判断该虚拟地址是否命中在 TLB 内。如果命中，从 TLB 中输出对应的物理页号，然后与页内偏移拼接在一起形成最终的物理地址，并将物理地址发送至 cache 系统。

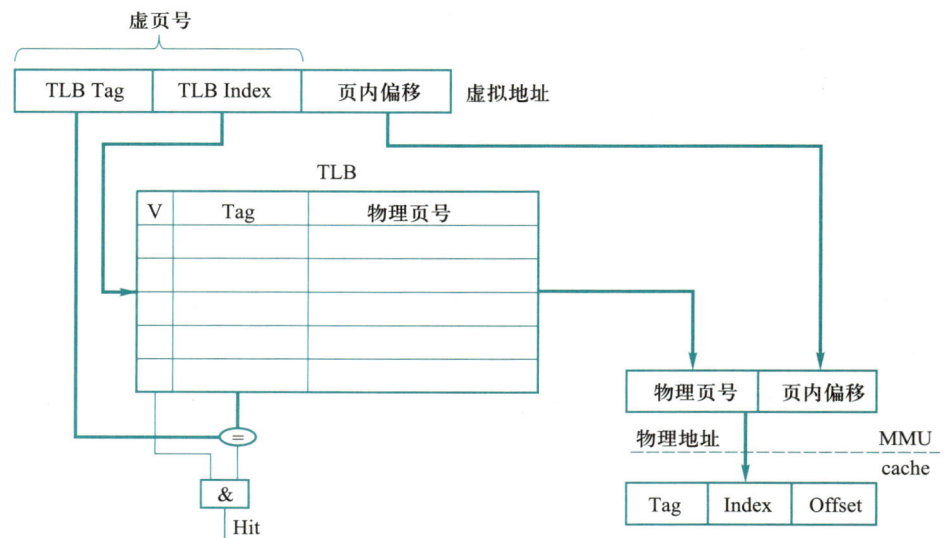

图 7-20　基于 TLB 的地址转换

7.3 虚拟存储

由于数据通路中的指令和数据是分离的，因此现代 CPU 的 TLB 也会分成指令 TLB 和数据 TLB。此外，现代 CPU 已经从 32 位发展为 64 位了，即使采用很多算法来压缩页表，但页表规模仍然非常庞大。为了进一步提高性能，很多 CPU 的 TLB 也会采用与类似多级 cache 的设计方式。一般来说，第 1 级 TLB 为了匹配流水线的高速时钟频率，其规模在几十个以内。第 2 级 TLB 规模则会增大到数百，当然命中时间也相应变长了。

TLB 命中这是大家最希望看到的，但很遗憾，TLB 缺失一定会发生。TLB 缺失后，必须有某种机制将对应的页表项从主存加载至 TLB 中。这个任务既可以由硬件完成也可以由软件完成。不同的 CPU 采用不同的策略，MIPS 系统中的 TLB 缺失是由操作系统处理完成的。

有两种情况都会导致 TLB 缺失。一种情况是虚拟页面所对应的内容已经装载到物理页面中，页表项已经建立但并没有装载到 TLB 中。另一种情况是物理页面尚未装载有效内容，因此页表项自然也是无效的。当 TLB 缺失时，CPU 必须将当前指令暂停并记录当前指令地址，然后通过一种被称为异常[①]的机制去执行被称为存储异常处理程序。对于第 1 种情况，存储异常处理程序从主存中读出页表项，然后写入 TLB 中即可；对于第 2 种情况，则包含非常复杂的任务：在主存的物理页面中分配一个页面、从硬盘中加载相应内容至物理页面、建立页表项、加载 TLB 内的页表项，等等。异常机制能确保从存储异常处理程序退出后，CPU 可以从导致 TLB 缺失的那条指令处恢复执行。

系统设计详解 7-2　操作系统管理 TLB 缺失

与 cache 缺失完全由硬件完成主存块加载不同，不同 CPU 处理 TLB 缺失的方式不同。有些 CPU 将 TLB 中页表项的加载工作交由操作系统完成，其动机大体包括如下几点：

（1）提高系统整体设计的灵活性。同一款 CPU 往往可以运行多种操作系统。如果 TLB 缺失必须由硬件独立完成，那么 CPU 厂商制定的页表结构将几乎不能改变。但不同的操作系统的内存管理方式通常是不同的。将定义页表结构并且从页表加载页表项的任务交给操作系统，会更有利于提高系统整体设计的灵活性。这也是机制与策略的又一次具体体现。

（2）设计复杂度与性能的平衡。硬件自动通过页表获取页表项的好处是速度快。假设 TLB 中的页表项数量非常多，那么意味着偶尔才会发生一次 TLB 缺失。一个设计权衡就出现了：容忍偶尔因为软件介入加载

---

① 本书第 8 章介绍异常。

 TLB 页表项的性能损失，但避免了需要设计能适应现代复杂页表结构的复杂硬件机制。另外，将复杂硬件机制所消耗的硬件资源转而实现 TLB 内部更多的页表项，是否也是一种有益的选择呢？

需要注意的是，操作系统在切换任务时，必须将被切换出去的任务页表项从 TLB 中全部清除掉，否则会导致被切换出去的任务存在信息安全隐患。这个问题留给读者自行分析。

7.3.6 集成 TLB 与 cache

从前面的分析可以看出，TLB 完成虚拟地址到物理地址的转换，之后物理地址进入 cache。根据这个信息流向，并综合前面的各部分内容，可以得到如图 7-21 所示的 CPU 内部结构。该结构实现了 TLB 与 cache 的集成。PC 产生的虚拟地址被指令 TLB 翻译成物理地址后输入给指令 cache。数据 TLB 处理过程类似。当指令 TLB 或数据 TLB 缺失后，硬件页表查找机制到主存中获取页表。当然，读取主存的过程必须经由数据 cache 才能完成。

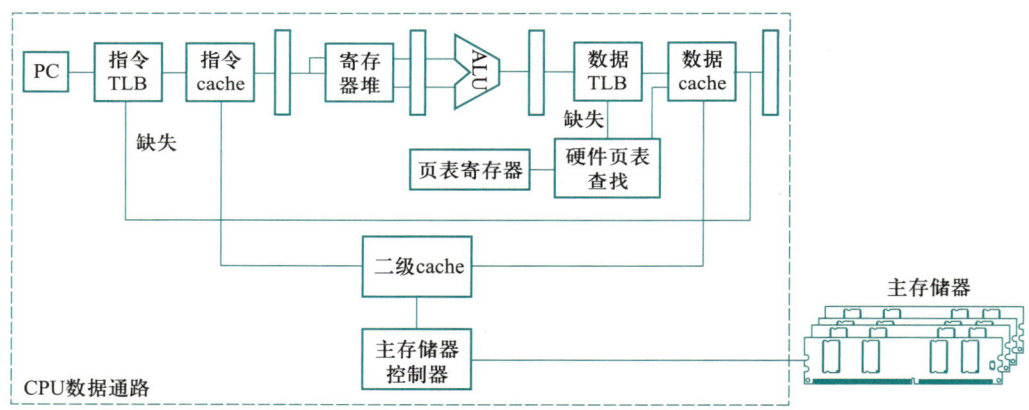

图 7-21 集成 TLB 与 cache

7.3.7 存储保护与共享

本书到目前为止介绍的内容均围绕虚拟存储技术的第一个动机，即以程序局部性为理论依据，综合利用主存与硬盘构造大容量、高性能、低成本的存储系统。如前所述，虚拟存储技术的第二个动机是允许多个程序（进程）共同使用主存，并且这种共存必须是安全的。这里的安全指的是，某个进程的错误不能影响另一个进程的运行，也不能在未获得授权前访问其他进程的存储空间。例如，某个进程的指针越界了，那么这个越界指针只能破坏该进程的数据，而不能破坏其他进程的数据。又例如，系统必须防范一个恶意进程窃取数据库进程里存储的核心数据。当然，系统也必须支持经过授权的信息共享。

虚拟存储技术（需要操作系统配合）为每个程序分配了独立的虚拟空间，并通过虚拟页面与物理页面的映射，使得程序可以任意读写自己的虚拟页面所对应的物理页面，这就防范了因为意外错误或恶意访问其他程序的物理页。

即使如此，仍需要进一步增强保护能力。例如，由于指令与数据都存储在同一个虚拟地址空间里，因此存在指针越界从而将代码区域破坏的可能。一个可行的措施是增加页面读写权限。这可以通过在页表项中简单地增加相应的权限位来实现。这些权限包括只读、可读可写、可执行等。当 TLB 进行地址转换时，同时查看权限位就知道当前操作是否合规。例如，对具有可执行权限的页面进行写入操作就是非法的。一旦某条指令发生非法操作，TLB 就可以发出异常，从而操作系统的存储异常程序就可以介入后续的处理。

善用虚拟存储技术，还可以在进程之间实现安全的信息共享。例如，一个进程是信息的生产者，另一个进程是信息的消费者，两者协同工作完成某项任务。那么虚拟存储系统可以将两个进程的虚拟页面都映射到同一个物理页面上，同时将生产者进程的页表项的访问权限设置为可读可写，而将消费者进程的页表项的访问权限设置为只读。这样双方既共享了信息，又防止了某些意外发生。

7.3.8 页面替换

主存物理页面不够用时，就必须进行页面替换。页面替换的主体工作在操作系统层面，但底层硬件必须提供一些必要的技术支持。例如，当某个页面被写入后，硬件必须能够记录这一变化。当操作系统替换该页面时，就知道必须先将该页面回写至硬盘，而不能简单的丢弃。为此，页表项必须增加类似 cache 的 Dirty 位。当 TLB 检测到对页面有写入操作后，该页表项的 Dirty 位应该被置位。

7.4 硬盘

硬盘处于图 7-3 所示的典型存储层次的最低层。在整个存储层次中，硬盘的性能最低，存储容量最大，单位存储位价格最低。在现代计算机系统中，硬盘有两个主要用途，一个是为虚拟存储提供最后一个存储层次，另一个用途是存储应用程序和数据。

图 7-22 显示了硬盘的基本结构。硬盘包括一组金属盘片，常见的旋转速度为 5 400 r/min~15 000 r/min。盘片上下两层均涂有磁介质材料用于存储数据。驱动器带动移动臂沿盘片半径方向移动。磁头是读写盘片的精密装置，它通过移动臂上的信号线与主机接口电路相联接。盘片被划分为 10 000~50 000 个不等的同心圆，每个同心圆被称为磁道 (track)。多个盘片上位置相同的磁道在空间上构成了一个圆柱体，因此这些磁道集合被称为柱面 (cylinder)。一个磁道又被划分为若干个扇区 (sector)。硬盘是以扇区为单位读写数据的。虽然目前主流硬盘的扇区容量为 512B，但由于硬盘容量的持续增长，目前扇区容量正向 4KB 标准过渡。

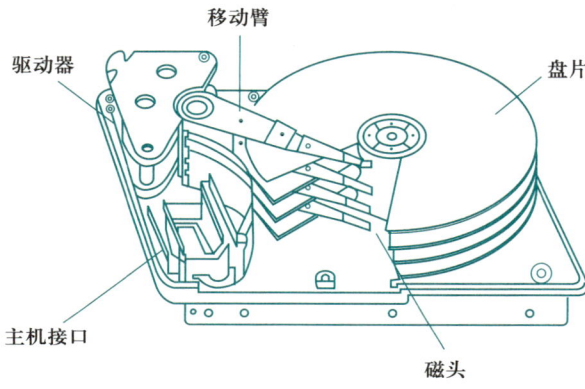

图 7-22　硬盘基本结构

与主存不同，硬盘读写数据涉及大量的机械运动，性能计算涉及多个因素。为了读写数据，磁头必须被移动到正确的位置，需要花费的时间被称为寻道时间 (seek time)。由于磁道与磁头的相对位置不同，寻道时间一般有最大、最小和平均 3 种指标。寻道时间一般在 5~10 ms。

当磁头到达正确的磁道后，需要等待盘片将相应的扇区旋转至磁头下，所花费的时间被称为旋转时间。很容易看出，平均旋转时间是盘片旋转半圈所需要的时间。以转速为 5 400 r/min 为例，可以计算出平均旋转时间约为 5.6 ms。类似的，15 000 r/min 对应的平均旋转时间为 2 ms。

$$\text{平均旋转时间} = \frac{0.5 \text{ r}}{5\ 400 \text{ r/min}} = 5.6 \text{ ms}$$

当扇区移动到磁头下方后，磁头对扇区进行读写，读写性能一般在每秒数十兆字节至百兆字节。在这个阶段的时间开销主要取决于要传输的数据量、扇区单位容量以及读写带宽。

例 7-9　某磁盘转速为 10 000 r/min，平均寻道时间为 5 ms，传输速度为 100 MB/s，扇

7.4 硬盘

区容量为 512 B。假设一个 4 KB 尺寸的页面存储在连续的扇区上，请问读写一个页面的平均时间是多少？

解 平均磁盘访问时间 = 平均寻道时间 + 平均旋转时间 + 传输时间。将上述参数代入可得

$$5 \text{ ms} + \frac{0.5 \text{ r}}{10\ 000 \text{ r/min}} + \frac{4 \text{ KB}}{100 \text{ MB/s}} = 5 + 3 + 0.04 = 8.04 \text{ ms}$$

通过上例可以看出，影响硬盘性能的最大障碍在于大量的机械运动。为了提高硬盘的整体性能，现代硬盘厂商再次利用程序局部性原理，在硬盘控制器上配置了大容量的 cache 来提升硬盘传输性能。当系统要访问的扇区命中在磁盘 cache 后，数据读写时间主要取决于硬盘 cache 读写速度以及硬盘与主机之间的传输带宽。

传统机械式硬盘虽然容量巨大且价格低廉，但其性能始终是计算机系统的主要性能瓶颈之一。随着微电子技术的快速发展，近年来基于高速且非易失的 Flash 存储器技术制造的固态盘 (solid-state disk，SSD) 正凭借性能优势得到了快速发展。图 7-23 描述了固态盘内部典型结构。

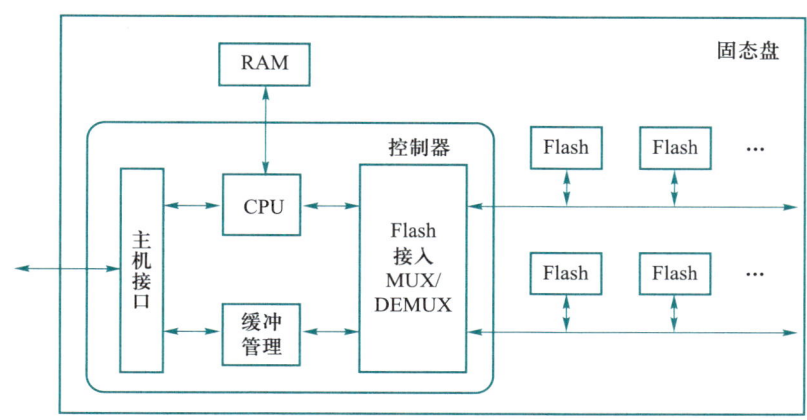

图 7-23　固态盘基本结构

固态盘内部主要包括三部分，控制器芯片、控制器芯片内的嵌入式 CPU 的程序 RAM 以及存储数据的 Flash 芯片阵列。其中，控制器芯片的作用是在 Flash 芯片阵列上实现均衡存储数据以及与主机交换数据。

随着固态盘的普及，它不仅被广泛应用于笔记本上，而且出现在很多需要均衡性能与容量的场景中。例如，现在很多 PC 用户就通过组合固态盘与传统硬盘来获得理想的存储性能与存储容量。一种常见的用法是将操作系统以及频繁使用的大型应用软件部署在固态盘上，而将大量用户数据（如电影）以及不常用软件安装部署在硬盘上。此外，固态盘由于没有机械运动部件，具有良好的抗震性，可以用于某些特殊场合（如飞机）。

7.5 本章小结

由于 CPU 与存储器之间存在巨大的性能鸿沟，因此现代计算机系统设计通常采用由多种不同类型不同容量的存储器构成的存储层次，从而实现性能、成本、容量三要素之间的平衡。一般来说，距离 CPU 最近的存储层次，其性能最高、单位成本最高、容量也最小。相反地，距离 CPU 最远的存储层次，其性能最低、单位成本最低、容量也最大。

cache 是里程碑式的技术，它蕴含了人类认识与解决问题的方法学，其思想被广泛应用于信息系统设计中。cache 用于拟合 CPU 与主存性能差距。cache 具有直接映射、组相联映射、全相联映射 3 种基本结构。直接映射结构最为简单但缺失率相对要高，全相联映射则结构最为复杂但缺失率最低。组相联映射在两者之间进行了设计折中，即主存块映射到 cache 组时采用直接映射方式，但与 cache 组内各块映射时则采用全相联映射方式。

CPU 写 cache 有写通与写回两种策略。由于写回的性能高于写通方式，因此现代 CPU 通常采用写回方式。当缺失发生时，为了将主存中的对应块调入 cache，就必须将 cache 中的某块调出，于是就产生了 cache 块替换策略问题，如随机替换、LRU 等。

为尽可能提高性能，cache 系统通常也采用多级结构。其中，第 1 级 cache 以匹配流水线高主频为主要设计目标，故通常采用小容量的简单结构；而后续各级则通过增加容量和相联度来尽可能地提高命中率。对于某级 cache，其性能取决于本级的命中时间、缺失率以及缺失代价等多个因素。对于多级 cache，可以递归套用上述计算方法，即本级的缺失代价是由下级的命中时间、缺失率以及缺失代价计算而来。

虚拟存储是现代计算机中又一个极为重要的技术。大多数 CPU 都采用以页面为颗粒度的映射机制，因此 CPU 的虚拟地址被划分为虚页号和页内偏移两部分，并由 MMU 将虚页号转换为物理页号再拼接上页内偏移从而形成最终的物理地址。为了避免因为查找页表项所带来的额外主存访问，现代 CPU 中普遍采用了 TLB 技术。

利用虚实地址映射机制，计算机系统可以在虚实地址转换过程中引入多种技术来提升系统综合能力。例如，可以通过将不同程序的虚页面映射到同一个物理页面来实现数据共享，也可以在页表项中增加控制位来实现页面的读写权限等。更为重要的是，在虚拟存储中，主存成为硬盘的 cache，这使得程序可用存储容量几乎达到无限。

在现代计算机中，硬盘通常是存储系统的最低层，其容量最大但性能也最低。目前最常见的大容量硬盘仍然采用机械结构，其性能取决于盘片的旋转速度、磁头移动速度、磁介质存储容量密度等。为了提高硬盘性能，并且随着 Flash 芯片的单位成本不断降低，固态盘技术得以快速发展。由于没有机械部分，因此固态盘性能远高于机械硬盘。

思考题

1. 一个标准流水线 CPU 的理想 CPI 为 1，其执行的程序片段中 load 和 store 类指令占 30%，其余指令均为 R 型指令。主存延迟为 50 个时钟周期。L1 级 cache 性能为：命中时间为 1 个时钟周期，缺失率为 2%。L2 级 cache 性能为：命中时间为 10 个时钟周期，缺失率为 5%。针对如下情况分别计算流水线的实际 CPI：没有 cache；只有 L1 级 cache；L2 级 cache。

2. 直接映射 cache 参数如下：cache 的数据容量为 16 KB，cache 块为 16 B。现该 cache 接入一个 32 位 CPU。请给出 cache 的 TIO 结构以及包含标记后的 cache 块容量。

3. 组相联映射 cache 参数如下：cache 的数据容量为 512 KB，16 路相联，cache 块为 32 B。现该 cache 接入一个 32 位 CPU。请给出 cache 的 TIO 结构。

4. 对于第 3 题的系统，cache 采用写回策略，cache 命中时间为 1 个时钟周期，从主存调入一块或回写一块的代价均为 100 个时钟周期。某程序片段将起始地址为 0000_0000h 的 1 MB 内存单元全部初始化为 0，代码如下所示。

```
int *p=0x0;
for (int i=0;i<1024*1024/4;i++)
    *p++=0;
```

（1）计算该程序片段中的数据访问缺失率（忽略指令缺失等因素）。

（2）计算该程序片段的数据访问实际需要多少个时钟周期。

（3）计算程序片段的存储访问次数与实际时钟周期数之比。

5. 假设某系统的虚页和物理页尺寸均为 8 KB，40 位虚地址，物理主存容量为 32 GB。请问虚页号与物理页号的位数分别是多少？

6. 设计师给第 5 题的系统设计了 TLB。TLB 采用 2 路组相联结构，共有 256 个页表项。TLB 中的每个页表项结构如下所示。

Valid	Dirty	访问权限	TLB Tag	PPN
1 位	1 位	2 位		

（1）请问每个页表项的位数是多少？

（2）页表的总存储容量是多少位？

（3）操作系统设计团队希望将页面尺寸从 8 KB 降低至 4 KB，但硬件设计团队认为会增加硬件开销，因此不同意改变页面尺寸。你作为硬件设计师团队负责人，请陈述理由。

7. 图 7-23 的固态盘传输一块数据的基本性能参数如下：控制器的数据传输速率为 480 MB/s，Flash 芯片阵列的数据传输速率为 30 MB/s。对于大小为 S 的数据块，请计算其实际传输带宽。

8. 某磁盘基本参数为：转速为 10 000 r/min，平均寻道时间为 5 ms，传输速度为 100 MB/s。注：为方便计算此处约定 1 K=10^3，1 M=10^6。

（1）对于尺寸为 S 的数据块，假设其存储在连续的扇区上，请给出数据块的传输时间计算公式和传输带宽计算公式。

（2）根据传输带宽计算公式，针对下列数据块尺寸，绘制实际传输带宽图。

| 1 KB | 2 KB | 4 KB | 8 KB | 16 KB | 32 KB | 64 KB | 128 KB | 256 KB | 512 KB | 1 MB | 2 MB | 4 MB |

（3）用户要在磁盘上复制 2 个目录下的全部文件。这 2 个目录下的文件的总大小基本相同，其中第 1 个目录的文件尺寸很小但数量很多（主要是程序员编写的源代码文件），第 2 个目录的文件尺寸很大但数量很少（主要是若干视频文件）。经测量，用户发现复制第 1 个目录所需时间远高于第 2 个目录。请根据第 2 小问结论，对这个现象进行简单解释。

第 8 章

输入输出

教学课件：输入输出

CPU 和主存构成了计算机的信息加工中心，那么输入输出 (input/output，I/O) 设备则是信息进出的通道。利用 I/O 设备可以向计算机输入信息、控制计算机的运行、观察计算机的运行状态以及获得信息处理的结果。常见的显示器、鼠标、打印机都是典型的 I/O 设备。

输入输出是计算机系统中最为庞大的领域之一，涉及的设备用途各异、种类繁多，从并行通信到串行通信的传输方式，从共享总线到点对点交换的互联方式，从高低速设备性能匹配到不同设备间数据传输协议转换，从信号电气特性到信号同步规范，从底层中断到上层传输协议，等等，不一而足。本章将从一个典型计算机的输入输出系统出发，介绍这个领域的若干基础性概念与知识。

8.1 典型的输入输出系统

PC 是人们最熟悉的计算机系统，图 8-1 描述了一台 PC 的大致组成结构。从图中可以看出，除了 CPU 和主存外，虚线包围的内容均属于输入输出的范畴。输入输出系统的硬件部分大致包括总线和 I/O 设备两大类对象。前者包括 CPU- 内存总线、连接 CPU 与系统桥芯片的前端总线、连接高速通信设备的点对点型 PCI-E 总线、连接中速设备的 PCI 总线，以及 SATA、USB 等总线。后者包括以太网控制器、磁盘控制器、COM(communication) 控制器、PS/2 控制器以及各类扩展卡等。

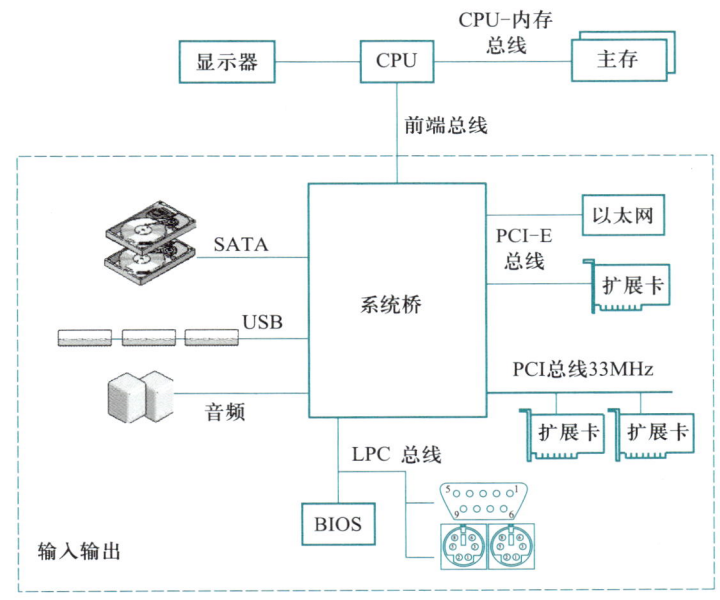

图 8-1　PC 典型输入输出系统

总线又可以分为 CPU- 内存总线和 I/O 总线两类。为了满足 CPU 对内存读写的高带宽要求，CPU- 内存总线长度很短、位数很多并且时钟频率极高。I/O 总线用于连接各种类型的设备。设备之间速度、传输协议、电气特性、连接方式等均差异很大，因此计算机中的 I/O 总线种类和数量均非常多。

相对于 CPU- 内存总线，I/O 总线性能要低得多。为了防止低速的 I/O 设备拉低高速的 CPU 与主存性能，计算机设计师通常会设计一个被称为系统桥的专用芯片来将 CPU- 内存总线与 I/O 总线分离。随着集成电路技术的进步，系统桥除了具有总线隔离与转换的作用，通常其内部还集成实现了大量 I/O 设备控制器。例如，USB 控制器就内置在某些系统桥芯片内。这样人们仅会看到 USB 连接器和系统桥，而不会在 PC 主板上再看见一个所谓的 USB 控制器芯片了。

为了便于各类设备接入计算机，计算机产业界逐步制定出若干种总线标准。总线标准规范了设备与计算机的连接方式，大大增强了设备的通用性与互联性。值得注意的是，高速并行总线(如 PCI 总线)已经发展到几乎很难再有性能提升空间的程度了。于是，高速串行总线(如 USB、SATA 等)出现了。高速串行总线具有信号数量少、传输距离远以及传输性能高等优势。高速串行总线需要采用点对点的通信方式，因此高速串行总线的控制器在形态上表现为交叉开关(hub)，其每个接口只与一个外部设备互联。随着集成电路的快速发展，高速串行总线正在逐步取代并行总线。一个典型案例是，随着 SATA 串行总线标准的出现，过去长期采用并行传输方式的硬盘在很短时间内就退出了市场，目前市场上几乎是清一色的 SATA 接口的硬盘。

就信息通过设备进出计算机的方向而言，有些设备仅具有输入功能，即只能向计算机输入信息，如鼠标、键盘、手写笔等；有些设备仅具有输出功能，即从计算机向外界输出信息，如显示器、打印机等；有些设备则同时具有输入和输出功能，如硬盘、网卡等。随着人机交互的需求与技术的不断发展，越来越多的设备同时具有输入和输出功能，例如触摸屏既可以将信息显示给人，也允许将信息输入到计算机中。

8.2 总线基础

1. 总线的特点

总线是计算机内信息传输的通道，它通过一组信号线将各个子系统或部件连接在一起。总线是构造计算机系统的关键技术之一，其优缺点都非常分明。

(1) 功能灵活。凡是符合总线标准的设备都能接入计算机系统。系统可以灵活地添加设备和撤出设备。

(2) 成本低。这个特别适用于同时连接多个设备的总线，如图 8-1 中的 PCI 总线。由于总线的同一组信号线被共享，因此经济性好。

(3) 容易成为通信瓶颈。由于多个设备共享总线，就必然难以支持多组设备之间同时传输数据，总线自然而然地成为系统的瓶颈。

(4) 性能提升困难。首先，为了连接多个设备，总线的长度很长。信号线越长，信号传输损耗以及干扰愈发严重，因此提高传输频率就很困难。其次，设备之间的传输能力(特别是信号输出延迟)差别很大，因此大幅度提高总线性能会导致部分设备无法工作。另外，已经存在太多的各类设备，并且按照现有总线标准正在开发的设备层出不穷，提高总线性能会使大量现有设备厂商难以接受，严重影响整个计算机工业产业链的平顺发展。

2. 总线信号

总线通常包括控制信号、地址信号和数据信号这三大类信号。

（1）控制信号。控制信号用于指明当前传输的类型（如读还是写）、传输的数量（如 1 个字节、1 个字还是多个字）以及时序同步等。此外，控制信号还用于分离两次总线传输，以确保不同设备都能合理而安全地利用总线传输数据。有时，会从控制与被控制的角度再细分成所谓的"控制"信号和"状态"信号。

（2）数据信号。数据信号用于传输数据。一般来说，数据的宽度被用于定义总线的宽度。例如，PCI 总线被称为 32 位总线，就是因为它有 32 根数据信号。

（3）地址信号。地址信号用于标识要访问的数据单元的主存地址。例如 CPU 要读写主存，就必须在 CPU- 内存总线的地址总线上给出相应的地址信息。为了让 CPU 能读写设备，设备也必须有相应的地址。有些总线协议不设置独立的地址信号，如 PCI 总线，而是利用数据信号在某个特定时钟周期传输地址。这被称为地址 / 数据复用。

典型的控制信号包括：

- Clock。时钟，用于同步其他各个信号。
- Reset。复位，用于上电复位设备。
- Request。总线请求，表明设备向总线控制器申请占用总线。
- Grant。总线确认，表明设备占用总线的申请被总线控制器批准了。
- R/W。读写，用于指示当前数据传输的方向。
- BE。字节使能，用于指示当前数据总线的有效字节。
- Ack。数据传输应答，用于总线传输响应方指示数据传输已经完成。
- Int。中断请求，表明某个设备发出了中断请求。

3. 时序

时序是指信号线之间在时间上的逻辑关系。时序分同步时序和异步时序。

（1）同步时序

在同步时序中，一次总线传输被时钟信号分割为若干个长度均等于时钟周期的时间段。信号之间不仅存在逻辑关系，而且信号的有效还与时钟信号严格同步。图 8-2

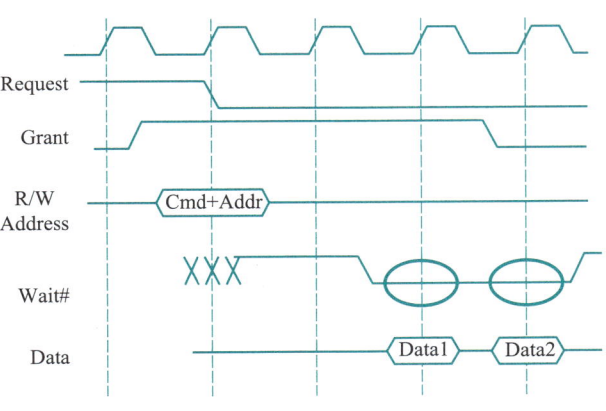

图 8-2　同步传输案例

给出了一个典型同步传输案例。Wait# 信号是低电平有效信号，用于指示数据是否有效。可以看出 Wait# 信号必须是在时钟上升沿之前就有效，并且保持足够的时间。Data 信号也具有同样特点。

(2) 异步时序

在异步时序中，信号之间仅存在逻辑关系，其有效与否与时钟信号无关。图 8-3 给出了一个典型的异步传输案例。传输请求方在输出地址的同时令 Read 有效，表明要读取数据。传输响应方在准备好数据后令 Ack 有效。请求方看到 Ack 有效后获取数据并令 Read 无效。响应方看到 Read 无效后就知道请求方已经取走数据，因此令 Ack 无效。这期间双方进行了 3 次信号握手。

异步时序又分为非互锁、半互锁和全互锁 3 种方式。其中全互锁是最安全可靠的传输方式。图 8-3 就是典型的全互锁传输方式。

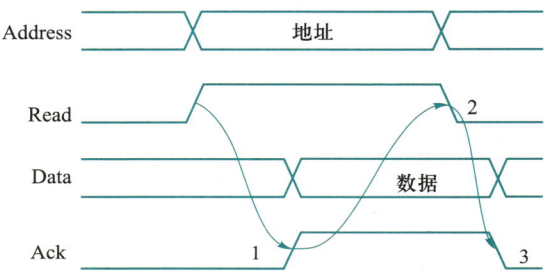

图 8-3　同步传输案例（全互锁）

4. 数据传输类型

数据传输类型指的是一次传输的数据量。很多总线支持多种数据传输类型，其中在数据总线宽度范围内的单个数据传输是基本传输类型。以 32 位 PCI 总线为例，在 4 位字节使能[①] 的支持下，可以在 1 个总线周期内分别传输字、高半字、低半字或任意某个字节。

为了提高传输效率，有些总线支持基于数据块的传输（也被称为 burst 传输）。在 burst 传输模式中，地址总线给出的是数据块的基地址，数据总线上依次连续传送的数据是地址线性增长的。

---

① 由于总线可能传输不同大小的数据，例如通过 32 位数据总线只读取 1 个字节，因此同一组数据总线上的信息并非都是有效的。为此通常将数据总线按照 8 位分组为若干字节，并为每个字节对应的配置一个标记信号，即字节使能 (byte enable)。当某个字节使能信号有效时，就表明对应的 8 位数据信号线正用于传输数据。

8.3 I/O 接口基本功能与结构

I/O 设备种类繁多、原理和结构不同，在数据传输格式、传输速率、电气特征等方面均存在很大差异，因此很难将 I/O 设备直接接入计算机中。为此，需要在设备与计算机之间设置一个接口电路作为两者之间的桥梁。这个接口电路被称为 I/O 接口，其功能大致如下。

（1）数据缓冲。接口中设置数据缓冲寄存器或缓冲区（如 FIFO），以弥补主机高速与外设低速间的差异，避免因速度不一致而造成数据丢失。

（2）返回状态。为了速度匹配，CPU 需要了解设备的工作状态，因此 I/O 接口需包括设备就绪、忙等状态信息。

（3）地址比较。当 CPU 访问设备时，地址总线上会给出相应的地址。I/O 接口必须能够识别当前总线上的地址是否在自身地址范围之内。

（4）数据格式转换。主机与设备之间数据宽度不同、位序不同时，I/O 接口需要完成相应的格式转换。

（5）信号转换。设备的各类信号在功能定义、工作时序、电气特征等方面通常与主机不同，I/O 接口必须完成相应的信号转换。

（6）中断管理。某些 I/O 接口具有中断功能，这将提高 CPU 响应设备请求的实时性，确保不会发生数据丢失，同时可以使 CPU 与设备并行工作以提高 CPU 总体利用率。

I/O 接口的通用结构如图 8-4 所示。

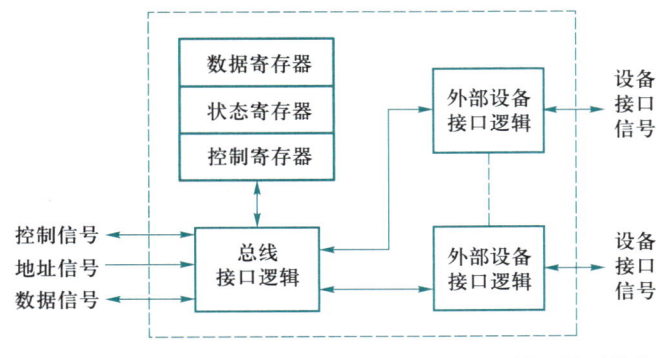

图 8-4　I/O 接口通用结构

主机通过总线接口逻辑将控制命令写入控制寄存器实现对设备的控制，通过读取状态寄存器了解设备以及 I/O 接口当前状态，通过读写数据寄存器与设备进行数据传输。某些 I/O 接口由于设备传输速率很高，还可能会配置相应的缓冲区。对于 CPU 来说，对设备的访问就等价于对 I/O 接口内部各寄存器的读写操作。

总线接口逻辑功能主要包括：根据总线地址判断当前总线操作是否是读写本设备、按照总线协议要求完成数据传输、读写各寄存器以及与外部设备接口逻辑交换数据等。

外部设备接口逻辑负责完成与具体设备的数据交换，包括数据格式转换、数据协议、信号电气特征匹配等。外部设备接口逻辑与具体设备工作特性高度相关，很难有统一的设计模式。

8.4 程序访问设备

无论信息加工还是信息传输都离不开程序，例如，程序只有从键盘上获取用户敲击的按键信息后，才能把相应的字符输出至显示器上。因此，程序必须具备访问设备的能力。这涉及如下几个问题。

8.4.1 寄存器表示

根据前面介绍 I/O 接口部分可知，I/O 接口里的各个寄存器是程序与设备之间的交互界面。程序只能通过读写这些寄存器完成对设备的控制及与设备之间的数据传输。

迄今为止，程序的所有读写对象都存储在主存中，即程序对任何数据结构的任何操作都转化为对相应主存地址单元的读写，或者简单地说，就是对某个地址单元的读写。I/O 接口的寄存器也不例外。这些寄存器必须被映射到某些地址。程序对这些地址的读写最终被转换为对寄存器的读写。

8.4.2 寄存器的地址

寄存器的地址在哪里？回答这个问题之前，先需要回答下面的问题。

为了能够支持程序读写 I/O 设备的寄存器，一般有两种处理方法，一种是在物理地址空间中划出一个区域对应 I/O 寄存器，另一种是单独设置专用地址空间。前者被称为存储映射编址（也称为统一编址方式），后者被称为独立编址。

对于存储映射编址，又牵扯出一个问题：物理地址不是主存储器的地址吗？既然如此，怎么可能再划分一个区域给 I/O 设备呢？

下面用图 7-19 的例子来解释，如图 8-5 所示。在该例中，物理页号为 16 位，页内偏移为 12 位，因此总的物理地址位数为 28 位，即物理地址空间为 256 MB。在前面知识讲授时，CPU 访问对象均只有存储器，因此人们一般假设或者潜意识地认为，这 256 MB 空间都用于读写主存储器了。如果主存储器容量就是 256 MB，那么确实没有额外的区域能分配给 I/O 设备了。

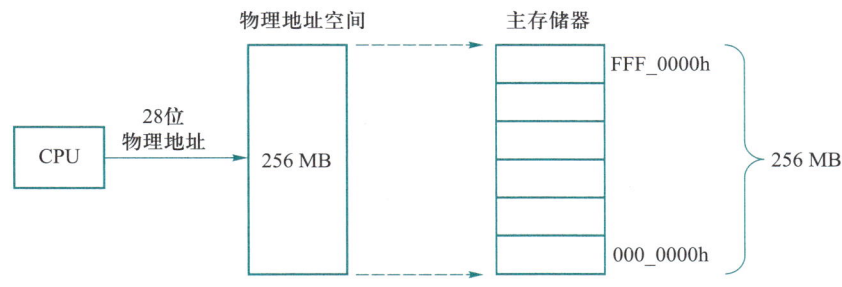

图 8-5　本书图 7-19 中的物理地址空间与主存储器对应关系

换个角度思考，为什么不能扩大物理地址范围呢？例如，将 28 位物理地址修改为 32 位物理地址。这个思路的含义是：物理地址用于寻址主存储器，但不必全部用于实际的主存储器。或者说，实际的主存储器的容量是可以小于物理地址空间的。图 8-6[①] 说明增加 4 位物理地址后的物理地址空间与主存储器之间的对应关系。现在物理地址空间扩大到 4 GB 了。理论上 256 MB 主存储器可以被分配在 4 GB 中的任意一个区域。假设将物理地址空间以 256 MB 为单位划分 16 个区域，然后选择 1000_0000h～1FFF_FFFF 这 256 MB 地址空间对应主存储器，选择 C000_0000～CFFF_FFFFh 这 256 MB 地址空间对应 I/O 设备（或者说 I/O 设备的寄存器）。

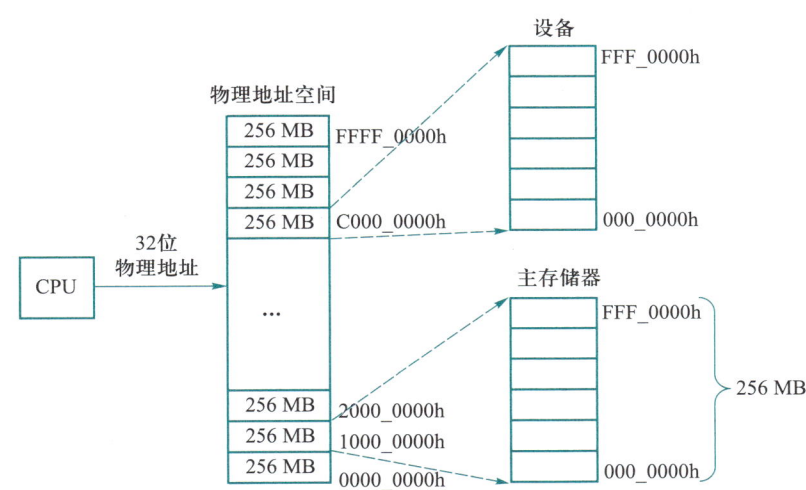

图 8-6　本书图 7-19 中的物理地址空间与主存储器对应关系（增加 4 位物理地址）

统一编址的最大优势在于不用修改指令集。从程序员角度，寄存器与存储器是等价的，都统一用地址访问即可，故编程模型简单。特别是现代设备性能越来越高，其往

---

① 图中给出了每个 256 MB 区域的起始地址，而没有给出其结束地址。以第 2 个区域为例，其结束地址应为 1FFF_FFFFh。其余区域的结束地址依次类推。

往配置了大量的存储器和缓冲区，例如现代显卡的显存动辄都是数百兆字节甚至数吉字节。对于这些本身就是存储器的对象来说，采用存储访问指令读写是非常直观且合理的。统一编址的唯一不足在于 I/O 设备会因此占用部分地址空间。但现代 CPU 已经发展到 64 位甚至 128 位，从其巨大的寻址空间中分配一些给设备完全不是问题。

所谓独立编址，就是给 I/O 设备单独设计一个地址空间。首先，必须有专用的 I/O 读写指令，例如 ior 与 iow。I/O 读写指令所能访问的地址范围就是 I/O 空间。其次，CPU 译码 I/O 指令产生专用的读写控制信号。CPU 的地址信号、双向数据信号都可以复用。最后，将 I/O 地址空间中的区域与 I/O 设备的寄存器建立对应关系。这样，当程序员使用 ior 和 iow 指令来读写 I/O 地址空间中的设备寄存器时，系统就会通过相应的读写控制信号去控制 I/O 设备，这样就彻底将存储空间与 I/O 空间分离了。

以 MIPS 为代表的 RISC 型 CPU 都采用统一编址。即使是 CISC 的 x86 在很多年前也已经支持统一编址了。出于兼容性考虑，x86 在实模式运行时下还保留着独立编址（为了兼容早期的 DOS 操作系统），但在运行 Windows、Linux 这类现代操作系统时，均使用存储映射方式访问 I/O。

那么如何实现前文说的"判断"呢？先来分析如何在存储映射方案中同时支持主存储器访问和 I/O 设备访问。一旦理解了方案原理后，该问题的答案就很容易得到了。

8.4.3 硬件支持访问

该方案核心在于增加一个面向不同地址空间的地址译码机构。图 8-7 描述了硬件在统一的物理地址空间内同时支持主存储器访问和 I/O 设备访问的基本机制。其中 I/O

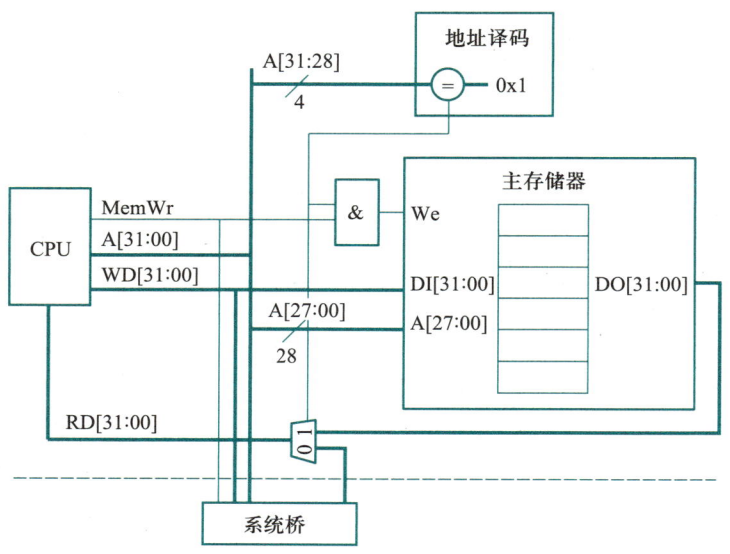

图 8-7 硬件支持主存储器及存储映射的 I/O

设备访问都暂时归结为系统桥。从图 8-7 中可以看出，地址译码器必须"知道"主存储器被分配至 1000_0000h 起始的 256 MB 物理地址空间，这只需将物理地址高 4 位与 0x1 比较就可以判断出 CPU 当前发出的物理地址是否要访问主存储器。多路选择器用于在主存储器和 I/O 设备之间选择哪路读出数据。

系统设计详解 8-1　地址对齐解读

将物理地址空间按照主存大小划分若干区块，然后选择某个区块对应主存储器，目的是使得该区块的起始地址是以主存容量为单位对齐的。这个做法的原理与 cache 系统设计中将主存按照 cache 块大小划分是相同的。存储映射方案再次体现出地址对齐的意义。

（1）区块对齐第 1 个好处是可以只用地址高位部分就能判断当前访问地址是否属于主存储器。至于到底要访问主存的哪个单元，则由地址的低位部分（即区域内偏移）决定。如果不是区块地址对齐的，那么必须将 CPU 当前发出 32 位地址分别与起始地址和结束地址进行比较，才能判断出当前要访问的地址是否属于主存储器。

（2）区块对齐第 2 个好处是很容易避免了由于设计疏漏导致的不同对象的物理地址空间之间出现重叠。

在没有 cache 前，主存按字划分（字内包含 4 个字节）；有 cache 后，物理地址按 cache 块划分；有了虚拟存储后，物理地址按页面划分。所有这些都属于地址对齐的范畴，其目的都是为了将物理地址切分为 {基地址[①], 偏移} 两个部分，然后在判断时仅用基地址即可，降低判断电路的复杂度。

到目前为止，文中介绍的地址对齐的前提都是：区块容量是 2 的整数幂，如 4 KB、1 MB、256 MB、1 GB，等等。但对于区块容量不是 2 的整数幂的场景，如主存容量是 1.5 GB，该如何译码呢？解决方案是将主存分解为若干个符合整数幂要求的小区域，例如 1.5 GB 可以分解为 1 GB 和 512 MB；然后按地址对齐方式连续分配物理地址空间，如 {4000_0000h, 7FFFF_FFFFh} 对应 1 GB，{8000_0000h, 9FFF_FFFF} 对应 512 MB。这样，判断 CPU 是否访问这 1.5 GB 主存就变成了分别判断是否访问 1 GB 主存和 0.5 GB 主存了。由于 1 GB 和 0.5 GB 主存块的基地址分别是 0b10 和 0b100，故比较函数就变成了：

(A[31:30] == 0b10) | (A[31:29] == 0b100)

显然，对于 1.5 GB 来说存在着多种划分方案，例如划分成 3 个 0.5 GB。但一般来说，会选择分解数量尽可能少的方案。

---

① 严格地说，基地址的位数与地址的总位数是相同的，如 32 位。但通过地址对齐后，其低位部分全是 0，因此可以只用高位部分来代表基地址。

8.4.4 设备判断当前地址

这个问题与前一个问题的解决方案是完全相同的，即每个 I/O 接口中都有一个地址译码电路。设备内部将总线地址分成基地址和偏移两部分，其中基地址部分与预设的设备基地址进行比较。图 8-8 给出了总线与设备之间的基本连接关系及 I/O 接口内部的地址译码。

很多时候，把设备内部的基地址比较结果称为片选信号（chip select，CS）。片选信号是一个简单的逻辑值，一般用 1 代表地址比较成功，即 CPU 要访问设备上的某个地址单元。地址比较时，仅需比较高位地址即可。例如，假设图 8-8 的设备占据的地址范围是从 0xBCF0_1000 至 0xBCF0_1FFF 的 4 KB 空间。根据前一小节的知识可知，设备的基地址为 0xBCF0_1000。同时考虑到最低 12 位为偏移，因此实际参与地址比较的只有高 20 位地址，于是该设备的 CS 信号表达式为：

```
CS = (A[31:12] == 0xBCF01)
```

8.4.5 软硬件集成

下面通过一个案例来完整讲述程序访问设备寄存器的全部过程。假设图 8-8 右侧的设备是显卡控制器，其分辨率寄存器的虚拟地址是 CE00_0000h，对应的物理地址是 9000_0000h，并且写入 0×10 就代表要设置分辨率为 1 920×1 080。完成上述分辨率设置的 C 语言代码如下：

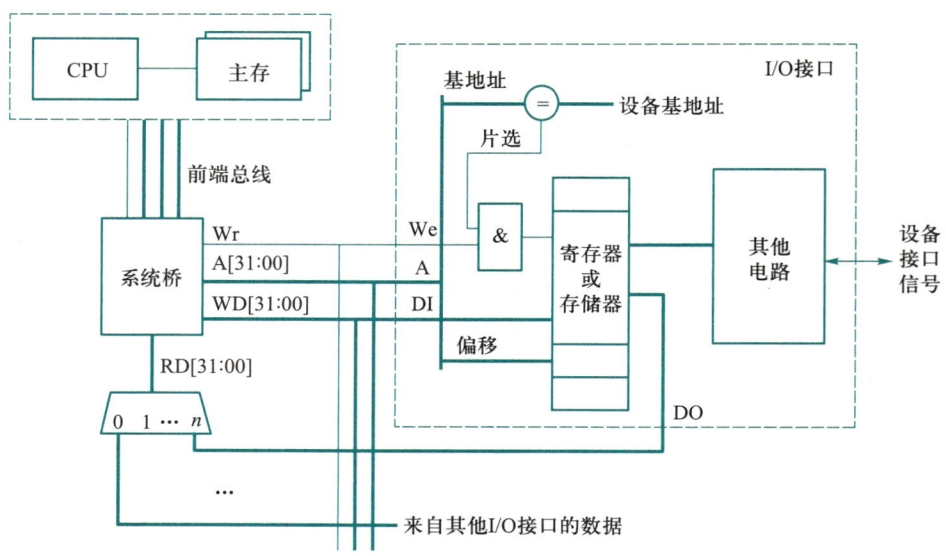

说明：系统桥输出的写信号被命名为 Wr。

图 8-8 I/O 总线与设备连接关系及接口的地址译码

```
unsigned int *p;
p = (unsigned int *)0 × CE000000;
*p = 0 × 10;
```

最后一条 C 语句对应的汇编指令中一定有一条 sw。在 sw 执行过程中，ALU 计算出虚拟地址为 CE00_0000h。TLB 将其变换为 9000_0000h，并知道这是 I/O 地址区域，因此该地址不经过 cache 而直接从 CPU 输出。图 8-7 的地址译码比较时，发现高位地址与主存储器的基地址不匹配，因此不会响应这次的写入操作。接下来这个写入操作就传递至系统桥并进而传递至显卡控制器。显卡控制器的地址比较器发现该地址与显卡控制器上预设的基地址匹配，于是该值被写入分辨率寄存器。分辨率寄存器的变化会命令显卡控制器的其他电路调整显示输出，从而最终完成 1 920×1 080 分辨率的设置。

以上就是完整的软硬件协同工作的过程。当然，现代计算机非常复杂，实际过程肯定比上述描述要复杂得多，但基本原理是相同的。

本书使用了"预设的基地址"这一表达方式。换言之，如果没有预设的基地址，上述方案将无法正确运行。那么"预设"二字究竟是何含义呢？这涉及现代计算机中的一个重要概念：即插即用（plug & play，P & P）。今天，人们从市场上买回一个新设备要安装到计算机上时，只需要做对一件事：根据设备连接器的形状找到能够匹配的插槽并插入设备。剩下的都是计算机的事情了。这一切便利都源于 P & P。下一节将以 PCI 总线为案例介绍 P&P 的几个重要概念。

8.5 PCI 总线概述

PCI（peripheral component interconnect）总线是 20 世纪 90 年代初由 Intel 公司提出的总线规范，后来被 PCISIG（PCI special interest group）接受并标准化。PCI 总线标准问世后很快就全面统治了 PC 总线领域，并被广泛用于笔记本、工作站以及服务器。PCI 总线有多个版本，并且支持层次化总线架构，技术体系相当繁杂。本书不详细介绍 PCI 总线的具体内容，而主要综合讨论相关概念、技术以及 P & P 的基本原理。

8.5.1 主设备与从设备

PCI 为总线传输定义了两种角色：主设备 (master) 和从设备 (slave)。master 是发起总线传输的设备，slave 是响应总线传输的设备。设备在一次总线传输过程中担任的角色，取决于它是总线传输的发起者还是响应者。以 CPU 读写网卡为例，CPU 侧的代表者——系统桥就是 master，而网卡就是 slave。假如在接收到网络报文后，网卡会主动将报文数据写入主存中的预定缓冲区（这种行为被称为 DMA，本章后面会讲述），那么网卡就需要发起总线传输来完成对主存的写操作。此时，网卡就是 master，而系统桥就是 slave。

8.5.2 总线信号概述

表 8-1 给出了 32 位 PCI 总线标准中与本书讲述内容相关的部分信号。所有信号均是从设备的角度来判断是输入还是输出。信号名末尾有 "#" 表明该信号为低电平有效。

表 8-1 PCI 总线主要信号描述

信号名	方向	用途
CLK	输入	时钟
AD[31:0]	双向	地址与数据复用
C/BE[3:0]#	双向	总线传输命令与字节使能复用
FRAME#	双向	总线传输开始，由 master 驱动
IRDY#	双向	master 数据传输就绪
TRDY#	双向	slave 数据传输就绪
DEVSEL#	输出	slave 响应总线传输
IDSEL	输入	设备配置周期开始

8.5.3 总线传输时序分析

PCI 总线是同步总线，所有的信号必须与时钟同步，即设备在上升沿后输出信号，在时钟上升沿采样输入信号。下面以图 8-9 所示的 PCI 总线读周期为例，分析 PCI 总线传输的基本时序关系。

（1）第 1 个时钟周期为地址阶段。master 驱动 FRAME# 为低，通知其他所有 PCI 设备总线周期开始了。在该周期内，AD 输出 master 要读取数据的地址，C/BE# 输出 "读命令" 编码。由于该阶段仅是启动阶段，数据还没有开始传输，IRDY#、TRDY#、DEVSEL# 的取值并不重要。但为了避免信号输出冲突，一般所有 PCI 设备都通过关闭信号的三态门来禁止信号输出。

（2）第 2 个时钟周期就进入数据传输阶段。master 内部数据缓冲区为空，可以接收数据，因此驱动 IRDY# 有效。但 slave 此时刚刚完成译码，而且内部数据准备也未完成，因此 slave 仅驱动 DEVSEL# 有效以告知 master "我响应此次周期，但我没有就绪"。C/BE# 在命令阶段之后，其含义就变为字节使能了。注意，由于是读周期，因此 master 在第 2 个时钟周期后就不能再驱动 AD 了。

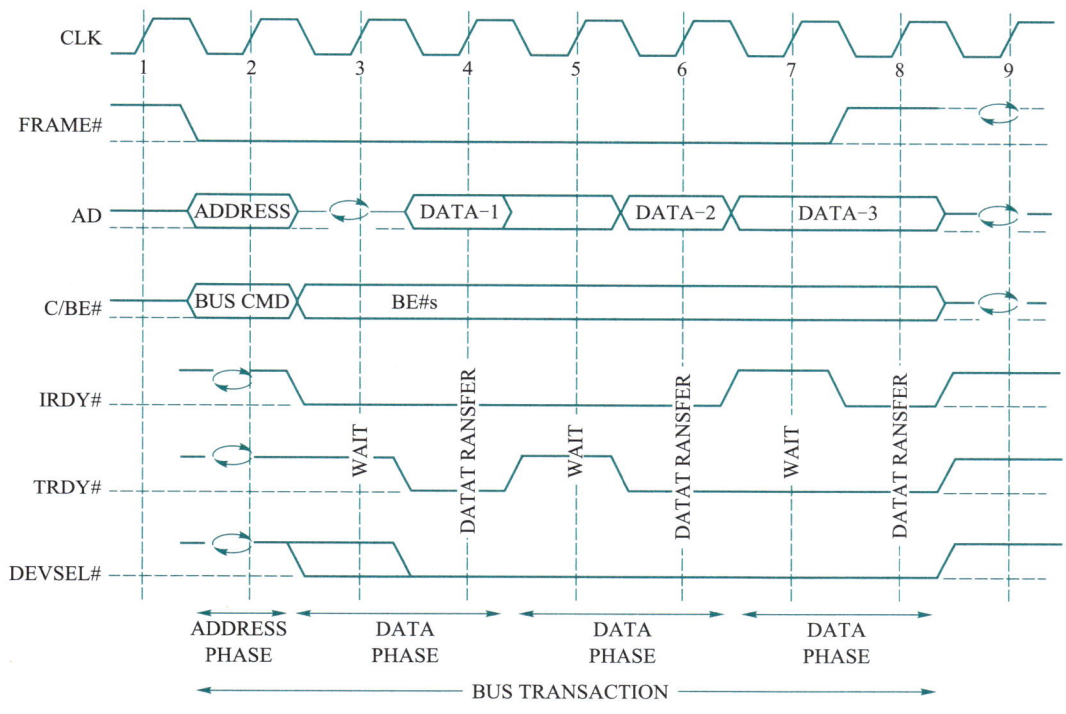

图 8-9　PCI 总线读周期

（3）第 3 个时钟周期完成第 1 个数据传输。当 slave 把数据输出到 AD 后，同时驱动 TRDY# 有效。master 检测到 TRDY# 有效，就知道 AD 上的数据是有效数据，于是将其写入内部的缓冲区。由于 FRAME# 始终保持有效，即 master 要读的不止 1 个数据，因此双方均自动把地址加 1。

（4）第 4 个时钟周期为 slave 引起的等待。由于 slave 内部响应速度不够快，来不及输出第 2 个地址单元的数据，只能驱动 TRDY# 为无效。

（5）第 5 个时钟周期完成第 2 个数据传输。

（6）第 6 个时钟周期为 master 引起的等待。slave 内部的缓冲区自第 5 个时钟周期后已处于可以持续输出数据的状态，因此 slave 始终驱动 TRDY# 为有效。但此时，master 又由于内部缓冲区的某种原因不能接收数据，只能驱动 IRDY# 无效。

（7）第 7 个时钟周期完成最后一次数据传输。master 缓冲区可用，将数据写入内部缓冲区并驱动 IRDY# 有效。master 在本次总线传输中共需读取 3 个数据，在最后一次数据传输时钟周期里，驱动 FRAME# 为无效，通知 slave 这次数据传输是最后一次。

（8）第 8 个时钟周期为总线空闲。这个时钟周期 master 和 slave 都不再驱动总线，从而避免其他设备过快占用总线而导致输出信号冲突。

从上述时序分析可看出,PCI 总线支持块传输模式,即 burst 模式。burst 模式是 PCI 总线的基本传输模式,建议所有 PCI 设备都应支持 burst 模式,从而提高总线的利用率和吞吐量。

8.6　PCI 总线实现 P&P 的原理

在没有 P&P 之前,为了避免设备基地址之间的冲突,用户在安装设备时必须手工设置每个设备的基地址。这通常通过跳线 (jumper) 或微动开关方式来实现。图 8-10 左侧为跳线方式,右侧为微动开关方式。

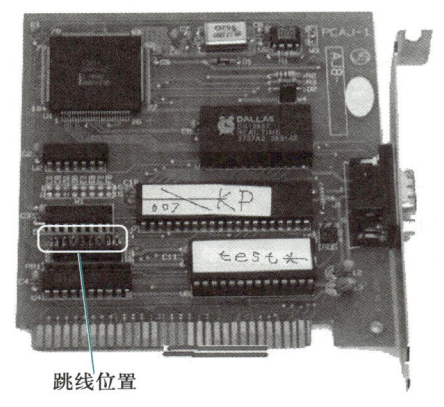

跳线位置

图 8-10　早期采用跳线或开关设置基地址

不难想象,这种方式给用户带来了巨大的负担和挑战。第一,用户必须对计算机内各硬件及其资源使用情况非常熟悉,这大大提高了用户使用计算机的门槛。第二,一旦配置错误将导致死机或者计算机部分功能不正常。更令人头痛的是,很多时候不知道计算机为什么出问题。第三,把安装在一台计算机上的设备安装到另一台计算机上时,很可能需要重新设置新的基地址。第四,软件开发也很困难,因为不知道用户会把基地址设置为多少,因此软件开发者和设备开发者往往事先需要先约定几个可能的地址,然后程序尝试着在几个可能的地址去寻找设备。随着越来越多的设备开发者和软件开发者采用这个模式,大家都习惯了一些特定地址,因此冲突的概率就越来越高了。在那个年代,在计算机上安装硬件设备属于高技术工作范畴。

很自然一个直观思路产生了:在设备上设置一个专门用于存储基地址的寄存器——基地址寄存器,然后上电时由计算机系统初始化程序 (在 PC 上就是 BIOS 程

序 [1]。BIOS, basic input out system) 根据某种算法统一设置所有设备的基地址。这个方案前提是 BIOS 必须先从设备获取所需地址空间大小。但当 BIOS 从设备读取这些信息时，一个致命问题发生了：读取设备的这些信息就必须知道设备的基地址。

8.6.1 自动配置技术方案

虽然一台计算机确定会安装哪些设备，但毕竟安装设备总量是有限的。另外，每个设备的配置类信息，如容量需求、基地址等，必然也是极其有限的。基于这两点，就产生了解决上述问题的思路。其中主机侧需要的硬件支持如下。

（1）在物理地址空间中划分出一个被称为"系统配置空间"的固定地址区域。每个 PCI 设备都在系统配置空间中占据一小份。系统配置空间大小由计算机能安装的设备总量以及每个设备的配置信息决定。

（2）系统桥芯片为每个 PCI 设备都输出一根称为 IDSEL 的独立控制信号。当 CPU 读写系统配置空间中的某个 PCI 设备的配置信息时，系统桥芯片就让对应的 IDSEL 信号有效。如果该 IDSEL 信号安装了 PCI 设备，那么 PCI 设备就知道当前操作是配置空间读写操作。

每个 PCI 设备硬件要具有如下功能。

（1）内置一组被称为配置寄存器的寄存器组，其核心是基地址寄存器。基地址寄存器保存的地址就是与设备功能相关的寄存器、缓冲区以及存储器在物理地址空间中的基地址。配置寄存器还具有向 CPU 报告设备容量需求的功能。

（2）增加对配置寄存器的读写支持。其核心是在译码时首先检测 IDSEL 是否有效。如果 IDSEL 有效，则表明当前 AD 总线上的地址是寻址配置寄存器而不是 I/O 接口里的那些寄存器。

图 8-11 描述了系统桥是如何为计算机中每个 PCI 芯片或 PCI 插槽产生 IDSEL 信号的。这里的关键点在于系统桥必须"知道"系统配置空间在物理地址空间的位置。由于系统桥属于计算机系统整体设计的一部分，自然会"知道"上述信息。

在主机和 PCI 设备具备了上述功能后，BIOS 就能在系统桥和 PCI 设备配合下完成自动配置了，其基本工作流程如下。

（1）BIOS 向设备的基地址寄存器写入 32 位全 1，然后立刻读取基地址寄存器。如果设备存在，则设备会返回需要的存储空间容量；如果设备不存在，则 PCI 总线在总线周期超时后会自动返回 32 位全 1。重复以上过程，BIOS 就能了解系统已安装 PCI 设备的数量及其存储容量需求。

---

[1] BIOS 程序存储在一个 ROM 中，PC 上电后首先跳转至 BIOS 的第一条指令。BIOS 完成基本的设备检测后，才会加载并将 PC 转至操作系统引导程序。

（2）BIOS 按照某种算法分配所有设备的地址空间。

（3）BIOS 依次向每个设备的基地址寄存器写入分配好的基地址。

完成上述过程后，PCI 设备就可以响应与设备功能相关的读写请求了。

图 8-12 描述了 PCI 总线的读配置寄存器周期。与前述的读周期相比，区别在于 IDSEL 信号与 FRAME# 同时有效。此外 C/BE# 编码为"配置读"命令。

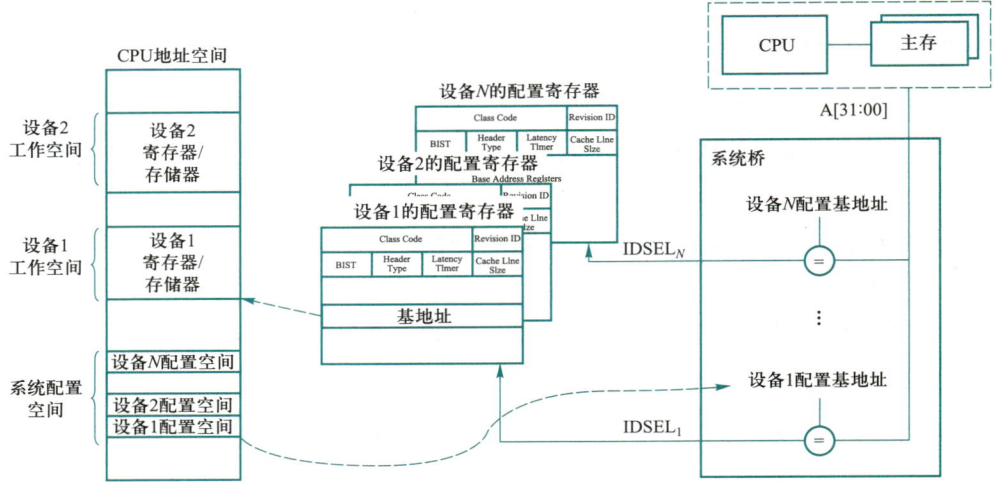

图 8-11　系统桥为每个 PCI 设备产生 IDSEL

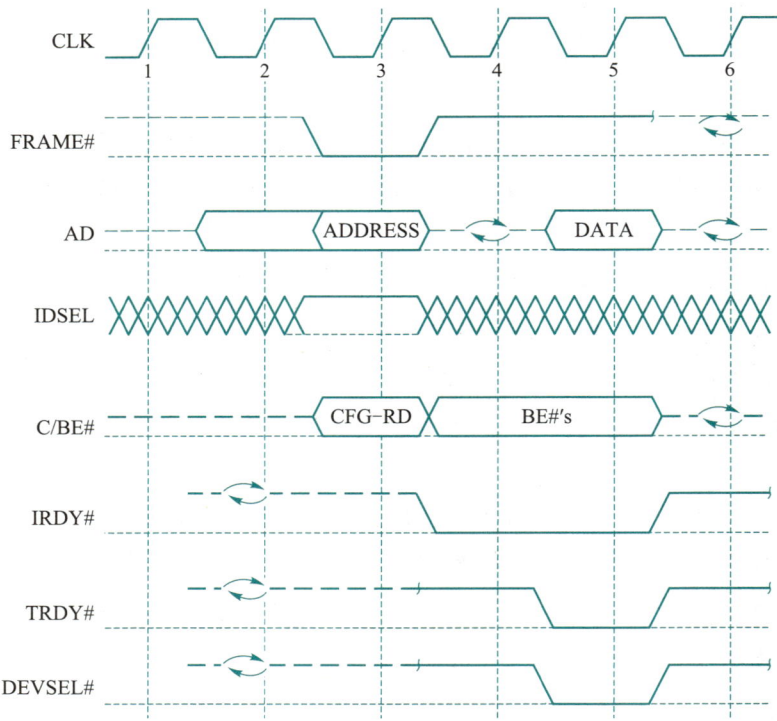

图 8-12　PCI 配置读周期

当 BIOS 向基地址寄存器写入全 1 后，再读基地址寄存器以获取设备所需的存储空间时，设备通过将返回值的低位设置为 0 来表示其所需要的地址空间。例如，假设设备需要 1 MB 的地址空间，则返回值应为 0xFFF0_0000。这一规范的隐含前提是 BIOS 和设备均按照区域对齐的方式分配地址。PCI 总线规范规定，设备最小空间需求为 4 KB。对于 1 MB 的存储需求来说，如果按照 1 MB 大小对齐后分配地址空间，则 CPU 的最低 20 位地址均为偏移部分。这样 PCI 设备在产生内部片选信号时只需要使用高 12 位地址，而低 20 位偏移地址直接被忽略掉。从片选译码信号产生的角度看，高 12 位是有意义的，低 20 位是无意义的，这就对应了 0xFFF0_0000 中高 12 位的 1 和低 20 位的 0。

8.6.2 配置空间

每个 PCI 设备上有 16 个专门用于配置用途的寄存器，如图 8-13 所示。其中地址偏移为 10h 至 24h 的 6 个基地址寄存器是完成自动配置的核心。之所以设置 6 个基地址寄存器，是考虑到某些 PCI 设备是多功能设备。在 Command 寄存器中，设置有使能存储空间和 I/O 空间的命令位，这些使能位应在上电时处于禁止状态，使设备只能响应 CPU 的配置读写操作。待初始化完成后，BIOS 再使能这些位，PCI 设备才能响应常规的读写周期。

8.6.3 PCI 设备译码方案

根据前面各小节的描述可知，PCI 设备的译码机构必须分为两个：一个与配置寄存器相关，另一个与设备功能相关。图 8-14 描述了 PCI 设备译码的基本原理。上半部分译码机构与下半部分译码机构的主要区别在于有无 IDSEL 信号。

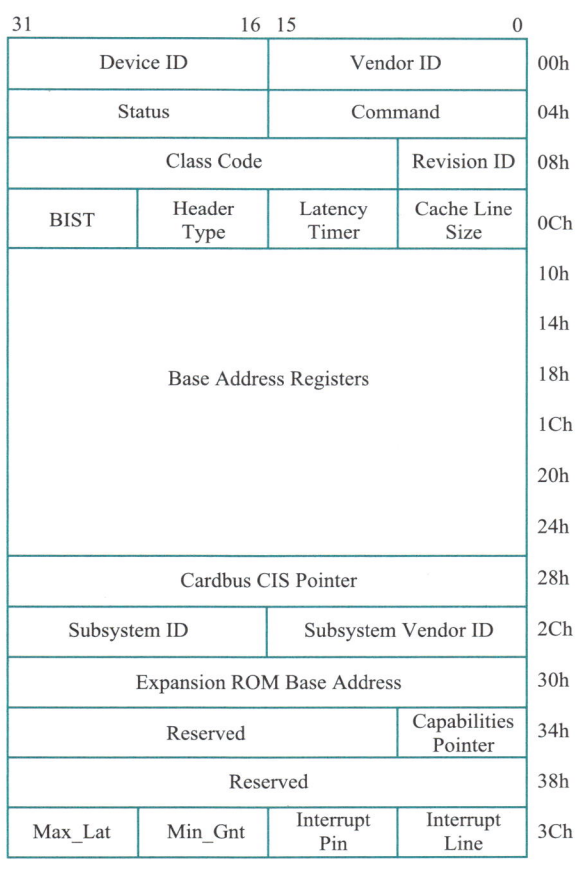

图 8-13　PCI 设备上配置寄存器

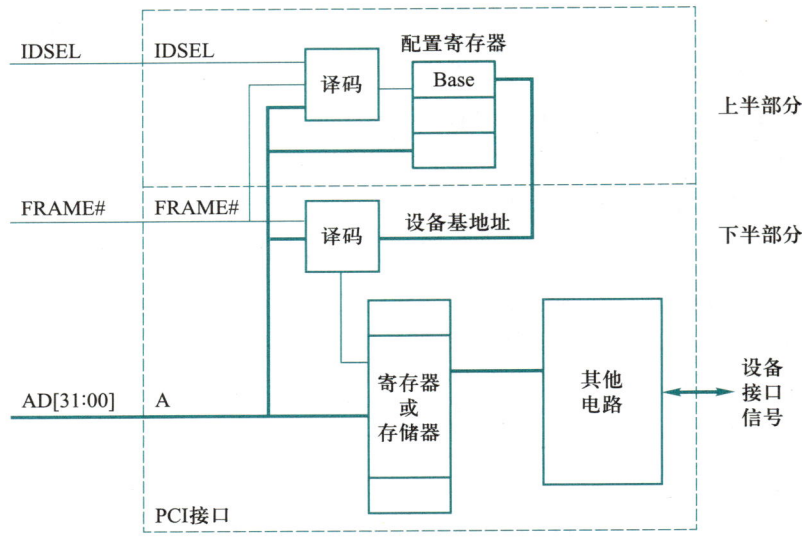

图 8-14　PCI 设备译码

上半部分译码是用于在上电初始化阶段响应 PCI 总线的配置访问周期，其关键在于 IDSEL 要参与译码。下半部分能否正常译码，一方面取决于是否正确设置了基地址寄存器，另一方面取决于配置寄存器中的 Command 寄存器是否设置了使能位。虽然在图 8-14 中并没有画出该使能位的作用，但读者应该能够根据这些描述构造出相应的硬件电路。（提示：只需要增加一个 AND 门）。

至此，本书以 PCI 总线为例介绍了现代计算机的一个重要技术：P&P。其他现代总线如 USB、SATA 等也支持 P&P 机制，其基本工作原理类似。

8.7　中断

中断处理是计算机系统中又一个重要核心机制。正是因为有了中断处理机制，计算机才能支持并发，也才出现了多任务操作系统。

8.7.1　为什么需要中断

此前本章的内容全部是关于如何让程序能够访问设备的。由于程序并不知道什么时候设备可以传输数据，因此只能先读取设备的状态寄存器，并根据设备状态决定是否能传输数据。这种方式对程序开发和设备通信的性能及实时性均有巨大制约。

一个程序除了包括与设备传输数据的代码外，还有大量其他的数据处理功能。程序员在编程时面临一个挑战：当 CPU 执行数据处理功能时，外部设备产生了数据并且要求程序尽快读取否则就会丢失数据。

一个可能的解决方案是将与设备通信的代码遍布在程序中。但这显然会破坏程序的基本逻辑，且程序难以理解和难以维护。因此，计算机系统需要一种能够及时响应外部事件的能力。

一般把来自计算机外部的突发性事件称为中断。对程序来说，鼠标敲击、键盘输入、打印机缺纸、网卡收到一个报文等，都是来自计算机外部的突发性事件，这些事件都是中断。程序员只知道这个事件会发生，但难以预计这个事件何时发生。

对于这些肯定会发生但很难预测何时会发生的外部中断而言，一个理想的处理模型如下。

（1）每个设备都有一个中断请求信号，当设备需要请求 CPU 处理时，就使该信号有效。

（2）程序员预先编写一段被称为中断服务程序(interrupt service routine，ISR)的代码，并存放在某个预先设定的区域。

（3）当中断请求信号有效时，CPU 自动跳转到中断服务程序的第 1 条指令的地址（也称为中断入口或者中断首地址），并开始执行中断服务程序。

（4）当中断服务程序结束后，CPU 再自动跳转至之前被中断的位置，恢复执行主程序。

图 8-15 描述了上述过程。与函数调用不同，程序中并没有显式的中断服务程序的调用。换言之，程序员在将中断服务程序部署好后，在主程序的任何一个地方都不会编写调用中断服务程序的代码。中断服务程序的调用完全受外部中断事件的驱动，它与主程序是并发执行关系。

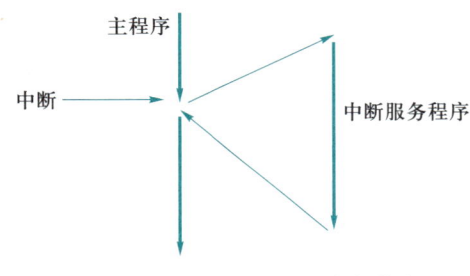

图 8-15　中断基本原理

8.7.2　中断处理的硬件机制

根据前面的分析可以看出，CPU 支持中断处理有如下几个关键点。

（1）PC 的改变是在中断请求的驱动下完成的，即 CPU 内的控制器在检测到来自设备的外部中断请求后，控制器将中断服务程序首地址写入 PC。

（2）中断发生时的那条指令地址应该被保存起来，以便中断返回时能够将该地址写回 PC 中。为了便于硬件设计，一般会在指令执行结束后再检测外部中断，因此需要保存的地址应该是下一条指令的地址。

（3）中断服务程序的最后一条指令执行结束后，将之前保存的地址写入 PC。

当中断发生时，MIPS 会将 PC 值保存在 EPC[①](exception PC) 寄存器中。对应前述第 3 条，MIPS 设置了一条专用指令：eret(exception return)。eret 的主要用途是将 EPC 的值写入 PC。对于外部中断，MIPS 规定中断服务程序的首地址必须在 BFC0_0400h。

以多周期数据通路为基础，图 8-16 是增加了 EPC 后的数据通路。需要说明的是，由于写入 PC 的来源增加了 EPC，因此 NPC 模块需要适当调整。此外，为了支持将 BFC0_0400h 写入 PC，NPC 内部还需要增加一个立即数。

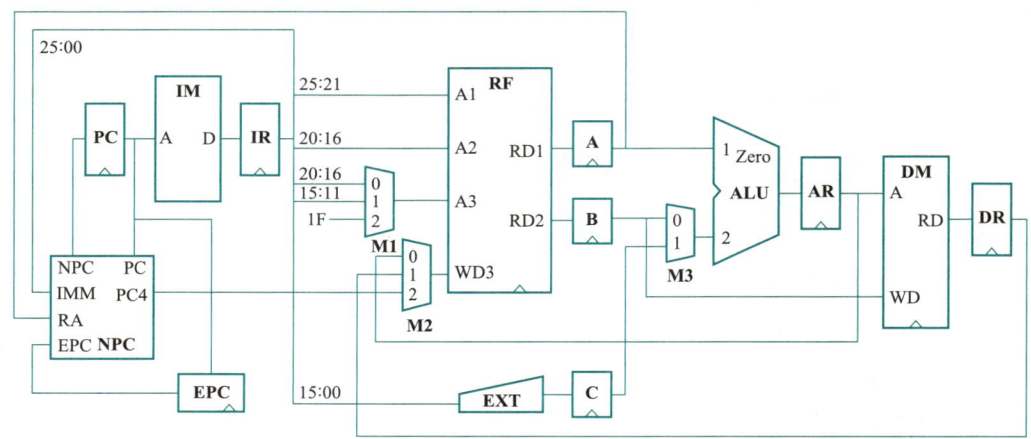

图 8-16　支持中断的多周期数据通路 (增加 EPC)

在多周期 CPU 中，为了能够在指令执行结束后检测外部中断，状态机需要增加一个专门用于处理中断请求的 INT 状态。每条指令执行结束，都会检测外部中断请求信号 INT 是否有效，如果有效则跳转至 INT 状态。在 INT 状态下需要完成下列两个动作。

（1）保存 PC。在指令的最后一个状态时，下一条指令的地址已经写入 PC，因此控制器只需使得 EPC 的写使能有效，就可以实现保存 PC 的功能。

（2）修改 PC。控制器应控制 NPC 将 BFC0_0400h 写入 PC。

eret 指令的执行不涉及寄存器堆、ALU 和数据存储器，因此它可以在第 2 个时钟周期就执行完成。图 8-17 是增加了对中断检测和 eret 指令后的多周期控制器状态机。

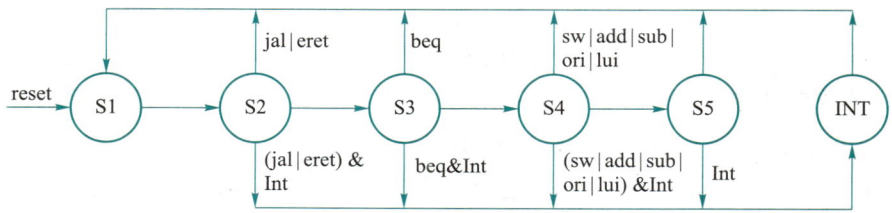

图 8-17　支持中断的多周期控制器 (增加 INT 状态)

---

① EPC 是 MIPS 的系统寄存器，本书第 9 章将进一步讲述相关内容。

由于 eret 需要将 EPC 值写入 PC，因此 PC 的写入逻辑必须加入 eret 译码及相关状态。关于 EPC 写使能信号、NCPOp 控制信号、PC 写使能控制信号表达式的构造与完善留给读者完成。

8.7.3 中断服务程序框架

中断服务程序需要完成那些工作？由于不同的设备有不同的数据传输需求，因此不可能编写一个完全通用的中断服务程序。这里给出一个中断服务程序基本框架结构。目前假设只有 1 个设备，在第 9 章 会进一步讨论如何完善中断处理。

第一，与编写函数是类似的，中断服务程序需要保存现场，将可能会破坏的寄存器都保存在堆栈中。

第二，执行与设备功能相关的代码，主要包括读取设备状态寄存器、数据读写等。

第三，恢复现场，即从堆栈中恢复所有寄存器。

第四，执行 eret 指令，从中断返回。

程序员将中断服务程序与主程序联合编译时，要明确告诉编译器中断服务程序的首地址必须位于 BFC0_0400h。

8.7.4 防止中断重入

本章 8.7.2 小节介绍的硬件方案面临"中断重入"的问题。下面先分析为什么会发生中断重入，然后再讨论如何避免中断重入。

假设某个设备的中断请求信号有效，CPU 响应了该请求并跳转至中断入口去执行中断服务程序。通过分析中断服务程序框架可知，中断服务程序开始的若干条指令是与设备功能无关的。于是当 CPU 刚开始执行中断服务程序第 1 条指令时，就会因为此时中断请求信号有效而再次跳转至中断入口重新开始执行中断服务程序。这就是中断重入现象。

为了防止中断重入，就必须在 PC 转向中断服务程序时禁止 CPU 响应外部中断请求。为此，MIPS 设置了 EXL(exception level) 寄存器。EXL 为 0，表明 CPU 可以响应外部中断请求；EXL 为 1，则禁止 CPU 响应外部中断请求。下面以图 8-17 描述的多周期控制器状态机为例来讨论中断处理的实现细节。

首先，为了在指令的执行结束时才响应外部中断请求，对 EXL 的置位操作应该在 INT 状态完成。

其次，需要用 EXL 对设备输入给 CPU 的外部中断请求做一个防护。假设 IntReq 是外部设备中断请求，INT 是状态机输入的中断请求，则 IntReq 的表达式应该为：

```
Int = IntReq & !EXL
```

这个表达式确保了当 EXL 为 1 时，输入给 CPU 的中断为无效，CPU 不会再次响应设备的中断请求，这就防止了中断重入。但同时也说明，如果 EXL 不被清除，则 CPU 就不会再次响应外部中断请求了。

最后，为了使得 CPU 能够再次响应中断，eret[①] 除具有把 EPC 写入 PC 功能外，还应该在执行结束时清除 EXL。

EXL 既可以由硬件修改，也可以由软件修改，是软硬件协同的典型案例。请读者认真体会其操作细节，这对于深刻理解软硬件协同中的同步关系具有重要意义。EXL 包含多种操作：硬件置位、eret 清除、CP0 指令写入等。关于 CP0 的内容，请参考本书第 9 章。关于如何在 Verilog 中实现 EXL 寄存器，留给读者自行完成。

至此，本章介绍了计算机以软硬件协同方式处理中断的基本机制，但还有一些与 MIPS 系统设计相关的内容未在本章讲述。这些内容将在第 9 章介绍完整 MIPS 系统时再讨论。

（1）CPU 执行程序时，可能在某段时间内根本不希望被外部中断打断，因此需要有一种全局性的中断禁止机制。

（2）一个计算机系统不可能只有 1 个外部中断请求，那么当多个外部请求存在时，就会出现优先级的问题。

（3）CPU 有时还需要屏蔽特定的某个外部中断，因此除了全局性中断禁止外，还需要有针对每个中断请求的屏蔽机制。

8.8　3 种数据传输方式

设备与计算机之间有 3 种数据传输方式，分别是程序查询方式、中断驱动方式及直接存储器访问方式。

本章 8.4 节讲述的都是与程序查询方式相关的内容。所谓程序查询就是程序不断地读 I/O 接口里的状态寄存器，然后根据设备是否就绪[②] 来决定是否传输数据。由于 CPU 不知道设备就绪的时间，因此需要循环读取状态寄存器来获得就绪状态。程序查询方式有时也被称为程序轮询方式。程序查询方式实现很简单，但有如下两个显著缺点。

[①] MIPS 规定，除了把 EPC 赋值给 PC 外，eret 还具有清除 EXL 的功能。
[②] 所谓就绪状态是指：如果是读操作，那么 I/O 接口里的数据寄存器已经存储有外部设备的数据；如果是写操作，那么 I/O 接口里的数据寄存器为空，CPU 可以写入数据。

首先，现代 CPU 性能比 I/O 设备要高出多个数量级，程序查询方式浪费了大量的 CPU 时间。最典型的例子是键盘。人 1 秒钟的最高有效敲击次数不超过 10 次。对于一个主频为 1 GHz 的 CPU 来说，1 秒钟可以执行 10 亿条指令！

其次，程序查询方式严重制约了程序对外部事件的响应速度。一个程序里除了轮询代码外，还有大量其他的数据处理功能。当程序执行其他功能时，如果外部设备产生了数据并希望被程序尽快读取，该方式极有可能会导致数据丢失。

针对程序查询方式缺点，计算机系统设计师提出了一个方案：中断驱动方式。程序查询方式和中断方式在传输带宽要求比较低、请求频率较低的应用场景下较为适用。中断方式在数据传输本身与程序轮询是一致的，区别在于判断设备就绪的方式不同。这两种方式对于硬件来说不需要太多的额外资源，I/O 控制器设计复杂度较低。但是当面对高带宽传输需求时，虽然中断方式比程序查询方式效率高很多，但开销仍然难以忍受。考虑一下中断服务程序的全部指令数与实际传输数据的指令数的比例关系，就不难理解这个问题了。

为了满足如硬盘、网卡等高带宽设备传输需求，计算机系统设计师提出了一种不需要 CPU 干预传输而由设备直接读写存储器来完成数据传输的机制。这种机制被称为直接存储器访问 (direct memory access，DMA)。

在早期计算机中，由于芯片集成度低，计算机系统中设置了一个专用的 DMA 控制器。当 CPU 需要在设备与内存之间传输数据时，CPU 首先把数据在内存中的基地址、设备上缓冲区的基地址、传输长度、传输方向等信息写入 DMA 控制器内部的相关寄存器，然后设置 DMA 的控制寄存器启动 DMA 传输。

DMA 控制器随后开始向总线仲裁机构提出总线使用申请，在获得批准后分别启动读周期和写周期完成一次数据传输。由于 DMA 通常是用于传输大块数据，因此为了防止 DMA 传输占用总线时间过长，DMA 控制器一般在每个总线周期都只传输有限数据后即释放总线，以便允许其他设备传输数据。在传输过程中，DMA 控制器会自动地增加内存地址和设备缓冲区地址。

上述过程被不断重复直至传输结束。传输结束后，DMA 控制器向 CPU 发出中断。中断服务程序根据需要，决定是否再次组织新的 DMA 传输。

相对于前两种方式，DMA 传输过程中 CPU 不再需要干预传输本身，这大大降低了 CPU 的负担，使 CPU 有更多的时间去完成诸如计算等其他任务。DMA 传输会占用存储器，这在一定程度会影响 CPU 访问存储器。但现代 CPU 都具有很好的 cache 系统设计，可以在很大程度上缓解上述问题。

需要注意的是，在计算机系统引入 DMA 机制后，一个新的问题出现了：数据一致性。对于 DMA 写主存来说，cache 中存储的是主存过去的副本，而主存数据已经被 DMA 更新了；对于 DMA 读主存来说，cache 中存储的可能是最新数据，而 DMA 从主存中获取的则是过去的副本。解决这个问题有两个方案。

（1）由 cache 系统确保一致性。该方案要求 I/O 数据传输通道必须经过 cache，这样就能确保数据的一致性。对于 cache 来说，DMA 类似于另一个 CPU。为了从硬件上解决问题，需要采用类似多 CPU 系统中的 cache 一致性协议。

（2）第 2 种方案需要操作系统介入。在运行现代操作系统的计算机上，所有的 I/O 操作都是由操作系统直接管理的。因此操作系统可以将 DMA 需要传输的物理页面在页表中设置为 cache 不可访问。这样当 CPU 访问这个物理页面时，TLB 会发现该页面不能被 cache，于是相应的物理页面就不会被装载到 cache 中。等 DMA 传输结束，操作系统恢复页表为 cache 可以访问，CPU 再访问相应的物理页面时 cache 就会发生效力。

通过分析 DMA 传输操作可以看出，为了传输一个数据，DMA 控制器需要启动读和写两个总线周期。这显然降低了总线的使用率和传输带宽。随着电路集成度日益提高以及现代总线技术的发展，例如 PCI 总线出现后，系统中的 DMA 控制器逐渐被淘汰。取而代之的是在设备的 I/O 接口中直接集成了 DMA 控制器。PCI 总线标准之所以会定义 master 这个角色，就是因为标准的制定者认为在 PCI 设备的控制器中实现 DMA 功能在技术上是可行的。由于每个 I/O 接口都内置了 DMA 控制器，这样设备与内存的数据传输就不再需要经过早期系统中的 DMA 控制器的中转，大大提高了总线利用率和传输带宽。

8.9 异常

程序执行过程中，除了会面临来自计算机外部的意外事件，还会面临源自指令执行所产生某些意外事件，例如当前指令为不识别的指令、加法指令溢出、除法指令除 0 等。一般把这些由于指令执行而产生的意外事件成为异常（exception）。

区分中断与异常的关键点在于因果关系。如果程序执行与意外事件之间不构成因果关系，那么这就是中断；如果因为程序执行导致意外发生，即两者之间存在因果关系，那么这就是异常。

异常与中断的软硬件协同机制是相同的，当发生异常时，CPU 同样需要保存 PC 至 EPC、修改 PC 跳转以执行一段特定代码，即异常服务程序，并在异常服务程序结束后同样用 eret 实现返回。但两者之间也有一些差别。

第 1 个差别在于受害指令是否执行完毕。受害指令是指中断或异常发生时的正在执行的那条指令。由于受害指令与中断不存在因果关系，因此 CPU 会在受害指令执行结束时才响应中断，这样可以提高一点效率。对于异常来说，正是因为受害指令的无法正确执行才导致了异常，因此 CPU 应该停止执行受害指令，然后转向异常服务程序去处理这个异常。

第 2 个差别在于如何使用 EPC。由于 CPU 响应中断时，受害指令已经执行完毕，并且 EPC 保存的就是退出中断后应该恢复执行的那条指令的地址，因此中断通常无需修改 EPC[①]。异常服务程序的主要目的是分析受害指令出错原因并进行相应处理。为此，异常服务程序首先需要读取 EPC 来定位受害指令。由于 EPC 保存的是受害指令的下一条指令地址，因此异常服务程序需要将获得 EPC 值减去 4 才能得到正确的受害指令地址。其次，异常服务程序经过处理后使得受害指令可以重新执行（例如 7.3 中讨论的页面失效），则异常服务程序需要将受害指令地址写入 EPC，从而在退出异常后能够重新执行受害指令。

在支持中断的基础上，图 8-18 描述的多周期状态机进一步增加了支持异常处理的功能。目前该状态机能够支持两个异常，一个是控制器在第 2 个周期（即译码周期）译码指令时发现不支持的指令，另一个是在第 3 个周期执行 add 和 sub 时 ALU 产生了溢出。当这两个异常发生后，状态机转入 EXC 状态。请读者自行构造这两个异常所对应的表达式。

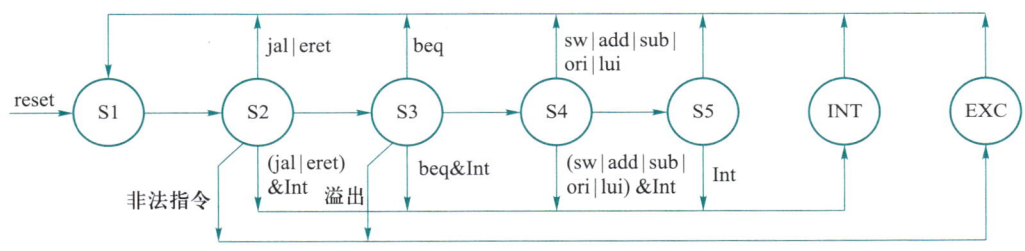

图 8-18　支持中断和异常的多周期控制器（增加 EXC 状态）

异常处理机制是现代计算机系统的核心机制之一。例如在虚拟存储系统中，为了加快程序的加载时间以及最大化提升物理页面的利用率，操作系统没有必要在加载程序时就为程序分配所需的全部物理页面。当程序中的 lw 或 sw 访问的物理页面未被加载时，页面失效异常就会发生，然后 CPU 转向执行相应的处理程序，将所需的页面加载至主存后，再重新恢复执行导致页面失效的 lw 或 sw。

8.10　本章小结

计算机的输入输出系统包含总线和设备两大部分。在现代计算机系统中，各类设备均是通过总线接入系统的，其原因有二：首先，现代计算机系统中的设备种类繁多，且性能差异极大；其次，随着 CPU 技术的发展，CPU 与设备之间的性能差距没有缩小反而越来越大。总线不仅使得

[①] 对于现代操作系统来说，进程调度的触发机制之一是定时器产生的时间片中断。这种情况下，调度程序（即中断服务程序或其调用的其他相关代码）就会通过修改 EPC 来实现进程切换。

计算机系统具有很好的扩展性，而且将 CPU 与各类设备隔离开，从而有效地提高了系统的整体性能。一条总线通常包含地址、数据和控制三大类信号。

为了能让 CPU 访问设备，首先每个设备都包含一个 I/O 接口，并通过 I/O 接口与总线连接。其次，I/O 接口内部包含若干寄存器（某些设备的部分 I/O 接口还可能包含一定容量的存储器），如状态寄存器、控制寄存器以及数据寄存器等。CPU 对设备的访问控制就被转化为对这些寄存器的读写。为使得 CPU 能读写这些寄存器，它们必须首先被映射到 CPU 的地址空间中。目前使用最广泛的是统一编址方式，这使得在程序员视角下 I/O 接口的寄存器与主存单元是没有差别的，都可以用常规的存储器读写指令来访问。当 CPU 执行存储器读写指令时，ALU 算出的地址在被译码分析是否访问主存的同时，也会被传递到连接各类设备的系统桥，并进一步传递给各个设备。各设备通过内部的地址译码电路不断分析系统桥传送过来的地址以判断是否访问自己。对于 CPU 写操作，设备会将系统桥传送过来的数据写入对应寄存器，并进而根据寄存器值控制设备完成相应操作；对于 CPU 读操作，设备会将相应的寄存器值输出给系统桥，并由系统桥再返回给 CPU。由于用户可能会在计算机灵活的安装不同设备，为了解决设备地址的分配问题，需要一种被称为即插即用的技术。

中断和异常，是计算机系统发展的又一个里程碑技术。在中断方式下，设备可以在需要 CPU 介入时将设备的中断请求信号有效。CPU 会在每条指令执行的最后检测是否有中断，如果有，CPU 会首先将中断服务程序首条指令的地址写入 PC，并将下一条指令的地址保存起来。之后，CPU 会转向去执行中断服务程序。在中断服务程序的最后，是一条中断返回指令，其目的在于将之前保存的指令地址写入 PC，从而使得 CPU 能从之前被打断的位置恢复执行。异常与中断的基本处理机制是完全相同的，区别主要在于受害指令是否执行完毕以及异常服务程序执行的是与受害指令相关的分析与处理。

CPU 有 3 种访问设备的方式，分别是轮询、中断和 DMA。轮询方式是最简单，但也是性能最低效的方式。中断方式为 CPU 提供了极大的灵活性。程序员可以利用中断服务程序来完成相应的数据传输操作。如果每个数据传输都要用中断，那么 CPU 的性能开销还是比较大的。对于如网卡这样会一次传输一批数据的设备，DMA 就是主要的传输方式。

思考题

1. 假设主机连接了 1 个设备。该设备上只有 32 位输入开关和 32 位 LED。其中 32 位输入开关的内存映射地址为 0xC000_0000，32 位 LED 的内存映射地址为 0xC000_0004。

（1）请编写一个循环程序：不断地读取开关信息，然后通过 LED 输出。

（2）请问设备占据多大的地址空间？

（3）设备的设计师在设计 CS 信号时采用了如下表达式。请分析其是否正确。

CS = (A[31:04] == 0xC000000)

2. 假设 CPU 地址信号为 A[15:00]，某设备需要的地址空间为 4KB。由于 CPU 地址空间受限，BIOS 没有办法完全采用地址对齐的分配方式，只能将设备所需空间分配在 0x1800 至 0x27FF。请给出设备的片选信号 CS 表达式。

3. 某 PCI 设备上有大量的存储器，需要占用 512MB 存储空间。请问当 BIOS 在向其基地址寄存器写入全 1 后，再次读取该寄存器时，PCI 设备的返回值应为多少?

第 9 章
集成 MIPS 微系统

教学课件：集成 MIPS 微系统

  前面各章分别介绍了指令系统、CPU 工作原理及构造方法、存储体系、I/O 设备、中断等重要内容。本章以前面章节中的主要内容为基础，构造一个具备基本输入输出和中断处理能力的功能型 MIPS 微系统。在这一过程中，还将重点阐述软硬件协同的若干要点。

9.1 概述

本节首先介绍撰写本章的若干动机，然后讲述本章的教学目标，最后概要介绍构造 MIPS 微系统需要的实验环境。

9.1.1 动机

学习计算机系统最好的办法就是自己动手构造一个计算机系统。隐藏在其后的动机大致有如下几点。

（1）对于本科生而言，MIPS 微系统具有相当高的复杂度。在开发过程中，必然会面临因设计考虑不充分而产生的大量困难。在不断的完善设计、重构某个局部设计，甚至推倒整个设计的反复迭代中，读者会深刻理解如何才能使得一个系统架构不仅简洁而且易于扩展。这一过程就是逐步形成系统架构思维的过程。

（2）MIPS 微系统具有很高的软硬件综合度。开发这样一个系统非常有助于提升读者对软硬件协同机制理解的广度与深度。例如，一条读取 I/O 设备寄存器的 lw 指令，不仅涉及如何在 CPU 内部执行，还会涉及系统地址图、系统桥和 I/O 设备等大量硬件知识。这里需要特别强调的是中断机制，它包含大量强关联知识，如：设备产生硬件中断、CPU 进入和退出中断服务程序所涉及的各种硬件操作及其原子性、中断服务程序与 CPU 硬件操作间的交互关系等。

（3）调试复杂系统是极好的思维训练过程。当系统足够复杂度后，调试系统的挑战性绝不亚于（甚至难于）设计系统的挑战性。调试的困难在于：不同原因可能产生同一个错误现象；而同一个原因却又可能产生多种不同的错误现象。将一个复杂系统调试正确，就必须建立系统级知识与合理的调试逻辑，才有可能从纷杂的现象中逐步找到错误本源。这一过程非常有助于训练思维宽度、深度和缜密程度。

（4）并行与并发是现代计算机系统的基本特征，它体现在系统的各个层次上。例如，在 MIPS 微系统中，定时器中断与通信中断有可能同时出现，必须从硬件到软件都妥善处理，否则系统就会崩溃。从某种意义上，构思和开发高并发系统，已经成为高水平计算机专业人才的重要能力之一。

（5）由于实践手段相对丰富，指令系统、存储体系等知识相对易于学习。但 I/O 设备通常较难学习与实践，会让人感觉很抽象。I/O 设备内部到底包括什么？它是如何工作的？ CPU 是怎么访问它的？通过自行构造 1~2 个简单 I/O 设备，将会建立对 I/O 设备的理性认识和感性认识。现实中，I/O 设备通常具有很高复杂度。本章定义的通信控制器可以被认为又是一个小系统。在这个意义上，驾驭 I/O 设备就是驾驭系统。

（6）系统开发必然涉及各类工具。现代系统非常复杂，很难有单一的工具能够全面应对。构造 MIPS 微系统不仅涉及硬件开发、软件开发,而且还涉及软硬件的协同开发。为此,需要综合运用多个工具才能完成任务。能够综合运用多种软硬件工具,也是高水平工程技术人才的重要能力之一。

不存在一本包罗万象的书籍!在构造系统过程中,不仅需要综合运用已经掌握的各种"旧"知识,还必须去学习大量"新"知识,例如可能需要自学异步通信相关知识。主动学习并把所学知识熔接形成完整体系,是每个人未来将始终需要面对的。

9.1.2 目标

本章的目标是构造一个具备基本输入输出能力和完整中断处理能力的功能型 MIPS 微系统。它包含硬件和软件两部分,图 9-1 描述了其基本组成及运行效果。

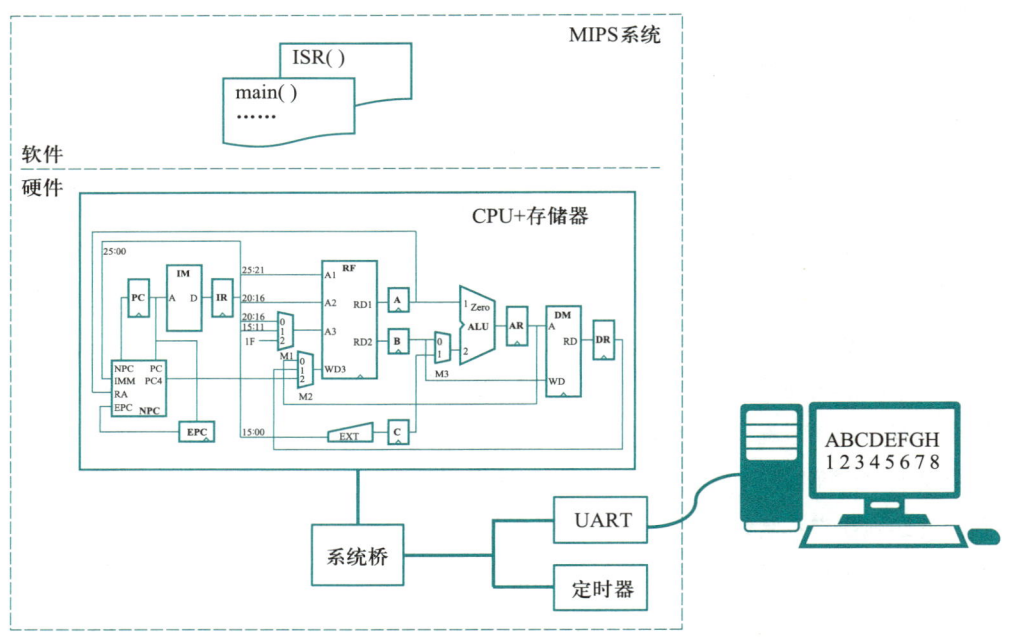

图 9-1 MIPS 微系统软硬件及外部环境

硬件包括 MIPS 多周期 CPU、系统桥和两个外部设备。其中 CPU 以第 5 章的多周期 CPU 为基准,将在 MIPS 系统级寄存器及中断管理方面进一步增强,使其初步具备支持较为复杂软件运行的能力。系统桥及两个外部设备以第 8 章知识为基础。其中定时器将产生周期性的定时中断,UART(universal asynchronous receiver/transmitter,通用异步传输收发器)将使得 MIPS 微系统能够与外部计算机(在本章中被称为主机或 HOST)通信。

为了验证 MIPS 微系统硬件部分的正确性,需要开发一个 MIPS 应用程序。为了将尽可能多的知识融合在一起,同时又避免汇编代码规模过于庞大,本章规划了一个被称为可编程定时系统(programmable timing system,PTS)的汇编程序,其基本功能是:

PTS 通过 UART 向 HOST 输出一个交互菜单，并以中断方式接收用户选择的定时器间隔（定时间隔以秒为单位），然后在定时中断驱动下向 HOST 周期性输出特定字符。

本章后续章节会围绕这一目标讲述，如何设计和开发具有定时功能和外部通信功能的 I/O 设备，软硬件协同机制，并最终实现软硬件集成。

9.1.3 实验环境

由于需要与 HOST 通信，因此 MIPS 微系统必须在一个以 FPGA 为核心的实验设备上实现。图 9-2 展示了常见 FPGA 实验设备的基本架构。除了 FPGA 芯片外，一些实验设备会在 FPGA 芯片外部配置一定容量的 SDRAM 或 SRAM 存储器。为了支持基本的输入输出功能，实验设备通常会包含一组发光二极管（LED）、若干 7 段数码管和拨码开关。为了让用户开展通信类实验，很多实验设备还配置用于 UART 通信的 RS-232 接口。部分高级实验设备还配置了 USB、以太网接口或显示屏等。

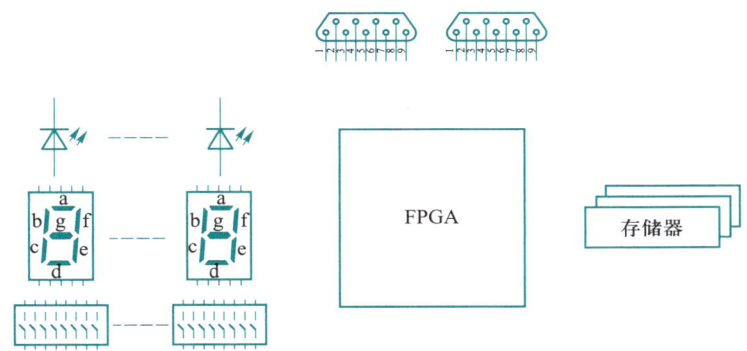

图 9-2 常见 FPGA 实验设备架构图

考虑到 MIPS 微系统的软件规模较小以及降低系统开发复杂度，建议 DM 和 IM 均使用 FPGA 内置的块存储器实现。实验设备的最小配置为：一片 FPGA 芯片和一个 RS-232 接口。此外，还需要一根内部交叉的串口线①。

9.2 MIPS 体系结构

前面各章讲解体系结构时忽略了大量细节。但是当构造一个可以真实运行程序的

---

① 串口通信包含发送和接收两个信号。所谓交叉线，就是一方的发送信号与另一方的接收信号是同一根线。

计算机系统时，就必须理解并且掌握这些体系结构细节。例如，I/O 设备具体占据哪块 CPU 地址空间，CPU 执行的第 1 条指令在哪里，中断服务程序存储在哪里，等等。

这些内容都是与特定计算机体系结构密切相关的。换言之，对于不同的体系结构，上述内容的定义是完全不同的。为保持前后逻辑一致性，本书选择 MIPS32[①] 系统作为本章讲述内容的基准。

9.2.1 地址空间分配

在一台真实计算机中，4GB 地址空间会被划分为若干个区域以分别映射主存以及 I/O 设备等。MIPS 的地址划分较为复杂，本书不做详细介绍。MIPS 微系统的地址空间规划主要参考了 MARS[②] 定义的一种存储器配置方案，这样可以确保使用 MARS 时的地址视图是一致的。

MIPS 微系统的地址空间分配如表 9-1 所示。首先，虽然规划的 IM 和 DM 容量均远远小于真实计算机的存储器容量，但也足以编写有一定复杂度的程序[③]。IM 和 DM 容量规划的一个考量因素是可以利用 FPGA 片内存储器实现而无需借助 FPGA 外部存储器[④]。其次，中断入口区只有 256B，这意味着中断服务程序大小不能超过 64 条指令。本章后续章节会进一步讲述中断服务程序编写的细节。最后，规划的每个部件的地址空间容量时考虑了两个因素：一是确保空间足够用，二是空间尺寸是 2 的整数幂以简化地址译码复杂度。

表 9-1　MIPS 微系统地址图

序号	地址范围	容量	映射对象	描述
1	$00000000_H \sim 00001FFF_H$	8 KB	数据存储器	容量 8 KB，32 位数据位宽
2	$00003000_H \sim 00003FFF_H$	4 KB	指令存储器	容量 4 KB，32 位数据位宽
3	$00004180_H \sim 000041FF_H$	256 B	硬件中断入口	所有硬件中断的入口区
4	$00007F00_H \sim 00007F0F_H$	16 B	定时器	用于映射定时器的寄存器
5	$00007F10_H \sim 00007F2F_H$	32 B	UART	用于映射 UART 的寄存器
6	$00007F30_H \sim 00007F3F_H$	16 B	SWITCH	用于映射 FPGA 实验板上的用户开关
7	$00007F40_H \sim 00007F4F_H$	16 B	LED	用于映射 FPGA 实验板上的 LED

---

① MIPS 系统在历史上存在着多个体系结构规范。本章选择 MIPS32 是因为它在 MIPS 演化中具有重要地位。此外，掌握了 MIPS32 的知识，再学习其他系统的知识就很容易了，因为计算机系统的基本原理和方法都是大同小异的。
② MARS 是一种 MIPS 模拟器，本章后续小节会进一步介绍。
③ 8 KB 的指令存储器可以容纳 2048 条汇编指令。相信大多数学生很难写出这么长的汇编程序。
④ 使用 FPGA 片外存储器，会面临不同实验设备的片外存储器类型和容量不同的现实问题，这会使得本章的教学内容发散而不收敛。此外，就目前的 FPGA 芯片而言，其片内存储器容量完全可以满足前述的存储需求。

9.2.2 控制状态寄存器

MIPS 把中断管理、MMU 管理、cache 管理、配置选项等功能由一个称为 0 号协处理器（CP0）的功能部件实现。CP0 涉及的功能非常丰富，包含了数十个 32 位寄存器。出于教学目的，本章只介绍 CP0 中的 4 个寄存器，即状态寄存器（SR）、原因寄存器（Cause）、异常返回地址寄存器（EPC）和处理器 ID 寄存器（PRId），如表 9-2 所示。

表 9-2　CP0 寄存器

编号	寄存器	描述	读写方式
12	SR	状态寄存器，从名字上看应该是系统状态，但大部分可写的位却是用于控制	R/W
13	Cause	导致异常或中断的原因	R
14	EPC	异常返回地址	R/W
15	PRId	处理器识别标识，原则上 MIPS 公司决定处理器标识编码信息	R

R：代表为只读寄存器，写入没有意义（写入的值被丢弃）。
R/W：代表为可读可写寄存器。

MIPS 微系统只定义了非常有限的 4 个 CP0 寄存器，并且某些寄存器也只使用了部分位，这里给出统一的读写规范：对于未定义寄存器或寄存器位，读出操作的返回值为 0，写入操作则被忽略。

1. 状态寄存器（SR，寄存器编号为 12）

SR 包含大量的控制位，但这里仅保留了与中断相关的 4 个寄存器位，如表 9-3 所示。IE 是全局性中断开关。当软件置位 IE 后，CPU 将不再响应外部中断。

错误的中断重入往往会导致系统崩溃。CPU 在每次检测到中断时还必须检测 EXL 位。假设 EXL 当前为 0（即 CPU 未响应任何中断）且有中断请求，CPU 自动置位 EXL 并跳转至相应的中断服务程序。EXL 置位表明 CPU 正在响应某个中断请求，因此直到 EXL 被清除前，CPU 都不会再响应任何中断了。清除 EXL 有两种方式。一种是由 eret 指令完成；另一种则通过软件编程 SR 寄存器完成，即向 EXL 位写入 0 值。对于前者而言，当中断服务程序最后一条指令 eret 执行结束后，由于 EXL 被清除，CPU 就可以再次响应中断了。对于后者而言，则是考虑到在 CPU 执行中断服务程序过程中仍然需要响应更高优先级的中断。

除了 IE 这一全局性中断开关外，软件往往还需要精细化管理每个外部设备的中断请求。IM3 和 IM2[①] 是两个中断屏蔽位，分别对应 UART 和定时器的中断请求。某位一

---
① 在 IM 的位序编号上，之所以没有使用 1 和 0 而使用 3 和 2，是出于与 MIPS 规范一致的目的。

且置位，则相应的中断请求就被屏蔽了。

表 9-3　SR 寄存器

位定义	位序	描述	读写方式	复位初值
IM3-2	11,10	中断 3 和 2 中断屏蔽掩码，控制是否允许相应硬件中断 0：不允许中断 1：允许中断	R/W	00b
EXL	1	任何中断发生时自动置位，并且禁止中断 0：无中断发生 1：有中断发生	R/W	0
IE	0	全局中断使能 0：不允许中断 1：允许中断	R/W	0

2. 原因寄存器（Cause，寄存器编号为 13）

Cause 是只读寄存器。软件通过读取 Cause 寄存器来了解系统当前状态。ExcCode 编码表示引发中断的原因，以便软件可以根据不同的原因执行相应的处理函数。如果 IP3 或 IP2 置位，则表明对应的外部设备有中断请求，如表 9-4 所示。

表 9-4　Cause 寄存器

位定义	位序	描述	读写方式	复位初值
IP3-2	11:10	指示当前硬件中断 3 和中断 2 处于未处理状态	R	未定义
ExcCode	6:2	异常编码 0：中断 10：保留指令异常[①]	R	未定义

3. 异常返回地址寄存器（EPC，寄存器编号为 14）

EPC 在 8.7 节中已经做了基本介绍，其用途是保存受害指令的下一指令的地址。

4. 处理器 ID 寄存器（PRId，寄存器编号为 15）

PRId 是只读寄存器，用于标识 CPU 的类型。在 MIPS 标准中，PRId 是有严格定义的。但在本书中，PRId 用于编码任意信息，例如生日可以体现一些小小的设计差异和趣味。

9.2.3　特权指令

MIPS 规定软件不能直接读写 CP0 的寄存器。为此，MIPS 设置了两条 CP0 专用指

---

① 当 CPU 执行未定义指令时，可以产生相应的异常。

令：mtc0 和 mfc0。前者把通用寄存器写入 CP0 寄存器，后者则把 CP0 寄存器写入通用寄存器。下面的代码展示了如何禁止中断。

```
mfc0 $t0,$12              # 读取 SR 寄存器
and $t0,$t0,0xFFFFFFFE    # 清除 IE 位
mtc0 $12,$t0              # 写入 SR 寄存器
```

9.3 定时概述

硬件系统往往需要为操作系统和上层应用提供时间基准或对外部事件进行计数，因此计时是现代计算机系统的基础功能之一。例如，现代主流操作系统支持的任务调度机制之一就是基于时间片的分时调度。常见的方法是由计算机硬件产生周期性中断（例如每 10 ms 产生一次中断），然后操作系统在接收到定时中断后再按某种算法调度相应的任务。

提供定时功能的硬件部件一般被称为定时器。如果要设计一种通用定时器，那就需要支持很多种工作模式。本书只定义一种工作模式以及相关的寄存器。

9.3.1 定时模式介绍

定时器的核心是计数器。计数器从预设值开始倒计数，当计数值达到 0 后，计数器停止计数。此时，如果允许产生中断，则定时器驱动中断请求信号为有效，并保持有效直至软件再次加载预设值。

图 9-3 描述了定时器的工作时序。在时钟周期 1，Wr 信号有效表明软件将预设值 N 写入定时器内部的计数器。之后计数器开始倒计数直至 0。当计数值为 0 后，定时器的 INT 输出信号有效。在第 M 个时钟周期时，软件再次写入预设值 N。于是从第 $M+1$ 时钟周期后，计数器重新开始倒计数，并且 INT 变为无效。

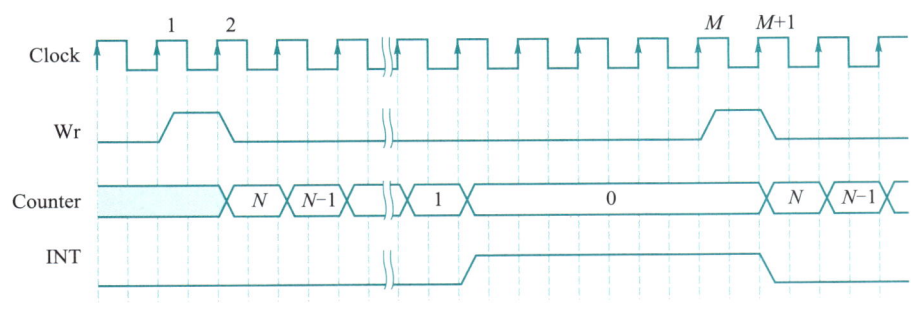

图 9-3　定时器工作时序图

一个计数周期的时间取决于时钟周期宽度和预设值。假设时钟频率为 10 MHz，则为了产生宽度为 1 s 的计时效果，预设值应该为 10^7。

9.3.2 寄存器定义

为了实现上述功能，定时器需要 3 个 32 位寄存器，控制寄存器、初值寄存器和计数值寄存器。为了简化设计，每个寄存器均为 32 位，共计占用 12 B 的地址空间，如表 9-5 所示。

表 9-5 定时器寄存器

偏移	寄存器	寄存器描述	读写方式	复位值
0h	CTRL	控制寄存器	R/W	0
4h	PRESET	初值寄存器	R/W	0
8h	COUNT	计数值寄存器	R	0

CTRL 寄存器包括 EN 和 IE 两位，如表 9-6 所示。EN 用于控制计数器是否计数，IE 用于控制是否允许中断。

表 9-6 CTRL 控制寄存器定义

位缩写	位序	位定义	读写方式	复位初值
IE	1	中断使能 0：禁止中断 1：允许中断	R/W	0
EN	0	计数器使能 0：停止计数 1：允许计数	R/W	0

PRESET 寄存器用于软件写入预设值，格式如表 9-7 所示。

表 9-7 PRESET 初值寄存器格式

位缩写	位序	位定义	读写方式	复位初值
PRESET	31:0	32 位计数初值	R/W	0

为了使软件能获取计数器的计数状态，需要为定时器设置一个 32 位的计数值寄存器。该寄存器只反映当前计数器的计数值的，无需对其写入，格式如表 9-8 所示。

表 9-8 计数值寄存器格式

位缩写	位序	位定义	读写方式	复位初值
COUNT	31:0	32 位计数值	R	0

为了定时器能正常计数,本书定义 EN 置位与 PRESET 写入的编程顺序是:EN 置位在先,PRESET 写入在后。一旦 EN 置位了,则软件后续仅只需编程 PRESET 寄存器即可。

9.4 串行通信概述

出于复杂度和实用性的考虑,本书使用 UART 作为计算机间的串行通信方式。相对于 USB、以太网等高速串行传输方式而言,虽然 UART 传输性能较低,但由于其易于实现和极低成本,因此直到今天仍然被广泛应用。

9.4.1 波特率

串行通信的性能一般用波特率衡量,即收发双方每秒传输的二进制位数。例如,1 秒钟能够传输 1 000 个二进制位,则波特率为 1 000。目前常见的波特率是:9 600、19 200、38 400、57 600、115 200 等。波特率的单位缩写为 bps (bit per second)。

在串行通信中,每个数据位的传输时间宽度是相同的。每位传输所需的时间,即位周期 (Td),为波特率的倒数。假设波特率为 9 600 bps,则位周期 = 1/9 600 bps ≈ 1.04^{-4} s = 0.104 ms。

9.4.2 字符帧格式

在串行通信中,数据以字符为单位组成字符帧传送。每个字符与一个数据帧相对应,发送端逐位发送数据帧,接收端逐位接收。图 9-4 描述了字符长度为 7 位的数据帧格式。

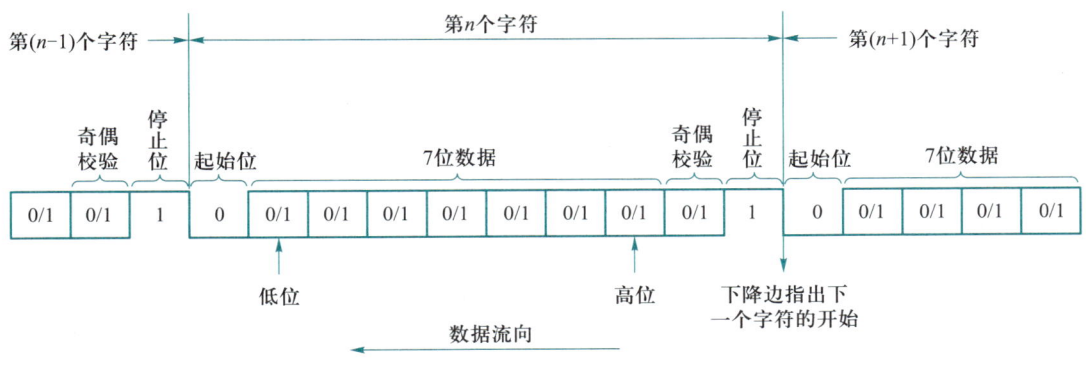

图 9-4 串行传输字符帧格式

一个数据帧包括起始位、数据位、停止位和校验位等构成。为了便于接收方能识别字符，串行通信中规定起始位固定为 0，停止位固定为 1。起始位为 1 位，数据位最多为 8 位，停止位可以为 1、1.5 或 2 位，校验位是可选的。

当发送方要发送数据时，首先发送 1 位起始位。然后将数据按从最低位到最高位的顺序逐位发送。数据位全部发送结束后，发送方发送校验位，最后发送停止位。为了防止接收方误判，发送方在没有数据要发送时应始终发送停止位。

为了正确收发数据，传输双方必须在传输开始前先约定好波特率、有效数据、校验位及停止位等信息。

9.4.3 波特率与时钟

现代计算机的时钟频率以 GHz 为单位，远远高于常用的波特率。为了产生与波特率相应的低速周期信号，就需要对高速时钟进行分频。采用以计数器为核心的分频器是一种常见的分频方法。在该方法中，计数器在高速时钟驱动下从预设值向下倒计数。当计数值达到 0 时，计数器再次自动加载预设值并倒计数。从简化设计出发，可以选择当计数值为 0 时分频器输出 1，而当计数值非 0 时分频器输出 0。假设高速时钟频率为 f，预设值为 $N-1$，则分频器就可以产生频率为 $\dfrac{f}{N}$ 的周期信号，即实现了对时钟的 N 分频。

上述预设值被称为波特率除数因子。时钟频率 f、波特率以及波特率除数因子之间的关系如下[①]：

$$\text{波特率除数因子} = \frac{f}{\text{波特率}} - 1$$

一般来说，通过计数器分频的方法很难产生与波特率完全相对应的同步信号。例如，假设通过 10 MHz 的时钟分频产生 57 600 Hz[②] 的发送时钟，则发送时钟的除数因子近似为 173（10 M/57 600 − 1 ≈ 173）。由此可知，计数器每隔 174 个时钟周期产生一个位周期同步信号。该信号的周期宽度为 100 ns × 174 = 17.4 μs，对应的频率大约为 57 471 Hz，与 57 600 Hz 之间的误差约为 0.2%。

对于 1 个字符来说，这样的误差不会导致收发错误。但是如果允许这个误差累计下去，则最终必然导致传输错误。通过约定在每个数据帧收都包含起始位和停止位，UART 就实现了每个字符传输过程均具有时钟同步的功能。这样，即使收发双方的波特率与标准波特率之间存在小幅误差，但通过上述同步机制就能消除时钟误差累计的

---

① 计算公式减 1 的原因在于：假设 N 个时钟周期对应 1 个比特位周期，则因为 0~N−1 是 N 个计数周期，所以计数初值应设置为 N−1。例如，将 10 MHz 分频产生 1 MHz，由于需要 0~9 共 10 个计数周期，因此预设值应为 9。

② 对应 57 600 波特率。

9.4.4 数据发送与接收

发送电路的核心是一个移位寄存器，其最低位为串行输出。当待发送的字符被并行写入[1]到寄存器中后，每当同步信号有效（即1个位周期）时，移位寄存器就将各位数据从高位向低位顺序移动1位。发送电路不断重复这个过程，在经过若干个位周期后就把一个字符以串行方式全部发送至线路上。

虽然接收电路同样也包含一个用于接收串行输入数据的移位寄存器，但是接收电路的设计关键却是如何通过高速采样从输入线上获取正确的数据。假设现在只用系统的高速时钟来采样串行输入的数据，那么在检测到串行输入从"1"变为"0"后，就需要回答一个问题：再过多长时间采样第0位呢？这个问题似乎很好回答：经过前面计算出的波特率除数因子即可。但事实上这个方案存在很大隐患。首先，如前所述的难以整除，因此用计算出来的波特率除数因子乘以时钟宽度是不可能完全与位周期等宽的。其次，任何时钟电路的频率都与其标称值之间存在少量偏差，这使得发送方时钟频率与接收方时钟频率是不可能完全相同的，而这很有可能会致使前一个问题被进一步放大。最后，如果起始位因为受到偶发噪声干扰，出现瞬间的低电平，有可能就会被误认为是数据帧开始了。

上述方案的缺陷在于时钟采样点过于靠近串行输入信号位周期的边缘处，而只要存在很少的误差采样的数据就可能是错误的。因此，一种相对简单的修正方案是在位周期的中间采样，其基本原理如图9-5所示。

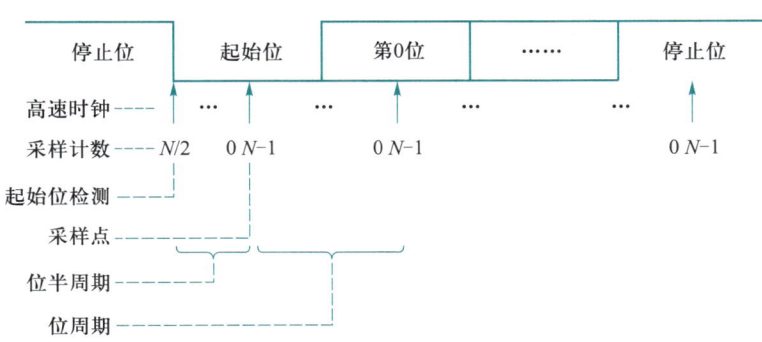

图9-5 接收电路数据采样原理

首先，接收方设置采样计数器的初值为 $N/2$。接收电路在高速时钟的驱动下不断采样串行输入。如果串行输入数据从"1"变成"0"，则初步判断数据帧开始，于是开

---

[1] 并行写入是指构成字符的所有数据位被同时写入到移位寄存器中。

始倒计数采样计数器。当计数值为 0 时，表示经过了位半周期到达起始位的中间位置。如果此时采样值仍为 0，表明是真正的起始位。一旦检测到真正的起始位后，计数器就置初值为 $N-1$ 并进行倒计数，同时在计数值为 0（即每一位的中间）时采样串行输入并将其移入寄存器。这个过程重复执行直至全部位都被接收完毕。

9.4.5　UART 控制器

串行通信的核心是 UART 控制器。控制器内部包含前述的串行数据接收与发送、波特率产生等功能，以及为软件提供各类状态信息及中断控制等功能的一组寄存器。它与 CPU 连接的一侧采用并行通信方式，主要支持 CPU 读写 UART 内部的各种寄存器及缓冲区；与外部连接的一侧采用串行通信方式，主要实现与对端的串行通信。

9.4.6　RS-232 接口标准

为了让两台计算机能够通信，仅有 UART 控制器是不够的。通信双方必须通过标准物理接口及电缆使双方在电气层面连接在一起。本书采用 RS-232 接口标准。

RS-232 是美国电子工业协会 (EIA) 制定的串行通信接口标准。经过长期演化，目前广泛使用是只有 9 个引脚的 DB-9 连接器。在大量应用中，RS-232 接口一般只使用 3 条信号线，即 RxD、TxD 和 GND。其中，RxD 用于接收串行数据，TxD 用于发送串行数据，GND 是地线。

为了实现长距离传输，RS-232 定义逻辑 1 的电平为 -3 V~-15 V，逻辑 0 的电平为 $+3$ V$\sim+15$ V。[-3 V，$+3$ V]之间的电压及低于 -15 V 或高于 $+15$ V 的电压均被认为无意义。

图 9-6 概要描述了两台计算机之间的串行通信连接机制。其中，UART 控制器完成了计算机内部的并行数据与串行数据的转换任务，RS-232 接口驱动电路完成了电气转换任务。如果通信双方均采用同一标准的连接器，为实现收发双方 TxD 与 RxD 的正确连接，连接器间的信号传输电缆必须采用交叉线。

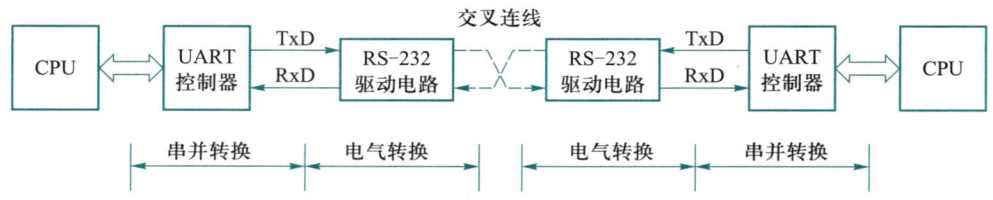

图 9-6　串行通信连接

9.4.7 微系统与 HOST 通信

绝大多数 HOST 上都会有与 UART 功能类似的设备——串口[①]。为使 MIPS 微系统能与 HOST 通信，还需要在 HOST 上运行一个被称为 terminal[②] 的软件。在 MIPS 微系统与 HOST 均设置正确的波特率后，就可以通过 terminal 软件与 MIPS 微系统上的程序进行交互。

9.4.8 MiniUART 基本特性

标准的 UART 控制器非常复杂。为了降低复杂度并兼具足够的实用性，本书进行了必要的简化。简化后的 UART 控制器称为 MiniUART。MiniUART 支持 9 600、19 200、38 400、57 600 及 115 200 共 5 种波特率，数据帧格式采用固定的 1 位起始位、8 位数据位、1 位停止位，无奇偶校验位。MiniUART 不支持 MODEM 协议，只有最基本的 RxD 和 TxD 信号。

MiniUART 为软件编程提供了 5 个寄存器，如表 9-9 所示。DIV(波特率除数因子寄存器) 用于产生波特率。软件通过编程 IER(中断允许寄存器) 来允许和禁止中断。当中断发生后，软件根据 IIR(中断标识寄存器) 来判断发送缓冲器空，还是接收数据寄存器满。虽然 LSR(线路状态寄存器) 所反映的状态信息与 IIR 类似，但考虑到程序查询模式是最基本的通信模式，因此保留了该寄存器。DATA(数据寄存器) 虽然只占用 1 个地址单元，但其却对应内部 2 个寄存器，即数据发送寄存器 (data send register, DSR) 和数据接收寄存器 (data receive register, DRR)。这种技术被称为寄存器地址复用。

表 9-9 MiniUART 寄存器

偏移	寄存器	描述	读写方式
00h	DATA	数据寄存器 读出时，返回内部的数据接收寄存器值 写入时，将待发送数据写入到内部的数据发送寄存器	R/W
04h	IER	中断允许寄存器	R/W
08h	IIR	中断识别寄存器	R
0Ch	LSR	线路状态寄存器	R
10h	DIV	波特率除数因子寄存器	R/W

---

① 在 Windows 设备管理中，这类设备被称为 COM。
② 互联网上有很多此类免费软件，如串口调试终端、超级终端等。

1. DATA（数据寄存器）

DATA 只定义了低 8 位，高 24 位均无定义，格式如表 9-10 所示。当 CPU 读 DATA 寄存器时，其对应内部的数据接收寄存器；当 CPU 写 DATA 寄存器时，其对应内部的数据发送寄存器。

表 9-10　UART 数据寄存器格式

位缩写	位序	位定义	读写方式	复位初值
DATA	7:0	8 位发送数据 /8 位接收数据	R/W	未定义

2. IER（中断允许寄存器）

IER 的两个寄存器位分别用于控制是否允许发送中断和接收中断，格式如表 9-11 所示。只要相应位为 0，则对应的中断请求被禁止；为 1 则对应的中断请求被允许。

表 9-11　UART 中断允许寄存器格式

位缩写	位序	位定义	读写	复位初值
ETBEI	1	允许发送保持器空中断 0：禁止中断 1：允许中断	R/W	0
ERBFI	0	允许接收缓冲器满中断 0：禁止中断 1：允许中断	R/W	0

3. IIR（中断识别寄存器）

IIR 用于标识当前是接收中断有效还是发送中断有效，格式如表 9-12 所示。考虑到 CPU 无法预测何时会有数据到达，为了防止数据丢失，接收中断的优先级应高于发送中断的。

表 9-12　UART 识别寄存器格式

位缩写	位序	位定义	读写方式	复位初值
SE	1	发送寄存器空中断 0：无中断产生 1：有中断产生	R/W	0
RF	0	接收寄存器满中断 0：无中断产生 1：有中断产生	R/W	0

4. LSR（线路状态寄存器）

LSR 寄存器主要用于提供数据接收和发送的状态，格式如表 9-13 所示。

表 9-13 UART 线路状态寄存器格式

位缩写	位序	位定义	读写方式	复位初值
THRE	5	发送保持器空 0：发送保持器非空 1：发送保持空（可以写入新的数据）	R/W	1
保留	4:1	保留	—	0
DR	0	接收数据就绪 0：数据无效 1：数据有效	R/W	0

5. DIV（波特率除数因子寄存器）

假设 DIV 中存储的波特率除数因子值为 N，则 N、MiniUART 的外部输入时钟 f 以及波特率之间需满足如下计算公式：

$$N = \frac{f}{波特率} - 1$$

通过设置 DIV，MiniUART 可支持多种波特率，包括常见的 9 600、19 200、38 400、57 600 和 115 200。表 9-14 给出了时钟为 25 MHz 时的波特率因子。

表 9-14 波特率除数因子寄存器格式

位缩写	位序	位定义		读写方式	复位初值
DIV	15:0	波特率 9 600 19 200 38 400 57 600 115 200	波特率因子 0A2Bh 0515h 028Ah 01B1h 00D8h	R/W	—

9.5 完善 CPU 设计

在本章之前讲述的 CPU 设计相关内容均定位在指令执行上。对于 MIPS 微系统来说，CPU 仅能执行指令是不够的，还需要支持 CP0 以及对 I/O 设备的读写。

9.5.1 CP0 设计

1. 接口信号

为了支持中断，CP0 必须有两个外部中断输入信号（分别连接定时器和 UART 的中断输出）以及 1 个输出至 CPU 控制器的中断请求信号。与寄存器堆类似，CP0 内部也包含数十个寄存器。为了支持 mfc0 和 mtc0 这两条指令以较为通用的方式读写这些寄存器，CP0 的外部接口信号与 RF 非常类似，需要有写入数据、写入寄存器选择和读出数据这 3 个端口。此外，当 CPU 执行 eret 指令时，CP0 需要输出 EPC 给 PC。为了让设计更加直观，CP0 有一个独立的 EPC 输出端口。根据前面对中断的介绍可知，SR 寄存器的 EXL 位还需要来自 CPU 控制器的置位和清除操作。综合以上分析，CP0 接口信号如表 9-15 所述。

表 9-15 CP0 接口信号

信号名	方向	描述	备注
A[4:0]	I	CP0 寄存器索引	支持 mfc0 和 mtc0 这两条指令
WD[31:0]	I	写入 CP0 的数据	
RD[31:0]	O	CP0 寄存器输出	
Wr	I	EPC 写使能	支持异常时保存 EPC
PC[31:2]	I	发生异常时，需要保存的 PC 值	
WrEPC	I	发生异常时，EPC 的写使能	
EPC[31:2]	O	异常返回时，EPC 保存的发生异常时的 PC 值	始终输出 EPC 寄存器的值
IP[3:2]	I	外部设备中断输入	分别对应定时器中断和 UART 中断
EXL_Clr	I	SR 寄存器 EXL 位复位	
EXL_Set	I	SR 寄存器 EXL 位置位	
INT	O	中断请求	
Clk	I	时钟	
Reset	I	复位信号	

2. 内部设计

现在简单分析 Verilog 建模 CP0 寄存器。表面上看，CP0 与 RF 都是由 32 个寄存器构成，但两者差异很大。RF 的各个寄存器在用途、输入、输出、读写控制等各方面均是完全等价的，故 RF 的寄存器可以集中统一建模。CP0 的寄存器用途各异，特别是控制方式差异很大，因此采用独立建模为宜，即每个寄存器（甚至某些寄存器位）需要用

9.5 完善 CPU 设计

一个独立的 always 模块来构造其行为。下面以 SR 的 IE 和 EXL 为例做对比分析。

IE 的输入值仅来源于软件用 mtc0 指令的写入值，而 EXL 的输入值则相对复杂很多。首先，mtc0 可以写入它。其次，当 CPU 响应中断时，EXL 必须立刻置位。最后，当 CPU 执行 eret 指令时，EXL 还应该被清除。可见，CP0 的写使能对两者是共有的，而 EXL 还有置位和清除两个控制信号。

CP0 设计大致可以分为三大部分，代码 9-1 展示了最复杂的 SR 寄存器的建模思路。首先是建模各个寄存器，其次是建模由 mtc0 指令产生的各寄存器写入使能信号，最后是对应 mfc0 指令的寄存器值输出。

代码 9-1　CP0 设计规划

```verilog
/* 1. 建模寄存器位 */
// SR 寄存器的 IE 位和 IM 位
always @(posedge Clk or posedge Reset)
    if(Reset)
       begin
          ie <= 0;
          im[3:2] <= 2'b0;
       end
    else
       if(sr_wr)
          begin
             ie <= WD[0];
             im[3:2] <= WD[11:10];
          end

// SR 寄存器的 EXL 位
always @(posedge Clk or posedge Reset)
    if (rst)
       exl <= 0;
    else
       if (sr_wr )
          exl <= WD[1];
       else if(exl_set)
          exl <= 1;
       else if(exl_clr)
          exl <= 0;

/* 2. 写使能 */
assign sr_wr = (Wr==1)&&(A==`OFF_CP0_SR);

/* 3. 寄存器输出 */
```

```
assign RD=(A=='OFF_CP0_SR)?{28'b0,im[3:2],exl,ie}:
         ......
```

Cause、EPC、PRId 等寄存器建模相对简单，这里就不再给出参考代码了。上述 SR 样例代码在比较输入的寄存器编号是否与 SR 编号相等时使用了宏定义。这些风格良好的程序编写模式有助于提高程序的可读性和可移植性，建议读者注意多运用。

下面对 INT 信号的产生行为做一个简单讨论。INT 是 CP0 综合各设备中断请求后产生的全局性中断请求信号，即无论哪个设备有中断请求，只要 CP0 的相关设置允许 CPU 被中断，则 INT 就有效。INT 信号建模需考虑如下几点：首先，IE 位是全局性的中断使能，其若无效则 INT 信号必无效。其次，每个设备的中断请求是否能被响应还取决于相应的中断屏蔽位。最后，EXL 置位同样也会使得 INT 无效。根据上述分析，就可以很容易地构造出 INT 信号行为建模。

系统设计详解 9-1　CPU 控制器响应中断请求的几个操作的原子性

当 CPU 控制器检测到 CP0 输出的中断请求后，需要完成下列 3 个操作：

（1）保存 PC：把 PC 保存至 EPC。

（2）修改 PC：把中断处理程序入口地址写入 PC。

（3）关中断：置位 EXL 以防止 CPU 再次响应中断（避免错误的重入中断）。

这 3 个操作必须同时完成而不能分割在不同时钟周期。这种行为特征被称为原子性。"原子"原意是指最小的物质单位，在计算机世界中指"不可分"。具有原子性的操作在执行过程中不可被打断或插入其他操作，否则会导致系统运行出现错误。

下面简要分析缺乏原子性所导致的问题。假设操作 2 和操作 3 之间有若干个时钟周期的间隔，则由于设备中断请求信号仍然保持有效，而导致 CPU 刚进入中断服务程序就又再次执行中断服务程序。这显然与程序员的设计逻辑是矛盾的。

解决上述问题就必须要求上述 3 个操作具有原子性，这也是图 8-17 中增加 INT 状态的原因之一。上述 3 个操作在 INT 状态内完成，从而确保了原子性。类似的，当从中断服务程序退出时，eret 指令执行过程中也必须确保清除 EXL 和将 EPC 写入 PC 这两个操作的原子性。

9.5.2　添加 CP0

为了支持前一小节设计的 CP0，需要调整数据通路。首先是增加了 CP0 模块，其次是修改 NPC 以允许 EPC 写入 PC。图 9-7 是以图 8-16 为基础微调后的数据通路。

控制器部分也需要适度修改，主要集中在 CP0 的控制信号产生方面。这些控制信号包括 Wr、WrEPC、EXL_Set 和 EXL_Clr。其中，Wr 是 mtc0 指令的译码结果；WrEPC 与 EXL_Set 都是多周期 CPU 处于 INT 状态的函数；EXL_Clr 是 eret 指令的译码结果。请读者根据这些分析自行构造这些控制信号的表达式。

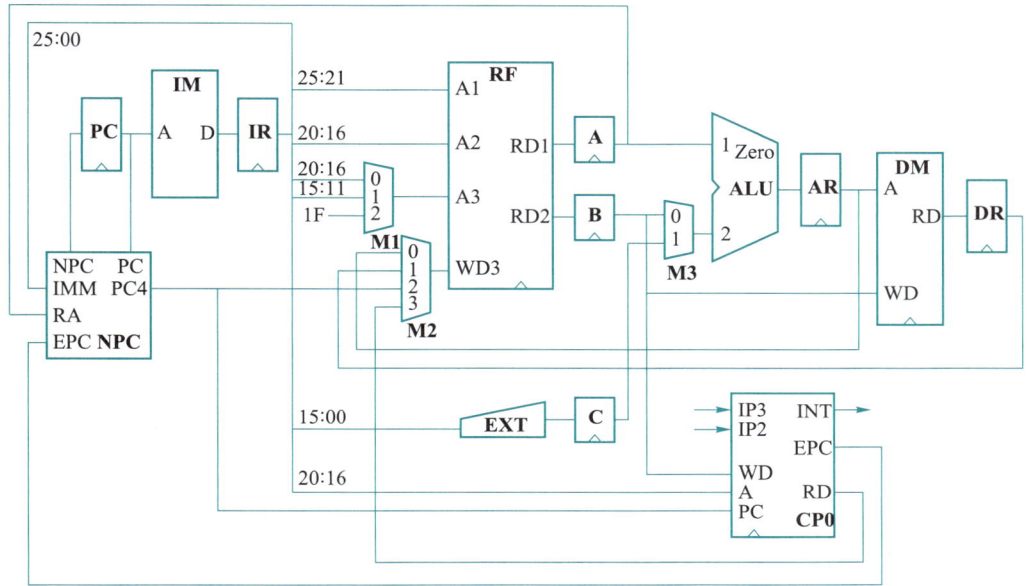

图 9-7 增加 CP0 后的数据通路

9.5.3 支持设备

到目前为止，所设计的 CPU 还不能与设备进行数据交换。为了能够读写设备，CPU 必须能对外提供地址以及与设备间的双向数据。lw 指令和 sw 指令的地址由 ALU 计算完成，因此应该把 AR 存储的地址输出到 CPU 外部。从输入的角度，为了能读取设备数据，需要把来自设备的输入与 RF 的 WD3 端口相连接；从输出的角度，为了能把 sw 的数据写入设备，应该把 B 寄存器从 CPU 输出出去。图 9-8 为增加了对设备支持的数据通路。

除了增加的 ADD[31:0]、DI[31:0] 和 DO[31:0] 外，还需要增加两个控制信号，即 Rd 与 Wr，分别代表当前操作是读操作还是写操作。这两个信号可以通过译码 lw 和 sw 产生。

到目前为止，CPU 通过功能扩展已经可以支持中断并具有了与设备进行数据交换的基本接口了。但仍然面临一个问题，即如何将 CPU 与多个外部设备连接在一起？这就需要借助 8.4.3 小节中介绍的桥。

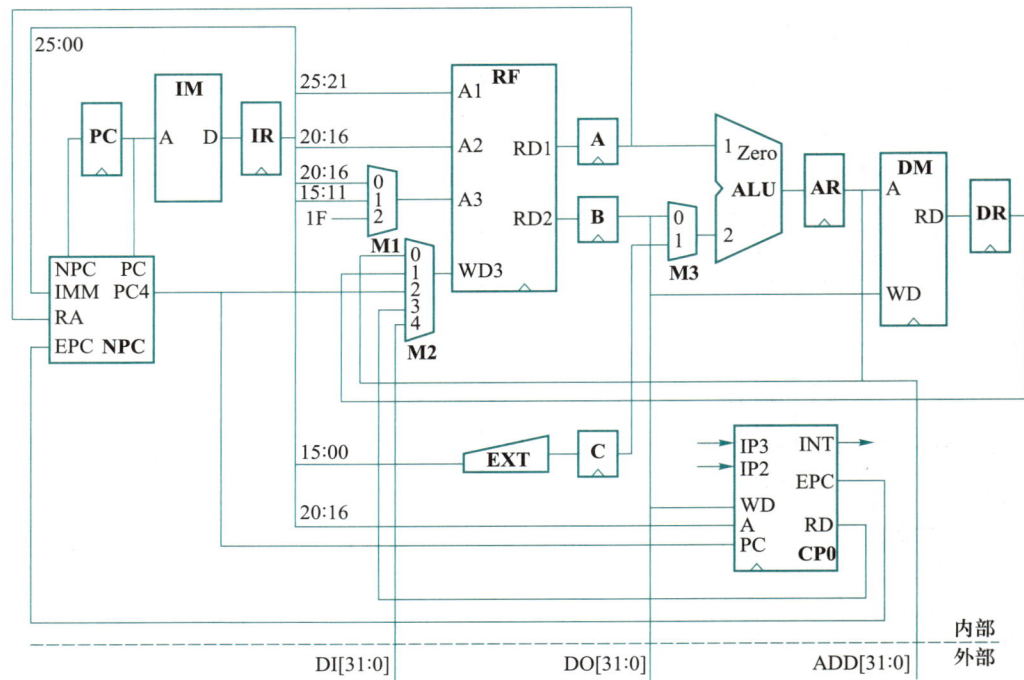

图 9-8　增加对 I/O 设备的支持

9.6　通过系统桥连接设备

系统桥在现代计算机系统中具有重要作用，它一方面使 CPU 能与系统中众多的 I/O 设备连接在一起，另一方面又确保了 CPU 设计的独立性。现代计算机系统中的桥与设备之间通过复杂的总线协议连接在一起，其复杂度已经超出了本书范围。本书采用了一种非常简单的连接方式，如图 9-9 所示。

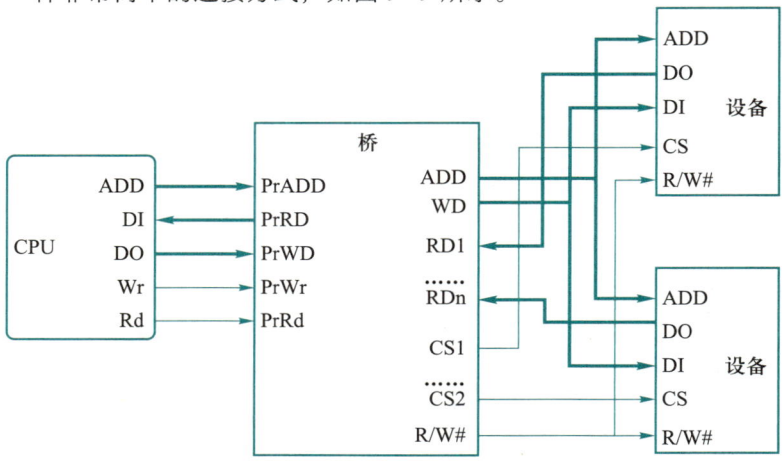

图 9-9　MIPS 微系统连接方式

9.6.1 连接方式概述

在图 9-9 所示的连接方式中，每个设备都有独立的地址、双向数据及写使能信号。其中，地址位数取决于设备所需的地址空间大小。例如，假设设备内部仅有 4 个 32 位寄存器，那么设备需要的地址空间就是 16B，因此该设备的地址信号为 ADD[3:0]。如果该设备只支持 32 位读写操作，则地址信号就只需要 ADD[3:2] 即可。

从外特性来看，设备的接口类似于数据通路中的 DM[①]。DI[31:0] 和 DO[31:0] 是每个设备都必须具有的 32 位数据接口，分别支持读操作和写操作。每个设备都有一个 CS（chip select）片选信号。片选，其字面意思是芯片被选中了。若系统桥通过分析 CPU 地址判断出 CPU 要访问的设备，则对应设备的 CS 信号有效。R/W#[②] 用于指示当前是读操作还是写操作。

系统桥的接口信号由 CPU 侧信号和设备侧信号构成。CPU 侧信号包括两大类信号，一类是地址与数据，如 PrADD[31:0]、PrRD[31:0] 与 PrWD[31:0]；另一类是控制信号，如 PrWr 和 PrRd。结合图 9-8、图 9-9 以及信号命名，不难理解这些信号的含义。系统桥的 CPU 侧信号直接与 CPU 的对应信号连接即可。

在设备侧，ADD 是 CPU 地址的低位部分，其位数取决于系统桥所连接各设备中地址位数最大者。对于写操作，由于数据统一来自 CPU，因此所有设备的 DI[31:0] 可以共用一套数据信号，即 WD[31:0]。但对于读操作，由于每个设备都会输出数据，因此系统桥为每个设备的 DO[31:0] 独立配置一个相应的接口，即 RD_i[31:0]。与共用 WD[31:0] 相同，R/W# 也可以共用，但系统桥必须为每个设备独立产生相应的 CS_i。

9.6.2 系统桥设计

如同在第 4 章讨论控制器设计引入指令译码变量，为了便于结构化处理，在建模系统桥时，可以考虑以统一的方式产生各个设备地址空间的片选：

```
CSUART  = (PrADD==UART 基地址) & (PrRd | PrWr)
CSTIMER = (PrADD==TIMER 基地址) & (PrRd | PrWr)
```

对于 R/W# 信号，当 PrRd 有效时其输出 1，当 PrWr 有效时其输出 0，因此 R/W# 实质上就是 PrRd。

```
R/W#  = PrRd
```

---

① 这是因为 MIPS CPU 均采用存储映射方式读写存储器与设备寄存器。
② R/W# 是两个信息的合并，R 代表读，W 代表写。# 表明低电平有效。R/W# 信号为高代表当前为读操作，为低代表当前为写操作。

至于 CPU 读设备时的数据选择，其建模思路如下：

```
PrRD = CSUART  ? RD_UART :
       CSTIMER ? RD_TIMER :
       ...
```

9.7 定时器设计

相对于 MiniUART，定时器的功能要简单很多，更易于读者理解和实现。为此，先从定时器设计入手讲解外部设备的设计，在下一节再介绍 MiniUART 的设计细节。

9.7.1 接口信号分析

定时器是一个比较特殊的 I/O 设备，它只有与桥相连的接口。定时器有 3 个 32 位寄存器，按照 2 的整数幂要求，应分配 16 字节地址空间。除了地址、双向数据以及写使能这些信号外，还必须有中断信号。表 9-16 定义了定时器的接口信号。

表 9-16 定时器接口信号

信号名	输入输出	信号描述
ADD[3:2]	I	地址输入
Wr	I	写使能
DI[31:0]	I	32 位数据输入
DO[31:0]	O	32 位数据输出
INT	O	中断请求
CLK	I	时钟
RST	I	复位信号

9.7.2 计数功能设计

计数是定时器的核心功能，内部必然有一个 32 位的倒计数计数器。根据 9.3.1 小节可知，计数器应该有加载初值的功能和倒计数的功能，也就自然能推演出至少应该有加载控制信号和计数使能控制信号。

9.7 定时器设计

结合图 9-3 的第 1 个时钟周期以及 9.3.2 小节对 PRESET 寄存器的描述，不难看出，为了提供给软件一个写入初值的功能，32 位计数器被映射到了 PRESET 寄存器这个地址上，对 PRESET 寄存器的写入操作就等价于产生加载控制信号。显然，32 位计数器能否倒计数与 CTRL 寄存器的 EN 位相关。根据对定时器的描述可知，倒计数的前提应该是 CTRL 的 EN 位必须有效，并且计数器值不为 0。

与 PRESET 类似，COUNT 也是 32 位计数器对外的映射而已。因此，真正需要建模的寄存器实体是 CTRL 和 32 位计数器这两个寄存器。定时器建模最后一个环节是中断。从图 9-3 可以看出，INT 有效与计数值为 0 是严格同步的。INT 的直观建模方式就是判断计数器是否为 0。不过能否发出中断，还与 IE 相关。

综合以上内容，定时器的部分代码见代码 9-2。其中，cnt 代表 32 位的计数器，preset 代表 PRESET 寄存器，ctrl 代表 CTRL 寄存器。

代码 9-2 定时器部分参考设计

```
1    assign DO = (ADD=='OFF_CTRL)?{30'b0,ctrl}:
2                        其他寄存器值
3                                           32'b0;
4    assign INT = ie&(cnt==0);
5
6    assign load = Wr & (ADD == 'OFF_PRESET);
7    assign en = ctrl[0];
8    assign ie = ctrl[1];
9
10   always @ (posedge CLK or posedge RST)
11       if(RST)
12           ctrl <= 2'b0;
13       else
14           if(wr_ctrl)
15               ctrl <= DI[1:0];
16
17   always @ (posedge CLK)
18       if (load)
19           cnt <= DI;
20       else
21           if(en && cnt!=0)
22               cnt <= cnt-1;
```

虽然代码 9-2 中 INT 信号的建模思路非常直观且易理解，但根据数字逻辑的知识，该建模方式有可能导致 INT 产生毛刺。CP0 对中断的处理不涉及时序电路，这意味着毛刺会一直传递至 CPU 控制器。当然，CPU 控制器由于采用同步时序电路设计方法并且 INT 信号不被作为时钟信号，因此该毛刺并不会对中断检测机制产生影响。但假如不希望 INT 产生任何毛刺，则必须采用寄存器方式建模 INT。

> **系统设计详解 9-2　设备寄存器建模的基本考虑**
>
> RF、CP0 等多处内容都与寄存器建模有关。现在结合常见的两大类设备寄存器探讨寄存器建模的方法。
>
> 第一类设备寄存器是用于存储要传输的数据。这类寄存器通常在用途、宽度、输入、输出及控制方式等各方面完全等价，因此采用类似于 RF 集中式建模方法，会使代码紧凑且易于理解。
>
> 第二类设备寄存器类似于 CP0 寄存器，如控制寄存器、状态寄存器等。此类寄存器往往差异很大，甚至某些寄存器的各个寄存器位都是不同的。CP0 的 SR 寄存器就是典型代表。由于 Verilog 不允许在不同的模块中对同一寄存器进行赋值，故集中式建模方式就不可行了。对于此类寄存器，只能采用独立建模的方式，即针对各寄存器（甚至针对寄存器位）分别设计相应的 always 模块。
>
> 从寄存器建模内容来看，设备寄存器建模大体分为四部分。首先是在 always 中建模寄存器的各种赋值操作，例如 CPU 侧的写入操作、设备内部产生的置位操作、清除操作等。其次是建模寄存器赋值的各前提条件，例如加载控制信号、清除控制信号、使能控制信号等。第三部分是将各寄存器值输出至 CPU 侧。这部分代码对应着 CPU 对设备的读出操作。第四部分则是将寄存器值输出至外部接口。

9.8　MiniUART 设计

MiniUART 的复杂度较高，主要体现在涉及的知识面宽、内部功能模块性质多样化、模块数量多且模块间信息交联复杂，以及内部时序关系复杂等方面。为此，本书花费了大量篇幅介绍需求分析、构造要点以及少量设计技巧等内容。

9.8.1　接口信号分析

MiniUART 的一侧是 CPU 接口，包括基本的地址、数据、读写控制、复位、时钟等信号。这些信号与系统桥的信号直接连接。为了能够中断 CPU，MiniUART 需要一个中断请求信号。MiniUART 的另一侧是连接外部的接口信号 RxD 和 TxD。综合以上内容，可以得到如表 9-17 所示的 MiniUART 接口信号。

表 9–17　MiniUART 接口信号描述

信号名	输入输出	信号描述
CLK	I	时钟
RST	I	复位信号
ADD[4:2]	I	地址输入
Wr	I	写使能
DI[31:0]	I	32 位数据输入
DO[31:0]	O	32 位数据输出
INT	O	中断请求
RxD	I	接收数据线
TxD	O	发送数据线

9.8.2　内部逻辑功能分析

首先分析 MiniUART 的数据发送功能。为了逐位发送数据，MiniUART 必须设置一个移位寄存器。这个寄存器允许 CPU 一次性写入 8 位数据，然后能够逐位地移位。发送控制器根据波特率除数因子将高速时钟分频后得到与波特率同频率的周期信号，然后在该周期信号的同步下，将存储在移位寄存器中的数据逐位移出。在移位过程中，发送控制器不断地输出当前的工作状态，例如移位器是否为空。

接下来分析 MiniUART 的数据接收功能。类似于发送部分，接收部分同样需要一个移位寄存器及其控制器，并且接收控制器不断地根据当前接收进程输出接收状态信息。移位寄存器一端是来自外部的串行输入，另一端则支持 CPU 的读出操作。

对于接收移位寄存器和发送移位寄存器来说，它们被同时映射到 DATA 寄存器。虽然 DATA 只占用一个地址单元，但它必须实现为两个寄存器。当 CPU 读 DATA 时，MiniUART 返回串行接收寄存器中的 8 位接收数据；当 CPU 写 DATA 时，则 8 位待发送数据被写入串行发送寄存器。

由于软件需要写入 IER 和 DIV 来控制是否允许中断与设置除数因子，因此需要独立设置这两个寄存器。IIR 和 LSR 这两个寄存器反映了当前接收和发送的具体状态。显然，这些状态应该来自数据接收与发送相关的控制单元以及中断管理单元的状态信息。因此，在 CPU 的读地址与这两个寄存器匹配时，把这些状态信息通过 DO 输出即可。

需要配置一个中断控制器以提供中断处理功能。接收控制器和移位控制器的状态同样也需要传送至中断控制器。中断控制器在 IER 的控制下，根据当前线路状态产生相应的中断识别编码以及中断请求信号。

根据以上分析，图 9-10 给出了 MiniUART 内部基本结构。

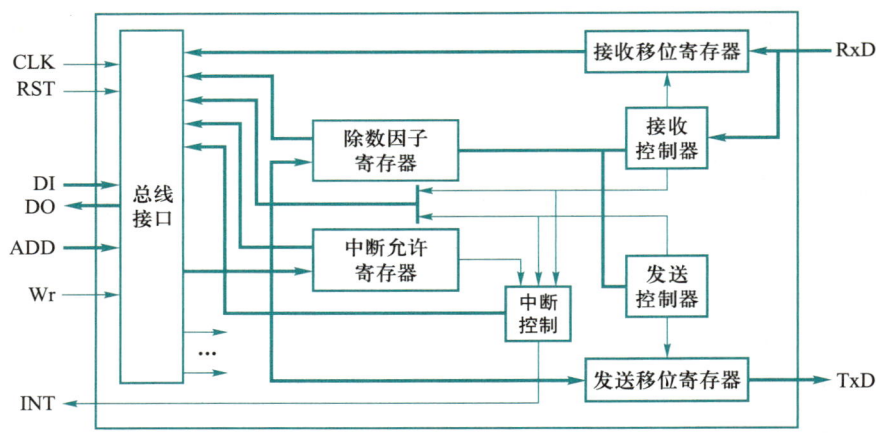

图 9-10　MiniUART 控制器结构

从 CPU 侧来的写入数据会输入至发送移位寄存器（DATA 在写入时的对应实体寄存器）、IER 和 DIV3 个寄存器。CPU 侧要读取的数据分别来自接收移位寄存器（DATA 在读出时的对应实体寄存器）、DIV、接收状态与发送状态的合成以及 IIR。

9.8.3　发送移位寄存器与接收移位寄存器

发送移位寄存器包括两个基本功能，即数据并行写入及数据移位，对应的控制信号包括加载使能与移位使能信号。当 8 位数据写入移位寄存器后，每次移位使能有效，移位寄存器就执行一次从高位向低位的移位操作。将移位寄存器的最低位连接到 TxD，那么经过若干次移位操作后，8 位数据就被发送出去了。

发送移位寄存器设计的核心问题是需要设置多少位的寄存器。直观上看，需要 8 位寄存器。但是除了发送 8 位数据，还需要发送 1 位起始位（"0"）和 1 位结束位（"1"）。如果这 2 位与 8 位数据一起加载到移位寄存器中，则一个完整数据帧的发送机制就变得统一了。考虑到线路在不发送数据时应始终发送空闲位（仍为"1"），于是可以在数据位后面再增加 1 个"1"。综合以上分析，使用一个 11 位寄存器是合理的，发送移位寄存器的部分功能代码见代码 9-3。

代码 9-3　发送移位寄存器

```
output              SOut;              // 移位寄存器输出
reg[10:0]           t_reg;             //11 位寄存器
```

9.8 MiniUART 设计

```verilog
assign SOut=t_reg[0];                    // 输出最低位
always  @(posedge clk or posedge rst)
        if(rst)
            t_reg <='h7FF;               // 确保复位后 TxD 输出 '1'
        else
            if(en_data)                  // 写入 8 位数据
                t_reg[10:0] <={1'b1,d_in,1'b0,1'b1};
            else
                if (shift)
                    t_reg[9:0]<=t_reg[10:1] ;
```
en_data   接收移位寄存器的写使能。当 CPU 写 DATA 时，总线接口单元使该信号有效。
shift   移位使能。

接收移位寄存器功能极为简单，请自行分析与设计。

9.8.4 发送控制器

发送控制器具有 3 个功能。首先是根据预置的波特率除数因子产生与波特率同频率的位周期信号。实现该功能仅需要一个不断倒计数的计数器就可以了。计数值一旦为 0，就自动加载波特率除数因子即可。

其次是逐位发送移位寄存器中的数据。同样利用倒计数计数器可以实现连续发送控制。计数器初值为 10，每经过 1 个位周期，计数器减 1，同时输出移位使能有效 1 次。加载计数器初值的时机就是检测到 CPU 写 DATA 的动作（不妨假设 en_data 代表 DATA 的写使能）。为防止误动作，计数器减为 0 后就不再计数了。

代码 9-4   发送控制器部分代码

```verilog
// 位周期同步信号
always @(posedge clk)
    if(cnt_baud==0)
        cnt_baud <=divisor;
    else
        cnt_baud <=cnt_baud-1;
// 移位计数
always @ (posedge clk)
    if(en_data)
        cnt_shift <=10;
    else
        if(cnt_shift!=0 && baud==1)
            cnt_shift <=cnt_shift-1;

assign baud= (cnt_baud==0);              // 位周期同步信号
```

```
assign shift = (cnt != 0) & baud;        // 每个位周期发送 1 位
divisor          波特率除数因子。
shift            移位使能。
cnt              16 位寄存器。cnt 的位宽取决于 MiniUART 的系统时钟频率以及要支
                 持的最低 BAUD。
en_data          总线接口产生的 DATA 写使能。
```

9.8.5 接收控制器

相对于发送过程，接收过程涉及的环节较多，如起始位的判断与确认、接收各位数据以及停止位确认等。如同 CPU 多周期设计采用状态机作为控制器核心，接收过程包含多个环节，同样可以用状态机作为接收控制器的核心。图 9-11 给出了接收控制器的状态机。

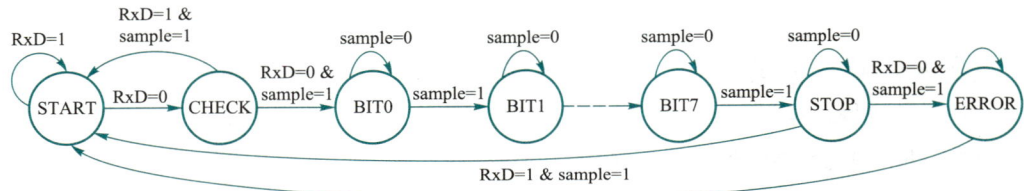

```
RxD     串行输入。
half    位半周期标志。1 代表当前处于位半周期处。
full    位周期标志。1 代表当前处于位周期处。
```

图 9-11 接收控制器的状态机

接收控制器的状态机在 START 状态检测到串行输入从"1"变为"0"后，就转入 CHECK 状态再次确认输入是否为"0"。由于系统时钟频率非常高，为了能够在位中间位置采样，需要一个机制来告诉状态机当前时刻已经是位中间位置了（即 sample 标志为 1。后面会介绍 sample 的产生机制）。

BIT0 至 BIT7 这 8 个状态依次从最低位到最高位接收完整的字符。CHECK 是在起始位中间确认的起始位，从此时刻开始，后续所有数据位以及停止位的采样宽度均为一个完整的位周期，从而确保各位采集点都是在位中间位置。

STOP 状态用于检测停止位。如果停止位不是"1"，意味着当前数据帧出错，状态机进入 ERROR 状态。设置 ERROR 的目的在于控制器可以有独立的时间去重置内部状态。

与发送控制器通过倒计数器来产生波特率同步信号相同，接收控制器同样采用倒计数器来产生位半周期和位周期，但两者在计数器的计数使能控制方面则完全不同。在发送过程中，波特率周期信号是无休止的周期产生的。但在接收过程中，当检测到串行

9.8 MiniUART 设计

输入从"1"变为"0"时，计数器只加载除数因子的一半[①]。当计数器计数为 0 时，就是起始位的中间位置。随后，倒计数器就始终加载完整的波特率除数因子以产生完整的位周期同步信号。Verilog 代码 9-5 给出了位半周期和位周期产生机制的部分参考代码。其中，divisor 代表波特率除数因子寄存器值。

代码 9-5　接收控制器的位半周期和位周期产生机制

```
1   // 位周期计数器
2   always @(posedge clk)
3       if(load_half)
4           cnt <= divisor >> 1;
5       else if(load_full)
6           cnt <= divisor;
7       else
8           case(fsm)
9               CHECK,BIT0,BIT1,… BIT7,STOP:cnt,<=cnt-1;
10          endcase
11  // 位周期计时器控制
12  assign load_half = (fsm==START) & (rxd==0);
13  assign load_full = (fsm==CHECK) & sample|
14                     (fsm==BIT0) & sample|
15
16                         ;
17
18  //
19  assign sample = (cnt==0);           // 采样标志
```

Verilog 代码 9-6 给出了接收控制器的另一部分参考代码。状态机是图 9-11 的具体实现。shift 是控制移位寄存器的移位使能信号。full_recv 是接收寄存器满标志，后续会在状态寄存器、中断控制单元等环节使用。

代码 9-6　接收控制器部分代码

```
// 接收状态机
always @(posedge clk)
    case(fsm)
        START     : if(rxd==0)       //RxD 从 1 变为 0
                        fsm <= CHECK;
        CHECK     : if ( sample )    // 半周期处再次确认起始位
                        if(rxd==0)
                            fsm <=BIT0;
                        else
```

[①] 倒计数器的计数值从波特率除数因子减为 0，其经历时间为位周期。波特率除数因子向右移 1 位，其值对应的时间宽度就是半个位周期。

```
                              fsm <= START;
        BIT0         : if(sample) fsm <= BIT1;
         ⋮
        BIT7         : if(sample) fsm <= STOP;
        STOP         : if(sample)
                         if(rxd==1)        // 停止位不为 1，则出错
                             fsm <= START;
                         else
                             fsm <= ERROR;
        ERROR        : fsm <= START;
    endcase

// 移位寄存器移位使能
assign shift = (fsm==BIT0 | … | fsm==BIT7) & sample;

// 接收缓冲器满
assign full_recv = (fsm==STOP) & sample & (rxd==1);
```

9.8.6 线路状态寄存器设计

状态寄存器需要把设备状态信息输出给 CPU。有些状态寄存器的工作模式比表面上看到的要复杂很多，甚至会存在置位和清除等功能。下面以 LSR 寄存器的 DR 位为例介绍实现这类寄存器的基本方法。

从表 9-13 可知，DR 为接收数据是否就绪的标志。当接收到 1 个字符后，DR 被置位（即为 1），而当该字符被 CPU 读取后，DR 被清除（即为 0）。只有当接收控制器检测到正确的停止位时，才意味着缓冲器中的数据是有效数据，因此 DR 置位控制信号 lsr_dr_set 应该由接收控制器产生，其逻辑表达式应为：

```
lsr_dr_set = (fsm==STOP) & sample & (RxD==1)
```

CPU 是通过 CPU 接口来访问 UART 的，因此 DR 清除控制信号 lsr_dr_clr 应该由 CPU 接口部分产生，其逻辑表达式应为：

```
lsr_dr_clr = CS & (ADD==`OFF_DATA) & R/W#
```

Verilog 代码 9-7 给出了 DR 的主体代码部分。请读者仿照 LSR 的 DR 状态位，自行设计 THRE 状态位。

代码 9-7 LSR 寄存器 DR 位的部分参考代码

```
always @(posedge clk or posedge rst)
```

```
if(rst)
    lsr_dr <= 0;
else
    if(lsr_dr_clr)
        lsr_dr <= 0;
    else
        if(lsr_dr_set)
            lsr_dr <= 1;
```

9.8.7 中断控制单元设计

中断控制单元要完成两个任务。首先，当接收到数据或者数据发送完毕后，中断控制单元使中断请求信号有效从而中断 CPU；其次，根据 IIR 的定义设置正确的 SE 和 RF 的值，从而使得中断服务程序通过读取这两位来进行对应的处理。

这里以 IIR 的 RF 位为例分析其建模思路。首先，当接收控制器接收到完整字符后，RF 置位。RF 的置位信号与 DR 置位控制信号 lsr_dr_set 是一致的。而当中断服务程序读取 DATA 后，RF 被清除，那么其清除信号与 lsr_dr_clr 是相同的。请读者参考 DR 的设计思路，自行设计 RF 和 SE 这两个寄存器。

即使 RF 或 SE 置位了，也不能立刻发出中断请求，还取决于相应的中断屏蔽位的状态。Verilog 代码 9-8 是中断请求信号的表达式，其中 ier[0] 和 ier[1] 分别对应 IER 寄存器的两个中断屏蔽位。

代码 9-8 中断信号参考代码

```
// 中断请求
assign INT = (RF & ier[0]) | (SE & ier[1]);
```

9.8.8 总线接口单元设计

总线接口单元有 3 个功能，一是根据系统桥的 CS、R/W# 以及地址信号，产生内部各寄存器的写使能，如 DATA、DIV 和 IER 这 3 个寄存器的写使能；二是将内部寄存器值汇聚输出；三是产生内部其他寄存器的控制信号。

Verilog 代码 9-9 给出了部分参考代码。第 1 部分是将各个需要输出的寄存器汇聚。需要注意的是，寄存器中未使用的位均表示为 0。第 2 部分是产生寄存器的写使能，这里给出了 CPU 写入 DATA（实际上内部是写入发送移位寄存器）的例子。第 3 部分是以 lsr_dr_clr 为例介绍了如何产生控制信号。

代码 9-9 总线接口单元的部分参考代码

```
// 读寄存器
assign DO = (ADD == 'OFF_DATA)?{24'b0,r_recv}:
            (ADD == 'OFF_LSR)?{26'b0,thre,4'b0,dr}:

// 寄存器写使能
assign en_data = CS & !R_W & (ADD_I == 'OFF_DATA);

// 其他寄存器控制信号
assign lsr_dr_clr = CS & R_W & (ADD_I == 'OFF_DATA);
r_recv          接收移位寄存器。
thre,dr         LSR 中的 2 个寄存器位。
en_data         DATA 写使能。
   R_W          R/W#。
```

MiniUART 估计是最简的 UART 了，它存在很多可以改进的地方。例如，在当前的设计中接收移位寄存器只能存储一个字符，这就会存在旧字符未被读取而新字符已经到达造成缓冲区溢出的可能。为此，可以设置一个接收 FIFO。类似的，虽然 CPU 在发送字符前通过读取状态可以避免旧字符未发送而写入新字符的问题，但这会降低 CPU 的性能。如同接收方增加 FIFO 的道理，同样可以为发送方也设置一个 FIFO。接收 FIFO 和发送 FIFO 都会极大地增强系统的吞吐能力，降低 CPU 性能开销。

串行通信由于传输线距离较长，信号易被干扰，故提升错误处理能力也是可以考虑的重要环节。例如，增加对校验位的支持。此外，MiniUART 在每位的采样点只有 1 个。为了增加可靠性，可以在位周期内通过多次采样来提高采样的可靠性。

可编程性是硬件设计的高级诉求，是硬件应用灵活性的重要体现。除了可以编程除数因子外，MiniUART 几乎不具有可编程性。例如，不能灵活地设置字符的位数，不能设置停止位长度，等等。只有具有良好的可编程性，硬件才能被广泛应用。

9.9 软件开发

MIPS 微系统的软件分为主程序和中断服务程序两部分，其基本流程如图 9-12 所示。

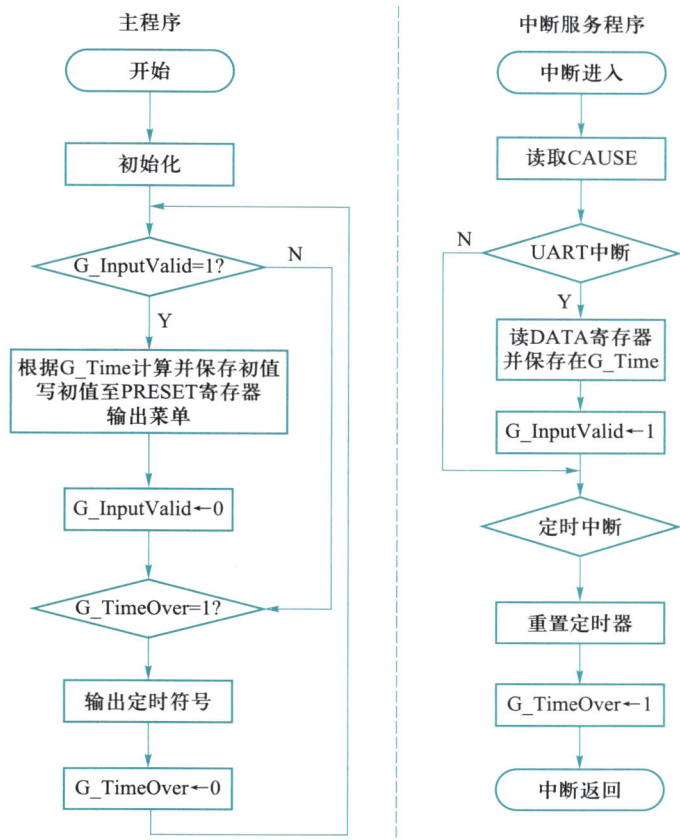

图 9-12 主程序流程图与中断服务程序流程图

9.9.1 软件设计概述

1. 主程序

主程序首先初始化、UART 和定时器。考虑到本应用无需很高的传输速率，建议 UART 的波特率选择 9 600 或 19 200 为宜[①]。初始化 MiniUART 的 IER 以及 DIV 寄存器后，主程序向 terminal（终端）发送若干字符以便在 terminal 显示一个类似于下面的菜单：

```
1-1 second
2-2 second
3-3 second
```

在完成上述任务后，主程序进入无限循环，不断检测是否有来自用户的有效输入

---

① 速度越高，出错概率越高。为了可靠传输，就必须考虑数据校验、出错重传等高级协议，这会导致 MIPS 微系统软件开发复杂度急剧上升。

以及是否计时结束。如果有用户输入，主程序需计算出对应的定时器初始值，并将其写入定时器 PRESET 寄存器，然后再次显示完整的菜单。如果计时结束，主程序通过向 terminal 输出字符 '@'。

2. 中断服务程序

MIPS 微系统能够引发的中断分别是定时中断和 UART 接收中断。在 MIPS 中，所有的外部硬件中断都对应着同一个中断服务程序入口[①]，因此中断服务程序必须首先读取 CAUSE 寄存器来确定产生了中断的设备。如果是定时中断，则将定时器初始值写入定时器 PRESET 寄存器，重新启动定时。如果是 UART 中断，则读取 UART 的 DATA 寄存器并将用户选择保存在全局变量中。由于存在两个设备同时中断 CPU 的可能，MIPS 微系统规定 UART 接收中断的优先级高于定时器中断的优先级，因此中断服务程序在检测到两个中断同时有效后，先处理 UART 接收中断。

> **系统设计详解 9-3　中断优先级**
>
> 当多个硬件设备同时发出中断申请时，CPU 响应中断的顺序是系统设计必须考虑的问题。
>
> 最简单的方式是固定优先级。在该方式中，人们根据外部事件的紧急程度来预先安排优先级。例如系统故障引发的中断，就不允许出现延迟响应甚至丢失，其优先级最高。
>
> 对于很多外部中断来说，其实很难说谁更重要，例如键盘中断和鼠标中断。一个合理的方式是采用动态优先级，即最高优先级中断被先响应后，将其优先级调至最低，并依次调高其他中断的优先级。
>
> 在 MIPS 系统中，所有的硬件中断都由同一个中断服务程序来处理，故好的系统设计就必须在中断服务程序中实现动态优先级。在很多现代计算机系统中，能产生中断的设备数量很多，为此很多系统会采用一个被称为中断控制器的专用硬件单元（或芯片）来处理优先级的公平问题。

3. 主程序与中断服务程序的同步机制

在 MIPS 微系统中，主程序与中断服务程序之间存在信息交互。首先，中断服务程序需要通知主程序有新的用户输入；其次，中断服务程序需要通知主程序计时结束；第三，中断服务程序需要获知主程序计算的定时器初值。为此，定义了如表 9-18 所示的

[①] 为了与 MARS 模拟器的参数设置保持一致，从而方便读者开发系统，本章定义中断服务程序入口为 0000_4180h。

9.9 软件开发

若干全局变量。

表 9-18 全局变量

全局变量名	变量类型	变量描述
G_InputValid	BOOLEAN	MiniUART 接收到了用户输入的字符 1：有输入 0：无输入
G_Time	unsigned char	用户选择的时间间隔
G_TimeOver	BOOLEAN	定时器计时结束
G_Preset	unsigned int	定时器初值

G_InputValid 是用于同步主程序与中断服务程序的标志位。当中断服务程序把用户输入的时间选择写入全局变量 G_Time 后，就置位该变量。主程序通过读取该变量就可以知道是否有用户输入，并且主程序在读取 G_Time 后必须清除该标志。

G_TimeOver 与 G_InputValid 类似，也是用于同步的标志位。中断服务程序在响应了定时中断后置位该标志，而主程序在读取该标志后应该清除它。

G_Preset 的用途较为简单，它保存的是主程序根据用户输入值计算出对应的定时器初值。

系统设计详解 9-4　严格的同步机制

虽然 MIPS 微系统代码规模很小，但它展示了现代计算机系统的一个重要特征：并发。主程序与中断服务程序是两段独立运行的代码，它们协同完成用户需求，两者间必然存在同步关系。同步是系统能否并发执行的核心机制。一般编写多进程或多线程程序也离不开同步。

必须承认的是，本文给出的同步机制是不严格的。下面以 "G_InputValid=1？" 这个判断条件予以说明。根据 MIPS 指令的知识，不难知道该判断条件至少涉及两条指令：lw 和 beq。前者用于将 G_InputValid 从内存中加载到寄存器，后者用于对寄存器值进行判断及转移。问题会出在哪里？

由于 CPU 是在一条指令执行结束后才响应中断，因此指令执行过程中不会出问题。问题可能会出现在上述两条指令之间。假设 lw 执行前 G_InputValid 为 0，且 lw 执行过程中 UART 产生中断。那么 lw 指令先读出了 0，然后 CPU 停止执行主程序转向执行中断服务程序，于是 1 被写入 G_InputValid。当中断服务程序退出后，CPU 恢复执行主程序的 beq。遗憾的是，此时 beq 却是对 0 进行了判断。由于中断的出现，导致 "判断 G_InputValid" 这一操作的完整性（也被称为原子性）被破坏了。

本例比较特殊，其完整性被破坏不会造成系统出现错误。但一定存在类似的案例，当原子性被破坏后会导致系统运行错误。确保同步操作正

 确执行的措施之一是关闭中断,即在同步操作之前关闭中断,然后在同步操作完全结束后再打开中断。

9.9.2 消除中断服务程序代码规模的限制

仔细阅读表 9-1 可知,如果中断服务程序只能部署在表中的地址空间,那么中断服务程序的地址空间容量只有 256 B,这意味着中断服务程序最多只有 64 条指令。很显然,这么少的指令无法满足一个复杂系统的设计需求。

解决这个问题的一般方法是:将中断服务程序的主体代码全部部署在常规的代码区(即与其他代码一起存储),仅在中断服务程序入口处安排一条跳转至主体代码的跳转指令。图 9-13 描述了这一方法,其中 0000_4180h 处是一条 j 指令,用于跳转到部署在常规代码空间的中断服务程序。

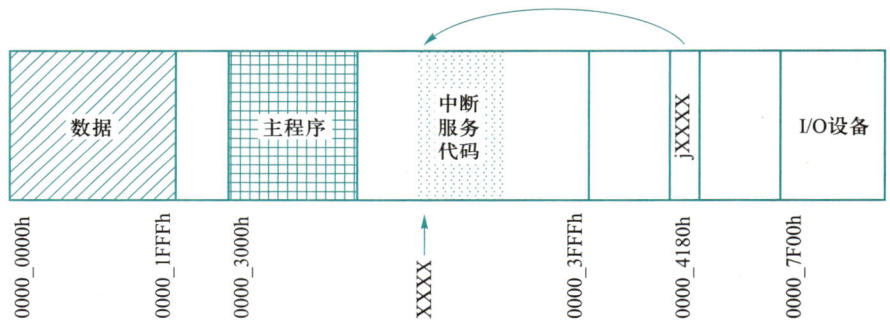

图 9-13　MIPS 微系统的软件视图

9.9.3 代码生成的要点

为了把 MIPS 微系统下载到 FPGA 实验设备运行,必须生成正确的 FPGA 编程文件[1]。由于 MIPS 微系统的 IM 和 DM 均采用 FPGA 的内置块存储器来实现,因此 FPGA 编程文件必须包含 MIPS 汇编程序对应的二进制代码。这里有几个问题需要注意。

第一,在使用 MARS 来编写 MIPS 汇编程序并生成相应的二进制代码时,必须意识到这个汇编程序包含两段代码:一个是主程序,另一个是中断服务程序。主程序的起始地址在 0000_3000h 处,中断服务程序的第一条指令位于 0000_4180h 处,而中断服

---

[1] FPGA 编程文件是一种专用的二进制文件,用于配置 FPGA 内部结构。每个 FPGA 芯片厂商都会定义专属的编程文件。FPGA 综合工具将用户编写的 HDL 文件经过综合后生成相应的编程文件。编程文件经过专用的下载方式被加载到 FPGA 内部,最终使得 FPGA 内部结构实现 HDL 文件所描述的功能。

务程序的其他部分可以与主程序位于同一片区域。代码 9-10 给出了 MIPS 微系统汇编程序的基本架构。

代码 9-10 指定中断服务程序入口地址和主程序起始地址

```
1      .text 0x00004180
2      j ISR      #  跳转到中断服务程序主体代码
3
4      .text 0x00003000
5      #
6      # 定时器、UART 的初始化代码
7      #
8      MainLoop:
9      #
10     # 为主程序代码
11     #
12       j MainLoop
13
14     ISR:
15     #
16     # 中断服务程序的主体代码
17     #
18     eret
```

代码的第 1 行和第 4 行都包含了关键字".text"。".text"用于描述代码正文的起始地址。MIPS 汇编器会将该语句后面的 MIPS 汇编指令从该地址处连续生成相应的二进制代码，直至 MIPS 汇编器再次识别到另一个".text"。0000_4180h 是中断服务程序的首地址，在这里只存放了 1 条 j 指令。当中断产生后，PC 指向 0000_4180h 并由此开始执行中断服务程序。主程序及中断服务程序主体代码均从 0000_3000h 处开始。

第二，当用 MARS 生成 MIPS 二进制文件时，理论上该文件中应该包括从 0000_3000h 处起始的所有指令的二进制编码，但实际上生成的文件却有可能不包括 0000_4180h 处的那条 j 指令。这也许是个软件 bug[1]。因此，在将 MARS 生成的 MIPS 二进制文件转换为 FPGA 存储器配置文件前，可能需要手工增加 j 指令对应的二进制编码。

第三，在生成 FPGA 存储器配置文件时，其指令排布顺序与 MIPS 二进制文件的指令排布顺序是一致的，即文件的偏移 0 对应着 0000_3000h 地址的指令，文件的偏移 4 对应着 0000_3004h 地址的指令，其余指令依次类推。为了把前述的那条 j 指令也加入配置文件中，需要计算正确的文件地址偏移。同时为了使程序看起来合理，建议在正常代码之后与这条 j 指令之前的地址区域均插入 NOP 指令。

---

[1] 这个问题可能是由于 MARS 的"dump memory"功能不够完善所致。

至此，读者应该已经清楚如何编写 MIPS 微系统的汇编程序并将其正确的转换成 FPGA 配置文件的一部分。

9.10 软硬件协同分析

为帮助读者建立更清晰的全局认识，本节围绕图 9-14 简要分析 MIPS 微系统运行过程中软硬件协同的若干重要环节。

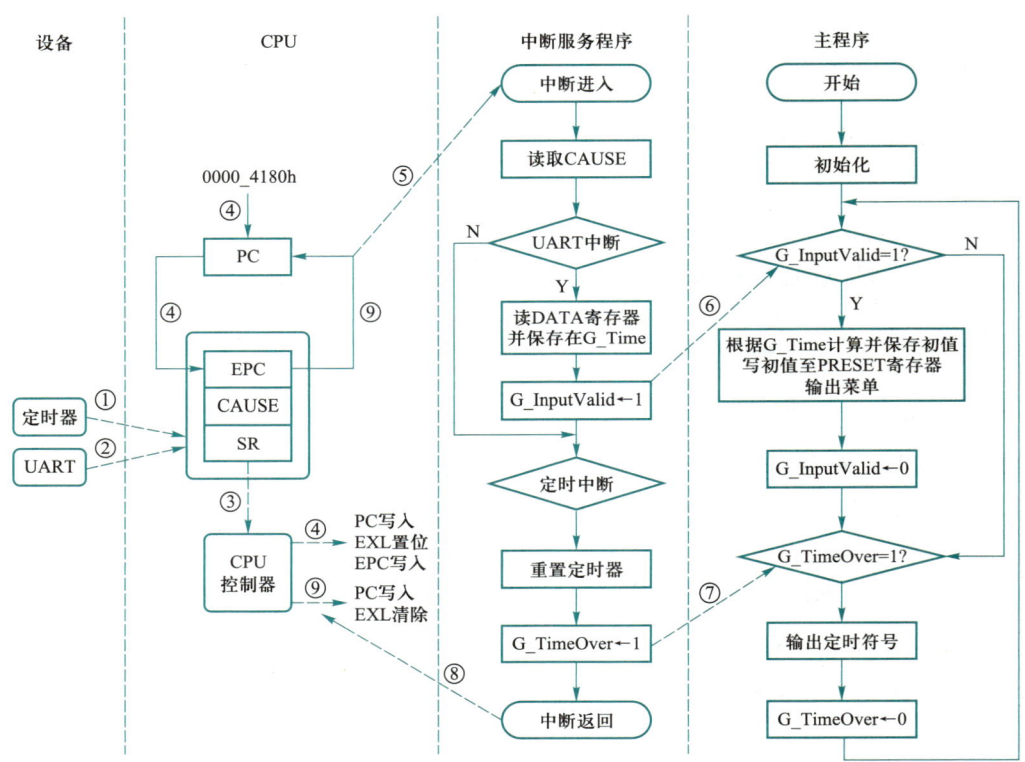

图 9-14 主程序、中断服务程序流程以及软硬件交互过程

从本质上，MIPS 微系统是一个中断驱动的系统。当定时器计时结束或 UART 接收到数据后，定时器或 UART 会发出硬件中断信号并传递至 CP0。把硬件中断信号与 IE、EXL、IM 等运算后，CP0 向 CPU 控制器输出中断请求。CPU 控制器检测到中断请求后进入 INT 状态并在该状态同时完成保存 PC、修改 PC 和置位 EXL 的 3 个操作。之后 PC 从主程序跳转至中断服务程序。中断服务程序完成对 UART 和定时器的处理后，分别设置 G_InputValid 和 G_TimeOver 这两个同步变量以通知主程

序，并以 eret 指令退出中断。CPU 控制器在执行 eret 指令时，同样要确保从 EPC 恢复 PC 和清除 EXL 这两个操作同时完成。eret 指令执行结束，意味着 PC 再次回到被中断的主程序。

9.11 本章小结

本章介绍了一台简单的计算机系统，它除了包含 CPU 和存储器这两大计算机系统核心部件外，还包含了两个设备，即定时器和通信控制器。这台小计算机不仅能够执行程序，还具备了定时和通信功能以及中断机制。这台小计算机虽然很简单，但如果读者在学习相关内容后独立设计开发这样一台计算机，则会非常有利于建立对计算机系统的系统性认识并深刻理解计算机软硬件协同机制。

思考题

1. 在 9.6.2 小节中，CSUART 和 CSTIMER 表达式中不仅有地址比较，还增加了"(PrRd | PrWr)"项，即片选信号有效需要两个前提：地址匹配以及当前确实是读 / 写操作。请问如果将表达式中的"(PrRd | PrWr)"项优化掉，系统是否能正确工作？为什么？

2. 为什么图 9-10 的 RxD 不仅是接收移位寄存器的输入，而且还必须是接收控制器的输入？

3. 请补全 Verilog 代码 9-1 第 13 行 load_full 的完整表达式。

4. Verilog 代码 9-1 中的 sample 标志是在计数器为 0 时有效。请问这样的设计是否会使得采样点恰好在位的中间位置吗？如果不是，应该如何修改 sample 的表达式？

5. 在 MiniUART 的接收控制器中，使用了 BIT0 至 BIT7 这 8 个状态来接收位 0 至位 7。现在只用了 BITS 这一个状态来接收位 0 至位 7，状态机修改如图 9-15 所示（注意：为简略起见，half 和 full 等条件在状态图上没有给出）。显然，仅有 BITS 是无法完成 8 个数据位的接收的，为此必须配套构造一个用于记录已接收位数的倒计数计数器 cnt[x-1:0]。请回答以下问题：

(1) cnt 的 x 最少应为几？

(2) 请给出计数器加载初值控制信号 load 的表达式。

(3) 请给出计数器减 1 控制信号 dec 的表达式。

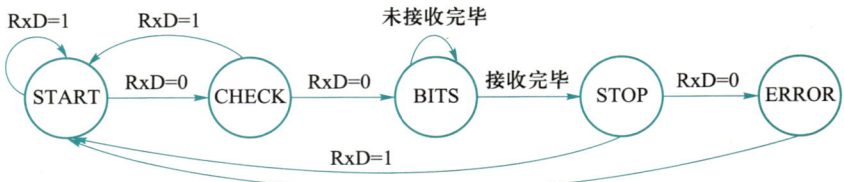

图 9-15 状态机

6. 在本章构造的案例中，假设系统时钟频率为 10 MHz，CPU 的 CPI 为 2，波特率为 19 200 bps，定时间隔为 1 s。对于 MiniUART 和定时器而言，无论谁的优先级更高都不会导致中断丢失的现象。请给出计算依据。提示：根据波特率和定时计算出最坏的中断间隔时间；估算中断服务程序的指令条数以及在时间隔内 MIPS 微系统能够执行的指令条数并做对比。

附录 A

MIPS-C 指令集

A.1 MIPS-C 指令表

本书从 MIPS 指令集中选择了一些常用指令构成了 MIPS-C 指令集。MIPS-C 可以支持除浮点运算外的绝大多数定点类程序的运行，并且提供了包括 CP0、异常处理等指令，可以支持简单的操作系统的运行。MIPS-C 指令集共包括 55 条指令。从更细致的功能角度，MIPS-C 被划分为 11 个子类。

功能分类	助记符	功能	OPCODE/FUNCT（十六进制）	操作（VerilogHDL 语法描述）
加载	LB	加载字节	20H/24H	R[rt] = {24{Mem[R[rs] + sign_ext(offset)][7]}, Mem[R[rs] + sign_ext(offset)][7: 0]}
	LBU	加载字节（无符号）	24H	R[rt] = {24|b0, Mem[R[rs] + sign_ext(offset)][7: 0]}
	LH	加载半字	21H	R[rt] = {16{Mem[R[rs] + sign_ext(offset)][15]}, Mem[R[rs] + sign_ext(offset)][15: 0]}
	LHU	加载半字（无符号）	25H	R[rt] = {16'b0, Mem[R[rs] + sign_ext(offset)][15: 0]}
	LW	加载字	23H	R[rt] = Mem[R[rs] + sign_ext(offset)]
保存	SB	存储字节	28H	Mem[R[rs] + sign_ext(offset)][7: 0] = R[rt][7: 0]
	SH	存储半字	29H	Mem[R[rs] + sign_ext(offset)][15: 0] = R[rt][15: 0]
	SW	存储字	2BH	Mem[R[rs] + sign_ext(offset)] = R[rt]
R-R 运算	ADD	加	0/32H	R[rd] = R[rs] + R[rt]
	ADDU	无符号加	0/33H	R[rd] = R[rs] + R[rt]
	SUB	减	0/34H	R[rd] = R[rs]–R[rt]
	SUBU	无符号减	0/35H	R[rd] = R[rs]–R[rt]
	MULT	乘	0/24H	{ HI, LO }= R[rs]× R[rt]
	MULTU	乘（无符号）	0/25H	{ HI, LO }= R[rs]× R[rt]
	DIV	除	0/26H	{ HI, LO }= R[rs] ／ R[rt]
	DIVU	除（无符号）	0/27H	{ HI, LO }= R[rs] ／ R[rt]
	SLL	逻辑左移	0/0H	R[rd] = {R[rt][31-s: 0], s{0}}

续表

功能分类	助记符	功能	OPCODE/FUNCT（十六进制）	操作（VerilogHDL 语法描述）
R-R 运算	SRL	逻辑右移	0/2H	R[rd] = {s{0}, R[rt][31: s]}
	SRA	算术右移	0/3H	R[rd] = {s{R[rt][31]}, R[rt][31: s]}
	SLLV	逻辑可变左移	0/4H	R[rd] = {R[rt][31-v: 0], v{0}}
	SRLV	逻辑可变右移	0/6H	R[rd] = {v{0}, R[rt][31: v]}
	SRAV	算术可变右移	0/7H	R[rd] = {v{R[rt][31]}, R[rt][31: v]}
	AND	与	0/36H	R[rd] = R[rs]&R[rt]
	OR	或	0/37H	R[rd] = R[rs]| R[rt]
	XOR	异或	0/38H	R[rd] = R[rs]^ R[rt]
	NOR	或非	0/39H	R[rd] = ~(R[rs]| R[rt])
R-I 运算	ADDI	加立即数	8H	R[rd] = R[rs] + SignExtImm
	ADDIU	加立即数（无符号）	9H	R[rd] = R[rs] + SignExtImm
	ANDI	与立即数	CH	R[rd] = R[rs]&ZeroExtImm
	ORI	或立即数	DH	R[rd] = R[rs]| ZeroExtImm
	XORI	异或立即数	EH	R[rd] = R[rs]^ ZeroExtImm
	LUI	立即数加载至高位	FH	R[rd] = {imm, 16'b0}
	SLTI	小于立即数置1	AH	R[rt] = (R[rs]< SignExtImm)?1: 0
	SLTIU	小于立即数置1（无符号）	BH	R[rt] = (R[rs]< SignExtImm)?1: 0
分支	BEQ	等于转移	4H	if(R[rs] = = R[rt]) PC = PC + 4 + BranchAddr
	BNE	不等转移	5H	if(R[rs]! = R[rt]) PC = PC + 4 + BranchAddr
	BLEZ	小于等于0转移	6H	if(R[rs]< = 0) PC = PC + 4 + BranchAddr
	BGTZ	大于0转移	7H	if(R[rs]> 0) PC = PC + 4 + BranchAddr

续表

功能分类	助记符	功能	OPCODE/FUNCT（十六进制）	操作（VerilogHDL 语法描述）
分支	BLTZ	小于 0 转移	特殊编码	if(R[rs]<0) PC = PC + 4 + BranchAddr
	BGEZ	大于等于 0 转移	特殊编码	if(R[rs]>=0) PC = PC + 4 + BranchAddr
跳转	J	跳转	2H	PC = JumpAddr
	JAL	跳转并链接	3H	PC = JumpAddr; R[31] = PC + 4
	JALR	跳转并链接寄存器	0/8H	PC = R[rs]; R[rd] = PC + 4
	JR	跳转寄存器	0/9H	PC = R[rs]
传输	MFHI	读 HI 寄存器	0/16H	R[rd] = HI
	MFLO	读 LO 寄存器	0/17H	R[rd] = LO
	MTHI	写 HI 寄存器	0/18H	HI = R[rd]
	MTLO	写 LO 寄存器	0/19H	LO = R[rd]
特权	ERET	异常返回	10/18H	PC = EPC；还需要对 CP0 的其他寄存器做处理
	MFC0	读 CP0 寄存器	特殊编码	R[rt] = CP0[rd]
	MTC0	写 CP0 寄存器	特殊编码	CP0[rd] = R[rt]
陷阱	BREAK	断点异常	0/13H	EPC = PC + 4; PC = 异常处理地址； CP0 的其他寄存器做处理
	SYSCALL	系统调用异常	0/12H	EPC = PC + 4; PC = 异常处理地址； CP0 的其他寄存器做处理

A.2　MIPS-C 指令图

MIPS-C 指令图如图 A-1 所示。

附录 A MIPS-C 指令集

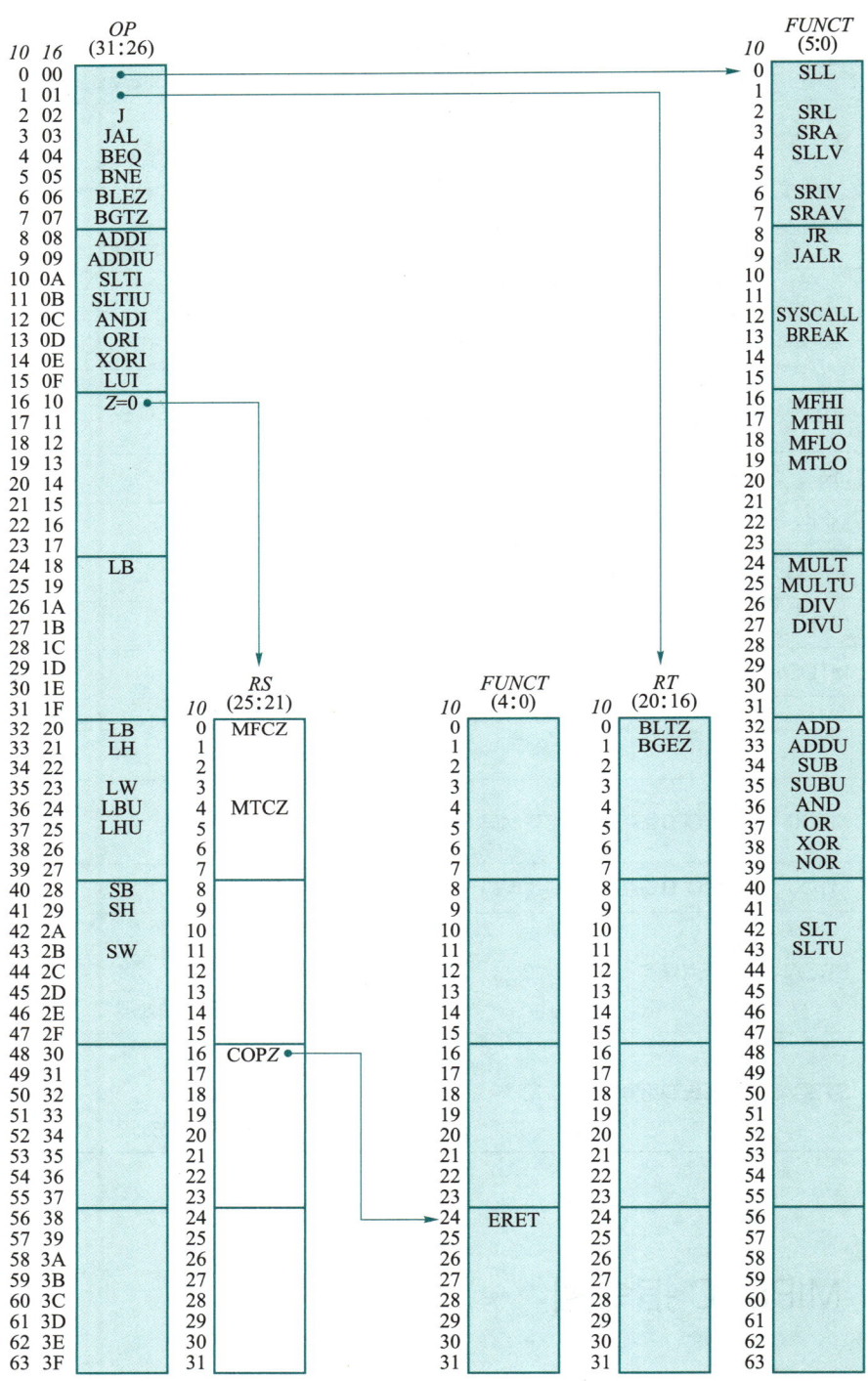

图 A-1 MIPS-C 指令图

A.3 指令分类

A.3.1 Load 类指令

lb，lbu，lh，lhu，lw

A.3.2 Store 类指令

sb，sh，sw

A.3.3 R-R 运算类指令

add，addu，and，div，divu，mult，multu，nor，or，sll，sllv，slt，sltu，sra，srav，srl，srlv，sub，subu，xor

A.3.4 R-I 运算类指令

addi，addiu，andi，lui，ori，slti，sltiu，xori

A.3.5 分支指令

beq，bgez，bgtz，blez，bltz，bne

A.3.6 跳转指令

j，jal，jalr，jr

A.3.7 数据传输指令

mfhi，mflo，mthi，mtlo

A.3.8 CP0 指令

eret, mfc0, mtc0

A.3.9 系统指令

break, syscall

A.4 MIPS-C 指令定义（按字母排序）

符号定义

在本节中，指令操作的描述采用被称为 RTL（Register Transfer Language）的抽象表示方式。描述过程中用到的符号如下。

符号	含义
←	赋值
= 或 ≠	测试相等或不相等
∥	位连接
$X_{y..z}$	X 的位 y 至位 z
+, −	二进制补码加法或减法
*, ×	二进制补码乘法
div	二进制补码除法
mod	求模
and, or, nor, xor	位逻辑运算：与，或，或非，异或
R[x]	寄存器堆的寄存器 x，R[0] 恒为 0
PC	程序计数器
zero_extend()	0 扩展
sign_extend()	符号扩展
SignalException()	产生异常

A.4 MIPS-C 指令定义（按字母排序）

add：符号加

编码	31 26	25 21	20 16	15 11	10 6	5 0
	special 000000	rs	rt	rd	0 00000	add 100000
	6	5	5	5	5	6

格式	add rd, rs, rt
描述	R[rd] ← R[rs]+R[rt]

操作	temp ← (R[rs]$_{31}$‖R[rs])+(R[rt]$_{31}$‖R[rt])
	if temp$_{32}$ ≠ temp$_{31}$ then
	　SignalException(IntegerOverflow)
	else
	　R[rd] ← temp
	endif

示例	add $s1, $s2, $s3
其他	temp$_{32}$ ≠ temp$_{31}$ 代表计算结果溢出 如果不考虑溢出，则 add 与 addu 等价

addi：符号加立即数

编码	31 26	25 21	20 16	15 0
	addi 001000	rs	rt	immediate
	6	5	5	16

格式	addi rt, rs, immediate
描述	R[rt] ← R[rs]+ immediate

操作	temp ← (R[rs]$_{31}$‖R[rs])+ sign_extend(immediate)
	if temp$_{32}$ ≠ temp$_{31}$ then
	　SignalException(IntegerOverflow)
	else
	　R[rt] ← temp
	endif

示例	addi $s1, $s2, −1
其他	temp$_{32}$ ≠ temp$_{31}$ 代表计算结果溢出 如果不考虑溢出，则 addi 与 addiu 等价

addiu：无符号加立即数

编码	31 26	25 21	20 16	15 0
	addi 001001	rs	rt	immediate
	6	5	5	16
格式	addiu rt，rs，immediate			
描述	R [rt]←R [rs]+immediate			
操作	R [rt]←R [rs]+sign_extend（immediate）			
示例	addiu $s1，$s2，0xFFFF			
其他	"无符号"是一个误导，其本意是不考虑溢出			

andi：与立即数

编码	31 26	25 21	20 16	15 0
	andi 001100	rs	rt	immediate
	6	5	5	16
格式	andi rt，rs，immediate			
描述	R [rt]←R [rs] AND immediate			
操作	R [rt]←R [rs] AND zero_extend（immediate）			
示例	andi $s1，$s2，0x55AA			
其他				

addu：无符号加

编码	31 26	25 21	20 16	15 11	10 6	5 0
	special 000000	rs	rt	rd	0 00000	addu 100001
	6	5	5	5	5	6
格式	addu rd，rs，rt					
描述	R [rd]←R [rs]+R [rt]					
操作	R [rd]←R [rs]+R [rt]					
示例	addu $s1，$s2，$s3					
其他						

and：与

编码	31　　　　26	25　　　　21	20　　　　16	15　　　　11	10　　　　6	5　　　　0
	special 000000	rs	rt	rd	0 00000	addu 100100
	6	5	5	5	5	6
格式	and rd，rs，rt					
描述	R［rd］←R［rs］AND R［rt］					
操作	R［rd］←R［rs］AND R［rt］					
示例	and $s1, $s2, $s3					
其他						

beq：相等时转移

编码	31　　　　26	25　　　　21	20　　　　16	15　　　　0
	beq 000100	rs	rt	offset
	6	5	5	16
格式	beq rs，rt，offset			
描述	if（R［rs］==R［rt］）then 转移			
操作	if（R［rs］==R［rt］） 　　PC←PC+ sign_extend（offset||0^2） else 　　PC←PC + 4			
示例	beq $s1, $s2, −2			
其他				

bgez：大于等于 0 时转移

编码	31　　　　26	25　　　　21	20　　　　16	15　　　　0
	000001	rs	bgez 00001	offset
	6	5	5	16
格式	bgez rs，offset			
描述	if（R［rs］>= 0）then 转移			

操作	if (R [rs] >= 0)
	   PC ← PC + sign_extend (offset||0^2)
	else
	   PC ← PC + 4

示例	bgez $s1, -2
其他	

bgtz：大于 0 时转移

编码	31　　　　26	25　　　21	20　　　　16	15　　　　　0
	bgtz 000111	rs	0 00000	offset
	6	5	5	16
格式	bgtz rs, offset			
描述	if (R [rs] > 0) then 转移			

操作	if (R [rs] > 0)
	   PC ← PC + sign_extend (offset||0^2)
	else
	   PC ← PC + 4			

示例	bgtz $s1, -2			
其他				

blez：小于等于 0 时转移

编码	31　　　　26	25　　　21	20　　　　16	15　　　　　0
	blez 000110	rs	0 00000	offset
	6	5	5	16
格式	blez rs, offset			
描述	if (R [rs] <= 0) then 转移			

操作	if (R [rs] <= 0)
	　　PC ← PC + sign_extend (offset‖0^2)
	else
	　　PC ← PC + 4

示例	bgtz $s1, -2
其他	

bltz：小于 0 时转移

编码	31　　　　26	25　　　　21	20　　　　16	15　　　　0
	000001	rs	bltz 00000	offset
	6	5	5	16

格式	bltz rs, offset
描述	if (R [rs] < 0) then 转移

操作	if (R [rs] < 0)
	　　PC ← PC + sign_extend (offset‖0^2)
	else
	　　PC ← PC + 4

示例	bltz $s1, -2
其他	

bne：不等于时转移

编码	31　　　　26	25　　　　21	20　　　　16	15　　　　0
	bne 000101	rs	rt	offset
	6	5	5	16

格式	bne rs, rt, offset
描述	if (R [rs] ≠ R [rt]) then 转移

操作	if (R [rs] ≠ 0)
	　　PC ← PC + sign_extend (offset||0^2)
	else
	　　PC ← PC + 4

示例	bne $s1, $s2, 8
其他	

break：断点

编码	31　　　　　26	25　　　　　6	5　　　　　0
	special 000000	code	break 001101
	6	20	6

格式	break
描述	产生断点异常
操作	SignalException (breakpoint)
示例	break
其他	

div：符号除

编码	31　　26	25　　21	20　　16	15　　6	5　　0
	special 000000	rs	rt	0 00 0000 0000	div 011010
	6	5	5	10	6

格式	div rs, rt
描述	(HI, LO) ← R [rs] /R [rt] 商存放在 LO 寄存器，余数存放在 HI 寄存器
操作	LO ← R [rs] div R [rt] HI ← R [rs] mod R [rt]
示例	div $s1, $s2
其他	如果 R [rt] 为 0，则 HI/LO 结果不可预料

A.4 MIPS-C 指令定义（按字母排序）

divu：无符号除

编码	31　　　　26	25　　　　21	20　　　　16	15　　　　　　6	5　　　　0
	special 000000	rs	rt	0 00 0000 0000	div 011011
	6	5	5	10	6

格式	divu rs，rt
描述	（HI，LO）←R［rs］/R［rt］ 商存放在 LO 寄存器，余数存放在 HI 寄存器
操作	LO←（0||R［rs］）div（0||R［rt］） HI←（0||R［rs］）mod（0||R［rt］）
示例	divu $s1，$s2
其他	因为 divu 为无符号除法，所以对其进行 0 扩展 1 位后再进行运算

eret：异常返回

编码	31　　　26	25　　　21	20　　　　16	15　　　　11	10　　　　0
	COP0 010000		80000 1000 0000 0000 0000 0000		eret 011000
	6		20		6

格式	eret
描述	eret 将保存在 CP0 的 EPC 寄存器中的现场（被中断指令的下一条地址）写入 PC，从而实现从中断、异常或指令执行错误的处理程序中返回
操作	PC←CP0［epc］
示例	Eret
其他	

j：跳转

编码	31　　　　　　26	25　　　　　　　　　　　　　　　　　　　　　　　　　0
	j 000010	instr_index
	6	26
格式	j target	
描述	j 指令是 PC 相关的转移指令，当把 4 GB 划分为 16 个 256 MB 区域时，j 指令可以在当前 PC 所在的 256 MB 区域内任意跳转	
操作	PC ← PC31..28||instr_index||0^2	
示例	j Loop_End	
其他	如果需要跳转的范围超出了当前 PC 所在的 256MB 区域内时，可以使用 JR 指令	

jal：跳转并链接

编码	31　　　　　　26	25　　　　　　　　　　　　　　　　　　　　　　　　　0
	jal 000011	instr_index
	6	26
格式	jal target	
描述	jal 指令是函数指令，PC 转向被调用函数，同时将当前 PC + 4 保存在 R [31] 中。当把 4 GB 划分为 16 个 256 MB 区域时，jal 指令可以在当前 PC 所在的 256 MB 区域内任意跳转	
操作	PC ← PC31..28||instr_index||0^2 R [31] ← PC + 4	
示例	jal my_function_name	
其他	jal 与 jr 配套使用。jal 用于调用函数，jr 用于函数返回。当所调用的函数地址超出了当前 PC 所在的 256 MB 区域内时，可以使用 jalr 指令	

A.4 MIPS-C 指令定义（按字母排序）

jalr：跳转并链接

编码	31　　　　26	25　　　　21	20　　　　16	15　　　　11	10　　　　6	5　　　　0
	special 000000	rs	0 00000	rd	0 00000	jalr 001001
	6	5	5	5	5	6

格式	jalr rd, rs
描述	jalr 指令是函数指令，PC 转向被调用函数（函数入口地址保存在 R [rs] 中），同时将当前 PC + 4 保存在 R [rd] 中
操作	PC ← R [rs] R [rd] ← PC + 4
示例	jal my_function_name
其他	jalr 与 jr 配套使用。jal 用于调用函数，jr 用于函数返回

jr：跳转至寄存器

编码	31　　　　26	25　　　　21	20　　　　11	10　　　　6	5　　　　0
	special 000000	rs	0 00 0000 0000	0 00000	jr 001000
	6	5	10	5	6

格式	jr rs
描述	PC ← R [rs]
操作	PC ← R [rs]
示例	jr $31
其他	jr 与 jal/jalr 配套使用。jal/jalr 用于调用函数，jr 用于函数返回

lb：加载字节

编码	31　　　　26	25　　　　21	20　　　　16	15　　　　0
	lb 100000	base	rt	offset
	6	5	5	16

格式	lb rt, offset (base)
描述	R [rt] ← memory [R [base]+ offset]
操作	Addr ← R [base]+ sign_ext (offset) memword ← memory [Addr] byte ← Addr$_{1..0}$ R [rt] ← sign_ext (memword$_{7+8*byte..8*byte}$)
示例	lb $v1, 3 ($s0)

lbu：加载无符号字节

编码	31　　　　26	25　　　　21	20　　　　16	15　　　　　0
	lbu 100100	base	rt	offset
	6	5	5	16

格式	lb rt, offset (base)
描述	R [rt] ← memory [R [base]+ offset]
操作	Addr ← R [base]+ sign_ext (offset) memword ← memory [Addr] byte ← Addr$_{1..0}$ R [rt] ← zero_ext (memword$_{7+8*byte..8*byte}$)
示例	lb $v1, 3 ($s0)

lh：加载半字

编码	31　　　　26	25　　　　21	20　　　　16	15　　　　　0
	lh 100001	base	rt	offset
	6	5	5	16

格式	lh rt, offset (base)
描述	R [rt] ← memory [R [base]+ offset]

A.4 MIPS-C 指令定义（按字母排序）

续表

操作	Addr ← R [base]+ sign_ext（offset） memword ← memory [Addr] byte ← Addr$_1$ R [rt] ← sign_ext（memword$_{15+16*byte..16*byte}$）
示例	lb $v1, 3（$s0）
约束	Addr 必须是 2 的倍数（即 Addr$_0$ 必须为 0），否则产生地址错误异常

lhu：加载无符号半字

编码	31　　　　　26	25　　　　　21	20　　　　　16	15　　　　　0
	lhu 100101	base	rt	offset
	6	5	5	16

格式	lhu rt, offset（base）
描述	R [rt] ← memory [R [base]+ offset]
操作	Addr ← R [base]+ sign_ext（offset） memword ← memory [Addr] byte ← Addr$_1$ R [rt] ← zero_ext（memword$_{15+16*byte..16*byte}$）
示例	lb $v1, 2（$s0）
约束	Addr 必须是 2 的倍数（即 Addr$_0$ 必须为 0），否则产生地址错误异常

lui：立即数加载至高位

编码	31　　　　　26	25　　　　　21	20　　　　　16	15　　　　　0
	lui 001111	0 00000	rt	immediate
	6	5	5	16

格式	lui rt, immediate
描述	lui rt, immediate ‖ 0^{16}
操作	lui rt, immediate ‖ 0^{16}
示例	lui $s1, 0x55AA
其他	

lw：加载字

编码	31 26	25 21	20 16	15 0
	lh 100011	base	rt	offset
	6	5	5	16

格式	lw rt, offset (base)
描述	R [rt] ← memory [R [base]+ offset]
操作	Addr ← R [base]+ sign_ext (offset) R [rt] ← memory [Addr]
示例	lw $v1, 8 ($s0)
约束	Addr 必须是 4 的倍数（即 $Addr_{1..0}$ 必须为 00），否则产生地址错误异常

mfc0：读 CP0 寄存器

编码	31 26	25 21	20 16	15 11	10 0
	COP0 010000	mfc0 00000	rt	rd	0 0 0000 0000
	6	5	5	5	11

格式	mfc0 rt, rd
描述	R [rt] ← CP0 [rd]
操作	R [rt] ← CP0 [rd]
示例	mfc0 $s1, $1
其他	

mfhi：读 HI 寄存器

编码	31 26	25 21 20 15	11 10	6 5	0
	special 000000	0 00 0000 0000	rd	0 00000	mfhi 010000
	6	10	5	5	6

A.4 MIPS-C 指令定义（按字母排序）

续表

格式	mfhi rd
描述	R [rd] ← HI
操作	R [rd] ← HI
示例	mfhi $s1
其他	当乘法/除法计算完毕后，需要用 mfhi 读取相应的结果

mflo：读 LO 寄存器

编码	31　　　　26	25　　21　20	15　　　　11	10　　　　6	5　　　　0
	special 000000	0 00 0000 0000	rd	0 00000	mfhi 010010
	6	10	5	5	6

格式	mflo rd
描述	R [rd] ← LO
操作	R [rd] ← LO
示例	mflo $s1
其他	当乘法/除法计算完毕后，需要用 mflo 读取相应的结果

mtc0：写 CP0 寄存器

编码	31　　　　26	25　　　　21	20　　　　16	15　　　　11	10　　　　0
	COP0 010000	mtc0 00100	rt	rd	0 0 0000 0000
	6	5	5	5	11

格式	mtc0 rt, rd
描述	CP0 [rd] ← R [rt]
操作	CP0 [rd] ← R [rt]
示例	mtc0 $s1, $1
其他	

mthi：写 HI 寄存器

编码	31　　　　26	25　　　21	20　　　　　　　　　　6	5　　　　　　0
	special 000000	rs	0 000 0000 0000 0000	mthi 010001
	6	5	15	6

格式	mthi rs
描述	HI ← R [rd]
操作	HI ← R [rd]
示例	mthi $s1
其他	mthi/mtlo 只在进行中断响应时使用。此时与 mfhi/mflo 配套使用，确保被中断程序的乘除法运算在中断响应结束后能够得到正确结果

mtlo：写 LO 寄存器

编码	31　　　　26	25　　　21	20　　　　　　　　　　6	5　　　　　　0
	special 000000	rs	0 000 0000 0000 0000	mthi 010011
	6	5	15	6

格式	mtlo rs
描述	LO ← R [rd]
操作	LO ← R [rd]
示例	mtlo $s1
其他	mthi/mtlo 只在进行中断响应时使用。此时与 mfhi/mflo 配套使用，确保被中断程序的乘除法运算在中断响应结束后能够得到正确结果

mult：符号乘

编码	31　　　　26	25　　　21	20　　　16	15　　　　　6	5　　　　　0
	special 000000	rs	rt	0 00 0000 0000	mult 011000
	6	5	5	10	6

格式	mult rs, rt
描述	（HI，LO）← R［rs］× R［rt］ 乘积低 32 位存放在 LO 寄存器，高 32 位存放在 HI 寄存器。所有操作数均为有符号数
操作	prod ← R［rs］× R［rt］ HI ← $prod_{63..32}$ LO ← $prod_{31..00}$
示例	mult \$s1, \$s2
其他	

multu：无符号乘

编码	31　　　　26	25　　　　21	20　　　　16	15　　　　6	5　　　　0
	special 000000	rs	rt	0 00 0000 0000	multu 011001
	6	5	5	10	6

格式	multu rs, rt
描述	（HI，LO）← R［rs］× R［rt］ 乘积低 32 位存放在 LO 寄存器，高 32 位存放在 HI 寄存器。所有操作数均为无符号数
操作	prod ←（0‖R［rs］）×（0‖R［rt］） HI ← $prod_{63..32}$ LO ← $prod_{31..00}$
示例	multu \$s1, \$s2
其他	因为 multu 为无符号乘法，所以对其进行 0 扩展 1 位后再进行运算

nor：或非

编码	31　26	25　　21	20　　16	15　　11	10　　6	5　　0
	special 000000	rs	rt	rd	0 00000	nor 100111
	6	5	5	5	5	6

格式	nor rd, rs, rt
描述	R［rd］← R［rs］NOR R［rt］

操作	R[rd]←R[rs] NOR R[rt]
示例	nor $s1，$s2，$s3
其他	

or：或

编码	31　　26	25　　21	20　　16	15　　11	10　　6	5　　0
	special 000000	rs	rt	rd	0 00000	or 100101
	6	5	5	5	5	6

格式	or rd，rs，rt
描述	R[rd]←R[rs] OR R[rt]
操作	R[rd]←R[rs] OR R[rt]
示例	or $s1，$s2，$s3
其他	

ori：或立即数

编码	31　　26	25　　21	20　　16	15　　0
	andi 001101	rs	rt	immediate
	6	5	5	16

格式	ori rt，rs，immediate
描述	R[rt]←R[rs] OR immediate
操作	R[rt]←R[rs] OR zero_extend(immediate)
示例	ori $s1，$s2，0x55AA
其他	

A.4 MIPS-C 指令定义（按字母排序）

sb：存储字节

编码	31　　　　　26	25　　　　　21	20　　　　　16	15　　　　　0
	sb 101000	base	rt	offset
	6	5	5	16

格式	sb rt, offset (base)
描述	R [rt] ← memory [R [base]+ offset]
操作	Addr ← R [base]+ sign_extend (offset) byte ← Addr1..0 memory [Addr] $_{7+8*byte..8*byte}$ ← R [rt] $_{7:0}$
示例	sb $v1, 3 ($s0)

sh：存储半字节

编码	31　　　　　26	25　　　　　21	20　　　　　16	15　　　　　0
	sh 101001	base	rt	offset
	6	5	5	16

格式	sh rt, offset (base)
描述	R [rt] ← memory [R [base]+ offset]
操作	Addr ← R [base]+ sign_extend (offset) byte ← Addr1 memory [Addr] $_{15+16*byte..16*byte}$ ← R [rt] $_{15:0}$
示例	sh $v1, 24 ($s0)
约束	Addr 必须是 2 的倍数（即 $Addr_0$ 必须为 0），否则产生地址错误异常

sll：逻辑左移

编码	31 26	25 21	20 16	15 11	10 6	5 0
	special 000000	0	rt	rd	s	sll 000000
	6	00000	5	5	5	6

格式	sll rd, rt, s
描述	R[rd] ← R[rt] << s
操作	R[rd] ← R[rt]$_{(31-s)..0}$ ∥ 0^s
示例	sll $s1, $s2, 5
其他	sll $0, $0, 0 对应的指令码是 0x0000_0000，也被认为是 NOP（空操作指令）。该指令有时被用于空循环，有时被编译器用于与体系结构相关的编译优化

sllv：逻辑可变左移

编码	31 26	25 21	20 16	15 11	10 6	5 0
	special 000000	rs	rt	Rd	0 00000	sllv 000100
	6	5	5	5	5	6

格式	sllv rd, rt, rs
描述	R[rd] ← R[rt] << R[rs]
操作	s ← R[rs]$_{4..0}$ R[rd] ← R[rt]$_{(31-s)..0}$ ∥ 0^s
示例	sllv $s1, $s2, $s3
其他	R[rs] 的位 31 至位 5 被忽略

slt：小于置 1（有符号）

编码	31 26	25 21	20 16	15 11	10 6	5 0
	special 000000	0	rt	rd	s	slt 101010
	6	00000	5	5	5	6

续表

格式	slt rd, rs, rt
描述	R[rd]←(R[rs]<R[rt])
操作	R[rd]←(R[rs]<R[rt])? 0^{31}‖1: 0^{32}
示例	slt $s1, $s2, $s3
其他	

slti：小于立即数置 1（有符号）

编码	31　　　　　26	25　　　　21	20　　　　16	15　　　　　0
	slti 001010	rs	rt	immediate
	6	5	5	16

格式	slti rt, rs, immediate
描述	R[rt]←(R[rs]<immediate)
操作	R[rt]←(R[rs]<sign_extend(immediate))? 0^{31}‖1: 0^{32}
示例	slti $s1, $s2, 0x55AA
其他	

sltiu：小于立即数置 1（无符号）

编码	31　　　　　26	25　　　　21	20　　　　16	15　　　　　0
	sltiu 001011	rs	rt	immediate
	6	5	5	16

格式	sltiu rt, rs, immediate
描述	R[rt]←(R[rs]<immediate)
操作	R[rt]←(0‖R[rs]<0‖sign_extend(immediate))? 0^{31}‖1: 0^{32}
示例	sltiu $s1, $s2, 0xAABB
其他	"无符号"是误导

sltu：小于置1（无符号）

编码	31 26	25 21	20 16	15 11	10 6	5 0
	special 000000	0	rt	rd	s	sltu 101011
	6	00000	5	5	5	6
格式	sltu rd, rs, rt					
描述	R [rd] ← (R [rs] < R [rt])					
操作	R [rd] ← (0∥R [rs] < 0∥R [rt]) ? 0^{31}∥1: 0^{32}					
示例	sltu $s1, $s2, $s3					
其他						

sra：算术右移

编码	31 26	25 21	20 16	15 11	10 6	5 0
	special 000000	0	rt	rd	s	sra 000011
	6	00000	5	5	5	6
格式	sra rd, rt, s					
描述	R [rd] ← R [rt] >> s					
操作	R [rd] ← R [rt]$_{31}^{s}$ ∥ R [rt]$_{31..s}$					
示例	sra $s1, $s2, 5					
其他						

srav：算术可变右移

编码	31 26	25 21	20 16	15 11	10 6	5 0
	special 000000	rs	rt	rd	00000	srav 000111
	6	5	5	5	5	6
格式	srav rd, rt, rs					

描述	R [rd] ← R [rt] >> R [rs]
操作	s ← R [rs] $_{4..0}$ R [rd] ← R [rt] $^{s}_{31}$ ‖ R [rt] $_{31..s}$
示例	srav $s1, $s2, $s3
其他	R [rs] 的位 31 至位 5 被忽略

srl：逻辑右移

编码	31　　26	25　　21	20　　16	15　　11	10　　6	5　　0
	special 000000	0	rt	rd	s	srl 000010
	6	00000	5	5	5	6

格式	srl rd, rt, s
描述	R [rd] ← R [rt] >> s
操作	R [rd] ← 0^s ‖ R [rt] $_{31..s}$
示例	srl $s1, $s2, 5
其他	

srlv：逻辑可变右移

编码	31　　26	25　　21	20　　16	15　　11	10　　6	5　　0
	special 000000	rs	rt	rd	00000	srlv 000110
	6	5	5	5	5	6

格式	srlv rd, rt, rs
描述	R [rd] ← R [rt] >> R [rs]
操作	s ← R [rs] $_{4..0}$ R [rd] ← 0^s ‖ R [rt] $_{31..s}$
示例	srlv $s1, $s2, $s3
其他	R [rs] 的位 31 至位 5 被忽略

sub：符号减

编码	31 26	25 21	20 16	15 11	10 6	5 0
	special 000000	rs	rt	rd	0 00000	sub 100010
	6	5	5	5	5	6

格式	sub rd, rs, rt
描述	R [rd] ← R [rs] − R [rt]

操作	temp ← (R [rs]$_{31}$‖R [rs]) − (R [rt]$_{31}$‖R [rt])
	if temp$_{32}$ ≠ temp$_{31}$ then
	　SignalException (IntegerOverflow)
	else
	　R [rd] ← temp
	endif

示例	sub $s1, $s2, $s3
其他	temp$_{32}$ ≠ temp$_{31}$ 代表计算结果溢出 如果不考虑溢出，则 sub 与 subu 等价

subu：无符号减

编码	31 26	25 21	20 16	15 11	10 6	5 0
	special 000000	rs	rt	rd	0 00000	subu 100011
	6	5	5	5	5	6

格式	sub rd, rs, rt
描述	R [rd] ← R [rs] − R [rt]
操作	R [rd] ← R [rs] − R [rt]
示例	sub $s1, $s2, $s3
其他	原文中的 unsigned 属于用词不当。当 ALU 的运算结果溢出时，subu 忽略溢出异常。相对的，sub 会产生溢出异常

A.4 MIPS-C 指令定义（按字母排序）

sw：存储字

编码	31　　　　　26	25　　　　　21	20　　　　　16	15　　　　　　　0
	sw 101011	base	rt	offset
	6	5	5	16

格式	sh rt, offset (base)
描述	R [rt] ← memory [R [base]+ offset]
操作	Addr ← R [base]+ sign_ext (offset) memory [Addr] ← R [rt]
示例	sw $v1, 8 ($s0)
约束	Addr 必须是 4 的倍数（即 $Addr_{1..0}$ 必须为 00），否则产生地址错误异常

syscall：系统调用

编码	31　　　　　　　26	25　　　　　　　6	5　　　　　　　0
	special 000000	code	break 001100
	6	20	6

格式	syscall
描述	产生系统调用异常
操作	SignalException (systemcall)
示例	syscall
其他	

xor：异或

编码	31　　26	25　　21	20　　16	15　　11	10　　6	5　　　0
	special 000000	rs	rt	rd	0 00000	xor 100110
	6	5	5	5	5	6

格式	xor rd，rs，rt
描述	R［rd］←R［rs］XOR R［rt］
操作	R［rd］←R［rs］XOR R［rt］
示例	xor $s1，$s2，$s3
其他	

xori：异或立即数

编码	31　　　　26	25　　　　21	20　　　　16	15　　　　0
	xori 001110	rs	rt	immediate
	6	5	5	16

格式	xori rt，rs，immediate
描述	R［rt］←R［rs］XOR immediate
操作	R［rt］←R［rs］XOR zero_extend（immediate）
示例	xori $s1，$s2，0x55AA
其他	

附录 B

开发工具及实验环境

如果读者希望在阅读本书的同时也做一些的软硬件开发实验（如开发 CPU 和最后一章的 MIPS 微系统），那么下面简单介绍软硬件开发环境的基本需求。

B.1 硬件实验

硬件实验有两个层次。第 1 个层次是只对 VerilogHDL 设计做模拟验证，第 2 个层次是将 VerilogHDL 设计综合后下载到相应的 FPGA 实验设备进行运行验证。第 1 个层次的实验只需要 EDA（Electronic Design Automation，电子设计自动化）软件，第 2 个层次实验还需要真实的硬件实验设备。

本书讲授内容对应的大部分实验可以在第 1 个层次完成。当然如果能在实际的 FPGA 实验设备上完成实验，那么你能得到更直观的认识，并且对硬件的理解更深刻。如果想体验本书第 9 章的 MIPS 系统与外部计算机之间的实际通信，则必须在第 2 个层次上做实验。

本节简单介绍几个主要工具。

（1）Icarus Verilog。这是开源的 VerilogHDL 仿真软件。该软件支持 Linux、Windows 和 Mac OSX 等多个操作系统。该软件不提供信号仿真波形的图形界面，可以配套 gtkwave 使用。gtkwave 是一款轻量级波形查看软件，也支持多种操作系统。

（2）ModelSim。它是 Mentor 公司的商用 VerilogHDL 仿真软件。该软件功能非常强大，仿真速度快，用户界面友好。

（3）Vivado。它是 Xilinx 公司的 FPGA 集成开发环境，支持从 VerilogHDL 仿真、综合、下载等全部 FPGA 开发功能。如果 FPGA 实验设备上的 FPGA 为 Virtex-7、Kintex-7、Artix-7 和 Zynq-7000 系列，则推荐使用 Vivado。

（4）ISE。这是 Xilinx 公司的早期 FPGA 集成开发环境。Xilinx 公司在 2013 年 10 月以后就不再升级 ISE 了，转而全力支持 Vivado。ISE 的功能定位与 Vivado 相似。ISE 目前支持 Spartan-6、Virtex-6 及更早期的产品系列。ISE 有两个版本，其中 ISE WebPACK 是完全免费的。

（5）Quartus Prime。这是 Altera 公司的 FPGA 集成开发环境，基本功能与 Xilinx 公司的 Vivado 和 ISE 类似。Quartus Prime 有 3 个版本，其中 Quartus Prime 精简版是完全免费的，支持 Arria II、Cyclone IV、Cyclone V、MAX II、MAX V 和 MAX 10 FPGA 等系列。

B.2 FPGA 实验设备

本书讲授内容对 FPGA 实验设备的规格要求并不高，当然这也与希望实现的系统复杂度有关。如果不考虑实现 cache 和 TLB，那么仅就本书介绍的 3 类 CPU 部分以及 MIPS 微系统而言，估计所有国内大学的 FPGA 实验设备都可以满足要求。

FPGA 实验设备上最好具有 32 位的 LED（发光二极管）、32 位数字开关等简单的输入输出装置，这样编写的 MIPS 应用程序可以实现简单的人机交互。

如果要实现本书第 9 章的 MIPS 系统，则要求 FPGA 实验设备至少有 1 个 RS-232 接口。一般来说，有 RS-232 接口的 FPGA 实验设备，通常会利用 FPGA 的可编程资源实现串行通信协议，FPGA 芯片外部只会配置一个电平转换芯片。图 B-1 所示在 1 个 RS-232 接口上实现了两个串行通道。MAX3223 只是负责信号的电气转换，图中左侧为实验板对外的 RS-232 连接器。对于第 9 章的 MIPS 微系统而言，有 1 个串行通道即可。此外，还需要一根 RS-232 连接线用于连接实验设备与外部主机。

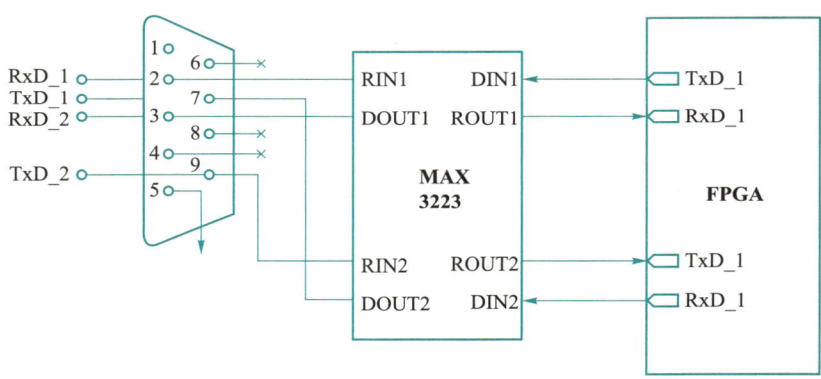

图 B-1　RS-232 接口

B.3 MIPS 模拟器

利用 MIPS 模拟器，可以很好地学习 MIPS 指令和汇编程序。同时，考虑到模拟器是 100% 正确的（当然不排除有 bug），因此模拟器也是开发硬件时非常好的对比模型。目前有大量的 MIPS 体系结构模拟器，本书推荐使用 MARS（MIPS Assembler and Runtime Simulator）模拟器，其界面如图 B-2 所示。MARS 对 MIPS 模拟得相对完善，除了包括人机交互、cache 和 CP0 等，它支持多种调试方式和统计功能，还可以将模拟器内部生成的 MIPS 指令二进制码以多种格式导出，方便后续开发测试工作。

B.4 图形化的数字电路模拟器

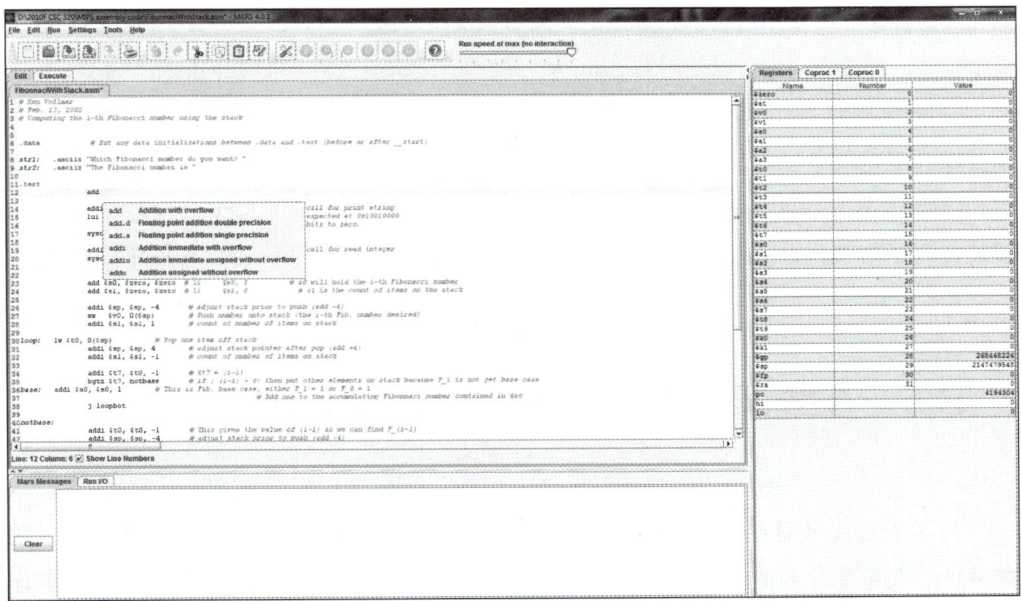

图 B-2 MARS 模拟器界面

B.4 图形化的数字电路模拟器

Logisim 是一个完全免费的用于数字电路设计的模拟器，如图 B-3 所示。Logisim 用户

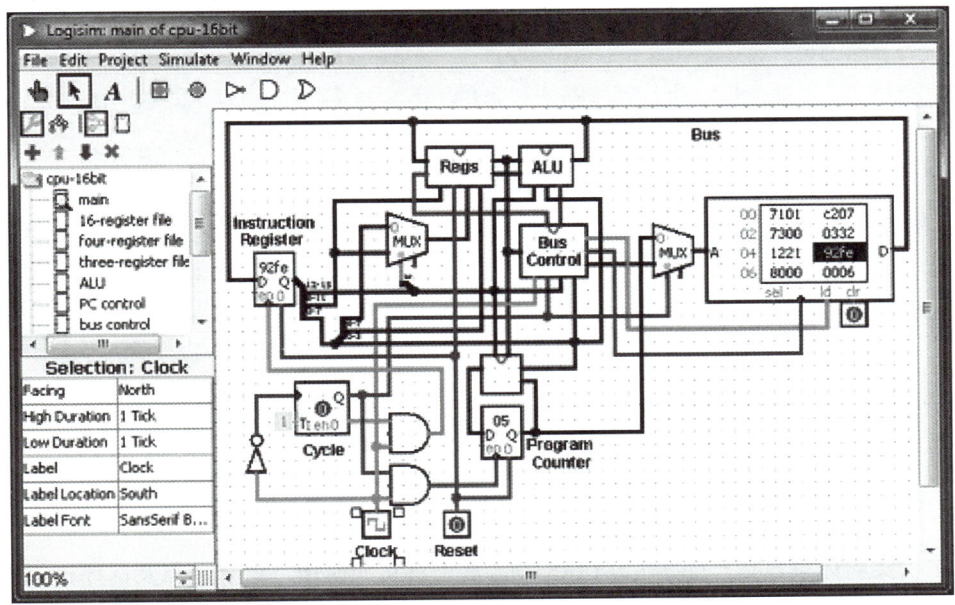

图 B-3 Logisim 模拟器界面

界面非常简单友好，用户可以在极短时间内掌握使用方法。Logisim 支持层次化的数字电路设计模式。理论上，你可以使用 Logisim 从二极管一级构造包括 CPU 在内的整个系统。

对于读者而言，Logisim 的最大优势在于图形化设计带来的直观性。但遗憾的是，在开发高复杂度工程时，采用图形化设计方法会导致开发效率急剧下降。所以，建议读者在学习本书的初期阶段可以使用 Logisim 设计只有几条指令的 CPU，一旦对 CPU 内部结构有了基本认识后，应迅速抛弃图形化设计方法而转为采用 HDL 方式开发 CPU。

B.5　在线课程与新形态教材支撑平台

为了满足读者对在线开放学习的需求，建设了难度递进的实验体系，并部署于希冀平台。在希冀平台的"用户入口"栏，单击"希冀新形态数字教材平台"，选择"计算机组成与实现"教材，如图 B-4 所示。

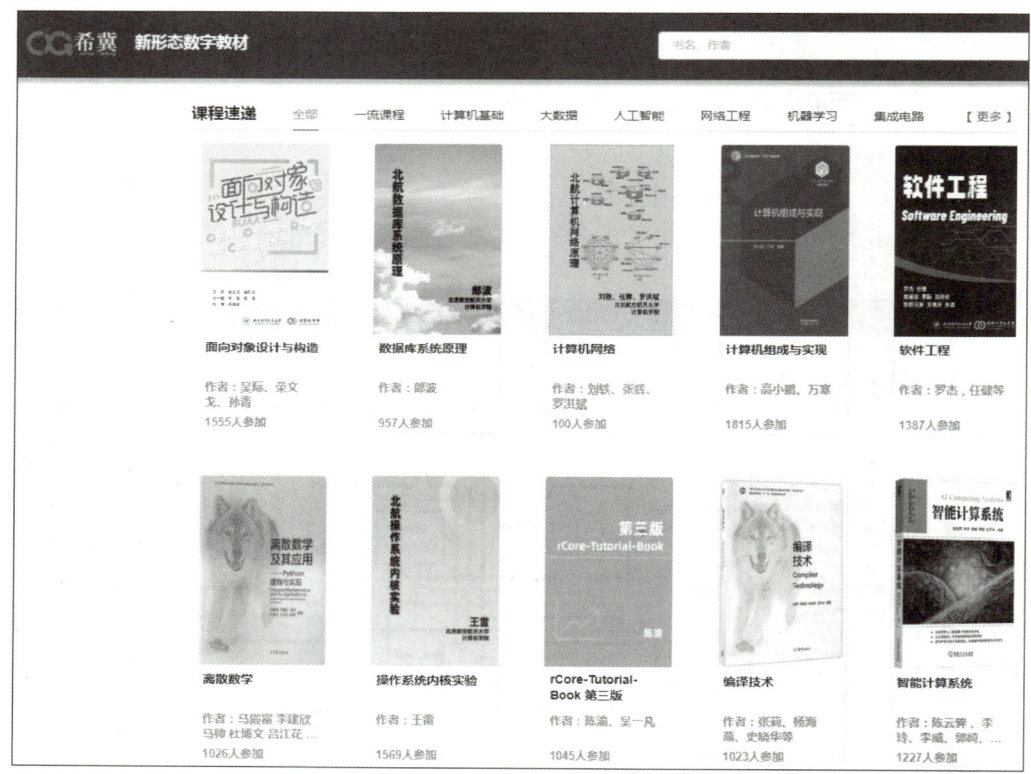

图 B-4　单击"计算机组成与实现"教材，即可进入实验体系

实验体系包括：Logisim/MARS 等仿真工具实践使用，组合逻辑及时序逻辑设计实践，MIPS 汇编程序练习，MIPS 单周期 CPU 及流水线 CPU 实践训练。在希冀平台（见图

B-5）为读者提供配套实验教学视频及课件、习题，并通过云实验方式支持对 Logisim 下的数字电路设计自动评测，支持 MIPS 汇编程序自动评测以及 Verilog-HDL 数字电路设计的自动评测（见图 B-6），便于读者在线实践，逐步达成 MIPS 流水线 CPU 的设计。

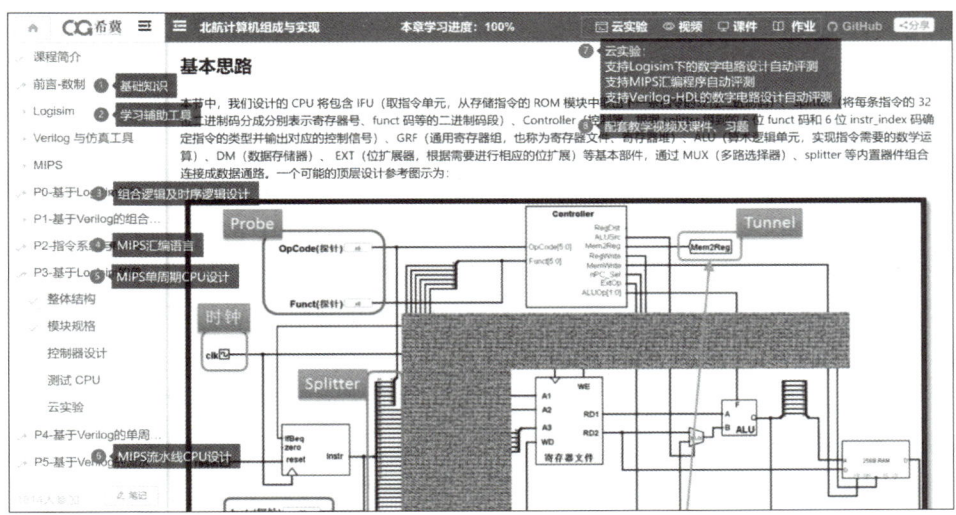

图 B-5　部署于希冀平台的实验体系

图 B-6　流水线 CPU 自动评测返回信息样例

参考文献

[1] DATTERSON D A, HENNESSY J H. 计算机组成与设计：硬件／软件接口 [M]. 3 版. 郑纬民，等译. 北京：机械工业出版社，2007.

[2] DATTERSON D A, HENNESSY J H. 计算机组成与设计：硬件／软件接口 [M]. 4 版. 康继昌，等译. 北京：机械工业出版社，2012.

[3] PATTERSON D A. 计算机组成与设计：硬件／软件接口 [M]. 5 版. 王党辉，等译. 北京：机械工业出版社，2015.

[4] HARRIS D M, HARRIS S L. 数字设计和计算机体系结构 [M]. 陈虎，等译. 北京：机械工业出版社，2009.

[5] SWEETMAN D. MIPS 体系结构透视：See MIPS Run Linux[M]. 北京：机械工业出版社，2007.

[6] BRYANT R E, O'HALLARON D R. 深入理解计算机系统 [M]. 2 版. 龚奕利，等译. 北京：机械工业出版社，2011.

[7] 刘佩林，谭志明，刘嘉龑. MIPS 体系结构与编程 [M]. 北京：科学出版社，2008.

郑重声明

高等教育出版社依法对本书享有专有出版权。任何未经许可的复制、销售行为均违反《中华人民共和国著作权法》，其行为人将承担相应的民事责任和行政责任；构成犯罪的，将被依法追究刑事责任。为了维护市场秩序，保护读者的合法权益，避免读者误用盗版书造成不良后果，我社将配合行政执法部门和司法机关对违法犯罪的单位和个人进行严厉打击。社会各界人士如发现上述侵权行为，希望及时举报，我社将奖励举报有功人员。

反盗版举报电话　（010）58581999　58582371
反盗版举报邮箱　dd@hep.com.cn
通信地址　　　　北京市西城区德外大街 4 号
　　　　　　　　高等教育出版社知识产权与法律事务部
邮政编码　　　　100120

防伪查询说明

用户购书后刮开封底防伪涂层，使用手机微信等软件扫描二维码，会跳转至防伪查询网页，获得所购图书详细信息。

防伪客服电话　（010）58582300

图书在版编目（CIP）数据

计算机组成与实现 / 高小鹏, 万寒编著 .-- 北京：高等教育出版社, 2025.3. --ISBN 978-7-04-063694-9

I. TP301

中国国家版本馆 CIP 数据核字第 202525L00M 号

Jisuanji Zucheng yu Shixian

| 策划编辑 | 王 康 | 责任编辑 | 王 康 | 封面设计 | 王凌波 | 版式设计 | 王凌波 |
| 责任校对 | 张 然 | 责任印制 | 耿 轩 | | | | |

出版发行	高等教育出版社	网 址	http://www.hep.edu.cn
社 址	北京市西城区德外大街4号		http://www.hep.com.cn
邮政编码	100120	网上订购	http://www.hepmall.com.cn
印 刷	鸿博昊天科技有限公司		http://www.hepmall.com
开 本	787mm×1092mm 1/16		http://www.hepmall.cn
印 张	25.25		
字 数	510千字	版 次	2025 年 3 月第 1 版
购书热线	010-58581118	印 次	2025 年 3 月第 1 次印刷
咨询电话	400-810-0598	定 价	88.00元

本书如有缺页、倒页、脱页等质量问题，请到所购图书销售部门联系调换
版权所有 侵权必究
物 料 号 63694-00